关注改革开放 聚焦民生变化

——首都大学生暑期优秀社会实践论文集

王鲁娜 姚洪越 主编

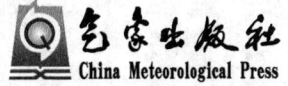

图书在版编目(CIP)数据

关注改革开放 聚焦民生变化:首都大学生暑期优秀社会实践论文集/王鲁娜,姚洪越主编.--北京:气象出版社,2020.9
ISBN 978-7-5029-7287-5

Ⅰ.①关… Ⅱ.①王…②姚… Ⅲ.①大学生-社会实践-北京-文集 Ⅳ.①G642.45-53

中国版本图书馆 CIP 数据核字(2020)第 183970 号

关注改革开放 聚焦民生变化——首都大学生暑期优秀社会实践论文集
Guanzhu Gaige Kaifang　Jujiao Minsheng Bianhua——Shoudu Daxuesheng Shuqi Youxiu Shehui Shijian Lunwenji

出版发行:	气象出版社		
地　　址:	北京市海淀区中关村南大街46号	邮政编码:	100081
电　　话:	010-68407112(总编室)　010-68408042(发行部)		
网　　址:	http://www.qxcbs.com	E-mail:	qxcbs@cma.gov.cn
责任编辑:	张锐锐　刘瑞婷	终　　审:	吴晓鹏
责任校对:	张硕杰	责任技编:	赵相宁
封面设计:	刀刀		
印　　刷:	北京中石油彩色印刷有限责任公司		
开　　本:	710 mm×1000 mm　1/16	印　　张:	24.5
字　　数:	535 千字		
版　　次:	2020 年 9 月第 1 版	印　　次:	2020 年 9 月第 1 次印刷
定　　价:	68.00 元		

本书如存在文字不清、漏印以及缺页、倒页、脱页等,请与本社发行部联系调换。

目　录

关于改革开放以来食品安全焦点问题演变的调研……………魏海香　孙可盈（ 1 ）
北京市智能助老行业的SWOT分析及发展前景……………赵春丽　杨亿慧（ 9 ）
北京市治安热点问题调查研究………………………………王鲁娜　冯　维（ 19 ）
建立新型"驿站式"养老模式运营情况的调研………………朱　倩　张　哲（ 31 ）
改革开放以来北京地铁发展情况与改进措施调研……………张宏伟　余新宇（ 39 ）
精准扶贫攻坚阶段下我国农村地区产业扶贫现状
　　——基于内蒙古、吉林、陕西部分地区的调查……………姚洪越　雷佩文（ 47 ）
改革开放以来京剧文化的传承与发展……………………………陆丽琼　郭　旻（ 67 ）
改革开放以来北京市公共交通发展情况调研……………………田建华　陈靖怡（ 77 ）
改革开放以来北京市居民就医行为选择的调查…………………徐秀春　佟　宇（ 87 ）
改革开放以来北京市私人汽车管理政策的演变及其原因分析
　　……………………………………………………………吴　穹　蔡健平等（ 94 ）
改革开放以来北京地铁支付方式调查……………………………江　燕　赵小涵（110）
改革开放以来北京大学生就业情况分析…………………………杨春花　王子璇（125）
改革开放40年来北京居民出行方式及出行观念的变迁研究
　　——以北京市海淀区为例……………………………………陈凤芝　于水晴（135）
城乡一体化背景下高里掌村医改制度推进情况的调研…………余金城　吕怡晖（144）
残疾人教育"随班就读"的现状与改良对策………………………陈晋文　王雪溪（154）
改革开放40年婚姻观念变迁的调研………………………………王俊峰　刘美娟（164）
改革开放以来北京市高校毕业生就业渠道演变调研……………孟繁宾　韩　悦（173）
新时代北京民众的娱乐生活…………………………………………李　金　何晓虎（187）
高考改革新方案对高中教育影响的调研
　　——以北京市两所高中为例…………………………………杨小燕　杜舒豪（197）
流行食品的安全因素调查及对策研究……………………………班高杰　宋圆洁（209）
北京市及部分外省市留守儿童的问题及对策……………………袁　雷　魏姗姗（214）
贵州精准扶贫工程，从小乡村开始的蜕变
　　——贵州省遵义市习水县良村精准扶贫调研………………李永梅　袁伟荣（225）
改革开放以来北京西城区居民就医行为演变调查………………张彦琛　高源慧（232）
改革开放40年以来北京六大城区社区治安保障的变迁研究…赵婧怡　杜若云（241）
改革开放以来大学生就业渠道的演变与实效调研………………杜　凡　吴　琦（248）

安岳县农村留守儿童学习适应现状调查
  ——基于安岳县石羊镇境内一所小学的观察·············· 孟繁宾 唐韵韬(254)
关于改革开放以来大学毕业生就业意向演变的调研············ 魏海香 孟繁雯(261)
改革开放40年来北京市公共交通建设和管理变迁调研·········· 陈凤芝 高 雅(268)
改革开放以来大中城市公共交通建设与管理变迁研究·········· 姚洪越 侯梦宇(276)
改革开放以来北京市轨道交通发展对居民出行方式变革的影响
  ·· 张彦琛 张蒲永(288)
改革开放以来计算机专业的毕业生的就业情况调研············ 陆丽琼 乌笑琪(299)
改革开放40年 小胡同变成大舞台
  ——对南锣鼓巷的调研··································· 李永梅 王松龄(308)
改革开放以来就医行为选择的演变·························· 袁 雷 贾凌杰(318)
食品药品安全问题的演变和当下热点问题···················· 王 东 鲍 玺(328)
十八大以来北京农村医疗卫生体系的改革及成效调查·········· 张宏伟 谢 莹(336)
改革开放以来农村环境卫生整治问题调查···················· 王鲁娜 白怡晨(346)
关于"改革开放以来北京市养老政策变迁"的调研············ 杨春花 李世卿(356)
大学生创业意愿调查······································· 徐秀春 林 维(364)
改革开放以来北京市民养老观念的转变及其影响因素的研究
  ·· 江 燕 宋雨佳(371)
改革开放以来医疗卫生体制的演变及其成效调查·············· 王 东 李慧敏(380)

关于改革开放以来食品安全焦点问题演变的调研

魏海香　孙可盈

【摘　要】　食品安全问题伴随改革开放40年来的发展也屡屡出现。由于所处时代的变化,使得人们的需求也在发生改变,而对于食品安全关注的焦点问题也发生着相应的改变。从人们对食品安全关注焦点问题的演变这一视角,也同样看到这个社会的发展轨迹。本文拟通过探究不同时期的食品焦点问题的演变,来论述食品行业的发展与社会的发展间的相互影响,从而构建一个良性反馈,以推动社会积极向前发展。

【关键词】　食品安全;演变;社会发展

　　从党的十一届三中全会开始,我国的工作重心转移到社会主义现代化建设上来,国家经济逐渐得到了发展。与此同时,在促进食品行业发展的时候也为其带来了很多的问题。俗话说:"民以食为天"。无论身处何地,人们对于食品的需求都是必要的,可见食品在日常生活中具有颇高的地位。反观这40年来的发展,我们发现"食品安全"作为一个汉语新词,也被赋予了丰富的内涵,被提及的频率也在不断增加,在当下更是成了一个热点话题。并且,在改革开放40年来,人们对与食品安全的焦点问题也在不断发生变化,也从侧面反映了人们生活水平及社会发展。

　　本次调查主要是采用问卷调查及走访调查相结合的方式。由于该问题时间跨度较大,调查内容较复杂,通过走访调查及相关资料的查询,我们了解到,对于食品安全焦点问题的演变主要经历了食品数量安全、食品添加剂问题、垃圾食品、转基因食品、新兴产业的卫生问题等,所以本次问卷调查主要以上述问题为主对大众进行调查,来了解大众对这些食品安全焦点问题的看法。本文也将以上述问题为点,以改革开放为线,探究食品安全焦点问题的演变过程

　　本次问卷是通过网络发放回收,共发放180份,收回180份,有效份数180份。其中年龄以18~25岁,36~45岁为主,其分别占32.22%及35.56%。其中女性填写较多,有112份,占比62.22%,男性68份,占比37.78%。

一、"食品安全"的含义

　　在我们走访调查中发现,不同年龄层对于"食品安全"的理解也不尽相同。在六七十岁左右的受访者表示,食品安全就是,能够有的吃,吃得饱就好,并表示没那么多讲

---

①　本课题指导教师魏海香(北京工商大学马克思主义学院);课题组组长孙可盈(财务172班);课题组成员孙格格(财务172班)。

究。而20到45岁左右的受访者表示,食品安全应当是,符合国家标准,不超量使用食品添加剂,营养且有助于身体健康。此类区分较为明显,此种差别我们也可以同个人的经历联系在一起,而个人的经历则又是时代发展的体现。

"食品安全",关于它的记录最早在周代出现。据《礼记》记载:"五谷不时,果实未熟,不粥于世。"由于处于在技术落后及交通不便的情况下,其对食品安全的把控主要在于其生长过程的时间。而在汉唐时,市场交易逐步扩大,其主要是对销售有毒有害食品的行为进行严厉打击(刘文杰,2013)。

在新中国成立后,由于当时生产力水平的低下,"食品安全"主要体现在满足人们对于食品的数量需求。年龄较大的受访者经历过这样物资贫乏的时期,所以对粮食显得格外珍惜。随着科技进步,杂交水稻等的出现,能够满足人们的数量需求后,人们开始追求更加营养的饮食。在1990年,"绿色食品"问世,"旨在保障食品安全,维护和改善生态环境的系统工程,很快便赢得了社会各界的信赖和支持。"(胡述楒,1997)。与此同时,食品安全也不再单指保障食品数量,还增添了对食品质量的要求,即"指提供的食品能够在营养卫生方面,满足人群健康需要,且涉及食物污染、是否有毒等规范问题。"[①] 而在我们的调查问卷中,也可以发现20到45岁区间的人群对食品安全问题尤为关注,尤其在于他们对下一代的养育,希望下一代能够在更健康的氛围中成长。随着"科学发展观"及"可持续发展"的提出,更是推进了食品行业向"环境友好型"的发展,这也是与前文所提到的"绿色食品"理念相合。随着社会的不断发展,"食品安全"的含义也变得更加丰富。

二、食品安全焦点问题的变化历程

(一)第一阶段:食品数量安全问题

1.时代背景

在1959年到1961年期间,中国的这三年粮食总量严重不足,而后又经历动荡的年代。有的受访者表示,刚刚经历过这个时期,对于生活,也并无过多追求,表示有的吃,有的穿就已经很好。而改革开放的提出,也是为了解放和发展社会生产力,提高综合国力,自此,社会开始呈现不一样的面貌。在这一时期,关注的热点就是食品的数量安全问题。

2.保障食品数量安全

一方面,随着改革开放的进行,安徽省凤阳县小岗村率先实行家庭联产承包责任制,取得了不错的成绩,极大地提高了农民的生产积极性,市场也开始呈现欣欣向荣的景象。另一方面,国家于1975年,投入了大量人力、物力、财力,用最快的速度来推广杂

---

① 摘自百度百科

交水稻,在1988年全国杂交稻面积达1.94亿亩(1亩≈666.67平方米),占水稻面积的39.6%[①],解决了粮食这一大重要问题。由图1,可看出粮食总产量在稳步提升,人民群众的温饱问题得到基本解决。

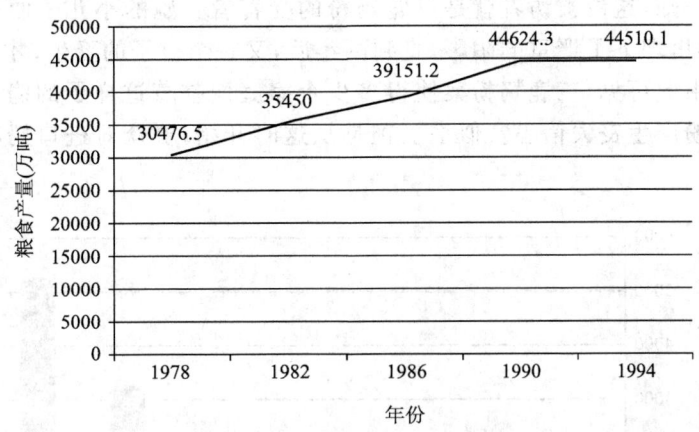

图1 粮食产量(数据来源:国家统计局网站)

(二)第二阶段:食品添加剂问题

1.时代背景

2002年,党的十六大召开,对改革开放及现代化建设工程做出了全面部署安排。在这一时期,中国的经济更是得到了飞速的发展。中国的GDP在2000年时为100280.1亿元,而在2009年,也就是《食品安全法》颁布的一年,增至为349081.4亿元[②],增长率为248%。但这一时期中,不少地方政府和食品企业为谋求更高利润,以牺牲食品安全为代价,导致了诸多的问题出现。在食品行业,为追求更大利益,食品添加剂违法使用,超量添加问题更是频发。这屡屡出现的食品风波,之所以能引起这么高的关注,一方面是由于科技的不断发展,网络的便捷,现代媒体的发达,使舆论监督的功能不断加强;而另一方面也是因为其给社会带来了极其恶劣的影响。

2.不断惹祸的添加剂

2005年,在海鲜产品体内,发现致癌物"孔雀石绿";2006年,河北某加工厂生产的咸鸭蛋,在北京检出致癌物苏丹红;2008年,众多婴儿因服用含有三聚氰胺的"三鹿"奶粉,出现不同程度的患病,并有数名婴幼儿死亡;而在两年后,三聚氰胺毒奶粉事件再次出现:青海省某一工厂,检出三聚氰胺超标达500余倍。同年,出现"地沟油"事件;2011年的染色馒头事件;同年,被"3·15"晚会曝光的双汇瘦肉精事件,无不令人胆战心惊,在社会上引起了巨大的轰动。本次不管论是问卷调查还是走访调查,被访者均对以上

---

① 数据来源:百度百科
② 数据来源:国家统计局官网

事件记忆犹新,特别是2008年和2009年左右发生的事件,部分人群表示到现在仍对该相关产业表示担心。在本次采访中,有三名被访者激动地表示,应当将这些非法生产的商家处重刑,并表示应当"判死刑,枪毙"。其中一位,说着说着,声音变得哽咽。而后我们由其他途径得知,这位被访者就是三鹿奶粉的受害者。她的小儿子便是死于"三鹿"奶粉,在她的心里埋下了严重的阴影,直到两年后,又一个孩子的降生,才稍稍抚平了她内心的伤痕。由此可见,三鹿奶粉案使得多少个家庭面临着这样子的痛苦?使得多少家庭对国产奶粉产生丧失信心?似乎也正是从这时开始,群众对进口奶粉的需求量大大增加,如图2。

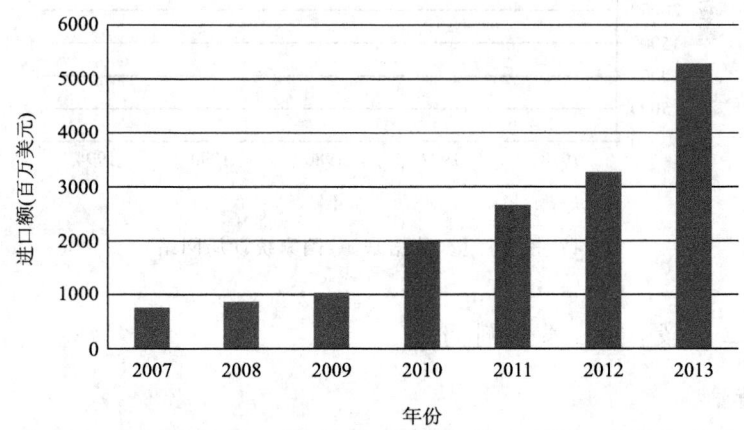

图2 乳品、天然蜂蜜等类进口额(数据来源:国家统计局网站)

反观国内,乳制品行业更是遭受了沉重的打击(张淑萃等,2013),如表1,许多小型的企业更是无法支撑,奶农也遭受了不小的打击,大型企业也同样用了好几年才"缓过劲来"。不止乳制品行业,包括居民对肉制品的需求也出现了下降,这也对社会的发展产生了不小的影响,同样,也为新的问题的出现埋下了伏笔。

表1 我国居民鲜乳品和奶粉销量变化趋势

年份	鲜乳品(千克/人)	增长率(%)	奶粉(千克/人)	增长率(%)
2007	17.75	-3.11	0.45	-10.00
2008	15.19	-14.42	0.57	26.67
2009	14.91	-1.84	0.48	-15.79
2010	13.98	-6.24	0.45	-6.25

我们也不难发现,在这一阶段出现的问题也主要是食品添加剂的问题而在我们的问卷调查中,群众对于食品添加剂表示关注的占到了73.33%。

究其产生的内在原因,也是因为经济的快速发展,人们需求的不断增加,为了增加食品的价值,加长了它的加工链,而这就导致难以监控和把关。而食品添加剂的出现,也更加"便捷"地满足了生产者的需求,尤其处于在中国一个这样拥有庞大市场的国家,所带来的经济效益更是巨大。有的生产者面对这些诱惑,难以抵挡。在此次调查问卷中也显示,对于存在的食品问题,有57.78%的人认为应当加大监管力度。相关法律的规范未能跟上食品行业的发展,致使标准不明确,给生产者及商家有了可乘之机。

(三)第三阶段:垃圾食品问题

1.时代背景

随着生活水平的日益提高,根据马斯洛需求层次理论,当人们满足了基本的生理需要后,会转向寻求更高层次的需要。在食品方面,人们转向于开始消费更加营养安全无污染的食品。随着改革开放的不断深入,国务院于1992年颁布了新法令,允许外企进入国内零售业,经济也逐渐向全球化发展,中国与外界的联系也逐渐加强,不少的外国企业涌入中国这个庞大的市场。"肯德基""麦当劳"等快餐店更是在中国发展迅速。除此之外,方便类食品在中国也是得到了极大的发展。随着人们这种在思想上的变化,对"垃圾食品"的关注也愈加强烈。由此带来的冲突也是争论的一大热点。

2.垃圾食品与健康之路

在本次的采访调查中,我们观察到了一个变化。许多家长都表达了对于垃圾食品的担忧:自己的小孩很喜欢方便面、辣条、炸鸡一类的食物。而这样的一类食物,我们都可将其归属到垃圾食品一类。垃圾食品即指"仅仅提供一些热量,别无其他营养素的食物,或是提供超过人体需要,变成多余成分的食品。"[①]而在2006年左右,人们对其的安全关注并不是很强烈,甚至认为这是属于一个高层次的消费,是提高生活品质的一个表现。随着人们的保健意识的不断提高,及相关研究表示部分垃圾食品含有致癌物质,人们开始转向于对其安全的关注。"垃圾食品"一词被提及的频率也逐渐变高。尤其是在而后的几年中,有一张拥有六个翅膀的鸡的照片在网络上疯传,引起了不小的热议,人们的目光被吸引到了此类食品上,人们开始重新看待此类食品。加之对于方便面类食品安全事件的报道,人们的认知水平不断增强,出于对后代的关心,人们开始从营养的角度重新审视此类食品,从健康与"美味"中做出一个选择。

近年来,对于垃圾食品的关注,虽不似以前那么强烈,但大多数人仍是减少了对此类食品的消费。而作为企业的他们,面对这样子的一个消费变化,也努力调整自己的战略,想要实现对健康生活方式的转变,重新构建一个良好的销售观念,努力创造健康与美味之间的平衡。

(四)第四阶段:转基因食品问题

1.时代背景

2012年,党的十八大提出要全面建设高水平的小康社会,扎实推进社会主义文化强国建设。可见随着人们生活水平的不断提高,开始转向于对精神建设的追求,使得国

---

① 摘自百度百科

民的文化素质水平也在不断地提高。同时,科技水平在这一时期中也得到了大幅度提升,新科技不断涌现。而"转基因食品"其本身的利弊问题也引起了全球范围内的关注,中国也不例外,尤其2013年批准的3种转基因大豆的进口安全许可,更是掀起了激烈的争论。

其显而易见的好处和不可估量的危害更是吸引着人们去探索,而正是由于文化的进步,使得更多的人能够去了解这门技术,发表自己的看法,这也是"转基因食品"能够引起广泛关注的一个必要条件。

2. 转基因食品是好是坏

1974年,转基因技术得到了应用,而后在1983年,最早的转基因作物诞生,这种技术因为可以对许多作物进行改良,而受到了极大的欢迎,但同时,其危害也同样令人注目。

真正把"转基因食品"推到观众面前的,则不得不从一场论战提起。2013年,两位知名公众人物在网上由于对"转基因食品"的观点不同从而引发争论,吸引到了不少的围观群众。

然而,直到现在,关于转基因食品是否安全,仍没有一个统一的定论。在本次调查中,大部分群众表示对转基因食品仍持观望态度,有42.3%的被调查者也明确表示不会购买,同时具有较高文化素质水平的群众表示仍会持续关注转基因食品的相关研究。

(五)第五阶段:代购、微商安全问题

1. 时代背景

前文提到,越来越多的食品添加剂出现,使得国人对国内的产品丧失信心,更加偏爱于进口的产品。于是在后来的几年,代购这个行业应运而生。而代购的这种经营模式,就成了顾客对顾客型,完全依赖于彼此的信任而存在。加之无相关法律的约束,代购的安全性并不能得到很好的保障。假货的现象也并不少见。加之科技的发展,通信工具的不断便捷,"微商"也成了一个出现的新词。他们也不单单出手代购的产品,还会出售自己手工制作的产品。那么,这些产品的保障也成了一个问题。相关安全问题案件的频发,也将这个行业不断推向舆论中心。

2. "不可靠"的代购微商

在本次调查中,也是出现了一个很有趣的现象:表示会进行代购的,占到了50%以上。而对于微商所售卖的食品,人们表示对其生产卫生问题担忧。也就是说,仍是给予了进口产品一定的信心。而对于进行售卖的微商,质量没有统一的标准,在责任追究上也比较困难。我们也可以说,人们对于这种关乎食品安全问题的事件仍是比较谨慎。而对于一些比较火热的产品,代购的价格也是炒得很高。尤其在前几年的奶粉食品,更是给代购们带来了巨大的利润,但也在一定程度上扰乱了市场。对于频发的假货问题,也只有不断完善加强法制建设,才能真正地规范这个市场,去促进社会的进步。

三、总结与分析

（一）演变原因

经过对以上演变过程的梳理，我们发现，推动人们关注焦点的转移主要源自于以下几点。

1. 人们需求的转移

改革开放后，随着生产力水平的不断提高，人们的基本生理需求得以保障，完成了需求由少到多的转变，而后，人们的需求变为由求多到求好。在市场经济的体制下，企业为了能够获得更多的利润，调整自己的生产产品，尽可能地满足消费者的需要，于是，越来越多种类的食品出现在人们的日常生活中。从而，使得人们的关注要点发生改变。

2. 人们素质文化水平的提高

中国随着基础建设的不断完善，在国民的精神建设上也加大了投入。国民的素质、文化水平得到了大幅度的提高，学习能力不断增强。在看待出现的社会问题上，形成了自己的思维体系，能够表达出各自不同的看法，从而加强了对于该热点问题的关注。而对于出现的新兴事物，也能够通过学习来增强对其的认识，从而使得对于该热点问题的关注人数大幅提高。

3. 信息交流的变化及新兴事物的出现

随着网络的发展，信息交流方式变得越来越便捷，人们能够更加及时地关注到社会热点。不断出现的新兴事物，更是吸引着人们。这些出现的事物与生活息息相关，更使人们对其的关注增强。由于其本身利弊的存在，也使得不同的人持有不同的看法，在可以各抒己见的网络平台上，更是引起一场"腥风血雨"。

4. 技术水平的不断发展

由于技术水平的发展迅速，新的技术不断出现，法制的完善跟不上技术的发展，使得不少侵害消费者利益的行为出现，给社会造成了恶劣的影响，由于通讯的便捷，引起了更多人的关注。

（二）食品安全焦点问题的解决与其影响

综上所述可以看出，虽然食品安全问题不断出现，但是随着对于这些食品安全问题的解决，也推动着社会的发展。正是因为不断发生的问题，使得能够不断完善我们的制度体系，比如《食品安全法》的颁布，监控体系的完善等。同样，这些问题对于人们的价值观也有一定程度的影响，能够更好地去懂得什么该做什么不该做。不可否认的是，这些问题的出现，也给食品行业的发展带来了一定程度上的打击。这在本次的调查中也可以看出，对于曾经出现过食品安全问题的食品种类，消费者仍抱有一定程度的担心。如何修复消费者的信任危机，也成了一个值得探讨的问题。

就目前看来，关于食品行业的安全问题，仍是不容乐观。现状依旧令人担忧，爆发出的矛盾更加复杂,不同标准的冲突,对质量监控体系的完善,都需要去努力改变。从以上所列的历程中,我们不难看出,一个健康和谐的社会,可以促进食品行业的发展。而食品行业的发展,反过来推动了社会的进步。在食品行业的发展进程中,我们还有很长的路要走。只有努力让社会的发展与食品行业构建一个良性的循环,人们的生活幸福感才能大大提高,社会才能不断发展。

参考文献

胡述楫,1997.谈谈"绿色食品"[C].四川省营养学会1997年学术会议暨妇幼营养保健学习班专题报告及论文摘要汇编.
刘文杰,2013.中国古代的食品安全[J].山西青年,12:126.
张淑萍,陆娟,2013.我国乳品行业市场发展整体状况研究[J].中国乳品工业,11:33-37.

北京市智能助老行业的SWOT分析及发展前景

赵春丽　杨亿慧

【摘　要】 随着我国人口老龄化趋势的日益严峻,传统的养老模式已经无法适应我国目前日益膨胀的老龄化现状。我国政府针对愈加严峻的养老状况提出了多种解决方案,而针对老年人所需的助老设备也是其中现代化的发展趋势。"互联网+"时代的到来,智能助老系统已成为当今热门的研究方向。当前,助老设备设计已趋向于科技化、智能化、安全化与人性化发展。但是,目前智能系统的产品在设计、生产、销售等方面都存在一定的问题。智能助老设备系统行业领域较多,各领域间兼容性差,各品牌系统基本上是独立研发,各自升级,缺乏统一的对接端口,未形成规模化、产业化,普及范围较小。本文结合老年人养老需求,讨论目前智能助老系统的应用现状,用SWOT战略分析法,对企业发展智能助老系统的发展前景进行全面系统的分析评估,以促进我国传统养老服务模式尽快转型升级。

【关键词】 人口老龄化;智能化助老设备;SWOT战略分析

近十年我国老年人(65岁以上)数量持续增加,人口老龄化现象加剧。2017年,全国人口中65周岁及以上人口15831万人,占总人口的11.4%,比上年增加了0.6个百分点。预计到2050年我国老年人将达到全国总人口的三分之一。在我国传统的养老方式无法合理统筹社会资源的情况下,随着我国人口老龄化的日益严重,新时代下的养老方式受到全社会的广泛关注。

2016年国家"十三五规划"中明确提出实施大数据为基础的战略,加快推动数据资源共享和开发应用,助力产业转型升级和创新。2017年我国大数据市场规模已达358亿元,年增速达到47.3%。预计2020年,我国大数据市场规模将达到731亿元。而未来大数据产业发展趋势主要有两个方面,均与智能化有关。其一是与云计算、人工智能等前沿创新技术深度融合;其二是针对制造业的大数据解决方案不断升级以助力智能制造,而智能养老产品的制造将会是重点。人口老龄化是挑战,也是机遇,正如习近平总书记在党的十九大报告中所说:"积极应对人口老龄化,构建养老、孝老、敬老政治体系和社会环境。"我们要积极应对人口老龄化,养老问题是亟待解决的,而随着信息时代的发展,养老智能化将成为一种必然。

本次调查主要采取线上及线下的非定向问卷调查。问卷一的线下调研对象是北京市丰台养老服务驿站(北大地)、养老服务驿站(东大街)、养老服务驿站(卢沟桥)、普乐园养老院、翠林敬老院、金隅万科城社区、润洁经典社区和各大街道的老人。线

---

① 本课题指导教师赵春丽;课题组组长杨亿慧;课题组成员:刘晓彤,胡祎珺,汪双双,张琦舒然,韩霄。

下调研由小组成员实地考察走访并参考媒体报道的形式。线上调查问卷通过问卷星的方式发放，共发出292份、回收292份，回收率100%，其中有效问卷271份有效率达92.81%。

智能助老设备服务于老年人群，因此本次调研小组的问卷一，针对老年群体对智能助老设备的看法与需求展开线上及线下调研，并将结果进行汇总，其中男性占40.98%，女性占59.02%，65岁以上的老人达90.73%；问卷二，对北京销售智能助老设备的企业进行实地考察，同时对各种级别养老院进行实地考察以期深入了解智能助老设备的应用现状。

一、北京市居民养老智能设备需求分析

（一）北京市养老人群智能设备需求现状

我们调查了老年群体的身体状况，结果表明：34.15%的老人非常健康、没有疾病，52.2%的老人有疾病，但生活能自理，11.71%的老人有疾病，生活半自理，1.95%的老人为其他情况；与此同时，对老人们使用过的智能助老设备的调查显示，老年群体对检测健康与安全保障类的养老设备的需求市场很大：48.78%的老人没有使用过，38.05%的老人使用过检测健康的智能养老设备，14.15%的老人使用过安全保障类的智能助老设备，11.22%的老人使用过智能家电。在护工方面，91.71%的老人表示并没有护工，而最受老人们青睐的养老模式为居家养老。调查结果显示：80.98%的老人期待居家养老，总体来说，居家型的智能助老设备将会打开广阔的养老市场。

对于大家了解智能设备的使用方法的途径，调查人群中59.26%的人通过熟人来了解，18.52%的人通过商家介绍及培训的方法，18.52%的人则是阅读说明书。可见，在信息时代商家的宣传途径不够多样化，需要加大宣传力度。

面对广大的价格敏感性的消费人群，我们还统计了大家对智能助老设备的接受价格，其中81.48%的人接受3000元以内的价格线，14.81%的人接受3000～6000元的价格，3.7%的人接受10000元以上的价格，因此，价格将会是消费者购买的一大阻力。

（二）智能设备在养老院中的使用状况分析

在实地调研中，我们发现，销售智能助老设备的企业面向的客户中，高端养老院占85.58%，低端养老院占4.89%，个人占9.53%，这个结果正好与问卷一中大多数老人未使用过智能助老设备的结果相契合，说明推广普遍适用的设备方面存在很大的缺口。

考虑到市场中老人们对健康类的养老设备的需求，我们设计了相关联的市场需求的问题到销售智能助老设备的企业进行调研。结果表明，安全保障类和健康监测类产品深受老人们的欢迎，为销量最多的两款产品，分别有60.45%和53.48的人表示在使用这两类产品。

总体而言,调研结果表明:由于市场需求的导向,在面对价格消费型为主要消费者的市场中,78.49%的企业人员表示成本将会是目前需要改进的方面,35.48%的企业人员认为市场推广需要改进,10.54%的人员表示目标消费者需要改进。因此,成本将会是智能助老行业发展的改进方向。

(三)基于需求现状对企业产品发展STP分析

1. 选择细分变量并细分市场(S)

采用地理细分、人口因素细分、心理细分和行为细分的细分标准。地理细分:按地区和城市的规模,北京属于北方城市和一线城市;人口因素细分可以按照性别分为男性和女性受众,按照年龄目标群体为老年人;心理细分可按生活方式细分为传统型、家庭型、节俭型、奢靡型不同的产品类型;行为细分:按进入市场的情况和使用程度分为经常购买使用、初次购买使用、潜在购买使用和不购买使用。

2. 评估每个细分市场的吸引力选择目标细分市场(T)

共有五种目标市场的选择:单一市场集中化、选择性专业化、产品专业化、市场专业化和全面进入。根据研究的方向选择市场专业化的目标市场,即企业向同一细分市场销售多种产品的策略,即针对老年人智能助老产品生产多方面产品,通过为专门顾客群体服务,公司可获得良好的声誉,并占领一定的市场规模。

3. 为选中的细分市场确定最佳的定位(P)

定位是通过设计公司的产品和形象,在目标市场心中占据一个独特的位置。智能养老产品公司可以通过建立高端、前沿、精准的定位,在市场中占据席位,给产品使用者提供最精准和最前沿的身体健康检测和保护。

二、北京市智能助老行业发展的SWOT分析

SWOT分析法是一种常用的战略分析法。该分析法通过分析组织内部和外部环境条件战略因素,以寻找制定适合本组织实际情况的经营战略和策略的方法。在问卷调查以及街访的过程中,我们小组发现基于市场需求,北京智能助老行业的发展呈现多方面、立体化的状态,因此小组成员以SWOT战略分析法为基本框架,对智能助老行业的发展方向的内部优势和劣势,外部机遇和挑战进行系统分析,并构建对应的SWOT矩阵,以便对未来发展提出合理建议。

(一)北京市智能助老行业发展的优势(S)

1. 地理位置优越,区位优势得天独厚

众所周知,北京是中国的首都,是政治、文化、科技、信息中心和对外交往的中心。国家经济的宏观决策和调控部门等均在北京,同时其航空和铁路客货流量位居全国第一,是重要的交通枢纽。北京作为一线城市拥有其他城市无法比拟的优势。得天独厚的地理位置是北京企业发展智能化养老的关键所在,内通外畅的交通格局将吸引来自

四面八方的投资者,为后期的招商引资提供便利条件。

2. 市场尚未饱和,发展空间巨大

在实地调研中,我们的最大的感受便是市场需求极大,调研数据(图1)显示对于购买和使用智能助老设备的态度:6.31%的人非常感兴趣,14.56%的人比较感兴趣,46.12%的人感兴趣。但生产销售智能助老设备的企业却很少。近年来,北京市场逐渐开始出现销售智能养老设备的企业,作为国内的一线城市,北京市场的革新引领了我国养老新的需求方向。我国传统的养老模式为居家养老、社区养老及养老院养老,但随着我国人口老龄化加剧,对养老需求的急剧增加,使得智能化养老的新模式应运而生。国际上智能化养老产品早已推向市场并走向成熟,如英国的"交互屋";芬兰开发的"活跃家庭生活";日本设计的一款"baby Lloyd"机器人;美国的远程医疗监测。相比于国外智能化养老方面较完备的市场规模,我国的智能化养老模式处于起步阶段,同类企业数量不多,还没有形成国外相关企业的规模,市场尚未饱和,容量较大,智能化养老有着巨大的发展空间。

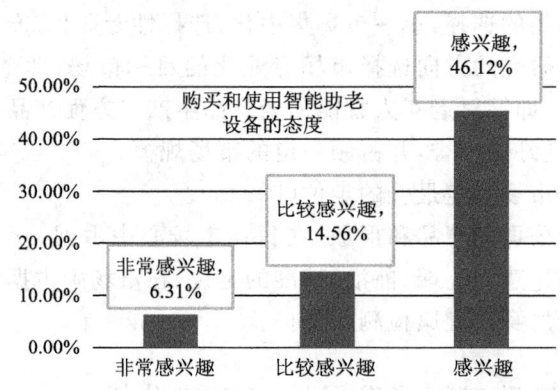

图1　对于购买和使用智能助老设备的态度

3. 一线城市资源丰富,研发人才聚集

北京拥有国内优厚的资源,吸引着来自各地的人才,为研发奠定了坚实基础。在中国经济转型升级的大背景下,对高科技领军人才的争夺可谓步步升级:北京提出了"十二大重点工程",打造世界一流人才之都,建设"人才高地",聚集了大量海内外高层次人才(图2)。

(二)北京智能助老行业发展的劣势(W)

1. 缺乏市场竞争,商业氛围淡薄

在调研过程中,我们发现,由于智能化养老处于初步阶段,北京市场中相关企业少之又少,从而无法达到"鳗鱼效应"的效果。分散市场下,竞争无法达到白热化阶段,直接影响到企业生产的效率与经济效益,无法形成效应,导致商业氛围越来越淡。一个商圈没有形成相应的商业氛围或者没有良好有序的发展前景,很难给企业及消费者树立信心。

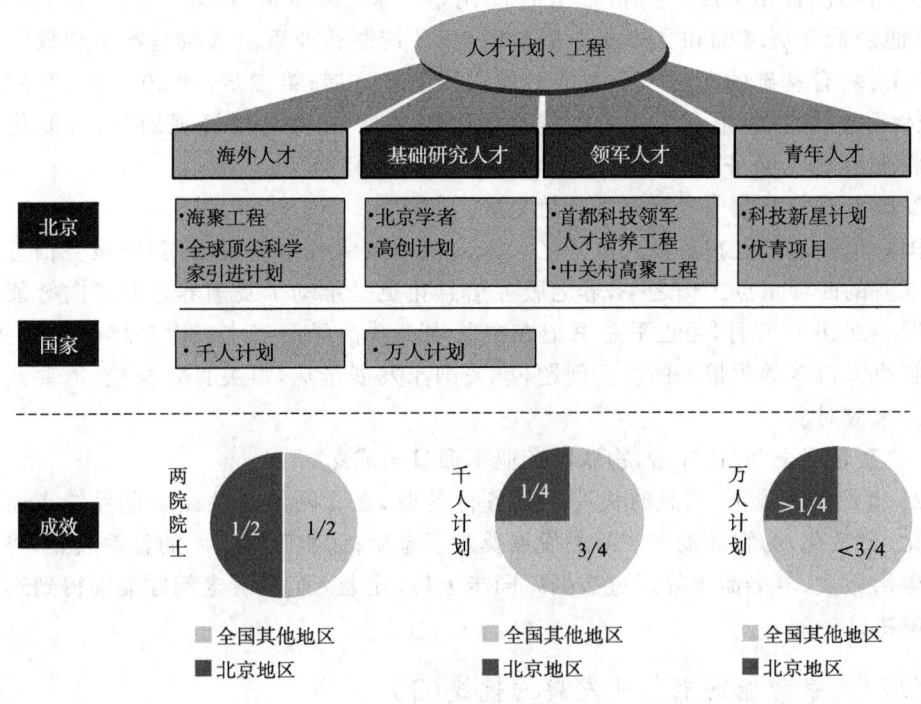

图 2 北京科技人才发展

来源：首都科技发展战略研究院《北京科技人才发展现状及思考》2018-05-17

2. 行业市场管理经验不足，缺乏相关的标准与规范

相比于国外产业链条更完整的智能养老企业，我国相关领域几乎处于空白阶段，经济竞争力较弱。改革开放以来，我国养老行业一直处在探索的初级阶段，还没有建立起一套完整的互联互通互助的高质量管理、风险预测、评估评价、信息共享等共同认可的标准与规范体制，市场管理经验更是十分缺乏，有待积极探索。

3. 产品处于研发阶段，成本难以降低

调研结果显示，设备研发公司的现有产品主要集中在智能家电、安全保障、检测健康等方面，分别占据 56.58%，45.22%，47.85% 的市场，产品功能相对简单，而对市场接受度高的新产品仍处于艰难的研发之中。鉴于现有技术的局限性，对新设计需要很长一段时间投入学习、了解，短期内见效不大，而任何产品的研发都将耗损巨大人力物力，使得成本难以降低。根据市场调查，市场消费者多为价格敏感性，多功能的需求与消费者价格要求的矛盾将会是市场宣传的一大阻力。

(三) 北京智能助老行业发展的机遇 (O)

1. 把握国家"十三五规划"时代机遇，促进北上经济协同发展

2016 年国家"十三五规划"中明确提出实施大数据战略，而大数据未来的两大发展方向都与智能发展密不可分。在由工业和信息化部发布的《智能制造发展规划 2016—

2020》中,明确提出2025年前,推进智能制造实施"两步走"战略:"第一步,到2020年,智能制造发展基础和支撑能力明显增强,传统制造业重点领域基本实现数字化制造,有条件、有基础的重点产业智能转型取得明显进展;第二步,到2025年,智能制造支撑体系基本建立,重点产业初步实现智能转型"。在战略经济规划下,智能化养老发展将促进北上经济协同发展。

2. 政府对养老服务发展加大支持力度

国家民政部已宣布将投入数千亿元来支持养老服务市场,且将养老服务信息化作为养老业的四项重点工作之一,养老服务信息化更是推动了我国养老服务向智能化方向发展。2016年5月,习近平总书记在中共中央政治局第三十二次集体学习时强调,妥善解决人口老龄化带来的社会问题,事关国家发展全局,事关百姓福祉,需要我们下大气力来应对。

3. "互联网+"时代冲击,物联网产业革命日渐成熟

21世纪的背景下,信息时代冲击了各行各业,互联网的普及让全世界的沟通更加便捷化、灵敏化,为智能助老产品的发展奠定了基础;而物联网技术的日益成熟,将老人们的生活习惯、养老需求等通过数据库同步上传,让老人们的养老问题能够得到迅速准确的解决。

(四)北京智能助老行业发展的挑战(T)

1. 大数据时代处于初步,智能化尚待发展

近些年大数据的概念才被引入各行各业并被加以运用,由于政府的大力支持,大数据战略目前发展顺利,大数据领域涉及广泛,需要加大投入进一步挖掘。我国大数据产业市场规模虽在逐年扩大,但每年的同比增长在2014年达到顶峰之后又开始持续下降,阻碍了新市场竞争力和影响力的提升。在现有大数据信息的条件下,养老智能化突破瓶颈将会是一大挑战。

2. 传统养老观念固化,加大推广难度

我国传统的养老模式多为居家养老、养老院养老和社区养老,同时人们的养老观念也相对固化。在调研中,48.78%的老年人群表示没有使用过智能助老设备,38.05%的老年人使用过基础的检测健康的智能设备,11.22%的老人使用过智能家电,同时大多数养老社区中的器械都是传统器械,智能化养老设备的应用十分有限,只有一些超高级养老院才会引入智能化养老设备。问卷二显示,智能助老企业产品的58.90%被高端养老院购买,而出现这种状况的最重要的一个原因就是很多老人目前不能接受智能养老。老人们一方面是对传统养老器械的依赖,一方面是由于对智能养老设备的使用方法的陌生,导致对智能养老观念有些模糊,甚至少数人产生抵触情绪。

表1　北京智能助老行业发展的SWOT分析

	优势(STRENGTH)	劣势(WEAKNESS)
	1.地理位置优越,区位优势得天独厚 2.市场尚未饱和,发展空间巨大 3.一线城市资源丰富,研发人才聚集	1.缺乏市场竞争,商业氛围淡薄 2.行业市场管理经验不足,缺乏相关的标准与规范 3.产品处于研发阶段,成本难以降低
机遇(OPPORTUNITIES) 1.把握十三五规划时代机遇,促进北上经济协同发展 2.政府对养老服务发展加大支持力度 3.互联网＋时代冲击,物联网产业革命日渐成熟	SO策略(增长型策略) 1.定位于中高端养老院,开展产品的介绍与宣传 2.开发防摔倒类产品	WO策略(扭转型策略) 1.政府加强对市场的监管,企业合理进行资金预算
威胁(THREATS) 1.大数据时代处于初步,智能化尚待发展 2.传统养老观念固化,加大推广难度	ST策略(多元化发展策略) 1.开发专门的养老就业客户端APP、线上线下协同发展 2.打造居家养老品牌,加大宣传力度	WT策略(防御型策略) 1.五大机制相互配合,促进"智能＋"嵌入养老服务模式 2.五大机制相互配合,促进"智能＋"嵌入养老服务模式

三、基于SWOT分析对智能助老设备行业发展的建议

(一)SO策略(增长型策略)

1.定位于中高端养老院,开展产品的介绍与宣传

调研过程中我们发现,老人们对智能助老产品的使用方法十分陌生,这也是阻碍智能助老产品进一步进入市场的一大原因。对于销售智能助老设备的企业来说,他们最大的客源来自于中高端养老院,占85.58%;销售给个人的占9.53%,销售给低端养老院的占4.89%。而在街访过程中,老人们纷纷表示对智能养老产品的功能及用法很生疏,59.26%老年人都是通过熟人来学习使用,18.52%的老人通过阅读说明书来学习使用,18.52%的老人通过商家介绍来学习使用。他们表示,学习的过程既困难又不方便,而中高端养老院又是智能助老产品的主要市场,因此可派专人去中高端养老院进行产品功能的介绍,同时这又是一个宣传产品的机会。

2.开发防摔倒类智能产品

调查结果显示,目前市场中安全保障类智能养老产品的供给存在很大缺口。在老人们使用过的智能助老设备中,位于第一位的是检测健康类的产品,高达38.05%;位于第二位的是安全保障类产品,比例为14.15%;而在老人们希望未来能购买并使用的产品种类的调研中,安全保障类产品最受青睐,比例为60.15%。因此,我们应该加大

安全保障类产品的研发与市场投入。在走访过程中,通过与老人们的深入交流,我们了解到他们对防摔倒产品的需要,尤其是那些走路不灵便的老人们,摔倒是亟待解决的安全问题。针对此类产品的开发,室外产品可模仿国外可穿戴气囊的设计,当老人跌倒时,气囊会马上充气来保护老人们的头部和臀部;室内产品可参考德国Future shape的感应地面,即在普通家用地毯的基础上加入防摔倒和报警功能……此类产品的引入将科学地避免很多不必要的事故的频发。

（二）WO策略（扭转型策略）

1.强化政府服务属性,企业进行合理资金预算

充分发挥政府主导作用,吸引社会力量参与,利用市场机制资源配置作用,实现养老服务多元化。同时企业要进行合理的资金预算,以期生产与管理的可持续性发展。

2.细分老年群体,提升财政资金使用效果

根据北京市政府政策,提供高龄津贴和居家养老（助残）服务。可根据不同标准进行细分群体。实地调研中,我们发现不同年龄的老年人群需要不同的照顾与补贴,政府可针对不同年龄的老人设置阶梯补助方式,同时要监管补助的发放情况,以便使老人们更好地受到帮助。

（三）ST策略（多元化发展策略）

1.开发专门的养老就业客户端APP、线上线下协同发展

结合"互联网＋"时代的特点,出于为传统养老宣传模式打开新局面的目的,企业可将接待与宣传业务集中在移动端,包括微信公众号以及智能养老服务、智能养老咨询、智能养老产品三款APP在内的移动端端口,可通过APP进行预约,利用"互联网＋"可实现全国乃至世界各地的联系,结束后可将老人信息自动录入APP中,遇到危险时可通过APP进行呼救,APP随时随地陪伴在老人身边。并且,APP会自动生成日程提醒、安全提示等等。

2.打造居家养老品牌,加大宣传力度

据调研结果显示,80.98%的老人希望能居家养老,11.22%的老人希望能在社区养老,2.93%的老人期待养老机构养老,4.88%的老人为其他方式。因此,在研发养老产品方面,要以市场需求为导向,聚焦老年人衣食住行等现状,探究老年群体潜在需求并有效对接,针对不同档级需求研发差异化产品,打造特色居家养老品牌,同时加大宣传力度,对产品的性能加以介绍,来吸引消费者。

（四）WT策略（防御型策略）

1.明确市场定位,减少进攻性危机

智能化养老产品尚在研发之中,明确企业的市场定位是必要条件,要紧抓时代契机,强力打造企业形象。在市场众多的潜在竞争者之中,打造特属于企业的行业特色,营造创意生态氛围,宣传企业文化。调研结果（图3）显示,82.14%的人可以接受的价

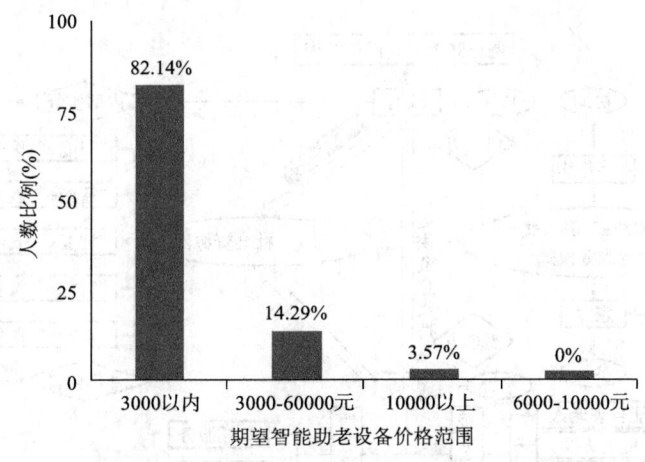

图 3 您期望的智能助老设备价格

格是3000元以内,保持与竞争对手相比较低的价格,为购买者提供更好的服务和付款条件,可以维持市场竞争力。

2. 五大机制相互配合,促进"智能+"嵌入养老服务模式

(1)医养结合:将医疗场所引入养老院中。利用智能科技构建健康数据库,通过智能手环、智能医疗设备采集信息,并利用数据进行智能数据分析,供专业护理人员诊断参考,也可实现个性化的养老科普知识的智能推送。

(2)教养结合:老年人也应进行持续性教育,可以通过社区里设立老年大学等方式,为老年人提供学习资源。与此同时,老年人同样拥有发挥余热的无限可能,社区也应为下岗人员提供一些工作机会,有利于老年人身心健康。

(3)安养结合:老年人的安全是最重要的问题,通过智能设备随时监控老年人身体健康,在家里设立智能安全监控系统,同时可以设计跌倒检测系统等细节监测系统,对老年人生活全方位检测。

(4)情养结合:文化精神也是一大重要方面,设计智能沟通机器,和老年人长期沟通交流增进老年人思维反应能力,提高情感体验。

(5)照养结合:通过养老服务产品的设计照看老年人起居。

中国已经进入了"互联网+"的时代,这是我国社会发展的阶段性特征。智能化的普及是新时代非常重要的特点之一。在新时代,产业结构进一步优化升级,发展前景更加稳定。调研中所涉及的养老问题在近些年日益受到广泛的关注,在当前的信息化的时代契机下,应当对养老问题进行优化。智能养老的互联网思维与传统养老模式相结合,将会促进传统养老产业的改革与升级,打造全方位的智能化养老服务平台(图4)。同时,北京企业具有核心地区的区位优势,以及以先进科研力量为支撑的产业链聚集、延伸和扩散效应,这样就能够有效实现产业升级。

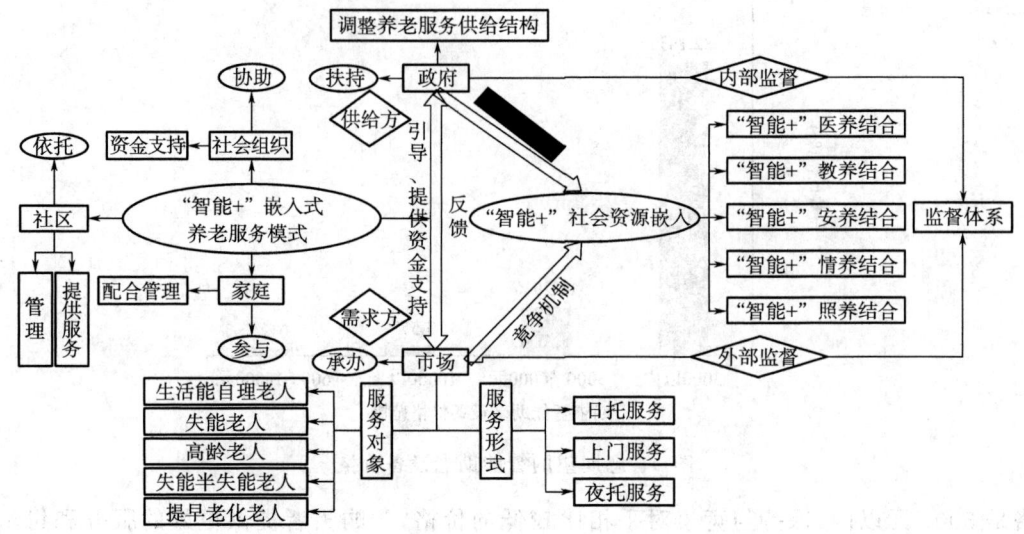

图 4 供给性结构性改革视角下"智能+"嵌入式养老服务模式研究—以上海市为例

参考文献

齐琳,2017.供给侧结构性改革视角下"智能+"嵌入式养老服务模式研究——以上海市为例[J].改革与开放(19):41-42.
孙文灿,2015."互联网+"养老未来空间无限[J].社会福利,5:19-21.
王兆鑫,李小雨,晏玉洁,2018."互联网+"在创新社区养老方式中的探索研究[J].西部经济管理论坛,29(02):33-39+61.
杨春榕,2004.现状与出路-我国城市社区居家养老模式探悉[D].长春:吉林大学,9.

北京市治安热点问题调查研究[①]

王鲁娜　冯　维

【摘　要】 社会治安,在社会发展的任何时期,都是维系整个社会稳定的重要环节之一。作为全国的政治、经济和文化中心,北京市的社会治安问题是人们关注的焦点;作为我国的"首善之区",北京市社会治安状况的重要性和特殊性也是不言而喻的。而要合理有效地做好北京市的治安工作,就必须牢牢把握目前北京市治安热点问题以及改革开放以来北京市治安热点问题的发展趋势,才能为北京市的治安工作寻找到真正的出路。本文通过分析目前北京市治安的主要热点问题以及改革开放以来影响北京市治安热点问题的发展因素,来为目前北京市的治安工作寻找可靠的途径。

【关键词】 改革开放;社会治安;热点问题;社会稳定

习近平总书记强调:"发展是硬道理,稳定也是硬道理,抓发展、抓稳定两手都要硬。要坚定不移走中国特色社会主义社会治理之路,善于把党的领导和我国的社会主义制度的优势转化为社会治理优势,着力推进社会治理系统化、科学化、智能化、法治化,不断完善中国特色社会主义社会治理体系,确保人民安居乐业,社会安定有序,国家长治久安。"而对北京而言,良好的社会治安,是其长期稳定发展的必要保证。治安状况的好坏,不但可以真实地反映社会经济和政治结构的各个环节是否存在问题、是否能够协调发展、在社会主义市场经济体制的建立和发展过程中是否具备良好的生存环境和发展环境等,还能突出体现北京市在社会主义物质文明建设和精神文明建设中,是否真正做到了"两手抓""两手硬"。由此可见,加强对北京市社会治安热点问题的研究,特别是改革开放以来北京市治安热点问题的演变分析和发展趋势的预测研究,对北京市在社会主义新时代的建设和发展中,更有针对性地采取措施预防和打击犯罪,加强社会治安管理,保证政治稳定、经济发展具有重要的理论价值。

本次调查主要采取非定向问卷调查,兼有对市民进行相关问题的街访,参考媒体报道的形式。调查问卷是由小组成员通过在朋友圈转发、在特定的微信群中发布以及邀请资深的在京人士填写问卷等多种方式让网友填写并回收,共发出调查问卷103份,回收103份,回收率达100%;有效问卷103份,有效率达100%。街访工作是小组成员通过与自家小区附近的居民以及北京工商大学附近的居民交谈了解现状来完成的。

本次调研人群各年龄层均有涉及,以25岁以下的大学生为主,占到47.57%;25~

[①] 本课题指导教师王鲁娜(北京工商大学马克思主义学院);课题组组长冯维(材料161);课题组成员:郭茂林(材料161),李卓伦(材料161),王博(材料161),向鹏(材料161),刘宏伟(材料161),田振宇(材料161)。

35岁的青年人占20.39%;35~60岁的中老年人也是调查问卷填写的多数受众,占到32.04%。填写人群的男女性别的比例比较均衡。其中女性占比54.37%,男性占比45.63%。对于调查群体的学历,绝大多数人都受到过高等教育。其中大学本科(专科)的人占到了84.47%,研究生及研究生以上的占到了7.8%,仅7.73%的人是高中及高中以下的学历。参与调查的人群大多数是居住在北京的市民,占到62.14%,其余的是非京籍的在京人员。

一、当前北京市的治安状况以及北京市民对治安热点问题的态度

社会治安满意度是公众对社会治理成效评价的重要指标之一。习近平总书记强调,要继续加强和创新社会治理,完善中国特色社会主义治理体系,努力建设更高水平的平安中国,进一步增强人民群众安全感。北京市政府在推进国家治理体系和治理能力现代化的总要求之下,各地各部门深入推进社会综合治理创新,通过建立网络化服务管理体系,建设社会治安防控体系,推动现代科技手段与社会治安综合治理深度融合等创新方式,结合更强有力的专项治理、系统治理、综合治理、依法治理、源头治理等,对于当下治安的热点问题上有较大的突破和进展,在进一步增强北京市民对于治安的满意度上成效显著。当问及"您对您在京居住地区的治安满意度"时,72.82%的人表示非常满意或比较满意;表示一般满意的占21.36%;仅仅5.82%的人表示不太满意或很不满意。而与之相比,1998年和2010年,分别有53.7%和60.9%的北京市民对治安满意度表示非常满意或比较满意;而表示不太满意或很不满意的市民分别占到了30.7%和10.5%。同时,我们的街坊调查也显示,绝大部分的市民表示,北京市的安全环境相比以前有了很大的改善,并且对于北京市未来的治安表示充满期望。由此可以看出,改革开放以来,北京市的社会治安和治理水平得到了明显的改善。但目前北京市治安过程中仍存在一定的问题,因此,牢牢把握对当前治安热点问题并针对性地处理,才能够进一步提升北京市市民对北京市社会治安的认可。对于当下治安热点问题的态度,60.19%的市民表示必须严格督查,严加惩罚,决不懈怠;20.39%的市民表示没有考虑那么多,做好自己就已经足够;15.53%的认为目前还不算严重,可以从长计议,慢慢治理;而3.89%的市民表示不太关心,并且接受街坊调查的市民几乎一致认为,目前北京市治安的热点问题与他们的日常生活和生活环境密切相关,必须在这些问题严重并且有可能对他们的安全和生活质量造成较大影响之前彻底解决。由此可以看出,北京市民对当前的治安热点问题十分关切。

二、当前最受关注的治安热点问题

针对目前最受北京市民担心和关注的治安热点问题,无论是网上问卷调查,还是我们的街坊采访,都主要集中在了以下三个热点问题:电信和网络诈骗、共享单车以及机动车等乱停乱放和无照游商摆摊设点占道经营(图1)。此外,这些问题备受关注,如传销、偷窃抢劫行为、黄赌毒等违法犯罪事件、打架斗殴和咒骂等民众纠纷、破坏公共设

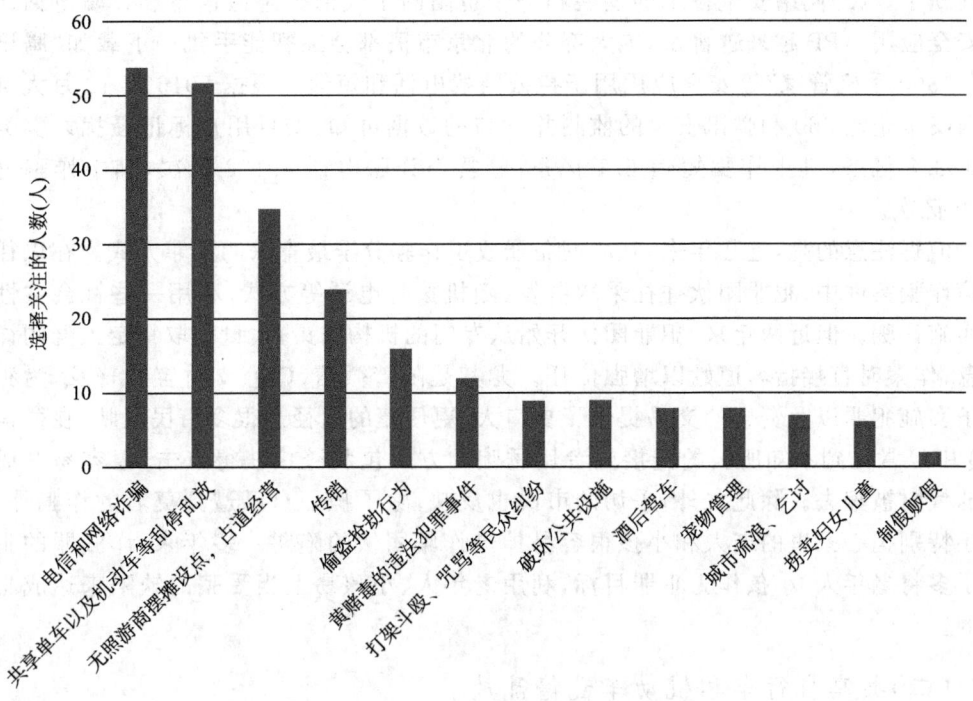

图1 市民最担忧和关注的北京市治安热点问题

施、酒后驾车、宠物管理、城市流浪和乞讨、拐卖妇女和儿童和制假贩假等问题。

（一）电信和网络诈骗

根据网上调查问卷以及街头采访的调查数据显示，目前最令北京市民担忧的是电信和网络诈骗。电信和网络诈骗几乎把触角伸向了绝大多数拥有手机的北京市民。根据资料显示，在北京有超过1550万人接到过相关的电话和短信，占到常住人口的90%以上。以北京市朝阳区为例，2016年全区合计立案侦查电信网络诈骗案件6844起，损失金额高达3亿元，已经成为威胁人民财产安全的最严重犯罪。从网上交易方式来看，主要包括网银转账和银行汇款两种方式，其中网银转账犯案5243起，约占整个电信网络诈骗犯罪交易方式的83%。由此可见，年轻人在这一过程中已经成为犯罪分子的重要目标。从诈骗类型来看，网络交易、网购异常、冒充熟人诈骗占到总体犯罪类型的50%以上。而诸如网银升级，假链接等诈骗方式仍出现较少，占比在10%以下，因此说明当前北京市的电信网络诈骗仍处在初级阶段，在解决对策上需要加强对受害人的教育，同时要加强网络监管。

相比于利用互联网实施诈骗，利用电话实施诈骗已经不再作为犯罪分子的主要手段，原因在于：(1)市民对电话诈骗的警惕性有所提高，对于电话诈骗防范心较强。根据我们的街坊调查显示，大部分的市民已经对诈骗电话和诈骗短信不再"感冒"，许多市民表示，他们在接到陌生来电时，一般接听时间不到十秒钟，甚至根本就不打算接听就直接挂断了。(2)网络安全技术的发展和进步也阻断了大部分虚假信息和诈骗电话。随着安全应用 APP 越来越普及,绝大部分的北京市民都会在智能手机中下载如"腾讯管家"、"360 手机管家"等安全应用用于拦截骚扰电话和短信。根据 2016 年 12 月大型互联网安全企业 360 和腾讯安全的监测并发布的数据可知:安卓用户标记骚扰诈骗类短信 183.8 亿条,其中诈骗短信 6.1 亿条;骚扰类诈骗电话 391.2 亿次,其中诈骗电话 48.9 亿次。

值得注意的是,近几年来,互联网犯罪成了诈骗分子最青睐的犯罪方式。在以往的电信诈骗案件中,犯罪团伙往往采取群发、随机拨打电话等方式,利用一些社会共性问题实施诈骗。但近两年来,犯罪团伙开始从专门的机构购买,大量获取特定人群的详细信息,作案时直接指名道姓以增强信任。尤其是随着微信、QQ、支付宝的普及,为犯罪分子实施犯罪以及资金的交易提供了更广大、更便捷的途径。很多市民反映:在微信和QQ 中经常见到不知所云的链接或者用诱骗的方式包装链接获得点击,很容易造成大量的钱财被骗去。除此之外,采访的市民也反映,除了担心自己遭到莫名的诈骗外,他们还特别担心家里的老人和小孩很容易掉进诈骗团伙的陷阱。多年来,诈骗罪的犯罪分子多将老年人、小孩作为犯罪目标,利用老年人、小孩易上当受骗的缺陷来达成犯罪目的。

(二)共享自行车和机动车乱停乱放

除了电信和网络诈骗这类治安问题令北京市民最为担心外,北京市共享单车和机动车乱停乱放的现象也着实令人反感和头疼。在北京,不管是较为偏僻的郊区、小区,还是繁华的街道,都能看到许多机动车随意地占据着街道,人行横道,而且大量的自行车随意地停放,不管好的,坏的,还是倒的都放在那里,无人管理,这无疑让许多过道的行人感到不满,同时也造成了城市的混乱。这一现象,与改革开放以来北京市的经济发展和城市规划有着莫大的关系。

随着改革开放以来北京市经济的发展和城市居民生活水平的提高,北京市机动车保有量迅速增长,停车需求也快速增加,而城市停车设施规划建设相对滞后。长期以来,由于缺乏对停车需求的有效管理,造成了停车供需失衡,停车设施短缺矛盾日益突出,加之缺乏完善的停车法规和停车管理措施,乱停车、乱占道的现象愈演愈烈,"停车难,乱停车"已成为北京市交通管理的"瓶颈"。此外,随着市民们对出行的便利需求越来越多,由此共享单车开始出现。北京市共享单车的高速发展促使了自行车流量的大幅提升,而城市道路建设所配套的非机动车及设施暂时还满足不了迅速增长的非机动车流量,造成许多自行车行驶在机动车道上;由于缺乏管理,机动车非法驶入非机动车车道形成常态,占用了共享单车使用空间,也增加了安全隐患。停车问题不但加剧了北京市动态交通的拥堵状况,严重影响了城市交通系统的正常运行,而且影响了北京经济社会发展和城市居民日常生活,成为整个城市管理的难点和焦点问题。

"车辆乱停乱放,是一个大煞首都风景的顽症。它不仅严重破坏城市容貌,给市民出行带来极大的不便和危险",很多被采访的市民颇有怨言。一位家住特种工艺厂宿舍区的市民对乱停乱放现象深恶痛绝。他说,小区里车辆乱停乱放问题一直没有引起足够重视,在狭窄的道路上,甚至在草坪上,随处可见自行车、摩托车,这样一来,小区环境乱了,公共利益也受到了损害,希望有关管理人员能够制定合理的条规,进行管理。生活在北京工商大学阜成路校区的一位学生也强烈反映,学校门口的小路上堆满了乱停乱放的共享自行车,不管是好的还是坏的,都停在那里,经受着风雨的洗礼,没有人来管。本来一条非常窄的机动车道,两边却长期停着小轿车,严重影响着交通秩序,让本来已经很不顺畅的过道更加拥堵,让前去上课的学生也有可能受到潜在的交通威胁。作为调查人员,我们也在许多人行道和小街路上,经常看到有些机动车和共享自行车很随意地"横"在人行横道上,导致行人不得不走下人行道,无形中增加了安全隐患。街访中我们也发现,绝大多数市民对乱停乱放现象持否定态度,认为文明停车和放车(不管是机动车还是自行车)是每个人的责任,这是责无旁贷的,需要每一个北京市民严格遵守。但也有些市民认为他们有的时候乱停乱放实属无奈,并就此提出了自己的一些建议和想法。我们也随机采访了一位车主,他说:"其实谁也不想乱停车,况且会有被罚款的风险。但是现在的车实在太多,有时候停车实在太难了,所以迫于无奈就停在了不该停的地方。我认为治理违停不能光靠罚款的手段,相关部门可以科学规划出更多的停车场供大家停车,比如我家附近有一个废弃的铁路线,每天晚上有很多车停在那里,其实那里完全可以改造成停车场。"

(三)无照游商占道经营,摆摊设点

无照游商是擅自在交通枢纽、楼房居住区、学校周边及商圈等人流密集区,使用简单的经营工具,如手推车、自行车等贩卖食品、生活用品等货物,或者从事低技能服务的人群。这类人群通常被视为无照游商。无照游商中大部分属于"弱势群体",这些人缺乏基本的生存技能,而社会保障制度又相对缺失,故无照经营是其解决生存问题的主要方式,大量的无照游商给城市环境建设及人口调控带来极大的影响。无照经营作为扰乱城市环境秩序的行为,具有一定的社会危害,主要体现在扰乱正常的经营秩序、交通及环境秩序、公共卫生秩序。但其存在又具有一定程度的合理性,游商大多数为弱势群体,社会公众对待无照游商都抱有一定同情心。因此,政府部门在治理中的难度非常大,极易引发暴力抗法、集体上访甚至群体性事件。但是,尽管如此,治理北京市的无照游商这一热点问题却是势在必行。

调查显示,许多小区住户对无照游商颇有反感:首先,无照游商随意摆摊设点严重影响了北京的市容,破坏了城市的美观。其次,无照游商会极大地扰乱社会秩序。北京的无照经营行为主要分布在人流密集的公交车站、居民小区、地铁出口、超市及市场周边。北四环华堂商场对面的过街天桥、北京工业大学南门、公主坟桥东南角、五道口华清嘉园北门外等地区的无照摊群较多。这些地方本来就人群密集,交通拥挤,如果这些地方聚集了太多的摊位,势必会带来一些无法预测的事故甚至犯罪事件。更重要的是,市民对无照摊群非法占道的反映最为强烈,严重影响了他们的出行安全,而且很容易造成交通事故。一位车主向我们反映,他住的那个小区的行车道本来就很窄,才两个车道,但每天早上上班的时候却总是有游商摆摊卖早点,而且边上围了一群人买,除了担心早点的食品安全隐患外,他生怕驾车过去的时候撞上别人或摊子。可以看出,无照游商摆摊设点问题确实已经成为北京市治安的热点问题。无照游商摆摊设点对社会治安的危害远不止如此。首先,流动无照经营者之间为争地盘、招揽生意,会出现打架斗殴、恶语相向等不文明的行为,造成社会治安混乱;百姓群众不堪流动无照经营的叫卖影响,也会与其产生冲突,由此严重影响着社会的稳定。更严重的是,虽然无照经营为群众带来了群众实惠性和便利性,但随之而来的侵占街道、乱摆乱放经营工具、堵塞交通、乱扔乱倒腐烂变质的蔬菜水果垃圾等行为严重污染环境、破坏公共交通秩序,威胁着市民的健康和安全。

(四)其他大型犯罪事件

除了以上三个常见的热点问题外,许多大型的犯罪事件也是受到市民们热议争论的治安问题,比如传销、偷窃、抢劫、黄、赌、毒、打架斗殴、拐卖妇女和儿童等。这些大型犯罪事件主要以暴力形式为犯罪手段,对客体的生命财产安全构成直接的威胁以及造成严重的违法犯罪。这些犯罪事件,已然成为破坏北京市治安稳定最为严重和邪恶的因素。北京近年来的犯罪比率虽然有所下降,重大刑事犯罪案件比率却有所上升,犯罪性质越来越恶劣。比如,在2013年发生在天安门前金水桥边的一件严密策划,有组织、有预谋的汽车冲撞致人伤亡的暴力恐怖案件;在2017年房山城关瓜市村发生的重大杀人刑事案件以及发生在大兴区的绑架案件,让人惶恐和争议。犯罪地点已不再局限于偏径小巷,而发展到室外、繁华地段;犯罪对象已不局限于一般行人,而是扩展到富贾、官员、公共设施;作案手段也从一般凶案演化成持枪案件。一些穷凶极恶的不法之徒为满足个人私欲,疯狂地进行盗窃、抢劫活动,在犯罪过程中,常伴发凶杀行为。

三、改革开放以来北京市治安热点问题的影响因素

(一)社会生活节奏的加快以及社会风气的日益浮躁

中国经过多年改革开放的发展,国民物质生活得到极大的改善、生活方式也变得更加丰富多样,社会呈现欣欣向荣的一面,但同时也出现一种情绪焦虑、性情急躁的普遍现象,即社会浮躁。而对于北京这样的大城市,城市化进程加快,社会生活节奏明显加快,社会浮躁现象更加普遍和严重。这种缺乏理性的浮躁心态已经演化为一种普遍的社会心理,充斥在社会的各行各业中;政府对于经济指标的片面追求;工商界对于投资的盲目狂热;文化节对于销量的过分关注等等。一时之间,社会浮躁作为一种急功近利的、好大喜功的病态心理,对人们的经济生产与社会生活产生着广泛的影响。生活在这样一种浮躁氛围的人们很容易因为钱财、权利等个人利益引发纠纷甚至犯罪,而且对于基本的社会规则和秩序也慢慢地不太在意,不愿意排队、等不了红灯、受不了委屈、"沉不下身子"、惦记着待遇,出现了为尽快达到目的的急躁情绪;心中无底、不知所措、急功

近利,不惜代价地投机浮躁情绪;盲目冒险,缺乏理性,一不顺心就激动愤怒,争吵谩骂,大打出手,甚至引发暴力事件的暴躁情绪,这为北京市治安的稳定和社会和谐造成了许多不安的因素。

(二)北京市外来人口的不断迁入

随着改革开放的不断深入和市场经济的纵深发展,北京市产业结构布局不断调整,城市化进程加快,由此大量外来人口涌入北京,城市内部人口集聚现象逐渐显现。北京作为一个经济、社会、文化资源比较丰富的城市,以其优越的人文历史环境、良好的就业条件和发展机遇,成为流动人口向往追求的重要目标。北京自身的经济社会快速发展和迅速推进的城市化进程也产生了大量的劳动力需求。因而在外部推力和内在拉力共同形成的合力作用下,凸显出北京人口流入的"高地效应"。根据北京市统计局2014年人口调查数据显示,2014年末全市常住人口2151.6万人,比上年末增加36.8万人。从区域分布来看,2014年末,朝阳、丰台、石景山和海淀等四区构成的城市功能拓展区常住人口最多,达到1055万人,占49%;其次是房山、通州、顺义、昌平和大兴等城市发展新区,常住人口为684.9万人,占31.8%;首都功能核心区和生态涵养发展区常住人口相对较少,分别为221.3万人和190.4万人,所占比重分别为10.3%和8.9%,外来人口为818.7万人,比上年末增加16万人。大量外来人口的迁入使得中心城区人口压力沉重,虽然为北京带来无限活力和充足的人力资源,但同时也为北京市的经济发展和社会管理带来了一系列问题。北京市外来人口增加过快,反而会对经济增长起到抑制作用。另一方面,部分人口流动存在盲目性和不适应性,他们不能很好地融入当地的生活和工作,成为流入城市的不稳定因素,有些人甚至走向了犯罪的深渊。流动人口犯罪现象普遍存在且日益严重,流动人口犯罪数量逐年上升,已经超越本地人口犯罪的数量,成为当地违法犯罪案件的主要来源,严重影响北京市的治安。

(三)现代信息工具和现代传媒对违法犯罪的影响

改革开放以来,随着互联网和信息技术的迅猛发展,网络虚拟数字化世界与现实生活日趋融汇交互,虚拟社会应运而生,并以前所未有的速度和方式影响着人们的生产和生活。作为现实世界在虚拟空间的"投影"和"映射",虚拟社会已俨然成为现实社会之外的"第二社会",由此引发的网络安全问题乃至社会管理问题层出不穷。虚拟社会是一个"自由王国",网络行为自由度高、可控性弱,一些网络媒体或网民利用网站、电子邮件、手机短信平台及QQ群、微信即时通信系统散播虚假有害信息或恶意炒作,产生广泛的社会危害性。作为一种特殊的犯罪方式,网络犯罪是带有信息经济的现代传媒的副产品。现代传媒的多媒体网络特性为犯罪提供了诸多便利条件,使得网络犯罪的危害具有扩散性,其危害领域、危害对象、危害结果都具有广泛性。如银行网络染上病毒,所有储户的存款、取款记录将荡然无存,银行金融管理体系将会引起混乱,而病毒的传染性,有时会使整个网络受到影响,其危害造成的损失是巨大的。不少犯罪分子针对计算机网络信息系统实行犯罪(包括破坏计算机信息系统、传播计算机病毒以及利用计算机进行金融诈骗、盗窃、贪污、挪用公款、窃取国家秘密等），对个人，社会甚至是国家的危害都是巨大的。

另一方面，由于现代传媒的飞速发展，其负面影响日益突出。第一，新闻媒体对犯罪过分的渲染诱导着犯罪的发生。由于违法犯罪的案例颇具新闻性，所以往往成为媒体争相报道的焦点。然而往往由于犯罪过程和破案方法描写的过细，其结果不仅满足社会受众的"猎奇""观赏"心理，也为已有强烈犯罪意念的人提供了犯罪方面的"指导"。一名青少年犯罪心理学的研究人员曾调查100多名犯盗窃、抢劫罪和性犯罪的青少年，近1/3的人的犯罪动机与新闻报道和一些文章有关。真实的新闻报道更具"接近性"，更易模仿。第二，有的新闻媒体正在慢慢丧失其该有的社会责任。在传媒日益功利化、商业化的今天，许多传媒经营者为了一己之私，挖空心思，各施奇招，大肆制作杀伤劫掠的作品，将所谓的"冷面杀手""黑道英雄"刻画为生活的强者，正义的化身。更有甚者，有的媒体为了追求高"眼球"和高曝光率，迎合部分读者的心理，主动曝光社会的阴暗面。这种抑善扬恶、倒行逆施的价值导向，不仅有悖于传统的是非观、善恶观，而且容易模糊人们道德认知标准，淡化故事虚拟与现实生活的差异，误认为这种通过伤害他人达到目的的方式是合理的。尤其青少年的模仿能力强，易受外界影响。因此，如果我们的文化市场大量充斥反映暴力、非法行为的书刊、录像、电影、网络游戏等等，而大众媒体又缺乏必要的正确的引导，那么很容易让接触过的人尤其是青少年形成错误的观点，导致各种暴力犯罪行为，造成社会治安的严峻局面。

（四）改革开放以来社会体制的深刻变革

马克思主义唯物论认为，"人"不仅具有自然属性，更具有社会属性，并通过自有自觉的活动，发挥社会发展的主体作用。群众工作是具体的、历史的，不同时期有不同的特点。改革开放以来，我国逐步推行以经济建设为中心、以社会主义市场经济为导向的发展模式，成功实现了以高度集中的计划经济体制到充满活力的社会主义市场经济体制、从封建半封闭到全方位开放的重大历史变革。与计划经济时期相比，经济体制深刻变革，社会结构深刻变动，利益格局深刻调整，思想观念深刻变化，在新形势下给群众带来前所未有的挑战。

第一，我国现阶段的社会主义市场经济虽然还是以公有制为主体，但同时允许个体经济、私营经济和外资经济等私有经济形式存在并共同发展。私有经济的基本特征是私人占有生产资料，存在雇佣劳动关系。无偿地占有雇工们创造的剩余劳动价值是私有经济主发财致富的源泉。目前，北京市的私有企业雇工人数已从几十、几千到甚至上万。他们可能存在的私有心理和私有观念产生和发展的物质基础，成了产生犯罪的驱动力和内在原因。在适宜的外部条件作用下，它就会非常容易地外化为具体的行为，就可能出现某种犯罪。例如，为牟取暴利，有些人就可能伪造、假冒、以次充好，有些人为了追求享乐，就可能贪污受贿、盗窃、抢劫、杀人、放火、制毒贩毒、拐卖人口、卖淫嫖娼等。

第二，市场经济趋利原则在某种程度上会导致拜金主义流行、侵财犯案增多。作为商品经济发展的高级阶段,市场经济中价值规律的作用是显而易见的。它能够诱导有的人为了追求个人利益而不择手段。因而有人对商品顶礼膜拜,产生了拜金主义;有人重利忘义,以获取金钱财富为最高价值目标,不顾社会公德,也不惜采取任何手段,甚至违法犯罪。马克思在《资本论》中指出:"虽然资本逃避动乱和纷争,它的本性是胆怯的。这是真的,但还不是全部真理。资本害怕没有利润或利润太少,就像自然界害怕真空一样。一有适当的利润,资本就胆大起来。如果有10%的利润,它就保证到处被使用;有20%的利润,它就活跃起来;有50%的利润,它就铤而走险;为了100%的利润,它就敢践踏人间一切法律;有了300%的利润,它就敢犯任何罪行,甚至冒绞首的危险;如果动乱和纷争能带来利润,它就会鼓励动乱和纷争。"(丰子义等,2002)所以市场经济的趋利性原则使有的人产生了拜金主义,并使之成了社会消极现象的驱动力和侵财犯罪增多的重要诱因之一。

四、应对北京市治安热点问题的主要措施

虽然目前北京市的社会治安形势基本上处于稳定状态,但问题也很多,必须要面对许多新情况和新问题。通过前面的分析可知,目前北京市社会治安现状以及成因是纷繁复杂的,各种扰乱社会稳定事情以及犯罪事件都有上升的趋势。这无疑在警告:如果不采取有效的对策,问题将会更加严重。结合近些年来北京市的热点问题以及调研分析来看,北京市的治安热点问题主要朝以下几个方面发展:网络、电信犯罪日益凸显;市场经济对其影响愈加显著;治安热点问题趋向多元;群众性事件愈发严重等。因此,结合这些发展趋势和发展因素,必须采取及时合理行动和措施。

(一)首都公安部门严格做好治安工作,进行多方面治理

首都公安部门是维护北京市社会治安的主要职能部门,是预防和打击犯罪的中坚力量。改革开放以来,首都公安部门在打击犯罪势力、解决影响北京市和谐稳定的问题等方面发挥着巨大的作用,并且深得北京市民的爱戴和信赖。据调查显示,当问及"若身边发生了治安问题时,是否会联系公安机构"时,有81.55%的人选择会积极联系首都公安部门,仅18.45%的人选择会自行处理。因此采取合理的措施,才能最大化地发挥首都公安部门的作用。

第一,要针对目前的治安热点问题及时加强监督和治理。调研数据显示,59.22%的人认为,他们所在地区的治安力度一般,19.42%的人认为治安力度不够,低于一般水平;甚至有4.85%的人认为治安力度远远不够,形同虚设,仅仅16.50%的人认为治安力度很大,非常严厉。在问及"他们是否将工作重点放在了目前您所担心和关注的治安热点问题上"时,61.17%的人认为有所涉及但不够深入,甚至5.83%的人认为完全没有,仅仅33.01%的人认为能够及时监管和治理。因此,首都公安部门必须进一步严格加强监管和治理,针对目前的治安热点问题的形势发展变化,不断对社会治安防控体系进行创新、调整,有效整合防控资源、集成防控手段、扩大防控范围、拓展防控领域、延伸

防控触角等,使治安工作能够渗透到治安热点问题的各个方面。

第二,对于人流量较大以及容易发生治安问题的地区有针对性地监督。调查数据显示,地铁站、公交站、火车站等周边;网吧、KTV等娱乐场所;学校,幼儿园周边;商市场周边和农贸市场周边;餐饮场所;居民区租房集中地等被认为是最容易发生治安问题的地方(图2)。其他容易发生治安问题的地方还包括地下通道、过街天桥、建筑工地、公园景区、停车场等。街访显示,像地铁站,学校周边,往往是自行车,机动车乱停乱放以及无照游商经营的主要场所,并且人流量比较大,还很容易发生纠纷、流浪和乞讨甚至其他犯罪事件。因此,首都公安部门要针对这些敏感地区监管和打击能够有效地抑制治安问题。

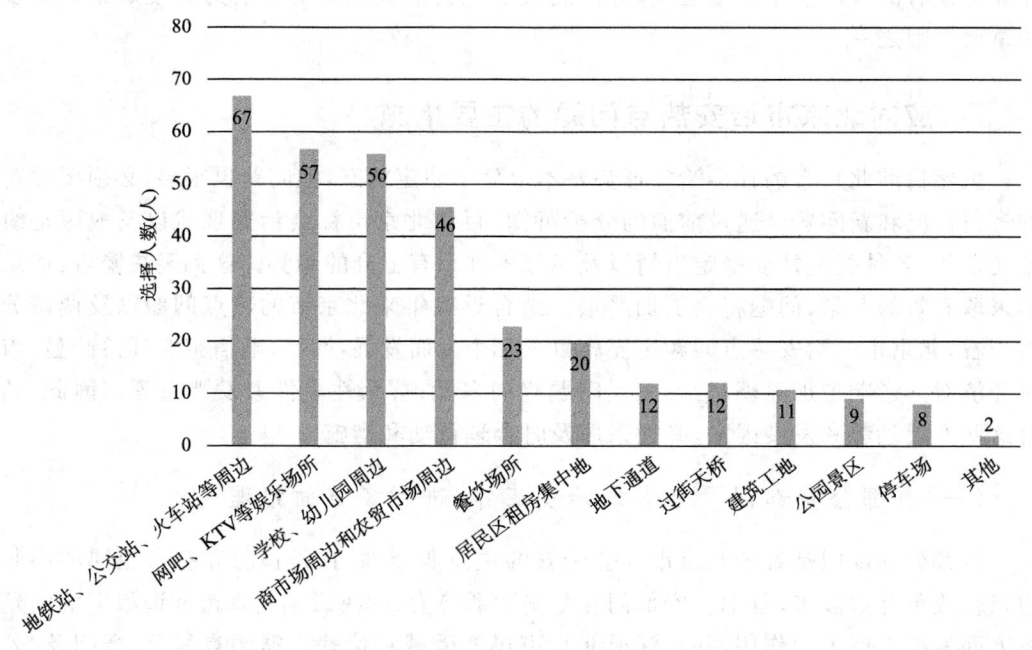

图2　市民对哪些地方容易发生治安问题的看法

第三,增强与市民的沟通和交流,加强市民的安全和素质教育,并在治理过程中及时了解他们关心的问题。首都公安应该本着"民意主导警务"的工作理念,了解群众真正所关心的以及在生活中所遇到的社会问题。让"面对面,心贴心"的交流方式形成常态,并且对于缺乏安全和社会意识的群众,及时地进行督促学习和教育,让更多的群众能够了解首都公安的工作。调查显示,55.34%的人对首都公安的工作的只是一般了解,而31.07%的人不太了解,仅仅10.68%的人表示非常了解。因此,公安部门有必要对市民加强自身工作的宣传和教育,让更多的市民能够关注。面对新形势下的北京市治安热点问题,必须坚持问需于民、问计于民,及时了解掌握民情民意,才能针对治安问题全面治理。近年来,首都公安部门已开始按照民意主导警务理念,组织开展了"百万群众大走访"活动,312万群众积极参与问卷调查,集中整理同群众厌恶的8类突出治安问题、5类重点部位场所、40处整治点位,逐渐为全局打防管控工作提供明确的导向;整合了民意沟通渠道,向社会公布了"局长信箱""110投诉""北京平安网络关系平台"等8条民意渠道,为应对北京治安热点问题得到了更科学充分的信息。

(二)市民自觉加强自我道德建设,增强社区精神文明建设

解决北京市的治安热点问题,提高整个社会的治安水平,关键在于让更多的市民自觉地增强社会意识,加强自身的道德文明建设,使城市的物质文明建设和精神文明建设协调发展,从根本上减少影响北京市治安的不利因素。

习近平总书记指出:"只有物质文明建设和精神文明建设都搞好,国家物质力量和精神力量都增强,全国各族人民物质生活和精神生活都改善,中国特色社会主义事业才能顺利向前推进。"(中共中央宣传部等,2014)。因此,对于一个治安良好的社会环境,物质文明建设和精神文明建设都是不可或缺的。而一个社会的精神文明建设的好坏,很大程度上由居民的社会意识和道德风尚来决定。反观近年来一些地方之所以治安秩序混乱,民众矛盾纠纷不断,破坏社会和谐稳定的各种事情和案件的数量不断上升,与社会精神文明建设的弱化,居民个人思想混乱,社会道德水平下滑有关。因此,要搞好精神文明建设,提高社区居民素养,倡导社会新风尚,可以从以下两点着手:第一,在城市社区中举办市民学校,不断对居民进行社会公德、职业道德和家庭美德为主要的文明意识教育,发展安全社区,卫生社区,植树美化环境社区等;开展群众性志愿者活动等,使广大社会居民自觉维护社会秩序和社会环境;第二,促进城市社区的公益福利。美化环境,搞好社区卫生建设,建立老年幼儿活动场所,开设扶弱助残的活动;设立社区的诊所,方便居民看病或急救,开展健康教育和卫生的宣传;设置专人管理城市社区车辆的停放,使城市给人一种安详宁和、处处井然有序的美好印象。众多公益福利性服务,不仅体现社区管理机构对广大社区居民的关心,也体现了社区居民之间相互支持和帮助,充满了人与人之间真挚的感情,促进了新型人际关系的形式,改变原来社区特有的疏远冷淡的邻里人际关系,从而使社区居民感受到生活环境的安全和人际关系的温暖,形成团结的一个整体,因而在必然减少犯罪分子作案的可能性同时,维持了人与人之间的一种心连心的传统美德。

(三)增强媒体的社会责任感,充分发挥其社会作用

传媒行业在社会主义的物质文明建设和精神文明建设中担当着特殊的功能,在社会舆论导向的指引、社会风气的引领和社会风尚的塑造上,有着其他行业不具备的功能。在当今发达的网络社会,如果新闻媒体所报道和弘扬的是充满正能量以及被广大人民所认可和心有感触的美好事物,那么将会在无形之中为社会带来众多积极的因素。更重要的是,这也为北京市社会治安热点问题的解决带来良好的契机。因此,必须要引导当代媒体建立行之有效的媒体法律法规,树立良好的职业道德。首先传媒工作者是职业传播者和职业舆论反映者、引导者,要担当这样的社会角色,完成所肩负的使命,需要较高的思想政治水平,公正、独立的道德品格,无私无畏捍卫正直和真理的勇气以及

关键时刻为社会公众利益敢于突破和牺牲的精神。传媒行业需要越来越多这样有社会责任感的职业人员,要能通过自己所拥有的传媒渠道打造出改善国家和社会的"文化作品"。另外,要充分发挥自媒体的优势,有效地加强舆论监督作用。可以针对性地搭建公共问题门户网站,并搭建公共讨论的网络平台,创造更多的条件和机会,鼓励人们参与到媒体的建设中来,通过对网站和平台中出现的问题的收集和整理,使政府监管部门可以做出更有针对性的监督工作,在实施重大决策时也可以听到民众的声音,真正做到听取群众意见,为人民做实事。比如,针对北京市目前的治安热点问题,可以专门搭建讨论和反映这些问题的平台,让所有有话说、有感触的北京市民在一起交流,不仅自身受到教化,还能集中反映给北京市政府和公安部门。所以,有理由憧憬,在具有社会责任感的新闻媒体的影响下,北京市的治安状况能够得到良好的改善。

结束语:

北京市社会治安形势好坏的重要性是不言而喻的。抓牢目前北京市的治安热点问题的研究和社会治安管理工作,对北京市的政治和社会秩序稳定具有重要的作用。通过本课题的研究,我们希望广泛存在的各种社会问题能够引起社会各界和理论工作者的足够重视,加大调查研究和经费的投入力度,以不断提出能够与飞速的经济发展相适应社会治安管理办法和对策。相信在政府和各级干警卓有成效的共同努力下,在全市人民群众的积极支持和配合下,未来北京市的社会治安一定会得到更加科学、有效的治理。一个高度文明和安乐、祥和的现代化国际大都市一定会在不久的将来呈现在我们的面前。衷心祝愿北京市的明天会更加美好!

参考文献

丰子义,杨学功,2002.马克思"世界历史"理论与全球化[M].北京:人民出版社:67-68.
燕继荣,2017.协同治理:基层社会治理创新的宁波探索[M].北京:人民出版社:1.
中共中央宣传部,中共中央党史和文献研究院,中国外文出版发行事业局,2014.习近平谈治国理政[M].北京:外文出版社:153.
中共中央宣传部,中共中央党史和文献研究院,中国外文出版发行事业局,2017.习近平谈治国理政(第二卷)[M].北京:外文出版社:384.

建立新型"驿站式"养老模式运营情况的调研[①]

朱倩 张哲

【摘 要】 中国老龄化已敲响警钟,老年人的养老问题得到了社会的普遍关注。作为当代大学生,我们应将弘扬中华民族尊老、敬老的传统美德,以实际行动为老人送温暖、献爱心、为创建全国文明城市贡献青春力量作为己任。

因此,我们选择老龄化程度比较严重的城市之一——北京市作为研究区域。在暑期期间,我们到北京市各养老驿站进行主题为"聚焦城乡养老院 齐心共建中国梦"的实地探访调研,了解新兴的养老服务模式——"驿站式"养老,同时进行养老院同养老驿站之间的差别解析,分析首都目前正在建立的"四级"养老服务体系。

通过调查北京市城乡老年人养老现状,实地调查北京市16个区504家养老驿站的现状,了解养老驿站老人日常生活状况等情况,发现养老驿站现存问题,以期引起人们对养老驿站老年人晚年的重视。

【关键词】 养老驿站;居家养老;老龄化

2018年正值改革开放40年。自从改革开放以来,我国社会福利保障体系不断发展,但是近些年来,老龄化问题日益严重,对我国的养老体系提出了更高要求,迫使我国的养老服务体系尽快转型。

新时代来临,"民生"一词在党的十九大报告中总共被提及十二次,"保障和改善民生要抓住人民最关心最直接最现实的利益问题,既尽力而为,又量力而行,一件事情接着一件事情办,一年接着一年干。"养老问题也属于民生中的大问题,随着社会进步,城市养老所存在的问题也处在不断地发展演变过程中,政府为了解决目前出现的养老与医疗服务割裂、养老服务地域跨度大等问题,建立"养老驿站",与社会机构合作,利用专业化的人才,形成新型的养老服务模式。

本次调研即针对此新型的养老服务模式,采取实地调研和问卷反馈相结合的方式,对北京市一共16个区共504家养老驿站开展调研。调研过程中,通过前期电话联系、实地到访、采访驿站负责人以及正在活动的老人问题等方式,对各驿站情况有了基本了解,再经过调研结束后的信息汇总和分析,对整个北京市不同地区的养老驿站运营及提供服务的情况有了进一步的了解,由此发现现在的养老服务模式存在的问题,以期对完善我国的养老服务模式提供更好的建议。

[①] 本课题指导老师朱倩(北京工商大学马克思主义学院);课题组组长张哲(新闻162);课题组成员:马钰洋(贸经161),魏磊(商英161)。

一、养老驿站调研背景

自从 2014 年底我国进入老龄化社会以来,呈现出老年人口基数大、增速快、高龄、失能、空巢趋势明显的态势。截至 2017 年底,我国 60 岁及以上老年人口有 2.41 亿人,占总人口 17.3%,养老问题异常严峻。

老年人口的持续增长,导致居家养老医疗卫生服务和生活照料服务叠加的需求大幅度上升,而我国现存有限的医疗卫生和养老服务资源以及彼此相对独立的服务体系远远不能满足老年人的需求。我国正处在这样一个人口老龄化与"经济转轨、现代化发展、城市化进程并存"的各种矛盾交错、问题叠加的社会转型期,要满足庞大居家养老年群体对医疗、护理、生活照料等多方面的需求,构建一个完善的医养结合社会养老服务体系,不仅需要巨大的财政支持,还需要强有力的制度保障、政策支持和专业人才队伍建设。

习近平总书记在十九大报告中指出:"在社会福利方面,提出要积极有效应对人口老龄化,全面放开养老市场,提高养老院服务质量,推动老龄事业全面协调可持续发展。"

而北京作为全国最先进入老龄化社会的大城市之一,老龄人口总量和老龄化速度均位于全国前列。据报道,北京市户籍人口老龄比例在全国排第二,全市平均每天净增 500 余名 60 岁以上老年人,并且仍在快速增长,老龄化形势十分严峻。

为了满足在老龄化的背景下所产生的各种需求,北京在 2015 年 5 月 1 日起施行《北京市居家养老服务条例》,将居家养老和机构养老放在同等重要的地位,"驿站式"养老模式逐渐成型。2016 年 7 月 20 日民政局官网再次发布《关于开展社区养老服务驿站建设的意见》,紧接着,2016 年 9 月 26 日,再次加码印发了《社区养老服务驿站设施设计和服务标准(试行)》,至此,一大批"养老驿站"如雨后春笋般涌现。

社区养老驿站的出现,是为满足社会上越来越多的养老服务方面的需求以及完善我国现有的社会福利保障制度。通过规划建设社区养老驿站,构建"市、区、街道(乡镇)、社区(村)"四级养老服务体系,夯实社区养老的基础,将医疗服务、生活照料服务、慢性病康复和临终关怀等整合为一体,以期区别传统的单纯为老年人提供基本生活需求的养老服务,从根本上改善医疗与养老体系长期割裂、不相对接的状态,达到积极应对人口老龄化的战略目的。

但是驿站式养老作为一种新兴的养老服务模式,人们的熟知度并不高,且在发展过程中,势必存在很多问题,因此我们进行了此次调研活动。

二、养老驿站调研方法及过程

2018 年暑假我们社会实践调研小组走进北京 16 个区共 504 家养老驿站,以"聚焦城乡养老院 齐心共建中国梦"为活动主题,组织调研志愿者前往各养老驿站进行实地调研,通过问卷调查以及拍摄现场照片的形式,收集相关素材,通过此次调研让大家通过自己的参与深入养老一线,关注国家的民生问题,推动志愿者精神的践行。

(一)养老驿站调研方法

具体的调查方法如下。

1. 实地调查

统一从学校出发,每组志愿者到各养老驿站实地调查,可以引导学生在调查中学会观察养老问题的有关情况,思考我国养老现状,努力成为一名合格的新时代青年,积极融入社会、关心社会,帮助大家养成一种对于民生问题的敏锐观察力,深入思考和理解社会现实,同时力求践行志愿者精神。

2. 调研问卷

通过前期的问题设计,对于有可能涉及的问题提前准备,帮助调研志愿者从三方角度对于驿站服务人员和被服务老人进行问题的询问和收集,同时在调研结束后,收集调研人员对于所调研驿站的评价。通过调研人员旁观者的身份,对于养老驿站实际的运营情况得出客观的评价。与此同时,通过本次调研,培养调研志愿者一种敢于问询的精神,学会思考不同的答案代表的问题,学会分析和整合不同的答案,形成有关的数据分析。

3. 拍照留存

在实地调研的过程中,调研人员要拍摄驿站门头照以及根据驿站负责人配合情况拍摄驿站内部运营现状的照片。同时,调研人员达到调研现场时,要在手机上截图自己的卫星定位点,以便后期修正前期驿站地理位置数据有误的驿站,方便二次调研。

4. 调研报告

根据前期搜集的所有有关数据,问卷的有关情况,形成一份有代表性的调研报告。通过报告聚焦北京市504家养老驿站的运营情况,对于养老驿站的现状通过文字和图表进行展示,对不同区的驿站的运营情况进行分析,并从中挖掘有关的规律,并得出此次调研的结论。

(二)养老驿站调研过程

本次调研过程从前期准备调研开始,到调研结束整理报告,共历时两个月,因为此次调研活动规模较大,调研过程共分为了四个阶段。

1. 调研人员的招募

从2018年6月11日开始到6月21日,面向九个学院进行了20天的人员招募,共计招募成员142名,组成此次调研团,由学校团委为全体调研成员购买保险,共同完成调研任务。

2. 全体调研人员培训

2018年6月25日,由北京市城乡社区养老服务驿站运营现状调研课题组的三位老师以及我校青年志愿者协会负责人对全体调研团成员进行了培训,强调调研过程中多点注意事项,确保调研活动顺利进行。

3. 养老驿站实地探访

实地调研活动从7月11日开始,在7月18日全部结束。各组成员分别从良乡校区或者阜成路校区出发,前往各区养老驿站。一组一天能调研完的驿站为3~5家,少数几个极度偏远的驿站由于安全保障、天气以及交通等问题,无法进行调研。

在实地调研过程中,调研组必须每天填写当天所完成的调研反馈表(详见附件一),及时反馈各养老驿站的情况。

4. 调研报告的书写,以及整理各组养老驿站反馈情况

2018年7月31号之前,共计43个组完成调研报告的书写,8月10号之前完成所有资料的整理,资料包括所有驿站的调研反馈表、门头照、地理定位截图,以及各组调研报告、504家实际完成调研情况的统计。

三、调研过程中发现的养老驿站现存的问题及分析

(一)生存困难导致小微居家养老服务机构经营不可持续

调研过程中发现,这504家养老驿站的运营地点参差不齐,分布地点主要有社区居民楼内、社区居委会、社区医疗点、村委会、村医疗站,大致情况如图1。

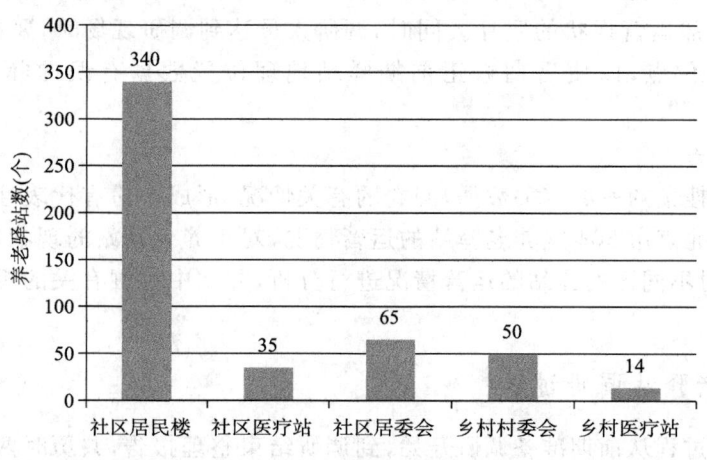

图1 养老驿站运营地点

驿站大多数分布在社区的居民楼,其中包括很多邻街的店面,很多还在非常繁华的地段,养老驿站的运营成本就非常高。这就导致很多驿站没有办法承受那么大的成本,很多人流量少的驿站会面临倒闭的风险,或者不得不更换地址,到成本低一点的地方。成本低就会导致养老人流少,驿站的地址也会难找,就不得不面临一系列其他的问题。

而在医疗站和居委会因为没有独立的服务空间,也不能满足日常的服务需要,很多时候好几十个老人挤在一小个房间里,也影响居委会或者医疗站的日常工作秩序。调研时,调研人员对驿站负责人进行问卷调查时,所得到的反馈有将近60%均提到,目前

驿站所面临的最大的问题就是面积受限,无法为老人提供足够的活动空间。

长此以往,不能保证非常良好有序的驿站运营秩序。而乡村养老驿站大多与村里标志性建筑在一起,比如村委会和医疗站,这样也让老人便于找到驿站的地点,享受日常养老服务。但是村委会需要提供一大块的面积用于驿站的日常运营,导致驿站的发展可持续性不足,村委会面积范围本身有限,满足不了日益丰富的驿站服务需求。

(二)碎片化、活动式服务无法满足多层次医养结合服务需求

调研过程中,临近市区或者在市区的养老驿站都配备有专门的医疗服务设备,这些设备在一定程度上可以满足前来驿站的老人的日常身体检查的需要,但是驿站的服务特色还是具有碎片化、人员流动量很大的特点。因此,即使老人在驿站检查出了相关的问题,但是具体的疗养和医疗诊治在现有的养老驿站没办法完成。根据此项需求,政府以及社会机构共同合作探索出了医养结合这一养老服务的新模式,老人们在驿站检查出相关问题,就能够"对症下药"进行相关的处理。一些老年常见的病症如果能在驿站就得到专业的治疗,老人们对驿站的信任无疑会上升到一个新的高度。同时,驿站的建立,是以服务于邻近社区为原则,地域上的便利,更能满足出行不便的老年人的需求。各个地区逐渐建立多个养老驿站,以求实现社区服务群的全覆盖化,去除碎片化,走向完善的医疗服务,值得养老驿站去探索和实施。如果能够达到这样多层次的养老医疗服务,也是对于北京各大医院的一种病患分流,减轻老年医疗压力。

(三)专业护理人才匮乏严重制约医养结合服务发展

很多驿站的养老服务人员与服务的老人的比例都严重失衡,有的驿站甚至达到了1∶30的情况,缺乏专业的护理人才,限制了驿站的日常运行,满足不了老人的需求。正是因为有关人员的稀少,养老服务能囊括的方面也一减再减,很多乡村的养老驿站只能提供日常餐饮、活动场地或者短时间的单独照料,也没有多余的人手处理紧急发生的事件。

以一个小组的调研情况为例。驿站因为人手不够导致的问题有:总会有被冷落的老人,从而造成部分老人感觉被忽视,情绪低落;没办法掌握所有的驿站配套器械,对于一些比较专业的医疗器械,临时上岗的可能性很小;驿站没办法再扩充更多层次、丰富的养老服务,导致驿站的发展受阻。目前一家发展比较好的社会养老服务机构——北京七彩乐居养老有限公司,规定,一家100~400平方米的小型养老驿站,标配4~6个人,其中包括至少一位拥有医疗技术背景的院长、居家养老服务业务经理、护工(根据日间照料老人数量进行配比,比例1∶3),但就通过我们的调研结果来看,完全达到标准的驿站很少,专业人员配置的缺失在很大程度上限制了养老驿站的发展,同时也无法保障老年人自身的安全。

专业的护理人员是驿站发展的前提条件。驿站要想达到多层次,多方面的养老服务效果,就必须限定有关护理人员与老人的比例。老人占的比例太大,容易造成护理服务体验下降;老人比例过小,则没办法在最大程度上发挥护理人员的积极性。

(四)各个驿站的沟通难度大,通知下达不畅

我们在北京计划调研504家养老驿站,每一个小组都在前期对每一个计划前往的养老驿站有一个调研征询,询问对方养老驿站的有关情况,并征求调研许可。

如图2,我们虽然拥有各个驿站详细的联系方式,但是依然有15%的驿站负责人联系不上,多次试图联系,包括短信和电话都不能及时地找到有关负责人,还有14%是电话空号或者负责人已经不在该驿站任职等情况。联系不方便,不能落实到具体驿站,我们可以想象,当老人想联系有关负责人,是否会像我们调研团队一样如此。负责人对于日常的沟通没有一个完善的处理机制,对待调研,电话来访没有一个明确的态度,驿站也不能及时地联系到,真正能做到及时回馈的驿站也不到八成。养老驿站的运行理应在透明并且接受社会的监督,但是依旧有6%大约40家驿站对待调研表达出强烈的反感。当我们说明调研目的和出示上级指导单位的调研许可,这一部分驿站依旧以各种理由拒绝我们的调研。

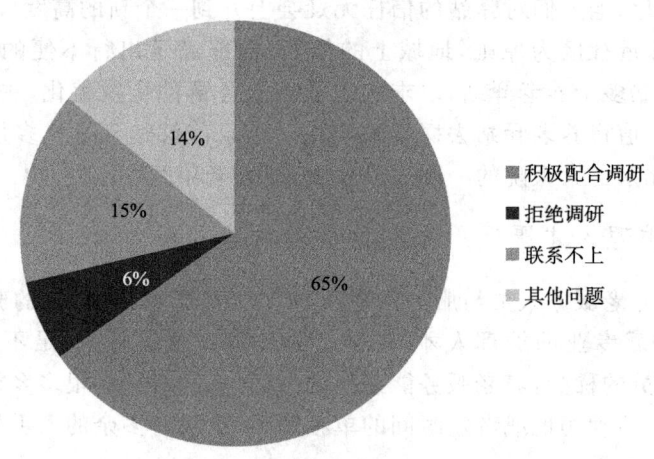

图2 前期驿站联系情况

另外,在对延庆区以及昌平区等一些无法联系到负责人的驿站进行实地调研时,发现很多驿站目前正处在装修或者已经被拆除的阶段,而这一情况在相关地区民政局进行信息统计时,并没有得知。此现象也表明了在目前养老驿站这一新兴的养老服务行业存在监管不明、上级下发通知不畅等问题。

四、关于解决问题的建议

根据北京市公布的2016—2017年以及2017—2018年的《公共服务发展报告》来看,在供给主体建设方面,截至2015年底,北京市投入运营的养老机构449所,正在建设中的108所,全市养老床位达12.3万张,远低于需求量;在养老土地供应方面,根据《北京市养老服务设施专项规划》,至2020年,北京市人均养老设施用地约0.25平方米;在专业人员方面,2016年全市养老机构工作人员为1万余人,除去其中的管理人

员、技术人员、勤工人员,养老护理人员为 5000 人左右,仍存在较大缺口;而在投资结构方面,北京市公共投资与社会投资比例不合理,目前整体养老服务投资比例上,对比其他发达国家和地区,公共投资比例远高于社会投资。

由以上数据可以得知,我国的养老产业尚处于起步阶段,其中的问题也比较多,一部分原因在于老龄化速度过快,许多养老产业没有时间应对,导致我国养老现状不尽人意。养老机构的目标应该是满足老年人高层次的生活需求以及文化需求,这意味着老人们在养老机构中应该过得舒适、过得有意义,而许多养老机构都还尚未达到这一目标。要想实现养老目标,我国的养老机构还有很长的一段路要走。

(一)政府加大支持力度,呼吁各养老机构积极配合

以养老床位测算为例,按照国际通行的 5% 老年人需要进入机构养老标准,我国至少需要 800 多万张床位,而现在只有约 250 万张,缺口达 550 多万张。截至 2017 年底,我国养老服务需求的满足率仅为 16%,有近 84% 的老年需求暂时还没有得到满足。对此,政府应加大支持力度,不仅仅是经济层面的支持,还有政策层面的支持,要着力完善老龄政策制度。

此外,还需解决政府政策落实不到位的问题。近几年来,国家为了扶持社会力量兴办养老机构或参与养老产业的发展,在土地供应、资金补助、税费减免等方面出台了一系列优惠政策,但由于一些地方未将国家政策具体化,缺少相应的配套实施机制,这些优惠政策在一些地方难以落实,未能充分发挥优惠政策对社会力量发展养老产业兴办养老机构的激励扶持作用。对此,要保证城乡社区老龄工作有人抓、老年人事情有人管、老年人困难有人帮。要健全社会参与机制,发挥有关社会组织的作用。

(二)养老机构增强从业人员素质与服务质量

我国现阶段的养老产业普遍有专业人才缺乏、服务标准化水平不高的问题。目前一些养老机构的专业护理、管理人才缺乏,从业人员素质和服务管理水平也不高。基数巨大又各有特征的老年群体,意味着需要不同层次的养老从业人员对其进行照料。中国目前究竟有多少养老从业人员?缺口又有多大?由于养老人才的统计制度尚未建立,目前尚无法得出准确数字。按照国际标准每 3 名失能老人配备一名护理员推算,单就专业养老人才配备较为集中的养老机构来看,2015 年,在院的 63.7 万失能、半失能老年人,至少需要 20 余万专业护理人员;其他 151 万名自理老人,至少需要 15 万专业护理人员。但根据统计,养老机构的专业技术人员总共不到 20 万人。除了人员数量之外,各地养老人才的质量也参差不齐。

相对于硬件设施,人才的培养周期更长,更需要进行正确规划。对此,首先要加大培训力度,提升现有养老护理员的专业能力,并调整养老护理员职业等级制度,拓宽职业发展通道,吸引更多人从事养老服务业。要积极发展养老服务业,推进养老服务业制度、标准、设施、人才队伍建设,构建居家为基础、社区为依托、机构为补充、医养相结合的养老服务体系,更好地满足老年人养老服务需求。

(三)加大敬老的知识教育力度,树立正确的敬老价值观

我国已开始进入人口老龄化阶段。切实保障老年人合法权益,让他们度过幸福、美满、安详、健康的晚年,共享人类社会发展的成果,这是社会文明进步的重要标志。老年人理应受到社会的尊重,需要人们去关爱。因此,要着力增强全社会积极应对人口老龄化的思想观念,要积极看待老龄社会,积极看待老年人和老年生活。

敬老爱老是中华民族的传统美德,要把弘扬孝亲敬老纳入社会主义核心价值观宣传教育,建设具有民族特色、时代特征的孝亲敬老文化。要在全社会开展人口老龄化国情教育、老龄政策法规教育,引导全社会增强接纳、尊重、帮助老年人的关爱意识和老年人自尊、自立、自强的自爱意识。

五、项目成果及影响

此次调研的任务量巨大,504家养老驿站遍布北京市16个区,最远的驿站位于延庆区,已经邻近北京与河北省的边界。140余名志愿者们不畏艰辛,在烈日炎炎的7月展开调研工作,总路程近16000千米,各小组用时累计将近1200小时,最终克服了重重困难,完成了调研任务。

我们通过实地调研的方式,了解到了北京市这504家敬老院的运营情况以及服务质量,更为重要的是,了解到了老人们的感受。可能我们无法在当下为老人们的生活带来实质性的改变,但通过这次调研,我们所得到的数据将会为北京市的养老产业提供一个客观的服务现状分析,并能在一定程度上为养老产业的发展提供方向。团队内的学生们也对敬老爱老有了更深层次的认识。

历史的车轮滚滚向前,让我们在新世纪高举敬老爱老的旗帜,献出我们全部的爱心与孝心,弘扬尊老敬老的优良传统,为老年人安度晚年创造良好的条件。

参考文献

习近平,2017-10-18.决胜全面建成小康社会,夺取新时代中国特色社会主义伟大胜利——在中国共产党第十九次全国代表大会上的讲话[N].人民日报.

改革开放以来北京地铁发展情况与改进措施调研[①]

张宏伟　余新宇

【摘　要】 一个城市的轨道交通既能为民众提供相对廉价的出行服务，也可以体现出该城市的发展水平与当地政府的管理能力，是具有全局性的重要产业。北京地铁是我国的第一条地下交通轨道，至今，北京地铁已经为人民提供安全、便捷、低碳、经济的地下铁路交通服务近五十年。党的改革开放方针不断地为北京地铁的建设、运营发展带来生机与活力，使之成为广大人民群众的福祉。基于此，本论文通过分析乘客对北京地铁的看法，得出一些结论，并向北京地铁轨道交通服务提出一些具体建议，以使大众的地铁出行更加便捷、舒适。

【关键词】 北京地区　地铁　改革开放40年

本次调研通过网上问卷调查、实地调研以及参考前人文献和最新媒体资料的方式进行。网上问卷由小组成员通过微信朋友圈、微博链接等方式让网友填写并收回。实地调研由小组成员到地铁1号线、9号线、10号线等五个线路的多个地铁站向地铁乘客发放纸质问卷并进行交流访谈。共收回调查问卷212份。问卷涉及个人基础信息、对北京地铁整体以及票价等具体方面的满意程度、北京地铁的优缺点及改善措施等问题。发放与分析该问卷的主要目的为了解不同类型的北京地铁乘客对地铁一些方面的看法，并为北京地铁的改进提供一些建议。

一、北京地铁简介

（一）改革开放前的北京地铁

早在20世纪50年代，我国政府就意识到了地下铁道的重要性，从战备和民用角度倡导北京要搞地下铁道。1953年9月28日，北京市委开始筹备北京修筑地下铁道工作。1954年10月，北京市委向党中央报告，要求"聘请苏联专家，着手勘探研究"。1953年至1960年，数千名中国学生被送往苏联学习先进技术。1965年7月1日，北京地铁一期工程开工，包括朱德、邓小平在内的众多领导人员参加了开工典礼。1969年10月1日，北京地铁一期工程完工。当日，首都人民搭上地铁，载歌载舞，喜庆通车。这条线路是中国大陆最早的地铁线路，也早于香港、首尔、新加坡、旧金山、华盛顿等城市。1971年1月15日，北京地铁一期工程试运营，线路由北京站至公主坟站。运营线

[①] 本课题指导老师张宏伟（北京工商大学马克思主义学院）；课题组组长余新宇（会计161）；课题组成员束正威（会计163），娄子涵（会计163），陈讨诺（金工161），黄师题（会计163）。

路的西端终点站在1971年8月5日延长至玉泉路站,11月7日延长至古城站。1973年4月23日,北京地铁1号线延长至苹果园站。

(二)改革开放30年时的北京地铁

北京地铁在改革开放最初的30年里发生了巨大的变化。北京地铁由1条运营线路增加到8条。运营线路长度由23.6千米增加至220千米,增长9.3倍;北京地铁年客运量,由1977年的2836万人次,增长到2007年的6.86亿人次,比改革前提高24.3倍;北京地铁日均客运量,由1977年的7.8万人次,提高到2007年的245万人次,提高了31.4倍;北京地铁列车运行最小间隔,由1977年的9分钟,缩短到2007年的3分钟,缩短了3倍。在那时,北京地铁网络已经形成,北京地铁轨道交通四通八达,成效显著。北京地铁年客运总量占北京市公共交通年客运总量的比例大幅度增长,1977年年客运总量只占全市公共交通总量的1.7%,2007年年客运总量占全市公共交通年客运总量的比例上升到20%以上,增长20倍,对缓解首都交通难、乘车难,特别是在2008年北京奥运会、残奥会期间发挥了巨大作用,赢得了国内外乘客的好评。

期间,北京地铁"转轨变型"为乘客服务,采用先进技术改变施工方法、引进先进设备进行设备改造。2008年6月8日,北京地铁自动售票自动化系统开通使用,宣告了沿袭38年的北京地铁纸制车票从此退出历史舞台,告别了从20世纪60年代起经过7个时期的各种纸制印刷车票,标志着北京地铁正式进入刷卡时代。这是"新地铁"功能完善的一次飞跃。

改革开放30年恰逢北京奥运会之际,奥运交通是成功举办一届"有特色、高水平"奥运会的重要保障。胡锦涛在视察北京地铁时特别强调:要把奥运交通保障放在更加突出的位置来抓。北京奥运会开幕期间,2008年8月8日至9日,北京地铁8条线路连续运行45小时,创造了北京地铁投入运营时间最长的纪录。在45小时中,共运送乘客614.2万人次,开行列车712列,列车正点率为100%,地铁奥运交通保障获得社会各界和中外乘客高度好评。北京地铁在保障奥运交通中发挥了主力军作用。

(三)改革开放40年的北京地铁

根据《北京市城市轨道交通建设规划(2014—2020年)》,北京地铁3号线、12号线、17号线、房山线北延、机场线西延的设计工作已全面展开,于2015年开工建设。建成后将进一步完善"以中心城地铁网络为主,快慢结合、主辅功能清晰"的多层次城市轨道交通网络。2017年12月30日,北京市开通了三条地铁新线:北京首条磁悬浮地铁S1线,国内首条全自动运行地铁燕房线和西郊线。截至2017年底,北京地铁的总通车里程为608千米,拥有22条线路和370座车站,日最高客运量达1327.46万人次。截至2017年12月,北京地铁正在施工的在建新线或延长线还有17条,共320.8千米。按照规划,到2020年,北京地铁将达到30条运营线路,总长1177千米。

目前,北京地铁由两家公司:京港地铁有限责任公司和北京市地铁运营有限公司共同运营。北京京港地铁有限公司(简称京港地铁)是一个致力于地铁建设、运营、管理的专业化中外合资公司。公司成立于2006年1月16日。公司是在北京市加大基础设施投资体制改革力度的历史条件下,由北京市基础设施投资有限公司、北京首都创业集团有限公司和香港地铁有限公司共同出资组建。目前运营线路有北京地铁4号线、大兴线、14号线、16号线。北京市地铁运营有限公司其前身为北京市地下铁道总公司,是拥有30多年历史的国有独资的特大型专门经营城市轨道交通运营线网的专业运营商。拥有职工一万余名。北京市地铁运营有限公司始终坚持"安全、准确、高效、服务"的运营宗旨和"安全第一、预防为主"的运营方针,以及"以市场为中心、以乘客需求为导向"的服务理念。当下其经营的线路包括地铁1号线、2号线、5号线、10号线等16条线路。

北京地铁的扩展对加快周边新城建设,优化城市布局,疏散中心城区的人口起到了推动作用。北京地铁极大地便利了民众出行。同时,其有利于缓解地面交通压力,降低废气排放和噪声污染,可以用其产生的土地资源增加值扩大城市绿化面积,提高城市人均绿地占有率。

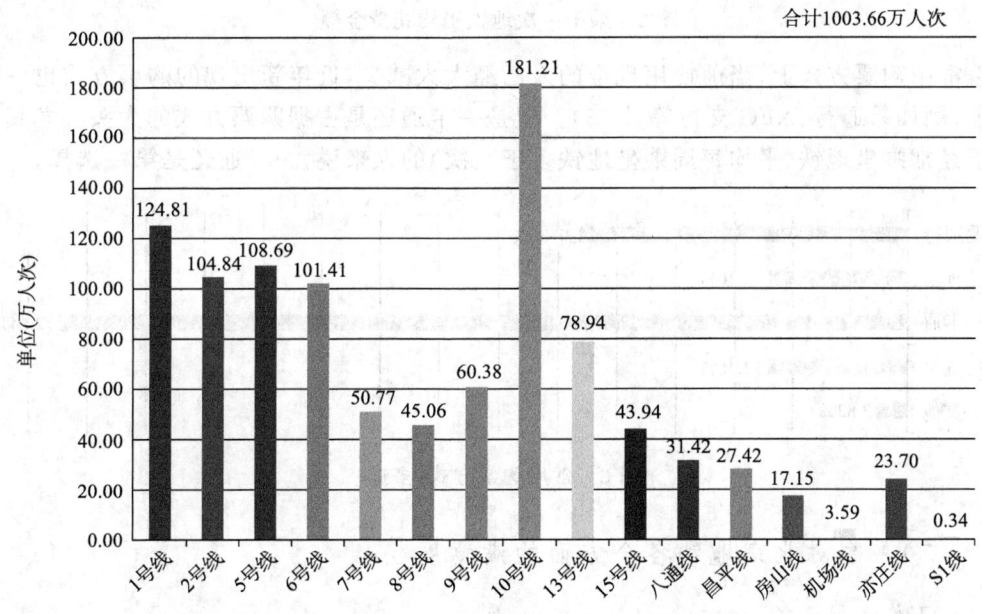

图1　2018年8月29日北京地铁公司所辖16条运营线路日客运量

二、北京地铁调研结果与分析

(一)问卷填写者基础信息

本次调研的问卷填写者中,年龄阶段在18岁以下占5.66%,19～30岁占61.32%,31～45岁占10.38%,46～60岁占14.15%,60岁以上占9.43%。其中约一半为在读学生。不同年龄阶段的填写者对于北京地铁主要优点等问题观点基本一致,但在满意度上有一定的分歧。

单次乘车的平均票价方面(图2),18人(8.49%)花费8~9元,128人(60.38%)花费6~7元,66人(31.13%)花费3~5元。花费金额大于6元的乘客超过了半数,说明大多数调查对象乘坐地铁的时间较长,距离较远;也有1/3的人在3~5元之间,可以看出,无论距离远近,地铁都不失为出行的一大青睐选项。

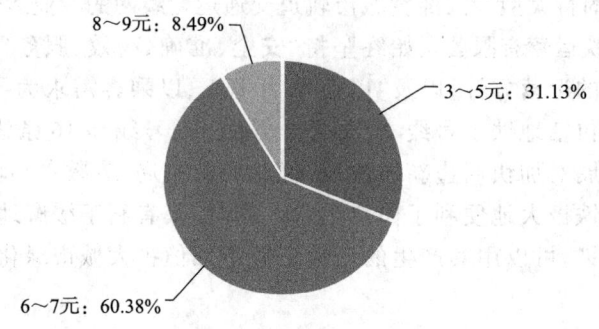

图2 乘坐一次地铁平均花费金额

常用购票方式上,当前使用现金的人已经大大减少,近年新出现的购票方式也一涌而来,例如易通行、NFC支付等(图3)。但是一卡通还是占据购票方式的大头。尤其是对于经常乘坐地铁(平均每周乘坐地铁多于六次)的人来说,一卡通还是第一选择。

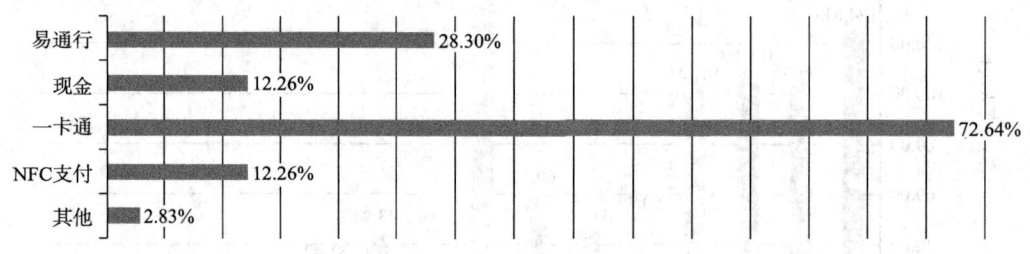

图3 常用购票方式(多选)

(二)乘客对北京地铁各个方面的满意度

1. 工作人员服务

问卷的第7题:对于地铁工作人员服务的满意程度一题中,约85%的人(180人)给了4分或5分。而且,填问卷之人的平均分数达到了4.32。这说明地铁工作人员服务到位,能够让大部分人满意。

2. 车厢和地铁站卫生

环境卫生方面,给3分及以上的人达99%,平均分为4.31。说明北京地铁车厢和地铁站卫生相当不错,能够让群众满意。

3. 地铁出行的便捷程度

便捷性上,给出4分和5分的人达到90%以上,没有人给1分。平均分为4.35,为七项满意度调查中得分最高项目。这说明改革开放以来地铁线路的增加给人们带来了便利,得到了群众的认可。

4. 地铁票价

票价的满意程度方面(表1),给出3分的人数最多,1分或2分的数量也比别的题目要多一些,平均分数不到3.5,为七项满意度调查中得分最低项目。可看出许多乘客对地铁票价不太满意,政府理应合理设置票价。尤其针对一些低收入人群、老年人、学生,政府可以采取"定向补贴"的方式,给予一定补助,在普遍价格提高的情况下,保证这些人群的出行。改革理应着重关注票价,为民谋求便利的同时也应为民减小经济压力。

表1 票价的满意程度评分

分数	1分	2分	3分	4分	5分	平均
比例	3.77%	15.09%	31.13%	30.19%	19.81%	3.472
人数	8	32	66	64	42	

5. 地铁的空调与暖气

空调与暖气方面,平均分数为4.07,北京地铁空调与暖气方面做得差强人意,也有一部分人对此一定有意见。此方面还存在一定的进步空间。

6. 地铁座椅舒适度

座椅舒适度上,由表2可知,平均分数为3.843,给出3分或4分的人数偏多。显然许多乘客对北京地铁的硬座椅不太满意,乘客需要更加令人舒适的座椅。

表2 座椅舒适度评分

分数	1分	2分	3分	4分	5分	平均
比例	1.88%	9.43%	21.22%	39.15%	28.30%	3.843
人数	4	20	45	83	60	

7. 总体满意度

调查问卷回收的212份结果显示(表3),有44.81%的人选择了4分;33.49%的人选择了5分;16.51%的人选择了3分;4.72%选择了2分,另有1人选择了1分。我们计算出平均满意程度得分为4.061分。

表3 总体满意度评分

分数	1分	2分	3分	4分	5分	平均
比例	0.47%	4.72%	16.51%	44.81%	33.49%	4.061
人数	1	10	35	95	71	

综上所述,六个具体项目的满意度排名为:工作人员服务≈卫生情况≈便捷性>空调暖气>座椅舒适度>票价。由此可见,尽管北京地铁在很多具体方面的表现令人满意,但在票价、座椅等方面仍有较大的改善空间。

8. 优点

调查结果显示(图4),不低于50%的乘客认为北京地铁的主要优点有:路线与车次逐渐增多、公交换乘方便、乘车环境不断优化和购票方便。其中路线与车次逐渐增多是

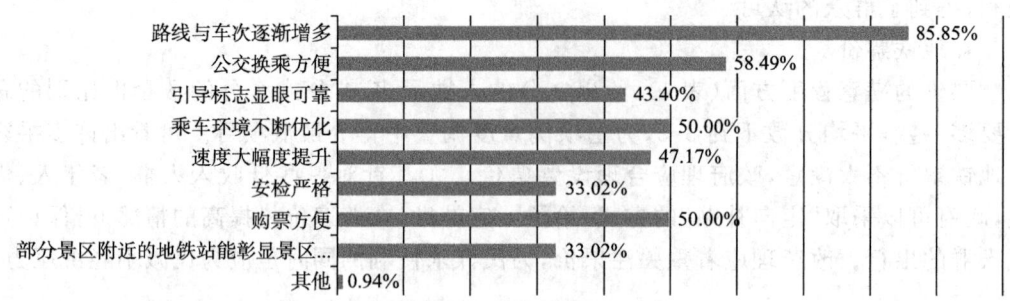

图 4　乘客眼中北京地铁的主要优点（多选）

改革开放以来北京地铁最明显的优点,约 86% 的填写者选取了此选项。在其他选项中,也有 40% 以上的调查人群提到地铁站引导标志显眼可靠,列车速度大幅度提升。而得票较少的两个选项分别为安检严格和部分景区附近的地铁站能彰显景区文化底蕴。这说明北京地铁在文化上还比较匮乏,现行的严格安检制度不能让一部分乘客感到满意,其具体原因可能是乘客认为进站客流量大时,安检导致进站等待时间过长。

9. 缺点

调研问卷 14 题"您认为北京地铁目前存在的其他问题"的调查结果显示,乘客认为最大的三个问题分别是:车厢内过于拥挤;部分区域手机信号差;进站时人多拥挤,耽误时间。车次偏少、老弱病残有时无位置坐等问题紧随其后(图 5)。部分调查人群在其他选项中提到车票偏贵、自身素质不高的公民占座插队的现象时有发生、车厢内小孩有时存在不文明现象。线下地铁站内发放的调查结果显示最明显的三个问题分别是:车厢内过于拥挤;有时车次偏少,候车时间过长;部分区域手机信号差。

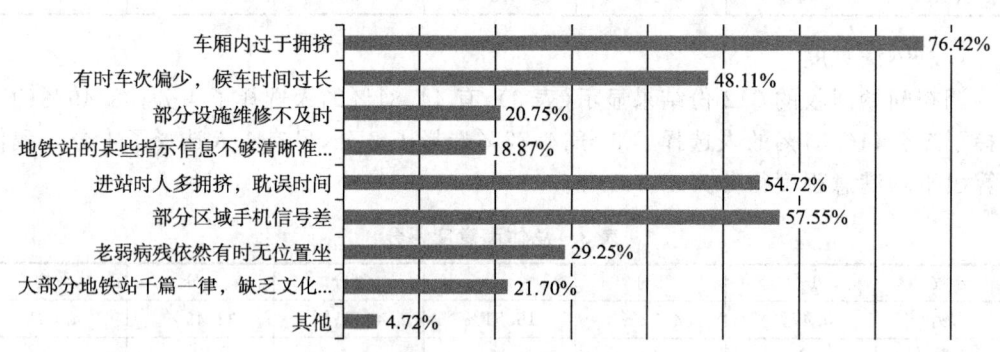

图 5　乘客眼中北京地铁的主要缺点（多选）

三、关于进一步优化北京地铁服务功能的建议

结合以上调研结论以及乘客对北京地铁的建议(图 6),对于如何改进北京地铁,提高乘客的出行满意度,我们小组给出了如下几点建议。

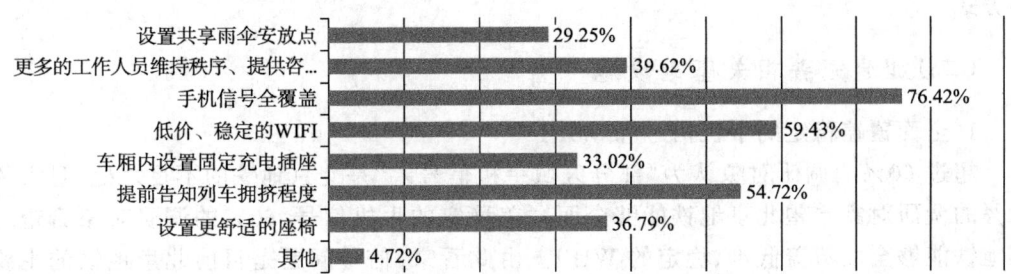

图 6　乘客对北京地铁的建议（多选）

图 7　2018 年以来"易通行"APP 月活跃设备数量

（一）大力推广和升级"易通行"APP

2017 年 12 月 23 日，北京轨道交通全路网开通易通行在线购票服务。2018 年 5 月 19 日，北京地铁所有车站都进入了二维码时代。数据显示（图7），2018 年 3 月以来，使用易通行的活跃设备数量以高于 20% 每月的速度飞速增加，如今已经达到 80 万台。可见其扩张速度之快。但在本次填写问卷的乘客当中，仅有不到一半的人的常用购票方式为易通行，其比例在大于 30 岁的人群之中更低。我们小组认为，易通行具有巨大的优势，应当大力推广。具体理由如下：

首先，易通行付款非常便捷，目前支持支付宝、微信支付、中国工商银行银行卡支付和京东支付，拥有在线购票与二维码乘车两种购票方式，且没有使用机型的限制。在移动支付普及的今天，其优势非常明显。倘若开通某个支付方式（如支付宝、微信支付）的免密支付，便可以使用二维码乘车。其便捷性不亚于市政交通一卡通。

其次，使用易通行有较大的优惠。一方面，使用京东支付或支付宝购票均有一定的优惠。另一方面，倘若使用二维码乘坐轨道交通（不含机场线），可以享受累计优惠：每个自然月内，支出累计满 100 元后，下一次乘车起可享受 8 折优惠；累计支出满 150 元后，下一次乘车起可享受 5 折优惠；累计支出超过 400 元后不享受打折优惠。在 8 月 25 日，超过 50% 的易通行活跃用户已经享受了该月的累计优惠。

不过，易通行依然存在着一些短板，例如，APP 启动较慢、不支持公交车购票、没有电子发票、3Dtouch 等等。倘若其能克服这些缺陷，它将名副其实成为最便捷的地铁购票方式。

（二）加速完善相关基础设施

1. 全面覆盖稳定的手机信号和 WIFI

超过 60％的调研对象认为"部分区域手机信号差"是北京地铁的不足之处，且大约 80％的调研对象希望北京地铁能够全面覆盖稳定的手机信号，60％的调研对象希望北京地铁能够全面覆盖低价、稳定的 WIFI。由此看来，信号问题是目前北京地铁的主要短板之一。因为大部分人在乘坐地铁时比较清闲，手机的使用比较重要。然而，目前北京地铁在部分区域信号较差，没有专属 WIFI。倘若能够实现全面覆盖稳定的手机信号和 WIFI，必定将在较大程度上提升乘客的满意度。

2. 设置更令人舒适的座椅

目前，绝大部分地铁车厢内的座椅为硬座，乘客难免会感到不舒服。因此，大约 40％的调研对象希望北京地铁能够设置更令人舒适的座椅。

3. 满足乘客手机充电的需求

由于许多人在地铁上需要使用手机，满足乘客手机充电的需求也是提升乘客满意度的关键之一。2018 年 8 月，每个北京地铁站均已配备供电宝，供乘客们临时使用。不过，超过 30％的调研对象仍然希望北京地铁能够像一些高铁一样在车厢内设置固定充电插座。

4. 优化安检过程

调查结果显示，仅有约 30％的乘客对北京地铁的安检表示满意。因此，十分有必要优化安检过程。一方面，由于重复安检浪费时间和资源，地铁北京西站、北京站等应当效仿北京南站那样取消火车换成地铁的进站安检。另一方面，其他客流量大的车站可以通过采用更加高效的安检仪器，配备更加熟练的工作人员以达到优化安检的目的。

（三）努力提高地铁的运输能力

从问卷和采访调研中可以看出，在上班下班的高峰时期，地铁中的人员密度还是超过预计数值，给乘客带来了不好的体验。

为了提升乘客的用户体验，北京地铁有必要在这方面进行改进。首先，在我们调研的房山线，在早高峰时段，进行了小圈车试点运营。所谓小圈车，是指在人员密度高的几个站点之间，进行短途运营，以缓解密度大的站点的运营压力，改善乘客的乘坐体验。小圈车在试运营的时间段内，据工作人员叙述，已经有效地改善早高峰人员客流密度大的现状。同时，小圈车利用有效的资源，定点定时地解决现存问题，使得资源得到了最大化的利用。所以，对于其他地点固定时段的类似问题，可以采用该方法进行有效的解决。

参考资料

王文亮,2008.北京地铁改革 30 年巨变[J].北京党史(06)：54-56.

精准扶贫攻坚阶段下我国农村地区产业扶贫现状①
——基于内蒙古、吉林、陕西部分地区的调查

姚洪越　雷佩文

【摘　要】 产业扶贫作为精准扶贫的重要方式之一,对于农村贫困户增加收入,摘掉贫困帽有重要意义。贫困地区根据自己的资源优势,在实践中探索出以特色产业发展为基础的多样化的产业扶贫模式。以产业化促进区域经济整体发展,为贫困农户创造更多就业机会,使农户获利,从而实现脱贫的目标。

本调查中陕西省富平县 H 镇的柿饼加工产业,内蒙古自治区 A 村的养牛产业,吉林省 C 镇的生猪产业,作为三地区产业扶贫的支柱产业,促进了贫困人口的脱贫增收。通过对三地区产业扶贫的调查研究,发现一些扶贫工作中存在的一些问题和所面临的发展困境。最后通过采访相关人员,整理记录其所提出的建议,并结合此次暑期实践的自身经历分析产业扶贫中出现的问题,提出自己的见解。

【关键词】 脱贫攻坚;产业扶贫;特色产业扶贫;农村扶贫

一、调查背景

贫困问题是困扰我国发展的重要因素。改革开放以来,我国实行以政府为主导的大规模开发式扶贫战略,成功减少农村贫困人口 7 亿多人,取得了重大成就。中国明确到 2020 年的减贫目标:"中国现有标准下 7000 多万贫困人口全部脱贫"。2015 年中共中央国务院关于打赢脱贫攻坚战的决定指出,扶贫开发工作已进入"啃硬骨头、攻坚拔寨"的冲刺期。2018 年是全面贯彻落实的党的十九大精神的第一年,也是打好脱贫攻坚战的关键一年,是扶贫领域作风建设年。对如期全面建成小康社会、实现我们党第一个百年奋斗目标具有十分重要的意义。产业扶贫作为"五个一批"工程重要组成部分,是缓解我国农村地区贫困的重要载体和核心工具。2015 年《中共中央、国务院关于打赢脱贫攻坚战的决定》明确指出:发展特色产业脱贫。加强贫困地区农民合作社和龙头企业培育,发挥其对贫困人口的组织和带动作用,强化其与贫困户的利益联结机制。支持贫困地区发展农产品加工业,加快一二三产业融合发展,让贫困户更多分享农业全产业链和价值链增值收益。随着产业扶贫政策的推进,贫困地区根据自己的资源优势,在实践中探索出以特色产业发展为基础的多样化的产业扶贫模式,如"企业+农户""企业+合作社+农户""公司+基地+农户"等模式。以产业化促进区域经济整体发展,为贫困农户创造更多就业机会,使农户获利,从而实现脱贫的目标。

然而,产业扶贫过程中也出现了很多问题,存在例如政府积极推动,但贫困户参与

---

① 本次课题指导老师姚洪越(北京工商大学马克思主义学院);课题组长:雷佩文(工商管理16);课题成员:李雨桐(工商管理16),郭艳如(工商管理16)。

意愿不高,处于被动乃至消极参与的尴尬处境,由于对于贫困程度较深,自我发展能力较弱的部分贫困户,他们达不到产业扶贫对象应具备的能力要求,不仅缺资金,也因病因残缺劳动能力,从而参与并分享产业扶贫的红利有限等问题。而解决以上问题,迫切需要政府的支持与引导。本文通过对内蒙古自治区N旗、陕西省富平县、吉林省Y镇部分地区的特色产业扶贫工作的调查,探索产业扶贫中存在的问题,并提出建议。

二、调查过程及结果分析

(一)网上调研问卷分析

1. 问卷调查结果

此次线上问卷调查共回收321份有效问卷。

2. 调查问卷数据统计分析

第1题　您所在的地区是?

本次发放问卷主要调查对象为陕西、吉林、内蒙古三个地区,收回的问卷中陕西地区占32.4%、吉林地区占31.78%、内蒙古地区占31.78%、其他地区占4.05%。问卷数据有效。

第2题　您的年龄是?

由图1结果分析可知:此次调查中,年龄在20~40岁之间的人数占总体的52%,20以下、40~60分别占25%与23%,60岁以上占0.3%,数据可参考。

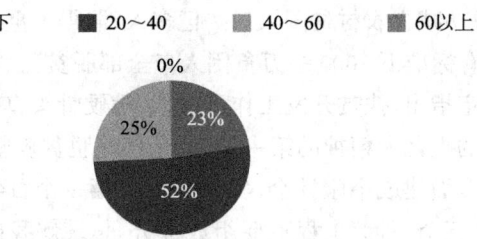

图1　被调查者年龄分布

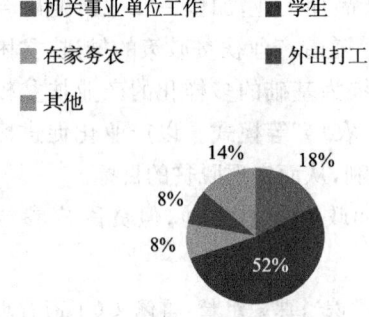

图2　被调查者职业分布

第3题　您的职业是?

由图2结果分析可知:参与调查人员的职业中学生占52%,机关事业单位工作人员占18%,其他职业占14%,在家务农与其他各占8%。由于线上问卷的条件限制,学生占据的比例较多,但是所得数据仍然具有参考性。

第4题　您对精准扶贫的认知?

由图3结果分析可知:在对精准扶贫的认知上,50%的人表示略知一二,25%的人表示听说过,13%

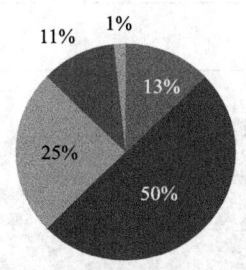

图 3　被调查者精准扶贫的认知

的人很了解,11%的人不知道,1%的人认为无所谓。调查中88%的人还是对精准扶贫有一定程度的认知,据了解,扶贫工作近年来一直是所调查地区的重中之重,每周固定的下乡扶贫日,分派各乡村的第一书记,还有贫困生的助学贷款与企业的资助等,扶贫工作与大家的生活息息相关,但大部分群众并无更深的认知,说明参与度不高,这与当地扶贫大量的宣传口号不符。

第5题　您所在地区政府及相关部门有没有对扶贫资金、物资、项目等相关扶贫信息进行公示?

由图4结果分析可知:扶贫信息的公示方面,认为偶尔有公示的人占33%,经常有占27%,不知道和从没有分别占31%、9%。可见,扶贫相关部门与百姓信息不同步,相关部门在信息普及方面确有欠缺,信息公开渠道少,扶贫信息透明度较低,不能使百姓深入了解扶贫,怎样参与扶贫,甚至百姓不知道被扶贫者评选有怎样的标准,是否公正,难以服众。

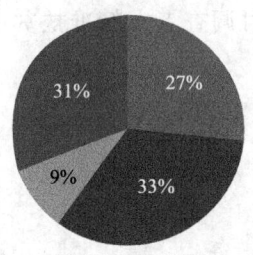

图 4　被调查者所在地区的扶贫信息的公示情况

第6题　您认为导致当地扶贫地区贫困的原因是什么?

由图5结果分析可知:在对地区贫困原因的调查中,56%的人认为除农业以外没有其他收入,收入只靠务农且模式传统是贫困最重要的原因;其余属于次要原因,但仍然属于亟待解决的问题。

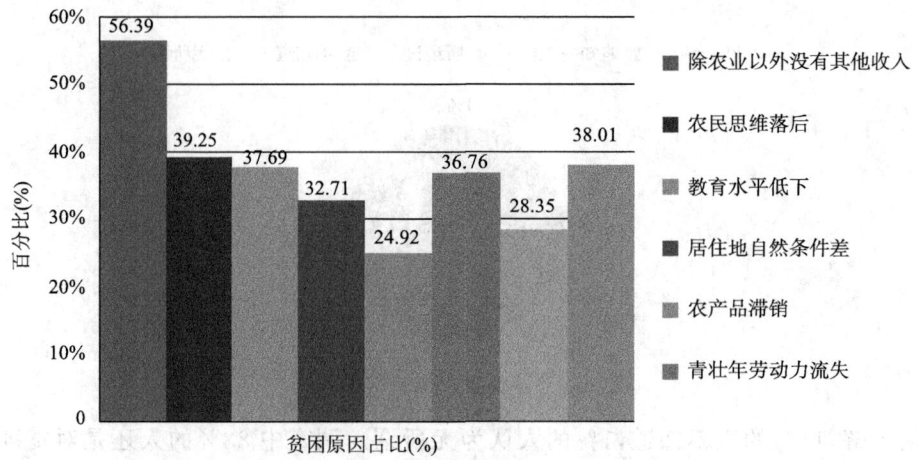

图5 关于导致当地扶贫地区贫困的原因调查结果

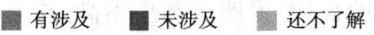

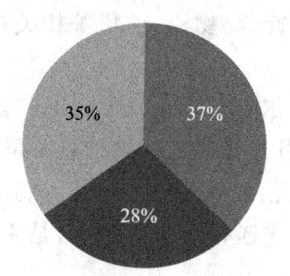

图6 被调查者在单位是否涉及精准扶贫项目

第7题 您所在单位是否涉及精准扶贫项目？（如产业扶贫、结对帮扶等）

由图6结果分析可知：调查显示，约有40%的人所在单位涉及精准扶贫，大约60%的人不了解或者未涉及，虽说精准扶贫的工作只在一部分人中开展，信息也只在这部分人中流通。但这与相关地区背景有一定出入，攻坚阶段下，上至机关部门，下至个体经营户，几乎所有单位都有被分配的相应的精准扶贫任务。此背景下涉及扶贫项目的单位应占大部分比例，但调查结果与之不符，说明相关单位在扶贫工作的落实环节存在一定的问题。

第8题 您对产业扶贫中产业模式的了解？（多选）

由图7结果分析可知：基于对调查者在精准扶贫中的认知，细分其对产业扶贫模式

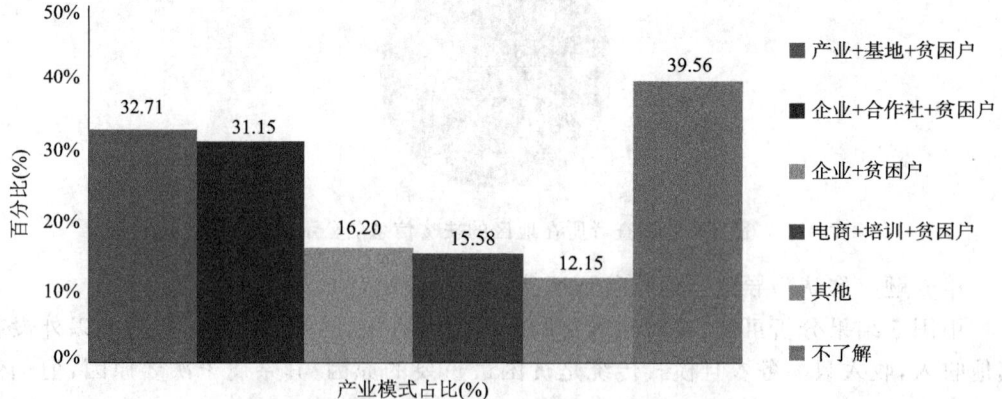

图7 被调查者对产业扶贫中产业模式的了解情况

的认知过程中,60%的人对于产业扶贫模式有一定的了解,说明产业扶贫在整个精准扶贫工作中开展的比较广泛,进行得也比较成功。

第9题　您觉得当地政府开展的产业扶贫项目是否符合当地的实际情况?

由图8结果分析可知:本题中,44%的人对此不了解,这是由于产业扶贫涉及人群有限,人们对其了解程度也有一定局限;39%的人认为政府开展的产业扶贫项目符合当地实际情况;还有17%的人认为不符合,说明相关部门在开展产业扶贫时对当地地区各方面情况了解略有不足,仍然需要调整加强扶贫项目对地区特色的适应性。

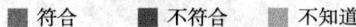
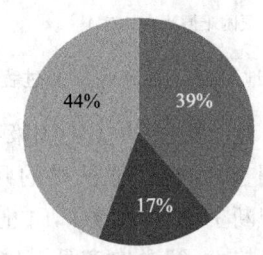

图8　关于当地政府开展的产业扶贫项目是否符合当地的实际情况的调查

第10题　您觉得当地政府开展的产业扶贫政策给贫困户带来的改善如何?

由图9结果分析可知:在对产业扶贫效果反馈中,52%的人认为带来的改善一般,19%的人认为改善大,13%的人认为非常大,16%的人认为改善很小,效果不明显。从中可以看出,产业扶贫给扶贫工作带来了一定的帮助,但是效果并不是很明显,没有充分发挥作用,建议加强产业扶贫开展力度,加大产业扶贫的适应效果。

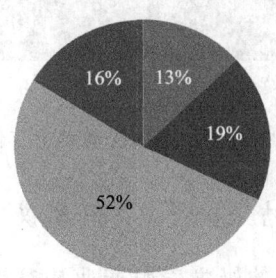

图9　关于当地政府开展的产业扶贫政策给贫困户带来的改善的调查

第11题　您觉得当地政府开展产业扶贫过程中有哪些方面的困难?

由图10结果分析可知:结合对背景的事先了解,在所列几种典型的选项里,扶贫工作进行中遇到的困难比较突出的三点是资金、人才、资源上的困难,占比分别为68%、51%、47%,其余的环境、交通等问题对于扶贫工作也存在一定的影响。

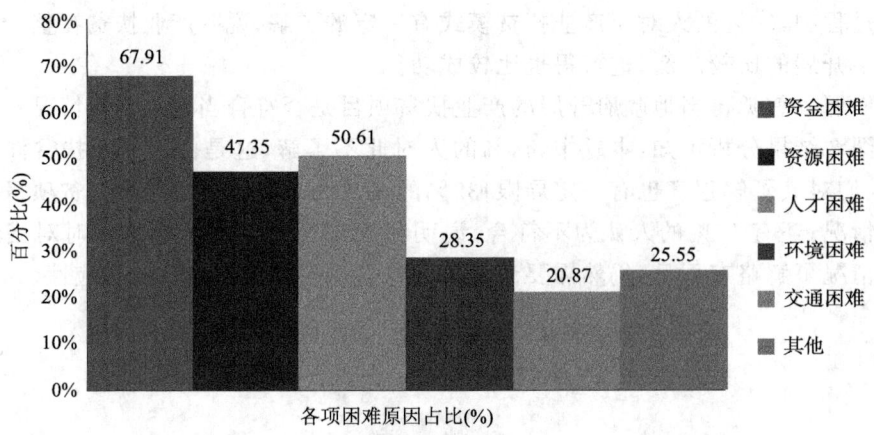

图 10 被调查者认为当地政府开展产业扶贫过程中有哪些方面的困难

第 12 题 您认为产业扶贫相对于以往的扶贫政策有什么优势？

由图 11 结果分析可知：通过调查，发现产业扶贫的几种可能优势里相比于以往的扶贫政策最主要的优点就是有助于切断贫困代际传递，防止贫困循环；其次是有很大的带动作用；在做强特色产业、应用互联网技术、解决农产品滞销等方面也都起到了一定的作用。

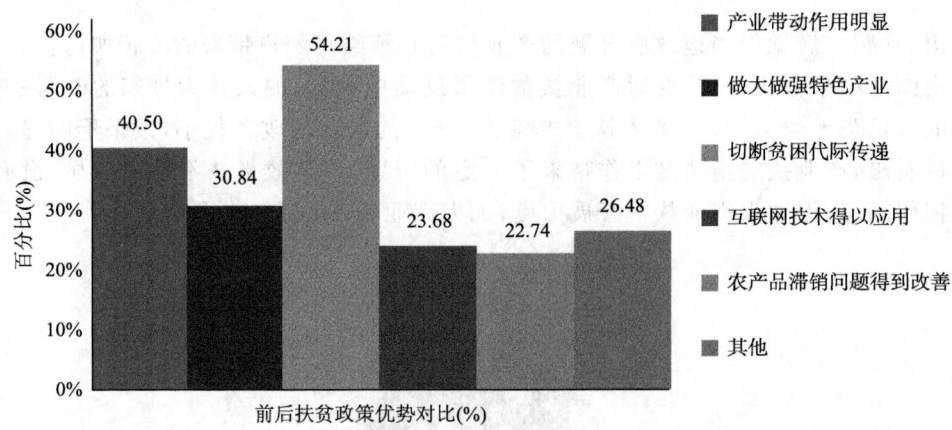

图 11 关于产业扶贫相对于以往的扶贫政策有什么优势的调查结果

（二）纸质问卷及访谈法结果分析，决策建议

此模块分别对内蒙古通辽市的奶牛养殖产业扶贫项目、陕西省富平县的柿饼加工产业扶贫项目、吉林省吉林市生猪合作养殖产业扶贫项目三地区分开调查，结果如下。

内蒙古自治区 N 旗 A 村产业扶贫情况调查

1. 扶贫前基本情况

A 村处于自然环境恶劣，土地退化严重的内蒙古边缘地区，村里收入大多以种植玉米、绿豆、黄豆等农作物为主,秋收之后出售给附近的粮场。其中最主要是种植玉米,作物比较单一。因为降雨稀少,天气炎热干旱,农作物的收成并不好,单一作物的收购价格也不高,村子里的人均收入不足1500元,这是当地贫困的主要原因。其次,村子里大多数都是蒙古族人,由于历史遗留问题,生存条件和自理能力与汉族聚集村落有相当明显的差别。第三,偏远地区,教育条件差,村民思维落后,保留安定简单耕地或养畜谋生的传统观念,造成了贫困的状态。

2. 扶贫执行过程

精准扶贫工作开展以后,N旗政府认定A村为贫困村,向村部发放了资金进行扶贫。村委会根据自身的地域特点——土地面积大,主要为草地和沙漠,人口稀少,技术落后,决定以发展多样化的养殖业和种植业,制订了产业化扶贫的方案,在村子里合资建立了养牛小区、蒙中药材养殖基地、牧原等中小型产业。其中,比较有代表性的就是养牛小区。

3. 产业类型

党支部＋企业＋贫困户集体经济,其中贫困户将收到的贫困资金入股,年底分红,一切养殖、运营方面的技术由Y公司提供,党支部负责前期的建场、监管场里的收支和给予贫困户的利润。

4. 政策内容

Y公司,以"1＋3"资产收益扶贫模式撬动精准扶贫,"1"即资本股权化获利,"3"即贫困户务工、农产品销售、土地流转三结合。2016年,经广泛征求意见和多次调研论证,A村决定整合"三到村三到户"专项资金和"科技扶贫资金"390万元,购买400头基础母牛作为村集体资产投放到养殖小区,并与哈达公司签订协议,公司负责经营管理,无论盈亏都要向A村按每头牛600元、一年缴纳24万元的固定收益分红。

除了贫困户入股分红,村委会还和合作企业Y达成了"两个优先"的用工条件。一是贫困户优先聘用,二是A村村民优先聘用。这样,A村的村民除了种地还有了一份养牛场工人的"固定"工作,每月3000多元的固定工资。

在此基础上围绕养殖小区延伸了"产加销"链条,在小区内种植青贮3700亩,主要种植苜蓿草等牲畜食用草料,用于喂养牛群和出售。

5. 工作

村民在养牛场(图12)中做的工作由专门的技术人员分配指导,场中育种牛圈养在露天围栏中,夜晚放回围栏对应的牛舍,一栏存养的只数,牛舍的温度都由Y公司的专人研究制定,育黄牛则固定养在一个集体牛舍。牛舍的清洁、通风和擦洗牛体、定时定量投放饲料等方面的工作由在此工作的村民负责,有专人培训。场里长期驻扎一位兽医负责防虫防病。

6. 现状

小区建设占地700亩,现存栏1312头基础母牛,贫困户每人每年可得到1000元的分红。剩余的小区经营收入用于村民养老补贴、因病因灾返贫户救助和A村设施维护等。

图 12　养牛场

7. 落实情况

经实地走访调查,在养殖小区工作的村民确实每人每月能得到 3300 元左右的工资,贫困户每人每年年末能得到 1000 元的股利分红。村民对于该项扶贫的成果还是非常满意的。

8. 发展

计划 2019 年 A 村的养牛小区的牛能达到 3000 头,并继续扩大养殖规模,计划发展订单青贮 5000 亩,建成糖化饲料厂一座。

9. 限制本地的扶贫工作因素

在对贫困户和当地政府工作人员的访谈中,我们发现:

(1)有 92% 的受访者认为,限制本地发展的原因是资金不足。在对 N 旗扶贫资金调查后发现,每个贫困村都会发放 20 万元到 30 万元的扶贫救助金,"科技扶贫资金"能达到上百万元。由此可见,扶贫资金根据地区情况确定发放数量,是否被合理利用是一个较为重要的问题。

(2)有 54% 的人认为,发展资源不足。在进一步的谈论中我们发现,大家所认为的资源不足很大一部分代表的是各类技术的不足。例如,种植业中灌溉和收割技术还是传统的漫灌和人工收粮;少部分人认为当地缺少石油一类的矿产资源。

(3)33% 的人认为是人才资源的不足,并且大部分提出此项的人是政府工作人员。在对各个村庄走访中,我们也发现了大部分青年人都已经离开家乡外出打工的情况。青壮年人力资源流失严重。而在与村民交谈中,他们并不觉得青壮年离开家乡是一个问题,而他们赖以生存的是较为传统的农业生产,缺少青年人的创新思维,流失了有能力带头改变谋生方式的人,对脱贫致富有很大的限制。

10. 贫困的主要原因

结合 A 村中的问题,受访者中大约 70% 的人认为限制经济发展并造成贫困的原因是农作物单一。农作物单一,抗御自然灾害的能力低。由于田地分散、种植技术落后,农业产业化程度低,他们耕种的这些作物产品单一且产量不高,一旦发生自然灾害,大多数贫困家庭对农业的投入将血本无归,就连最基本的温饱问题都无法得到保证。"什么都涨价了,就是粮食不涨价"在群众中被提起的次数很频繁,N旗范围内的农村地区大部分土地都在种植玉米,在市场中属于供大于求的情况,价格连续几年不涨反降,经济的低迷使得生活水平一直无法提高,造成了贫困的循环。虽然扶贫工作进行了很久,但是作物单一的基本情况并没有被打破。在各个村子外围沿路看去,仍然是成片绿油油的玉米农田,一些村里建设的各种养殖小区、种植小区、产业基地也都重新种上了玉米,如今正是脱贫攻坚的进行时,N旗专攻的主要对象应该就是这些玉米田地了。

11. 存在问题与建议

(1)这种扶贫模式尽管避免了因村民思维落后而导致扶贫资金浪费,但是形成了懒散的风气

"一年里不用干活,年底还有分红",这种思想使本就不怎么勤劳的人失去了进取心,他们既不去养殖场工作也不种田,一直靠政府补助度日。勤快的人会更勤快,懒人会更懒,因病因灾等特殊情况致贫的人家通过救助脱贫并且生活更上一层楼,剩下的就是不干活的人,这些问题才是脱贫队伍中最难解决的。这是A村村主任给出的结论。

(2)缺少资金公示

村民不了解场里的运营和收入,有些人怀疑场长拿到了利润中的大部分(场长是从村里面选出的比较有知识的年轻人),年底分红由村委会负责,虽然对所营利润的分配做了公示,但是大家还是带有怀疑。在厂里工作的村民文化水平都不高,知道自己看不懂账目,也不好意思直接询问场里的经济状况。有些贫困户觉得,如果村里为了扩大养牛小区而留下部分利润,使得分发给他们的红利少了一些也没有关系,他们也可以理解。但是他们想看到最真实的情况,即使自己知识水平不够,还是希望村里可以给解释一下。如果资金分配没有问题,村民希望双方能加强沟通,可以减少大家的困惑。

(3)普通村民生活没有被改善,脱贫积极性低

在对A村的走访调查中,我们发现,该村以玉米种植为主的生活方式并没有从基本上改变,大部分人的生活没有任何变化,因为种地对于维持生活"还过得去",思想又比较固化,而且存在没有被评为贫困户的村民心有不满的情况。所以,非贫困户对村里的扶贫是一种冷眼旁观的态度,没有加入进去的想法,这对政府定下的A村"整村脱贫"的目标有着不利的影响。

(4)牲畜患病问题急需解决

近年来,牲畜患上口蹄疫的病症在当地频繁发生,这类病症是一种高接触性的传染病,流传快、发病急、传播广,一经发现就有扩散的危险。由于技术落后,在本地是一个棘手的问题,在当地农村范围内,只有很少数兽医有治疗的技术,一旦牲畜患病,必定带来很大损失,影响三方的利益。这是贫困户、村部和企业三方都在担忧的问题。

(5)环境问题严重危及工作人员健康

大型牛舍空气流通慢,越靠近中间气味越难闻,普通人在里面没多久就会头晕恶心,但是清扫牛舍的工人在里面长时间曝光,没有防护的衣物和面罩,却不以为然。据悉,牛舍工人普遍患有慢性支气管炎和肺部功能障碍,很大概率是因外源感染而过敏。因此,场里工作人员应配备专门的衣物,防护面具,这是目前急需解决的问题。

(6)场区对于排污治理没有成熟的方案

场区认为远离人口聚集地就可以忽视环境污染问题,政府部门注重扶贫的效果,而对环境污染缺乏监管使得此类问题屡见不鲜。

12.群众对于扶贫政策的看法与建议

(1)群众看法建议

① 产业扶贫是一种非常好的方法,做好了能获得扶贫工作的成功。

② 搞特色产业要优先、要突出。

③ 资金投入有限,希望更多资金帮扶;希望有更多的技术支持;希望多以养殖业为主;希望农业有更多技术支持和资金保障支持。

④ 地区的优势要充分利用,思想也得解放。

⑤ 加强精神方面的帮扶,增添内生动力。

⑥ 人的自身懒惰是造成贫困的重要原因之一。

⑦ 转变思维观念。

⑧ 政府帮扶,百姓参与。

⑨ 多考虑农户的个体情况,不同情况采用不同对策。

⑩ 有的工作人员不作为,没有切实为百姓着想。

⑪ 没有企业来投资,人口不流动,经济也不流动,所以才穷。

(2)建议总结

① 造成本地区贫困的原因主要为环境恶劣,人们的思维固化、缺乏变通,农作物单一,抗灾能力薄弱。对此,需要政府加大环境改良的力度,开展绿化,防止沙漠侵蚀土地;着重进行文化建设,加大教育力度,对于成年人应该多开展对外交流的活动,扩宽人们的视野,在此基础上鼓励村民从事多样化的种植业和养殖业,以改变农作物单一的问题。

② 缺少外来投资也是乡村以及城镇发展缓慢的原因之一。当地政府应倡导美化乡村,从农村的实际情况和农民的实际需要出发,充分尊重农民的意愿和乡风民俗,多选用农民喜欢的树种。村庄绿化美化主要包括街坊路绿化、村内公共区域绿地建设、沟河渠边绿化和村民庭院绿化等内容。研讨实施改变人文面貌的方式方法,改变人们对于乡村的不良印象,以此吸引投资商进驻乡村。

③ 政府与群众双方缺少交流是阻碍当地扶贫的又一个大问题。需要双方加强交流,政府人员更加尽心,一家一户扶贫,因地制宜,因户施策,说与做结合,才能争取人民的信任。

④ 产业扶贫不能扎根于村里是N旗村民返贫的一个重要原因,建起的产业坚持不了多久便"倒塌",一是浪费了扶贫资源,二是消磨了群众的积极性。产业扶贫应关注地

域特点,开展适合当地的特色产业。例如,在靠近沙漠的地区种植抗旱的多肉植物,如此才能在市场上占有一席之地,使产业持续经营,持续给村民带来利益。

陕西省富平县:柿饼加工助力产业扶贫

本次调查柿饼产业扶贫的主要地点在富平 H 镇 I 村等村。改革开放以来,I 村农村改革成效显著,农民从单一的种植向养殖、加工、运输等全面发展,经济活跃,市场繁荣。1996 年山东青州老板 G 在同乡田宗昌的引领下,首次来 I 村收购红角柿饼(无霜柿饼),一时轰动十里八乡,当年收购近百吨,运回山东公司包装出口韩国,为富平柿饼打开销路功不可没。2002—2007 年间,陆续有若干韩国老板来 I 村及邻村收购柿饼,少则百余吨,多则千余吨。2013 年韩国驻西安总领事一行来 I 村考察柿子产业。2015 年,央视四套《远方的家》《长城内外》栏目组来 I 村摄制柿饼加工全过程。2015 年 12 月 22 日,中国柿子博物馆在 I 村开馆。2017 年《岁岁年年柿柿红》在 I 村取景拍摄。

1. 未实施产业扶贫前该地区存在的问题
(1)柿树种植技术及柿饼加工技术的局限
① 种植过程

据调查了解,该地区青壮年劳动力流失严重,从事柿树产业的基本上是村里的中老年人。他们所掌握的柿树种植技术是靠经验得来,代代相传,获得种植技术知识的渠道少,能力有限。若突然出现以往没有的病虫害,村民仍需较长时间的摸索总结,时间成本和经济成本都比较大,直接影响了村民的生活收入来源。其次,大部分村民已经习惯了有的年收成好而有的年收成不好的"规律"。他们认为这种气候环境因素的影响是不可避免的,因此在收成不好的时候也没有应对措施,传统的种植技术难以进步。

② 加工过程

传统的柿饼加工都是纯手工制作,需要大量人力资源,缺乏机器设备,是柿农面临的最大难题。削皮便是所有工序中最为关键,也最限制加工进程的一步。人工削皮,薄厚不一,削出来的柿子不够均匀光滑,品相不好,甚至有的无法进行下一道工序。据村民讲,即使技术十分娴熟的,村里最厉害的人,一天也就能手工削 200 斤左右,远远少于产出的柿子。柿饼要想有柿霜,晾制必须掌握好时机,挂柿子必须要在霜降之前完成,挂好的柿子需要用硫磺微醺,主要防止柿饼长虫,在晾制的整个过程中,不能有大风,也不能太湿润,还要驱赶麻雀老鼠等,白天黑夜柿饼都需人照看。由于各个工序的技术限制,使得最后的出饼率更低了。虽然后来有一些简单的加工工具,但普及程度低,设备简陋价格昂贵。村民认为购买的工具性价比不高,还是更青睐于传统手工工艺。

(2)柿饼销售难
① 价格过低,销售渠道少,缺少有组织有规模的市场

在没有进行产业扶贫工作前,每年全县柿饼的产量也就七八千吨,价格基本在 5~

10元一斤*,销售渠道单一。除了客商订购之外,当地大部分柿农只能到农贸市场去卖或者将自己的柿饼卖给当地一些贩夫走卒,然后再由他们转卖。虽说柿饼的品质很好,但在一些能够体现柿饼价值的卖场上,几乎看不到富平柿饼。

② 季节性强,柿农销售时间紧迫,存在滞销问题

从每年11月中下旬开始,柿饼陆续上市,一直到春节假期期间,是柿饼销售的黄金时期。在这段时期内柿饼价格一直维持在当年最高水平且较为稳定:一是因为按当地风俗,柿饼是作为春节期间招待客人或者走亲戚时必备的一项礼品,需求量集中在这一时期,且呈先增后减趋势;二是因为不易保存,春节后气温逐渐回升,柿霜渐渐融化,柿饼开始变质,未售出的柿饼品质无法保证也没有市场,至元宵节后基本上所有的商店都不再售卖柿饼。所以柿饼的销售时间是非常短暂的,当地柿农的压力很大。

据此次采访的贫困户回忆,他们家世代沿袭种柿树做柿饼的技术,在没有产业扶贫的那些年里,自家加工好的柿饼若是没有及时卖完,到最后只能以更低于成本的价格卖出去,甚至有些年滞销。对于以柿饼为主要经济作物的他来说,生活在温饱线上挣扎,家里很是贫困。同村其他村民的生活也都并不富裕,柿饼销量好就赚一些钱,销量不好,只能靠其他作物赚来的钱补偿或是用积蓄维持生计。

③ 市场信息不对称现象较为较凸出

没有集中的有规模有组织的市场,普通买家辨别不清柿饼品质,柿农们不了解买家需求,市场信息不完整,缺少竞争与比较,信息闭塞,到最后滞销的可能是品质较好的柿饼,有买家买不到柿饼,有卖家卖不完柿饼。

2.产业扶贫后:合作社+贫困户+柿子产业

柿子产业依托合作社产业脱贫致富,近年来当地已成立多家柿子产业合作社。本次调查了解了A柿子种植专业合作社。A合作社有社员1061户,3508人,其中贫困户702户,2316人,建有优质尖柿园4090余亩。截至2017年底,已使234户贫困户脱贫并找到实现长期稳定增收的致富产业。

(1)开展技术培训

从2014年开始,合作社根据贫困户实际需求,积极开展免费技术培训。技术服务队进村入园指导,还建立了微信群,定期在群里分享管理技术并及时解决实际问题。

(2)与企业合作,拓宽销路

目前,A合作社与B电子商务公司、C现代农业发展有限公司达成线上线下合作,按高于同期市场10%的价格予以收购,解决销路问题。从2015年开始,柿饼价格一路攀升,不少贫困户因此而脱贫。

(3)为贫困等村民提供就业岗位

合作社通过走访社员,将其特长尤其是贫困户的特长全部统计归档,每年柿饼加工季节或建设用工,都优先考虑贫困社员,并且根据个人特长推荐工作岗位,实现家门口

---

* 1斤=500克。

就业的愿望。从2016年至今,合作社提供用工岗位400余人次,其中共有30名贫困户先后来务工。还与富平永辉公司签订长期务工协议,优先聘用贫困户管护千亩柿子示范园。对于暂时未达成用工意向的贫困户,建立信息跟踪档案,掌握就业动态,随时提供或推荐就业岗位。

(4)合作社鼓励贫困户入股参与经营,并且通过分红来进行帮扶。

在入社股金核算上,贫困户1股折算1.5股。2015年,合作社经过改组,承接了世界银行贷款陕西省贫困地区农村社区发展扶贫项目2200余万元,改善当地基础设施建设,推动传统产业转型升级,让产业帮助社员实现脱贫致富。世行资金股本化后,每年按照全体入社社员平均分配,贫困户分红是非贫困户社员的1.2倍。

(5)打造品牌

合作社与D公司共建了1090亩富平尖柿绿色无公害示范种植基地,注册了"E"品牌,统一提供农资、技术规程和产品包装,统一收购、检测,不仅减少农户支出,而且通过"E"品牌影响力,量价齐升,农户既增产又增收。

(6)提供技术及设备,引导贫困户实现造血功能

在"乡村集市"内建立了1000多平方米柿子加工大棚,以优惠价格供给部分贫困户使用,解决了用棚难题。去秋今春合作社免费为贫困户发放柿子树苗30000多棵,指导贫困户合理密植、科学建园,按照合作社制定的栽培规程统一管理。对于贫困户中无劳动能力的,由合作社统一托管,解决后顾之忧(图13)。

据计算,目前,全县柿子总面积达到13万亩,年产鲜柿5万吨,加工柿饼1万吨,总产值6.5亿元,已有2100多户贫困户依托柿子产业实现了脱贫。

图13 左图为村民往年挂柿子场景,右图为柿博物馆一角

3. 建议

(1)村干部建议

在对周围村子的10位村主任及第一书记等村干部做了纸质问卷调研及访谈后,就

问卷Q13：您对当地产业扶贫政策有哪些建议？做出如下总结：①优化产业结构,提供技术人才,拓宽销售渠道,加大扶贫工作开展力度,争取更多扶贫项目。②做出当地的特色产品,打出自己品牌,多运用互联网,以单品形式创造出当地农副产品的品牌效应。③扶贫先扶志、智,除了极个别年老多病、智力残疾外,防止"养贫",要激发内生动力,克服懒惰思想,增强贫困户自信心,努力奋斗,纠正贫困户脱贫意识,从而从根本上实现脱贫。④目前仍有许多村没有集体经济,个别村干部对发展村集体经济信心不足,动力欠缺,项目不准,在众多客观情况前能力不足,缺少办法。上级政府应在宣扬集体经济的同时,为此情况想出合理的解决办法。

(2) 村民建议

在对周围村民发出的40份纸质问卷分析发现,村民对政策建议性问题持回避态度,考虑是否存在文化水平等客观问题限制,配合访谈法引导村民提建议,交谈中仍有部分村民拒绝提建议,主要原因有：①这部分村民认为,自己没有权力建言献策,政策建议是属于政府人员的行为。他们认为自己提的建议并不会有用,不会被反映更不会被关注。②他们认为并不公平,因为贫困户中有很多是懒汉。

但在这些村民的抱怨或是牢骚中,恰巧反映出他们内心的需求和建议。结合对村里贫困户的访谈,村民建议总结如下：①扶贫要扶志、智,不要养懒汉。②不能只是发物品,发资金,"授人以鱼不如授人以渔",希望能有致富的方法并能长期发展下去。③能对村民自发发起的还未形成气候的小产业关注、扶持,帮助更多村民共同致富。④充分发挥政府的宣传作用,把当地的农副产品推广出去,为村民拓宽销路。⑤严格监控市场,保证产品品质,抵制不良行为。村民反映,由于去年柿饼销售火爆,本地柿饼销售一空,出现了挂当地品牌销售当地加工的外地柿子,品质大打折扣,销售一段时间被客商发现后,难以再挂牌销售,最后以2元/每斤的价格处理。

(3) 建议

通过暑期的走访调查研究,以我们沿途的所见所闻,所提建议如下。

① 扶贫先扶志、扶智。不少村民都存在这些问题,受教育程度不高,认知有限,看不到政策的长远性,更加看重眼前自身的利益;不满意自己没有被评上贫困户,抱怨不公平,对政府工作提出质疑,而忽略了自身应该通过优惠政策参与产业扶贫,积极性差,影响了扶贫工作的开展落实。所以,在扶贫的过程中,提高村民整体思想认识水平很有必要。

② 大量引进或研发新的设备。柿饼加工目前还是传统手艺,工序繁琐,需要大量有经验有技术的人。目前很少有年轻人学习这门手艺,而且设备很少,不能实现自动化生产,限制产业发展。

③ 应合理解决扶贫工作落实过程中的实际问题。在农业宣讲会上,村民并不热情高涨,甚至极少有人愿意去,这时村干部便指定一些村民必须去。了解其原因,村民认为农业专家是"纸上谈兵",并没有下地干农活的经验,不值得相信。而农业专家所做的研究及实验,他们也并不了解,双方无法沟通互不相让。这两种思想文化差距极大的人,差点在技术宣讲会上"打了起来"。若不及时解决这一问题,农民无法接受新技术,

不能合理利用这一技术资源,便无法达到应有的效果。

④ 应加强柿饼市场及价格监管。有的柿农为谋取利润,加工外地柿子后标注为富平柿饼品牌卖出,这种行为应该被制止。此外,近年来柿饼价格居高不下,从当年的几元钱涨至现在的二级柿饼价格都维持在三十元左右。由于每年的供给量无法突破,但需求量逐年增长,供不应求。每年柿饼还未上市,就有一大部分柿饼被预订,消费者来自四面八方,需求旺盛,此时有人便哄抬市价,炒作柿饼的价格,甚至造成当地人消费不起,外来客商被吓走的局面。价格不透明,市场混乱,柿饼从土特产变为时尚甜点的同时,是否早已超出其本身的价值。而在产业扶贫的过程中,各项制度并未建立完善,甚至最重要的柿饼供给量问题还没有解决,任由价格乱涨,影响产业发展及品牌的形象,因此柿饼市场及柿饼价格急需监管。

吉林省某地养猪脱贫调查

1. 该地区及受访者在产业扶贫前与扶贫后的基本情况

(1)过去产业类型以及经济来源:第一产业农业是Y镇的经济基础,主要以蔬菜生产为主,经济作物包括:123苹果,葡萄香水梨、南国梨,种植绿色香水梨,绿色李子小农经营,产业分散,规模小,没有形成产业化经营。种植产业缺少良好端口销售,导致蔬菜水果囤积获利有限。经济来源主要是蔬菜水果零售。

过去贫困原因:一是过去农产品主要为蔬菜水果,找不到好的销售端口加工方式,互联网技术应用较少等原因,导致滞销现象严重,农产品价格较低,利润低。二是劳动力流失严重,村民中劳动力资源较紧张。

(2)现在产业类型以及经济来源:现在政府主导下新增养殖业,产业类型包括养殖业与蔬菜生产,农民收入来源包括蔬菜水果生产以及养殖收入。相较以往单一的种植生产,养殖业成了农民又一大收益来源。养殖业主要包括生猪养殖产业(图14)。

(3)发展模式:过去主要是自产自销。现在有自产自销,组织化帮扶方面有"企业+合作社+贫困户""政府+企业+合作社+贫困户"等模式。即不只过去的小农生产,现在同一产业的农户组织在一起,形成合作社,在政府与企业的补贴与帮扶下进行生产。

(4)生猪的养殖模式:主要为自产自养。

(5)主要支出:成本。主要成本是饲料。根据资料,一头生猪从五十斤养到七十斤,饲料成本要达到九千二百多元。

(6)资金来源:政府补贴,企业帮扶。对于村民有现金补贴,每头生猪补贴100元,对于贫困户,企业或政府发放小猪等动物,分发给特困户进行养殖。

(7)销售方式:村民组成合作社,有专门公司负责上门收购肥生猪(合作社不承担市场风险,村民个人承担市场风险)。

(8)利润:生猪供应季节性减少,猪肉价格持续上涨。

据农业农村部的数据,2018年6月份我国生猪和能繁母猪的存栏量继续呈下降走势,降幅比5月份有所收窄。进入7月后,由于东北大范围持续的高温天气不利于存栏猪只增重,导致可供应猪只减少。生猪供应出现季节性减少,吉林省市场猪肉价格继续小幅回升。立秋刚过,肉品消费将有所好转,进入8月中下旬后,大中院校将陆续开学,预计短期内吉林省生猪市场价格将维持偏强运行的格局。村民的获得的利润远远高于曾经的单一生产。

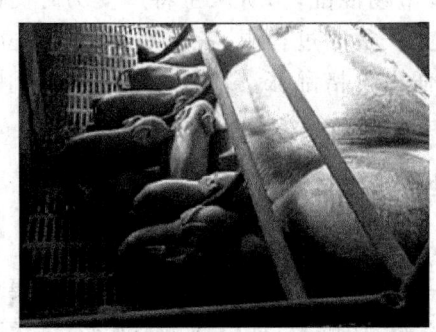
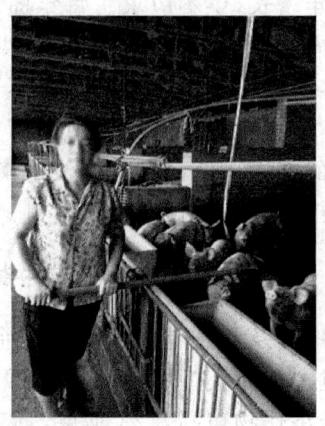

图14 调查中养猪场情况

2. 当地产业扶贫政策的内容,落实与不足

(1)内容

吉林省是农业大省,畜牧业在促进农民就业、带动农民增收和实施乡村振兴战略中具有举足轻重的地位和作用,因而在扶贫项目的选择上,主要以畜牧业生猪养殖为主,该村实行"输血""造血"两手抓,从而达到扶贫对象自我发展,摆脱贫困的目的。

具体内容有每头母猪补助100元,由政府提供免费疫苗注射,提供针对饲料方面的培训。

(2)落实

① 因户施策,对于特贫户免费发放生猪,牛,土鸡。一般村民则是每头母猪补助100元现金

② 对村民进行技术培训,针对饲养过程中的问题统一解答,主要针对饲料问题对村民进行培训。

(3)不足及对策

① 环保问题比较严峻。在畜牧业快速发展的同时,村民也深切地感受到养猪给农村生态环境带来一定影响,生猪排水污染严重。

② 贫困户能力缺陷。产业扶贫对于贫困户个人能力有一定要求,而贫困户大多数是生理有缺陷,病人等没有劳动能力的农民,对于产业扶贫政策他们心有余而力不足,成了一个盲区。面对政府的政策,他们缺少劳动力去劳动,也不能提供生产技术,没有启动资金来进行这份产业

③ 培训内容不够全面。村民反映,对于饲养生猪的技术问题需要得到更多的

培训。

④ 原有的蔬菜生产情势困难。村民反映,原有产业依然存在很多问题,补贴比较少,由于交通问题,产品找不到好的端口销售,由于互联网技术应用比较少,主要靠村民口口相传宣传产品,信息闭塞,找不到好的客户,导致利润过低,产品滞销。

政府对策:为加大畜禽粪污资源化利用力度,近两年来,吉林省先后争取国家整县推进畜禽粪污资源化利用试点项目5个,资金总额达2.82亿元,重点围绕畜牧业绿色发展,主推"五型"畜禽粪污资源化利用技术。

固体粪便堆肥利用。以生猪、肉羊、家禽等规模养殖场为重点,采用干清粪方式,对固体粪便进行好氧堆肥发酵无害化处理,就地就近还田利用。对收集的畜禽粪便、沼渣和稻壳粉等辅料按照一定的比例混合后,添加发酵菌剂,强制通风供氧,进行人工或机械翻堆的两次发酵,通过干燥、筛分等生产有机肥,一部分直接还田一部分贮存。这种技术好氧发酵温度高,粪便无害化处理较彻底,发酵周期短,堆肥处理提高粪便的附加值,只适用于固体粪便、无污水产生的规模化肉鸡、蛋鸡场或羊场等。

畜禽粪污全量收集还田利用。以生猪、奶牛等规模养殖场为重点,采用升级的水泡粪或自动刮粪回冲工艺,对粪便和污水全量收集,进行贮污池微生物技术和搅拌处理后,实施还田利用。粪污贮存周期一般要达到半年以上,需要足够的土地建设氧化塘贮存设施;施肥期较集中,需配套专业化的搅拌设备、施肥机械、农田施用管网等。这种技术适用于粪污的总固体含量小于15%的猪场水泡粪工艺或奶牛场的自动刮粪回冲工艺,需要与粪污养分量相配套的农田。粪污的收集、处理、贮存设施建设成本低,处理利用费用也较低;粪便和污水全量收集,养分利用率高。

有机肥生产加工利用。以生猪、肉牛、奶牛、家禽等规模养殖场为重点,采用干清粪方式,对固体粪便进行好氧堆肥发酵无害化处理,经专业化机械设备干湿分离、搅拌、烘干、筛分、分装后实施高效还田利用。

污水肥料化利用。以生猪、奶牛等规模养殖场为重点,对干湿分离、雨污分流后的污水进行集中收集,经厌氧发酵或氧化塘储存处理后,与灌溉用水按一定比例混合,实施水肥一体化灌溉农田。这种技术适用于周围配套有一定面积农田的规模猪场或奶牛场,直接使用氧化塘贮存,在农田作物灌溉施肥期间进行水肥一体化施用。污水进行厌氧发酵或氧化塘无害化处理后,为农田提供有机肥水资源,解决污水处理压力。

粪污专业化能源利用。以专业化畜禽粪污处理企业为核心,采用厌氧发酵工艺,对周边生猪等养殖场户的高浓度粪便和污水进行集中处理,生产沼气发电上网或提纯生物天然气,沼渣用于生产有机肥,沼液用于灌溉农田或实施深度处理达标排放。这种技术适用于大型规模养殖场或养殖密集区,具备沼气发电上网或生物天然气进入管网条件,对养殖场的粪便和污水集中统一处理,减少小规模养殖场粪污处理设施的投资;专业化运行,能源化利用效率高。

3.感受

大多数在产业扶贫政策下的村民受益匪浅,生活得到了很大改善,少部分活动能力不足的村民希望政府能帮忙提供工作岗位。对于养好的肥生猪,主要采用企业上门收购的方式销售,村民对于销售价格感到很满意。"确实帮到了我们一家人脱贫致富",一个养生猪的村民由衷感叹道。

4. 建议

(1)对村委会的建议

① 对于劳动能力低下的特困户,建议能够提供工作岗位,以避免即使免费发放生猪也脱不了贫的困境。由于有的特困户劳动能力实在有限,受教育程度较低,难以通过现有的产业扶贫政策脱贫,因而建议这些特困户到组建的劳动组织中工作。"缺胳膊就干腿活",只有这样才能让无法自产自销的特困村民有一定收入来源。

② "生猪代养,疫病和市场风险由龙头企业承担"农户与企业签订代养合同,按企业要求生产管理,生猪出栏按考核指标兑现代养费。由于该村主要是自产自销,不经由合作社共同养殖导致部分村民无法独立养殖生猪。一是农户自建代养场为公司代养,一种由政府整合"精扶贷""财政扶贫资金"等资金建场,租赁给村集体、农户,与龙头企业签订生猪代养协议,租金又用来给入股贫困户分红,这样也可以为部分没有能力的村民提供工作岗位,使其用工作能力赚钱,而不是只靠政府补助度日,从根本上解决问题。

(2)对民营企业的建议

① 建议开展培训班。相对贫困的农户,往往生产技术低下,受教育程度低,自家繁殖的生猪存活能力没有保证,建议对其培训内容包括当前畜牧业相关政策以及畜禽粪污资源化利用技术;生猪养殖技术及粗饲料利用技术、繁殖障碍性疫病的防治等技术。通过了解政策带动村民劳动,形成风气,强有力地推行起来。

② 希望未来可以达到一二三产业融合,提供农产品加工等途径,使农民的产品达到企业要求的质量,并且政府可以提供更多端口帮助农民销售。

(3)对村民的建议

① 提供技术支持,使产品达到企业所需质量。由于生猪养殖需要技术,部分村民希望政府能提供技术支持,安排专家定期讲座,解决自家养殖中遇到的问题,以及粗饲料加工方式等问题。饲料在养殖过程中起关键作用,部分村民存在疑惑,希望得到专家讲解。

② 希望政府或者金融机构可以提供一定的启动资金或者贷款。给农民一定资金启动,类似创业基金,帮助没有资金运转的家庭能够有能力养殖生猪。在生猪养殖过程中,占主要部分的支出是饲料。希望政府能对饲料购买进行补助或者贷款,帮助村民养殖,待卖出发育好的肥生猪后再偿还贷款。

③ 少部分村民希望政府能提供更多端口销售生猪,这样可以丰富销售途径,卖出更好价格,找到自家合适的更优客户,为未来致富路找到属于自家的方向。

④ 希望政府可以建造标准化猪舍,种猪扩繁场,并配备现代化高标准粪污处理系统。村民自建的猪舍达不到标准化要求,污染严重,气味刺鼻,希望政府可以帮助。

(4)个人建议

① 建议村民可以和政府多交流,发现问题后及时反馈问题。很多村民问题反馈不及时,导致在生猪饲养过程中出现问题无法解决,造成了经济损失。

② 建议村民合理使用互联网,通过互联网了解专业技术。村民可通过使用互联网,主动了解关于生猪养殖的知识内容。主动了解扶贫政策扶贫方向,补充知识,发展起来。还可以通过互联网找到更多销售途径。

③ 政府可以派专员下村访问,及时了解村民扶贫落实情况和村民的建议,使政策落实到有需要的村民上,对村民遇到的困难给出解决方法。

④ 建设村里劳动文化,传播十九大以来的脱贫攻坚政策,全面建设小康社会的目标,用标语宣传画等进行宣传,加强村内精神文明建设,鼓励村民劳动积极性,使村民的主观能动性更强。

三、总结

本次暑期社会调查,从身边开始,从产业扶贫方面出发,了解改革开放以来民生建设的进程。通过下乡走访,与贫困户、村干部及合作社人员等当地百姓的沟通交流,我们体会到了政策执行过程的艰难与不易,感动于落实政策给百姓带来帮助他们与我们交流时发自内心的肯定与自豪,感慨于当地百姓讲述的今昔对比,农村地区经济迅速发展,老百姓的生活得到关注。当年落后闭塞的小乡村,如今一村一产业甚至多产业,村村都在政府的帮助下建设美丽新乡村,村民的温饱问题得到解决。但正如十九大指出的,"现阶段我国社会主要矛盾已经转化为人民日益增长的美好生活的需要和不平衡不充分的发展之间的矛盾。"作为接受过高等教育的我们,明白精准扶贫产业正是"为人民服务""以人为本"的重要体现,大力配合政府部门的工作,必将实现全面脱贫。在调查走访过程中我们看到了"硬骨头",听到了不和谐的声音。有不少村民认为,被扶贫者多数是村里的懒汉这样有失公正,引起了他们的不满甚至妒忌,宣扬负面情绪,不配合政府工作的开展。其实,勤劳致富,勤劳的人民不至于在贫困线下挣扎,扶持这些人的生活,正体现了"全面小康,一个也不能少;共同富裕路上,一个不能掉队"的艰难与伟大。不仅生活上要脱贫,精神上更要脱贫。因而扶贫需要先扶智、志,这也是线上问卷调查中,群众提出的最多的意见。加强村民的精神文明建设,提供更多的教育机会,满足更多人对教育的需要,使村民有更长远的眼光看发展,也可能为当地培养出能促进当地发展的科学技术人才。同时也对懒汉进行思想教育,激励他们与政府配合积极创造财富。基层政府在传达和落实政策时出现了脱节的问题,政策信息传达没有形成体系,没有真正实现"精准",因地制宜,没有足够了解发展中人民的需要。扶贫不是养贫,没有合理的办法应对"老赖",使得脱贫积极性低,整村脱贫目标难,甚至会制定出有悖生态文明建设的脱贫方案,有违科学发展。应加强对基层政府的监督,培训基层政府人员的业务能力,重视可持续发展。习近平总书记主持召开的中共中央政治局会议审议了《乡村振兴战略规划(2018—2022年)》和《关于打赢脱贫攻坚战三年行动的指导意见》。会议指出:"着力激发贫困人口内生动力,着力夯实贫困人口稳定脱贫基础,着力加强扶贫领域作风建设,切实提高贫困人口获得感,确保到2020年贫困地区和贫困群众同全国一道进入全面小康社会,为实施乡村振兴战略打好基础。"目前是全面建成小康社会决胜期,最艰巨的任务依然是脱贫攻坚。截至 2016 年国农村贫困人口还有 4300 万人。贫困大都是贫中之贫、困中之困,脱贫攻坚越往后成本越高、难度越大,"难啃的硬骨头"会越来越多。目前,26 个贫困县顺利通过国家专项评估检查,将由省级人民政府陆续批准退出贫困县。这是脱贫攻坚以来,贫困县首次集中脱贫摘帽。这是一个新的开始。在新时代砥砺前行的步伐中,脱贫攻坚的中国故事正在续写新篇章。

改革开放以来京剧文化的传承与发展

陆丽琼 郭 旻

【摘 要】 京剧是中国的国粹,更可谓是中国的一张名片。它不仅是介绍、传播中国传统文化的重要途径,更是中国乃至全世界人民宝贵的文化遗产。但目前,京剧的发展似乎并不容乐观,喜爱京剧的人群与有能力去现场听京剧的人群并不重合。本文即是通过实地访问及线上发放调查问卷的方式,调研当下人们对京剧的普遍看法,论证京剧发展中存在的一些问题,提炼出相应建议,并在文末得出相应的解决办法。

【关键词】 京剧;发展;世界文化遗产

一、前言

我们调查小组成员共五人,调研采取了线上线下调查与实地采访两种方式。线下主要是小组成员到天坛公园及周边地区,向晨练的长辈发出调研问卷,现场填写并收回。问卷共发出 215 份,收回 215 份,回收率达 100%;有效问卷 215 份,有效率达 100%。共向被调查者提出三方面问题,即个人基础信息,个人对京剧的态度及对京剧未来发展的看法。目的在于了解当下民众对京剧的普遍看法及相应发展意见。另外,小组成员还到长安大戏院现场观看戏曲《狼牙山》,并对现场的观众及场外人员进行了采访。采访内容包括京剧的变迁,发展京剧的意义及京剧传承中存在的问题等。

二、当今社会京剧文化的受众及相关分析

（一）传承与发展京剧文化的意义

京剧是中华民族的瑰宝。自清朝四大徽班进京至今,京剧已经生存并发展了近三百年。徽剧是京剧的前身,四大徽班的进京献艺拉开了 200 多年波澜壮阔的中国京剧史的序幕。京剧在 1883 年至 1918 年进入成熟期,1918 年后逐渐进入鼎盛期也是黄金时代。这期间涌现了大量京剧优秀演员和众多流派,期间的代表人物有大家耳熟能详的"四大名旦""四大须生"等等。辛亥革命后,很多艺人投身革命,他们看重戏曲的宣讲功能,试图通过戏曲给老百姓进行革命启蒙,但是时间不长,没有达到很好的效果。抗战时期,名角儿不演戏了,大多数演员为生计纷纷改行。新中国成立后,专设戏曲改进

---

① 本课题指导教师陆丽琼(北京工商大学法学院/马克思主义学院);课题组组长郭旻(会计171);课题组成员:安然(注会173)、贝嘉钰(会计172)、熊新雨(会计172)、魏文静(会计172)。

局,曾出现了"样板戏"。之后京剧的发展沉沉浮浮一直延续到了今天。在这漫长的岁月里,京剧以其极大的艺术性吸引着无数人去品味赏析它背后的故事,更给我们留下了众多反映当时社会风貌的优秀剧目。京剧剧目有取材著名文学作品,如《水浒传》《三国演义》等,也有改编元曲、元杂剧和明清传奇剧的,多为歌颂中华传统美德、精神和人性真善美的一面。我们认为,京剧满足了人们的认知和审美需求,也起到了对人们的教育功能。京剧有着足够的资历被视为中华文化的象征之一。它需要且值得被继承并且发扬光大!

京剧作为世界级的文化遗产,举世瞩目。京剧作为中国优秀传统文化的典型代表,无疑是提升中华文化软实力的重要内容。习近平总书记在中共中央政治局第十八次集体学习时讲话道:中华优秀传统文化是我们最深厚的文化软实力,也是中国特色社会主义植根的文化沃土。每个国家和民族的历史传统、文化积淀、基本国情不同,其发展道路必然有着自己的特色。[①] 因此,我们更要大力发扬京剧文化,使京剧的独特魅力为更多的人所知所爱,使京剧文化屹立于世界文化之林,长盛不衰。

(二)当今社会人们对京剧文化的了解和关注情况

在调研中我们发现,虽然京剧之名人尽皆知,但却只有少数的人对其有更深入的了解。我们还发现:哪怕京剧与中国其他传统戏剧有着很大的区别,还是有非常多的观众并不能很好地区分京剧和其他剧种。同时,在参与访问的两百多人中,有近三分之二受访的人表示自己最初接触京剧的时间是在6~18岁之间,另有近三分之一的人是在6岁之前(图1)。

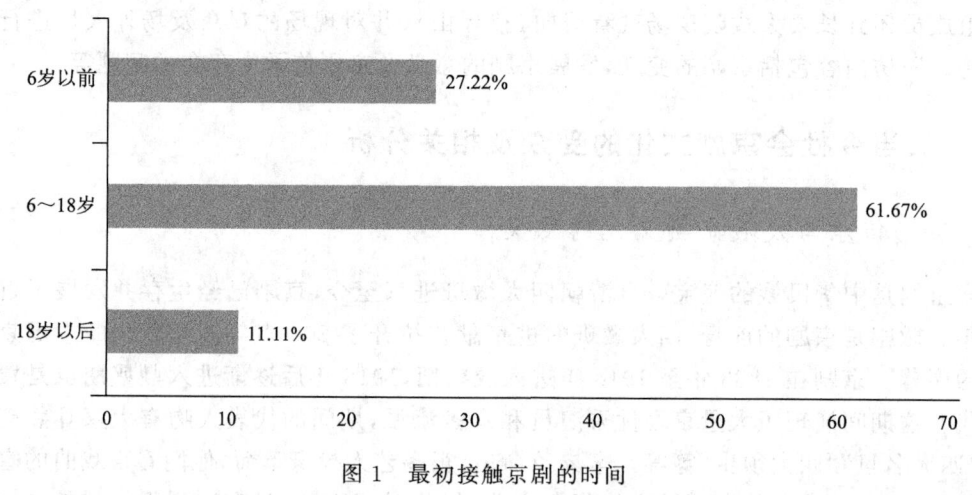

图1 最初接触京剧的时间

由此可知,大部分受访者都是在学生时代接触的京剧,即是在学习能力最强的时期。在后续的调查中我们还了解到,有一半以上的人是在陪长辈看电视时接触的京剧,

---

① 引自:习近平总书记2014年10月13日在中共中央政治局第十八次集体学习时的讲话。

其他较为普遍的方式还有课本中相关内容的涉及,及其他媒体的传播(图2)。

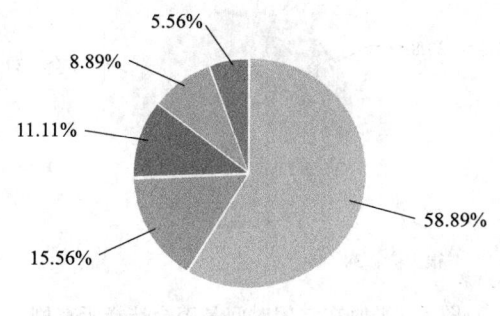

图 2　最初接触京剧的原因

通过对这一统计结果的分析,我们发现很多人都是随同长辈而被动接触的京剧,他们往往难以跟随曲调走进京剧所讲述的故事,也因此难以产生对京剧的喜爱之情。年轻的一代缺乏对京剧的理解与热爱,这非常不利于京剧进一步的传承。因此,我们需要认真考虑的一个问题便是:如何让人们主动地听京剧,了解京剧,进而爱上京剧。

就受访人平时对京剧的关注程度和听京剧的频率来看,其受众范围较窄,一半以上的人表示"碰到了就看看",近三分之一的人表示平时对京剧"一点都不关注"(图3)。从中我们也可以得出,大部分人平时对京剧文化的关注度还是比较低的。同时,当下我们在生活中碰到京剧的可能性很小,在网络上与京剧有关的消息相对而言难以激起人们的热情,电视中除了戏曲频道几乎也难见京剧的身影。因此,我们需要面对的还有京剧的宣传推广力度不足这一问题。

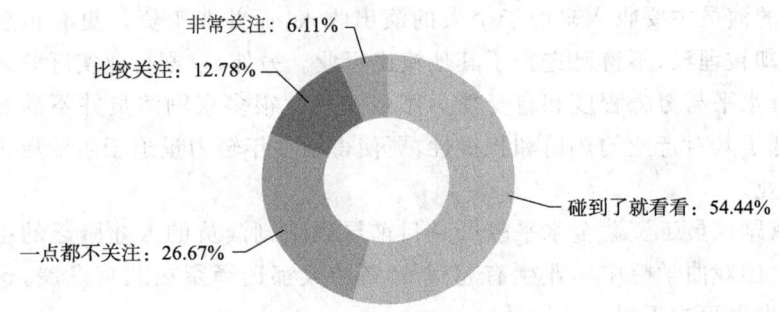

图 3　平时对京剧文化的关注程度

另有调研结果显示,三分之一的人平时不会听京剧,仅不到百分之五的人会经常听京剧(图4),由此可见,京剧当前的热度并不高。我们就听京剧的具体情况进行调研得出:69.44%的人没有到剧院听京剧的经历。如果有机会,54.45%的人愿意去戏院听戏,同时有37.22%的人处于犹豫的状态,但存在8.33%的人明确表示不愿意去听戏。如此看来,扩大京剧的受众范围是有前景的,大部分的人愿意去了解京剧文化。

69

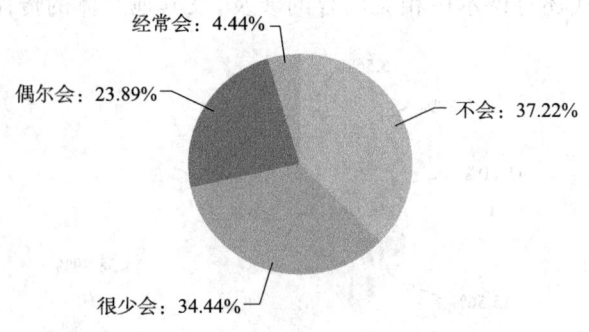

图4　平时在空闲时间是否会选择听京剧

三、影响京剧文化发展的因素

为了更好地的分析制约京剧发展的因素及其存在的问题,我们以两个层面为切入点对其进行了深入的剖析。

(一)改革开放以来京剧演员工资偏低

京剧是我国国粹经典。据我们所了解到的资料可知,在清末民初直至影视剧未普及的时期,京剧演员的地位是非常高的,有些名角甚至能够得到国家领导人的接见。改革开放后,大众传媒兴起,京剧演员却一度出现空有地位,却"无"戏可唱的尴尬境地。据我们调查得知:国家一级的京剧演员基本工资仅有 3000 至 4000 元左右,二级演员工资大概有 2000 元左右,三级演员就只有 1000 元左右,而像普通京剧演员一场演出费用只有 100 至 200 元左右,其中大部分跑龙套的演员工资更低(邵泽慧,2008)。同时,一些较有成就的演员主要收入来源于个人的演出收入,而并非工资。更有很多有实力和天赋的演员却被埋没,不得已选择了其他演出行业。另外,京剧行业实际收入与预期差距较大,工资水平与努力程度和自身能力不成正比。很多京剧演员并不满意自己的收入,这也降低了其对行业的热情和积极性,更使得很多年轻力量迫于生活压力而选择了其他方向就业。

因而,京剧演员工资薪金水平较低是目前导致京剧演员的人才匮乏的主要原因之一。此外,中国戏曲学院中毕业生有超过 50% 的人都选择留在北京发展,这也导致其他地区京剧发展更为缓慢。

(二)改革开放以来的剧目缺乏新意

改革开放以前,京剧剧目所表现的角色、唱腔、情节、社会结构都是相对符合当时时期的语境和心态的。哪怕是样板戏,大多也都是当时人们耳熟能详甚至是亲身经历过的事情,戏剧情景也能给人以身临其境的体验甚至勾起自身的回忆。京剧的曲目多数是以革命英勇事迹或者历史经典事件为表现对象,而真正反映改革开放以来的、我们能够切身体会的当代题材较少。今天,我们所能听到的京剧大多都是诸如《霸王别姬》《红楼二尤》《智取威虎山》的传统曲目,而此类曲目对于当下年轻人的吸引力有限,他们难以从京剧的氛围中获取心灵共鸣。也正是因为这个原因,居民难以从京剧故事联想到自身经历,更难以与演员共鸣,以至难以爱上京剧。

(三)改革开放以来社会潮流变革

京剧的前身是徽剧。清代四大徽班进入北京,又融合了昆曲、秦腔的部分剧目、曲调和表演方法,吸收了一些地方民间曲调,最终形成京剧。到民国时期则是京剧最繁荣昌盛的时期,大众娱乐方式较少,手机电脑网络还没有发展得如此迅速,遍及的地区也没有如今广泛,视频音频处理系统以及灯光音美也没有发展起来,人们娱乐的方式大都是吃茶聊天,或在茶馆欣赏京剧。

改革开放以来,京剧发生了翻天覆地的变化,科技的发展对京剧的舞台效果产生重大影响,比如灯光的变换、特效的呈现、音效的提升。同时,传播媒体的发展也对京剧的流传提供更好的媒介,如数字电视的普及、电视频道的丰富为京剧向更广大的群众传播开拓渠道。当今时代,京剧处在一个大数据发展的时代,大数据时代传播方式具有海量、多样化、快速处理的特点,这一特点使得京剧在今天的传播具有优势,它重新定义了文化创作方式,拓展了资源内容,丰富了创题生成手段,创造了新的文化生态,改变了传播方式。新媒体的出现为新媒体的传播带来了革命性的改变,京剧的呈现形式更具传染力,更易被大众理解和接受,也满足了年轻一代追求时尚生活的需求。新媒体与京剧文化的结合是技术和文化的亮点体现,为京剧提供了新的思想和传播形式,也提供了新的技术手段,比如:移动互联网的普及、大数据、云计算的使用。同时,网络的飞速发展所带来的爆炸式娱乐节目与碎片消息相较于京剧而言,更加夺人眼球,在某种层面上来说,其吸引力远大于京剧,也相对分散了人们对京剧的集中关注。

当今时代,许多人更加喜欢绚丽的舞台效果以及新颖有趣的作品,而京剧多用传统乐器、经典服饰来表现人物的身份及场景烘托,舞台效果可能并没有电影那样精致,所以更多年轻人很难被吸引。当代大部分青年缺乏经典作品的熏陶,对艺术的欣赏层面更多地停留在其表面形式上,比起对艺术的深度感知探索更偏向于选择满足感官冲击以及自身娱乐的需求。据调查可知,其实当代大部分青年是愿意去欣赏京剧并且是能够被京剧所打动的,但是当今快节奏高强度的生活使他们更愿意选择"快餐文化"来消遣解乏,释放压力。而欣赏并弄懂京剧所需要了解积累的知识使大多数青年望而却步。不得不说,时代的发展所引起的年轻人审美的改变也是制约京剧在当今向前发展的一大原因。

我们的调研结果中相关内容也表明"听不懂词"与"无法欣赏"成了阻碍大众与京剧联系的"两座大山"(图5)。因此,打通这"两座大山"是我们促进京剧后续发展的一项必不可少的工作。

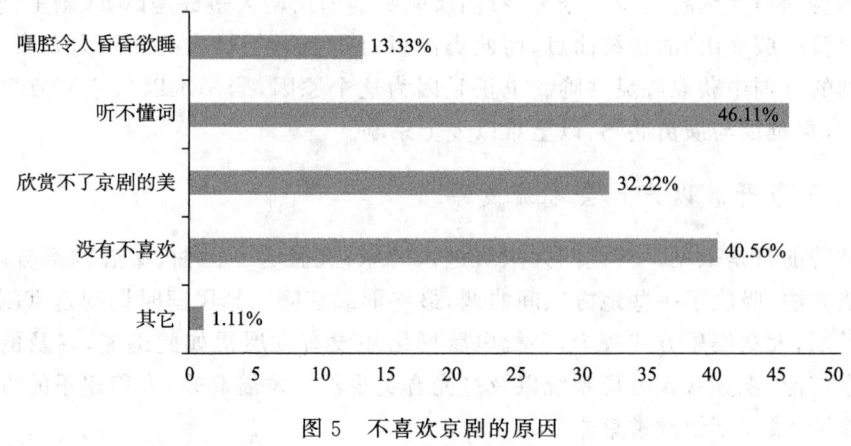

图 5　不喜欢京剧的原因

（四）改革开放以来支持与发展京剧文化的政策有待完善

今天，我们已经意识到京剧国粹艺术对于时代的重要性，并采取了一系列措施促进京剧发展。我国还进行了以数字科技为理念，实现传统文化创造性转化和创新性发展的有益尝试。2018年5月31日中国互联网新闻中心（中国网）与国家京剧院在梅兰芳大剧院签署战略合作协议。但同时，学校开设的音乐课大多选择让同学欣赏外国音乐歌剧或者歌曲，很少有学校开设欣赏京剧的课程，也没能创造出一个能够让青少年从小就接触以至是热爱京剧的平台。不热爱何谈欣赏甚至从事一项工作？这自然也导致了京剧创作人才方面的匮乏。另一方面，国家对于京剧这一传统文化上投资经费还是有些欠缺，地方缺乏充足的资金来更换京剧设施或者提高京剧演出人员福利，也进一步制约了京剧健康蓬勃的发展。

（五）改革开放以来关于京剧文化的宣传渠道单一

我们的调研结果明确显示，有相当多的人表示在居住地并没有或自己没有注意到有举办京剧相关的宣传活动，这足以说明当下京剧的宣传力度仍有待加强，还需更加深入人们的日常生活中去（如图6）。大范围的宣传是离不开国家支持的。

当今人们获取信息的渠道多来源于网络，网络媒体在人们生活中的影响力越来越大，由于没有政府的垄断保护，网络媒体的市场处于激烈的竞争之中，所以他们更趋向于能够吸引热度和流量的话题。京剧作为经典传统艺术之一，流行度不高，话题性不强，难以吸引媒体的目光，从而缺少了人们对京剧产生兴趣和了解的被动契机，京剧的主要观赏群体变得小众化，社会影响力逐渐减弱。

在我们所调查的180位有效人群中，有106位最初接触京剧的是陪同长辈在电视节目上观看的，占到所调查群体的百分之五十八。大部分初次接触京剧的人都是陪同长辈观看，而主动去接触京剧的人少之又少。由此我们可以看出：当下大部分人初次接受京剧都是因为长辈的熏陶，这类人群对京剧的认知也停留在一个较浅的层面上。另

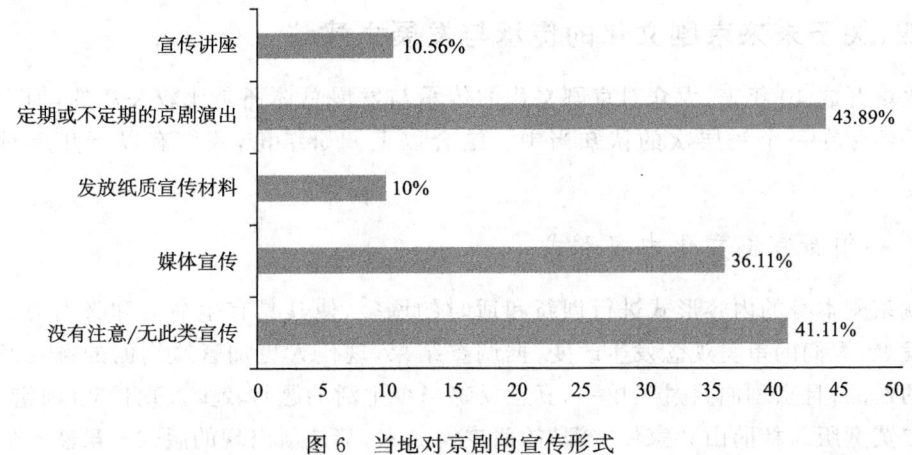

图 6 当地对京剧的宣传形式

外,调查的人中,还有相当一部分是因为京剧票价过高无法负担而放弃现场听京剧的,这也反映了不同人群对于票价的承受程度不同。人们普遍还是认为京剧票价过高,喜欢京剧的人群很多都是上了年纪的人,对于普遍处于 400 元至 500 元的票价大都觉得偏高。同时不少受访者还提及,自己儿时常有戏班露天搭台表演,戏票价格非常低廉,与当下高昂的票价对比,其差异更加显著。

(六)国际语种隔阂及文化环境差异

在如今全球化背景的大环境下,语言是传播文化的重要媒介,首都北京更是国际交往中心之一。而在调查中我们曾在梅兰芳大剧院观看过一场京剧,其演出播放字幕的大屏幕以及传单上只有中文,在观演中我们注意到几位外国友人中途便离场。北京作为国际化的城市,是外界了解京剧文化的重要枢纽,因此这给一些想要体验和了解京剧文化的处于不同语言环境的群众造成了极大的困难。如果不能高效解决语言问题,不同环境的语言差异会成为文化传播和交流的巨大阻碍,甚至会错误理解细节和京剧真正的文化内涵。

对我国京剧剧本进行翻译的尝试在很早以前就有了,比如由我国熊试一教授所翻译,在 2006 年出版的《王宝钏》全本英文译本。在 20 世纪的初期就将京剧推向了国际,此译本至问世以来,被翻译成了多种语言。该成功案例真实反映了准确有效的翻译对我国京剧艺术对外传播发展的重要意义和作用。一直以来,由于语言文化存在差异,又只是一味地寻求简约,很多英译的京剧剧本失去了原本的内涵和美感。近些年出版的京剧对外传播的文献中,就有诸多京剧剧名翻译存在较大差异,导致国外学者和爱好者不能有效体会京剧艺术内涵。比如,《失空斩》被翻译成"An Absentee Staff",直译回来便是"一个缺席的员工"的意思。再比如,《碧波仙子》被翻译成"A Fairy",直译回来便是"一个仙女"的意思。剧名的错误翻译会导致剧目失去内涵,导致我国国粹的魅力被淹没。通过上述例子我们可以看出,不准确不恰当的翻译不仅影响京剧爱好者对京剧的探索研究,更阻碍了我国京剧对外的传播发展。

四、关于未来京剧文化的传承与发展之建议

改革开放40年来,大众对京剧文化的传承与发展总体还是比较关注的,但大部分还只是停留在一个浅层次的认知当中。结合以上调研结论,我们有以下几点对策和建议。

(一)创新京剧文化内容形式

就京剧本身的内容形式进行创新和适时的调整,使其具有生命力和吸引力。随着时代发展,人们的审美观念发生改变,据调查结果,现代人更加喜欢绚丽的舞台及新颖有趣的作品,且京剧曲目过于单一,真正反映当今生活的题材较少。现代戏《海港》里创新的二黄宽版、《杜鹃山》"家住安源"的西皮慢二六,都是新出现的版式。虽然人们对样板戏的评价褒贬不一,但从京剧创新的角度来说,样板戏是戏曲表现程式改革的起点,对以程式表现现代生活,利用传统程式对现代人物进行艺术塑造,以及对音乐、舞台美术等方面的改革都是成功的。

(二)优化京剧文化传播载体

通过调查发现,对于京剧文化的宣传方面,国家的政策支持力度还有待加强。此外,传播方式也要做出改变。不能只停留在大肆地宣传方面,而是真正将京剧与现代传播媒介结合起来。大热的纪录片《我在故宫修文物》就是非常棒的载体,京剧不妨尝试一下通过纪录片的方式真正走进人们大众的内心。京剧与流行文化的结合方式有多种,可以在影视剧当中塑造相关的角色,通过人物内心情感的变化、专业且有张力的表演,真正反映出戏曲艺术的魅力。在这种有血有肉的角色的滋养下,大众可以在看剧的同时,更深刻地理解京剧文化的内涵,从而喜欢上京剧文化;还可以将传统戏腔与流行音乐结合起来,音乐是互通的,在流行音乐中融入京剧色彩,人们在欣赏流行音乐的同时,也能体会到京剧独具的魅力,歌手李玉刚的《清明上河图》就很好地融合了戏腔的唱法,让人觉得耳目一新、别出心裁。

(三)提倡科技传播新媒介

第一,从网站、电子书、动态海报、微博、短视频等入手,根据不同媒体的特征,有针对性地整合资源,构建一个京剧艺术传播网站。第二,兼容多种载体,方便资料的查阅。第三,用视频记录京剧舞台以及排练花絮,实现京剧立体化展现。第四,用微信、微博发布消息,组织活动,动员戏迷和社会各界,同时参与多领域的艺术产品研发。第五,利用云数据根据受众的需求推送相关内容,发挥个性化服务的作用。

(四)丰富京剧文化参与方式

京剧要让人易于参与。通过走访结果,现在的京剧文化还是不够普及,主要活跃在

专业人士和戏曲学院当中。许多小学开设了音乐鉴赏课,却很少开设京剧欣赏课程。学校应重视京剧文化的传承,开设京剧小课堂,从小培养学生对于京剧的热爱,这也是从源头上培养京剧艺术传承人。政府及相关机构可以多组织京剧的现场演出,不仅可以丰富大众的生活,还提供了大众认识了解京剧的机会。

在我们的调研中也可以很明显地体现出来:实地巡演是大家普遍愿意接受的京剧推广方式(如图7)。

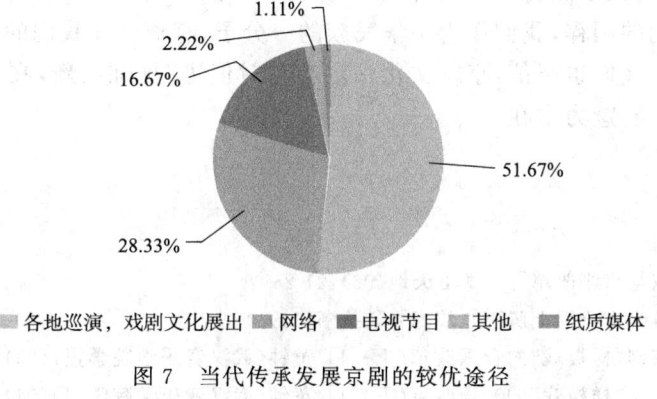

图 7　当代传承发展京剧的较优途径

(五)活跃京剧文化演出空间

我们了解到现今京剧演出人员工资水平较低。对于京剧艺术来说,京剧演员的舞台表演是一个非常重要的因素,要让大众欣赏到京剧的美,需要舞台演员的出色表演。一个好的表演,可以引人入胜,使观众回味无穷。因此政府应提高演员薪资,这样也能提升他们的积极性。此外,依据调查结果,大部分毕业生主要活跃在北京,其他地区较少,各地政府可以推出优惠政策吸引他们来工作,这样其他地区也有更多机会欣赏到京剧文化的韵味。各地热爱京剧的人士还是很多的,但是他们没有许多机会了解京剧文化,可以在各地创办京剧协会或培训组织,让专业的京剧表演者教导他们。这样京剧可以在全国各地都得到认可和热爱,从而获得更好的而发展。

(六)借鉴国外传承与发展传统文化的优秀经验

日本的传统文化遗产直到江户幕府时代,几乎保护得完整无缺。自1871年开始,日本陆陆续续颁布了一系列保护文化遗产的法令,明确将文化财产划分类别。日本注重对"人"的关注,文化财产持有者同样也是文化财产的传承人,这样就不会有任何艺术到失传的境地。除必要的物质和精神奖励外,更加注重各级地方政府、民间组织、甚至个人的参与,明确规定出他们对于保护文化遗产的权利和义务。又比如西方发达国家法国,赋予文化保护至高无上的地位,强调立法先行、执法必严,他们将文化保护视为一种国家行为,注重政府的行政庇护。在英语作为世界强势语言的巨大压力下,法国采取一系列措施来保护本国的法语。1994年,法国议会通过了关于法语使用的法案杜邦法。它强势规定除外语节目外其他节目禁止使用外语；要求在法国境内出版的图书必须有法语概述；在法国举行的各种学术研讨会，必须讲法语。对违反法令的行为将处以罚款，并且执行非常严格。

所以，对于京剧我们也可以借鉴日、法两国的成功经验，如：颁布具体的京剧保护法律法规；注重以人为本，加大对京剧传承人的支持力度；积极组织各层级的京剧活动等。同时，我们国家对于自己本民族的文化保护态度需要比之前更加坚决且强势。只有这样，我们的传统文化才能在世界的舞台上大放异彩，独领风骚。

京剧是我们的国粹，我们作为中华民族的一分子，有责任让我们的传统文化继续更好地发扬下去。我们也坚信，京剧文化一定会与时俱进、推陈出新，在世界的舞台上大放异彩，永远年轻，魅力常在。

参考文献

陈晋,1997.毛泽东与京剧改革[J].党史天地(06):21-25.
陈治光,2011.科技为文化插上腾飞之翼[J].科技潮(12):12-17.
戴嘉枋,2002.论京剧"样板戏"的音乐改革(上)[J].黄钟(武汉音乐学院学报)(03):48-60.
戴嘉枋,2002.论京剧"样板戏"的音乐改革(下)[J].黄钟(武汉音乐学院学报)(04):76-85.
韩雪,2013.京剧音乐的重要性[J].剑南文学(经典教苑)(05):159.
康振荣,2018.浅谈京剧课程进课堂实施策略[J].音乐天地(06):20-25.
李娜,2018.论我国非物质文化遗产的法律保护机制研究[J].文化创新比较研究,2(35):156-157.
刘吉典,1979.略谈京剧音乐[J].戏曲艺术(01):89-91.
邵泽慧,2008-03-28.代头晒工资：国家一级演员一场演出费100元[N].北京晚报.
王凡妹,2010.论京剧改革中传统文化的保护问题[J].中南民族大学学报(人文社会科学版),30(03):38-42.
王伟,2013.清代京剧历史文献述略[D].北京：中国戏曲学院.
肖凤强,2011.LED舞台灯具在长安大戏院的应用[J].演艺科技(01):10-13.
于晓华,2018.探究构建京剧艺术对外传播的科学模式[J].戏剧之家,272(08):53.
张望,2013.现代题材的京剧创作[J].艺术教育(05):122.

改革开放以来北京市公共交通发展情况调研[①]

田建华　陈靖怡

【摘　要】 调研从改革开放 40 年来北京市城市公共交通的发展方向着手,梳理并分析改革开放以来北京市公共交通建设与管理的变迁情况,力求发掘"我国城市公共交通"的价值底蕴,寻找其中具有普遍价值的资源,进行批判性解释和创造性转化,着力于对现实实践的价值检讨,着力面向未来,探寻提升"城市公共交通"的张力和实现的途径,展示"我国城市公共交通"研究和实践的中国特色。

【关键词】 改革开放;北京市;城市公共交通;建设与管理

改革开放以来,我国城市公共交通在多年的实践和探索中逐渐形成了较为完整的城市交通系统,城市道路建设趋于完善,城市公共交通发展近年来也有长足进步,但城市公共交通的不平衡不充分的发展情况仍然不能满足人民日益增长的美好生活的需要。

为了更透彻地了解目前北京市公交现状与发展趋势,课题组针对不同年龄段的人群,采取定向调查的方式对于北京市公共交通现状的了解展开了一次不实名调查,调查中兼有对改革开放以来城市公共交通的建设和发展有一定的了解的定向人群采访以及参考文献报道等方式获取信息。调查问卷是由小组成员在朋友圈、QQ 空间发送链接以及纸质问卷调查发放等方式让群众填写并收回。共发出调查问卷 477 份,收回 477 份,回收率达 100%;有效问卷 477 份,有效率达 100%。其中年龄小于 20 岁的受访者占 31.45%,年龄在 21 岁至 35 岁的受访者占 34.59%,年龄在 36 岁至 50 岁的受访者占 19.5%,大于 50 岁的受访者占 14.47%,其中,学生群体占到了 57.23%,为第一大群体,其次是上班族 24.53%,自由职业者(比如作家、律师、艺术家等)6.92%,退休人员 5.66%,农民 1.89%,以及 3.77% 的其他职业者。由于调查研究小组都为在校大学生,因此问卷受众有相当一部分为 20 至 35 岁的学生群体。本次问卷主要调查群众对改革开放以来北京市公共交通发展变迁的认识情况和对北京市公共交通在发展的过程中的一些关于建设和管理问题的看法。

一、改革开放 40 年来城市公共交通的理念和实践都得到大幅度提升

首先,从城市交通建设的基点出发,法律体系的完善是发展城市交通系统的重要保障,现阶段国内公共交通立法较为滞后是城市公共交通存在的重要缺陷之一。国内外

[①] 本课题指导教师田建华(北京工商大学马克思主义学院);课题组组长陈靖怡(环境 161);课题组成员:龚卓炫(环境 161)、陈舒婷(环境 161)、郭慧媛(环境 161)。

实践表明,加快城市公共交通立法是促进城市公共交通优选发展的基本前提,也是规范行业管理部门、企业和乘客行为、维护人民群众基本出行权利的重要保障。交通运输部高度重视城市公共交通法规建设,2009年底,研究起草了《城市公共交通条例》(送审稿),并报送国务院法制办。2012年12月《国务院关于城市优先发展公共交通的指导意见》(国发〔2012〕64号)出台后,交通运输部配合国务院法制办,对拟定中的条例内容进行了多轮修改完善。拟定中的《城市公共交通条例》对城市公共交通规划编制、设施建设、安全监管、资金投入等关键制度均作出了明确规定。国家交通运输部表示,将继续加强与国务院法制办的沟通和协调,积极推动《城市公共交通条例》尽快出台。同时,加快制定出台城市公共汽电车管理办法等相关配套规章,为城市公共交通发展提供强有力的法制保障体系,进一步促进公共交通企业规范运作和管理。

而相比于公共交通总体框架,我国城市地铁安全法例已趋于成熟并有了初步成效。以北京为例,2015年5月初,北京市交通执法总队轨道交通执法大队成立。2017年6月下旬,地铁车厢中开始配备乘务管理员。2014年11月28日,《北京市轨道交通运营安全条例》经北京市第十四届人民代表大会常务委员会第十五次会议通过表决通过。从2015年5月1日起,《北京市轨道交通运营安全条例》开始实施。该条例对城市轨道交通的管理措施进行了一系列较为系统、完善的整理,除轨道交通的正常秩序维护举措外,条例中还明文规定,行动不便人士在无人陪同情况下进出站上下车,可以联系车站工作人员获得帮助。视力残障者携带导盲犬进站乘车,应当出示视力残障证件和导盲犬证。导盲犬应当佩戴导盲鞍和防止伤人的护具。

二、北京市公交现状与发展趋势情况描述

调查显示,在改革开放初期的人民出行方式这一问题上,受访者有61.01%的人选择了步行,有15.09%的人选择了自行车。这说明改革开放初期人民出行时大部分不依赖于城市公共交通,这一定程度上反映出了当时人们的活动范围相对较小,以及改革开放初期城市交通体系还不健全,形式比较单一等问题。在改革开放中期,人民出行的方式变得多样化起来。选择步行方式的受访者比例占11.95%,相比改革开放初期的比例有明显下降。出行选择自行车的比例明显增加,占45.91%。这一阶段人民的出行交通工具已经有所升级,出行方式相比之前更加便捷,且对城市公共交通的依赖程度有所增加,乘坐公交车的比例提升到41.51%,已经成为这一时期人们最主要的交通工具,地铁这时虽然已登上舞台,但乘坐的人数还是较少。在当代,人们的出行方式再一次发生了巨大的变化。步行和自行车两种方式所占的比例大幅下降,两种方式的比例之和仅为21.76%,乘坐公交车所占的比例为41.51%,乘坐地铁的比例为23.27%,乘坐出租车的比例为14.47%。由此我们可以看出,现在人们出行已经离不开公共交通了。这与我国快速的现代化发展是相吻合的。同时可以看出,无论是在改革开放中期还是在当代的生活中,人们最常乘坐的还是公交车。而在城市公共交通的收费问题上,偏向分段计价的人群占59.12%,偏向无差别票价的人群只占23.27%,而持无所谓态

度的占17.61%。人们支持分段计价的占大部分比例。

从调查可知,公交车和地铁已成为当今社会人们最常选择的出行工具。在乘车时间和便捷程度相同的情况下,人们会优先选择的公共交通出行方式这个问题中,有30.82%的人选择了公交车,有47.17%的人选择了地铁,有16.35%的人选择了出租车,剩下5.66%的人持无所谓的态度。结合我们的调查数据,我们了解到近年来各个大中城市都深入进行了公交集团方面的改革。改革主要包括以下几个方面:规划公交专用线路,缩短广大市民乘坐公交出行的时间;增设夜间交通线路,解决市民夜间出行难的问题;对市郊地区增设公交线路,拓展客运服务的地域边界;为了响应清洁空气的治理活动,各大城市积极推进线路"油改电"工程,减少各个线路公共汽车尾气的排放。以北京为例,改革开放以来北京公交集团在公共汽车建设方面做了许多工作,如:推动政府在三环路和京开高速、京藏高速路施划了公交专用道,加大公交微循环线网规划设计力度,着力解决百姓最后一公里出行问题。重新规划了36条夜班线网,实现了中心城区主要骨干道路夜班线网全覆盖,满足了夜间出行热点地区出行需求。以委托经营和无偿划转为模式,积极推动与房山、通州、亦庄等区县政府开展战略合作,整合郊区公交资源,拓展客运服务边界,以公交城乡一体化、服务均等化为支点,为京津冀协同发展提供优质公交出行服务。

除了公共交通,改革开放以来我国城市轨道交通的发展也极为迅速。轨道交通是在我国从改革开放以后城市轨道交通才逐渐形成的一个新兴产业,在几十年的发展中轨道交通承担着越来越大的居民出行比例,向城市公众提供更加便捷、准时、大量、安全和舒适的运输产品,这是城市交通发展的一个基本规律。基于对城市交通发展规律的认识,政府采取了各种举措,大力发展公共交通特别是城市轨道交通。城市轨道交通发展阶段分为初始期、发展期和稳定期三个阶段。在初始期,城市对轨道交通有了迫切需求;在发展期,城市轨道交通规模急剧扩张;在稳定期市轨道交通不再快速扩充。目前我国的大部分大中型城市都处于经济发展阶段的扩散期,因此城市轨道交通也处于快速扩张期。改革开放以来城市轨道交通从无到有,取得了长足发展,城市轨道交通固定交通运输资源和可移动载运工具的数量和质量都得到了很大提升,对于满足广大市民出行需求,促进经济社会发展起到了非常重要的作用。由此可见,我国城市公共交通,包括轨道交通在内,的管理方面的发展速度较为平稳,且发展空间充足,管理建设中一些不可忽视的问题仍待解决。

在公交付费问题上,受调查群众中有62.26%的人表明现今公交车和地铁卡的充值问题不是很方便,需要进一步开设充值点以及其他充值方式,如时下正流行的用微信、支付宝等APP对公交卡和地铁卡进行充值。有9.43%的人表明公交卡及地铁卡充值十分不方便,充值点太少,有很大的提升空间。只有28.3%的人表明现今充值问题很方便。这种情况说明改革开放以来科技发展十分迅速,人们的适应能力在互联网时代的潮流趋势中不断提高,因此希望公共交通也可以通过互联网变得更加方便快捷。

在城市公共交通建设领域,除了政府督促管理建设,城市居民随着其生活质量的提高,对于出行质量的要求也越来越高。城市交通建设与发展的同时,公交车、地铁上乞讨、卖艺现象越发普遍。通过调查可知,对于在地铁上乞讨卖艺等行为有67.92%的人认为有损市容,影响其他乘客的乘车体验,应联系有关人员进行管理。有23.27%的人持无所谓的态度,觉得都是为了谋生。选择其他选项的人给出的答案也普遍对在地铁里的乞讨卖艺等行为持不支持的态度。针对此类现象,2015年开始实施的《北京市轨道交通运营安全条例》第四十三条第十五项明确规定,禁止在轨道交通车站、车厢内乞讨卖艺,违反此规定根据《北京市轨道交通运营安全条例》第六十九条第二款的规定,运营单位有权制止,由交通行政主管部门予以警告,并可处50元以上1000元以下罚款。对于恶意乞讨、诱骗或者利用他人乞讨等行为,公安机关可依照《治安管理处罚法》予以行政拘留10日至15日的处罚。

除上述居民日常问题以外,针对公交车出行,网络智能的发展也在城市公共交通的发展中起到了一定作用。智能公交系统是基于全球定位技术、无线通信技术、地理信息技术等技术的综合运用,通过对域内公交车进行统一组织和调度,提供公交车辆的定位、线路跟踪、到站预测、电子站牌信息发布、油耗管理等功能,以及公交线路的调配和服务能力,实现公交车辆运营调度的智能化,公交车辆运行的信息化和可视化,实现面向公众乘客的完善信息服务,通过建立电脑营运管理系统和连接各停车场站的智能终端信息网络,加强对运营车辆的指挥调度,推动智慧交通与低碳城市的建设。

在调查中,受调查者中有27.04%的比例使用公共交通信息系统来查询列车的位置信息,偶尔使用的比例为45.28%,不了解且不会使用的比例为27.67%。这说明广大群众对信息查询的使用频率还不高,公共交通信息系统还没有充分发挥其应有的价值。由此可见,智能公交系统仍存在漏洞,制约大众广泛使用信息系统的最主要原因是信息系统准确率低,降低了人们的出行体验感。

基于问卷调查结果,我们就公共交通的运营状况进行了进一步的研究,着重于近20年来国内大城市公共交通的变化,从中国统计年鉴中收集了从1998年至2016历年来的北京市城市公共交通情况,将调查结果整理成图表,结果如图1~5。

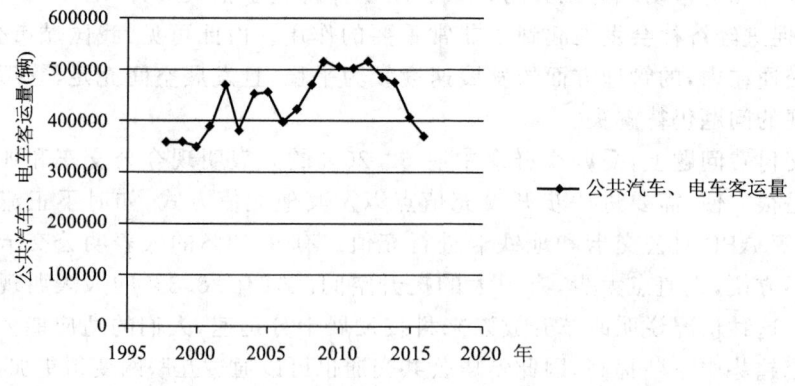

图1　1998年至2016历年来的北京市公共汽车、电车客运情况

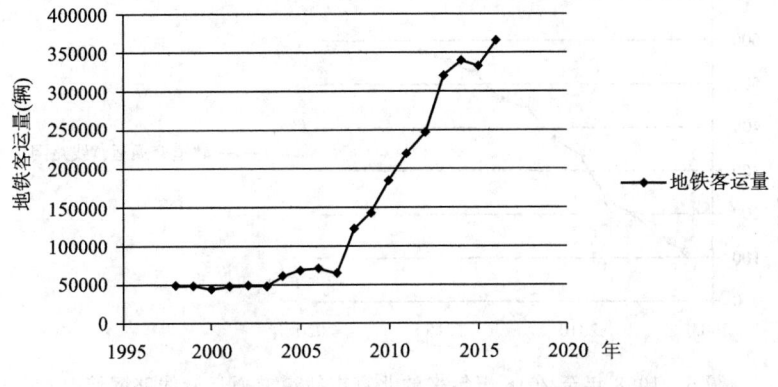

图2 1998年至2016历年来的北京市地铁客运情况

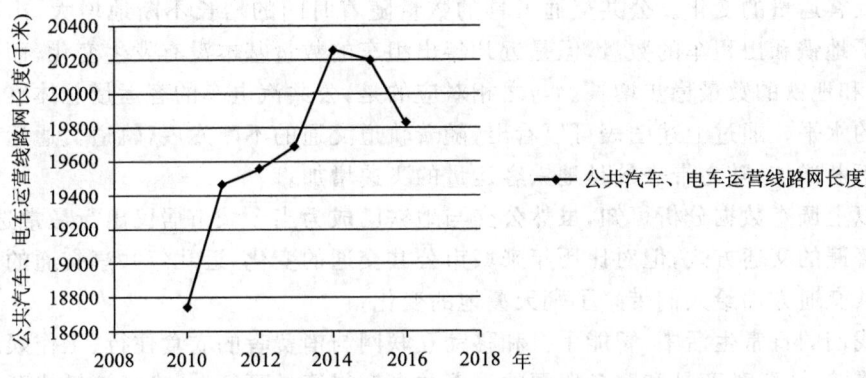

图3 1998年至2016历年来的北京市公共汽车、电车运营线路网情况

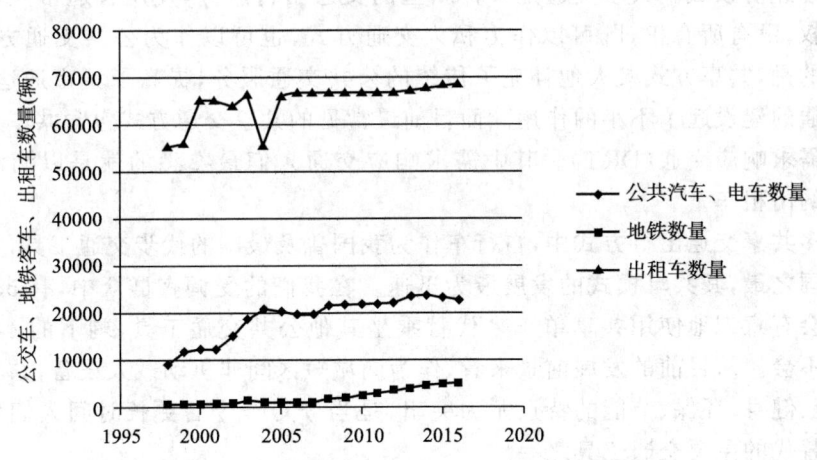

图4 1998年至2016历年来的北京市公共交通数量

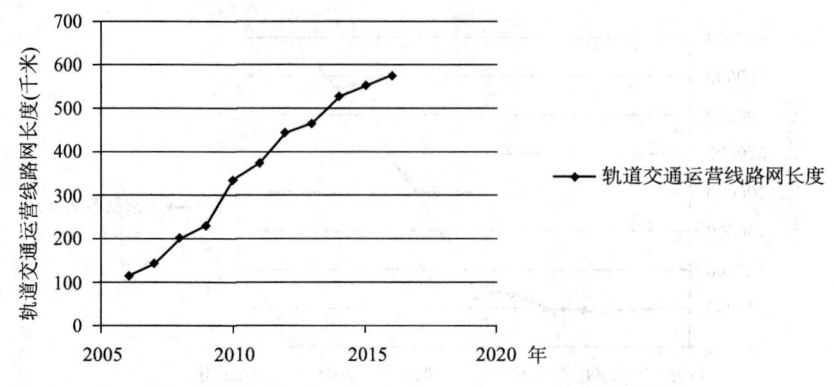

图 5 1998 年至 2016 历年来的北京市轨道交通运营线路网情况

从图 1~5 分析可知,数据反映出了这几年中运营线路总长度的变化、车辆数目的变化以及客运量的变化。公共交通工具的数量随着时间的增长不断地增大,出租车远远超过了地铁和出租车的数量,但是近几年出租车的数量基本没有发生变化,而公共汽车、电车和地铁的数量稳步增长。与之相对应的是,公共汽电车的客运量总体维持在一个较高的水平。通过上述图表可以看出,随着轨道交通的不断发展,轨道交通运营线路网长度不断增加,随之带来的是地铁客运量的飞速增加。

从以上调查数据分析可知,虽然公交与地铁已成为当今城市居民出行最常选择、城市中最普遍的交通方式,但对比历年来城市公共交通的变化,近几年共享交通的出现更是在公共交通方面给人们带来了翻天覆地的变化。

在我们的日常生活中,智能手机和移动互联网与消费者的衣食住行、工作娱乐等方面高度连接,让各种商品和服务资源的消费共享变得简易可行,共享经济模式开始在中国生根发芽,共享交通也越来越普及,而共享交通目前是全球范围影响最广、争议最多的一个共享经济领域。共享交通是一种新型的交通出行服务,使用者通常只有交通工具的使用权,没有所有权,既可以作为私人交通方式,也可以作为公共交通方式使用。不可否认的是,共享方式极大地补充了传统的公共交通服务,提高了城市通达性,为城市公共交通的建设起了不小的作用。而目前最常见的共享交通方式包含共享单车和汽车共享和需求响应交通(DRT)。其中需求响应交通人们最熟悉的就是以滴滴出行为代表的网约出租车。

在众多共享交通出行方式中,自行车作为我国普及最广的代步交通工具,其拥有量为世界各国之最,其共享模式的发展最为迅速。在我们的受调查群众中,有 55.35% 的人选择了会有意识地使用共享单车来代替乘坐其他公共交通工具,剩下的 44.65% 的人选择了不会。从目前的发展前景来看,作为同城短区间非机动载人设备,共享自行车廉价、便捷、健身、环保、节能的特点尤为突出,是当今乃至今后更长时间人们生活中不可或缺和替代的主要交通工具之一。

随着我国城市化的加速,城市规模及人口的膨胀,私家车在公共交通中的出行分担率的不断提高,带来了城市拥堵和环境污染等问题。而由于公共自行车系统一方面能够缓解大城市交通压力,同时又能迎合人们环保、低碳、健康出行的需要,因此在2008年前后,我国通过吸收国外公共自行车项目建设与运营的经验,在杭州市率先构建公共自行车交通系统,并将其纳入城市公共交通体系之中,这标志着我国公共自行车行业的起步,同年北京奥运会也首次引进公共自行车系统。随后,在示范城市的影响以及相关政策的推动下,全国百余大中小城市陆续开展公共自行车试点。市民可使用公交IC卡租用公共自行车,并在几年内不断扩大发展,取得了较大的成功,树立了典范效应。随后,公共自行车项目如雨后春笋般在苏州、太原等全国各城市迅速扩展。

从全国城市公共自行车运营情况来看,我国的公共自年行车系统经过了近10年的发展,各大城市的公共自行车系统已经初具规模,目前规模较大的有杭州、太原、深圳等城市,在起步时间和投入力度上均领先其他城市。而从城市规模与对应的公共自行车运营规模来看,北京、上海、南京、成都等大型城市与杭州相比仍存在一定差距,导致这一差距主要的原因仍在于当地政府的对公共自行车的重视程度。我国公共自行车租赁的发展可以划分为地方政府完全主导,企业建设政府运营、政府规划投资企业建设运营三个阶段,由最初的地方政府完全主导,逐渐演变为政府仅负责项目的立项、规划、审批等工作,建设和运营通过政府购买服务的方式交由专业的企业来完成,并形成了包括单车整车/零部件供应商、公共自行车系统建造及运营商、地方政府及其下属企事业单位在内的完整产业链。

关于城市居民最普遍使用的民营共享单车与市政自行车,在我们的调查问卷中,受调查群众基本一半使用过市政公共自行车,说明市政公共自行车的普及率还不高。因为在共享单车这个市场上,民营的共享单车市场占有率高。另一方面,对于使用过共享单车的群体来说,喜欢使用民营共享单车的人是喜欢市政共享单车人数的一倍,两者都喜欢的概率为23.9%。不难看出,民营共享单车有不可忽视的优点。一方面,民营共享单车与互联网结合地更为紧密,使得单车的充值、使用等过程更为轻松便捷,且车辆数目多,停放地点灵活。但市政公共自行车也有其优点。比如大家认为它的车辆损坏率小,骑行过程愉悦,价格也比民营公共自行车便宜等。综上所述,就现阶段而言,市政自行车的发展稍逊于民营共享单车,但我们也不能否认市政自行车在推动城市交通发展进程中的重要作用。据我们的调查分析结果,我们不难得出未来较长一段时间内,市政自行车仍会继续发挥其潜在优势、同时完善其开放体系,为城市居民的出行提供更加有利的条件。

基于以上分析,从数据来看,比例基本上为1∶1,这说明共享单车的使用仍存在较大的问题。从调查群众选择的原因进行分析,共享单车的优点和缺点都十分突出:优点是共享单车较易获取、停靠地点更灵活、能够锻炼身体、骑行过程比乘车过程更愉悦,同时这也是人们对绿色出行的践行方式;缺点是共享单车的普及范围小、分布不均,民营共享单车车辆损坏率较高会影响心情、随处停放需要更加规范化管理,市政共享单车使用不方便等原因。在调查过程中我们还发现,对于不希望共享单车使用的人表明有很大程度上取决于自行车的交通法规不完善,国民素质仍需提高,不希望使用自行车的人影响汽车的驾驶和行车速度。

据调查统计,自行车共享以在高峰期使用为主,以增强公共交通系统,提供更多公共交通的功能;汽车共享主要在非高峰期使用,预约出行服务主要使用在早上10时和下午4时,基于汽车的共享方式可能替代出租车或自驾车出行,而不是取代传统公共交通出行,汽车共享与预约出行服务更多具有私人汽车的功能。但眼下显而易见的问题是,现阶段我国城市私人汽车仍以汽油为燃料的传统汽车占多数,汽车出行不利于城市环境,带来了不少环境问题,所以近年在共享体系中,电动出租车进入了人们的视野。

通过调查可知,受调查群众中有55.35%的人希望电动出租车普及。在这部分群体中,有55.68%的人出于电动出租车更加绿色环保这个原因,表明近两年环保理念的提出让人们越发重视保护环境,希望电动出租车代替燃油出租车,能够让我们的环境变得更好。有26.14%的人出于价格更便宜这个原因,表明人们更愿意选择价格低廉的出行工具。有10.23%的人出于乘坐舒适度更高这个原因,相比于燃油出租车,电动出租车驾驶过程中没有尾气排放,车内空气更清新。有17.61%的人不希望电动出租车普及,通过问卷调查分析表明,充电不方便为主要原因。经调查小组采访,目前正投入使用的电动出租车电容量较小,充电速度慢,电量消耗快,充电地点少,因此电动出租车司机不能载远路途的乘客,只能载小范围内的乘客,想要普及使用还需要进一步改善。有27.04%的人持无所谓的态度。可见,电动出租车的运营和发展因为其环保优势和价格低廉而受到支持。但由于电动出租车在城市的发展才刚刚起步,其生产技术尚未成熟,包括充电效率在内的多方面性能仍需进一步完善,因而电动出租车在城市暂时未能普及,传统汽车应该还会在未来一段较长时间内在城市共享出租方式中占据主导地位。

三、北京市公共交通的个案总结与经验提炼

近几年,我国智慧城市建设步伐不断提速,智慧城市试点工作正在全国上百个地方如火如荼地进行。加快信息化建设步伐,深入推进公交大数据深度开发和应用。近年来全面升级完善了新版公交智能调度系统,实现了统一智能调度指挥和运营监控。根据国家发改委、交通运输部等八部委起草并上报国务院的《关于促进智慧城市健康发展的指导意见》,智能交通被列为十大领域智慧工程建设之一。随着越来越多的城市开始建设智慧城市和智能交通,目前智能交通信息系统在我国主要城市都已完成数据采集设备的铺设工作,并已得到了广泛的应用。各地政府对智能交通系统的建设日益重视,部分城市的智能交通管理已达到较高水平,城市道路交通管控系统,非现场执法系统,交通信号灯系统,交通流量采集系统,交通诱导系统,ETC收费系统、停车场资源引导系统均已经完成规模建设。道路信息发布、停车引导、路况信息推送等基于智能交通系统的服务已基本实现。不同于地铁,各路公交车的到站时间往往难以确定,因此手机智能公交系统的出现为我们的生活提供了不少便利。根据现阶段手机智能公交系统的发展状况,我们对其使用情况也进行了一部分调研。

除去城市居民日常出行问题,随着城市化进程的逐步加快,我们不难发现城市道路

的交通问题更是成了中国各大城市共同面对的难题。通过我们的问卷调查,在乘车时间和便捷程度相同的情况下,人们会优先选择的公共交通出行方式这个问题中,有30.82%的人选择了公交车,有47.17%的人选择了地铁,有16.35%的人选择了出租车,剩下的5.66%的人持无所谓的态度。究其原因,我们发现大多数人选择地铁是因为乘坐地铁的等车时间相对较短、绿色环保,且乘车时间相对比较稳定、基本不会因为发生突发状况而影响乘车时间。选择乘坐公交车是因为价格相对便宜以及能够减少地铁里面的绕行道路。选择乘坐出租车的是因为乘车体验感好,不会出现人挤人、没有座位的情况。但是当道路拥堵时,乘坐公交车会提高消费者的乘车时间,乘坐出租车会使消费者的消费增加,而现今的状况便是城市经常会出现交通拥堵的情况。

越来越多的现象表明,城市交通拥挤往往突出表现在城市道路交叉口处,很多平面交叉口的通行能力不足相关路段的平均通行能力的50%。因此,道路资源充分利用与否的关键是交叉口资源的利用。作为ITS的一个子系统的城市交通控制系统(Urban Traffic Control System,UTCS)的研究,也就成为是否能够最大限度地发挥交叉口的通行能力、缓解城市交通拥挤问题的重要的、有效的和经济的解决途径,引起了国内外众多研究机构的关注。

交通控制,也叫交通信号控制,或城市交通控制,就是依靠交通警或采用交通信号控制设施,随交通变化特性来指挥车辆和行人的通行。交通控制对于组织、指挥和控制交通流的流向、流量、流速、维护交通秩序等均有重要的作用,从时间上将相互冲突的交通流予以分离,使其在不同时间通过,以保证行车安全,同时迫使车流有序地通过路口,提高了路口通过效率和通过能力,并且减小了噪声,降低了汽车尾气对环境的污染。

交通控制的发展经历了点控、线控和面控3个阶段。把控制对象区域内全部交通信号的控制作为一个交通控制中心管理下的整体控制系统,是单点信号、干线信号和网络信号系统的综合控制系统。随着计算机技术和自动控制技术的发展,以及交通流理论的不断完善,交通运输组织与优化理论的不断提高,20世纪80年代至今,北京、上海、天津、沈阳、南宁等中大城市先后引进SCOOT、SCATS、TELVENT等先进的城市交通控制系统,迄今国内已经有30多个城市引进类似系统。本土企业如青岛海信、上海宝康等自1990年后也先后进行了交通信号系统的研发,但总体的技术指标和应用范围与国外系统仍有一定差距。

伴随着计算机的发展和推广使用,城市交通信号控制系统得到了迅速的发展。人们认识到,要更好地提高城市交通管理水平,不仅仅依靠硬件设备的更新和改进,还必须同时在控制逻辑和方法上有所突破。发展智能交通系统是目前城市信号控制的发展趋势。智能交通系统的建设对城市个格局,尤其对道路建设的格局将产生重要的影响。首先,它要求城市道路建设的基础设施更加完善,可以提高城市道路的等级水平。其次,智能交通系统的建设可以影响城市的土地使用状况,减少道路用地,提高土地的利用率和利用水平,扩大道路的容量。这样,与大量投资于道路建设来解决城市交通问题来比,不仅节约了大量的资金,而且保持了城市建设和发展的可持续性,为城市发展预留了更多的空间。

综合我们本次调查资料与数据,在实践层面,我们可以从中看出改革开放以来,我国城市公共交通管理与建设已初具成效,国内公共交通发展越来越与居民生活相贴近,而城市居民面对城市交通的变革也有较强的接受与适应能力,但在条例法规、公共交通体制规划、城市交通问题等若干方面,城市公共交通的建设与管理还需继续完善,争取为城市居民的日常生活创造更多更为合理、行之有效的便利条件。在理论层面,对北京市公共交通的研究还需深入挖掘"公共交通"的价值底蕴,从北京市城市公共交通的个案中提炼具有普遍价值的资源,进行批判性解释和创造性转化,着力于对城市公共交通实践的价值检讨,着力面向未来,探寻提升"城市公共交通"的张力和实现的途径。

参考文献

闵营,2015.浅谈我国城市轨道交通的现状及发展[J].环球人文地理·评论版(05):16-20.
宋妙环,2017.基于DEA的北京市轨道交通运行效率评价研究[D].北京:北京交通大学.

改革开放以来北京市居民就医行为选择的调查①

徐秀春　佟　宇

【摘　要】 改革开放以来,我国人民文化程度,收入水平的提高,医疗制度的不断完善,互联网时代网络的普及都使得居民就医行为发生了一定程度上的改变。本小组以北京地区为例,就城区、郊区两地居民进行实地走访和问卷调查,了解现在城市居民就医现状,并结合改革开放前居民生活状况,分析得出改革开放40年城市居民就医行为的演变。该研究报告展现医疗卫生方面改革开放的成果并对后续医疗制定改革提供参考依据。

【关键词】 改革开放;北京居民;就医行为;调查

健康是公众的基本权力,人人需要并不可或缺。自改革开放以来,我国基本医疗卫生制度经历了萌芽、形成、成长、构建四个历史发展时期,逐步建立起公共卫生、医疗服务、医疗保障、药品供应保障四大制度体系。为了了解改革开放40年在医疗卫生方面的成果,本小组通过北京市居民进行实地走访和问卷调查,以了解现在城市居民就医现状,并对存在的问题提出相应建议,为国家后续医疗改革提供参考依据。

一、北京市居民就医行为现状

本次调查分为实地调查和问卷调查两种,两个调查小组分别在北京朝阳区和北京市大兴区进入社区调查,实地探访社区各年龄段居民,了解医疗改革方案对其就医的影响。问卷调查分为网上问卷调查和实地问卷调查,共发出100张问卷并现场收回,有效率为78%。问卷分别就个人资料(如性别,年龄,学历等),就医行为和对医疗改革的看法三方面进行调查。被调查者为北京城区和郊区居民,年龄在18～81岁,以31～60岁为主,思维清晰,了解最新医疗改革,并对医疗卫生制度有自己的心得体验。

(一)大多数患者就医首选综合性医院

根据第10题的分析结果表明,高达73%的患者在生病后愿意直接选择综合医院进行诊治,而只有18%的患者愿意选择社区卫生服务中心进行就诊,剩下9%的人选择药店,自行诊治,专科医院无人问津。数据表明,大多数患者更相信大型综合医院的诊治能力和医疗水平,对于医疗条件较为落后的社区医院,患者并不愿意作为就医首选目标。由于患者对自己的病情无法做出准确判断,所以专科医院的首选度大大降低。加

---

① 本课题指导教师徐秀春(北京工商大学马克思主义学院);课题组组长佟宇(注会171);
课题组成员:荣孟琦(注会171),何子璇(注会171),徐冰晗(注会171),鲍雅(注会171)。

上专科医院离患者家庭较远,对专科医院不熟悉等因素,造成了专科医院不作为有些患者就医首选目标的结果。

(二)健康重视程度基本与年龄呈正相关

对于不同年龄段的人,我们在就医重视程度上进行了调研。根据第2题和第15题的交叉分析表明,在61~75岁年龄段的受访者非常关注自身的健康状况,关注度高达33.33%;在31~45岁年龄段的居民的关注度为29.63%;而处于18~30岁的人对于自身健康的关注度只有13.64%。通过数据说明,随着年龄的增长,人们对于自身健康的重视程度不断加深,年轻群体由于身体状况处于鼎盛时期并不过多重视自身健康状况。中年群体随着年龄的增长身体逐渐出现各种问题,而提高了对健康状况的关注度。老年群体因为身体机能逐渐弱化,要比他人更加爱惜自己,所以最为重视自身的健康状况。

(三)各年龄段人都有通过公众号等网络媒介挂号诊疗的经历

在大家的印象里,可能老年人不会通过使用手机在网上直接进行挂号。但是在问卷调查中,根据第2题与第12题的调查表明,有不少老年人都会通过网络挂号的方式进行挂号。在31~45岁这个年龄段中,选择挂号平台挂号的人最多,表明在这个年龄段里,看病的人数较其他年龄段多。其次,京医通服务平台服务于各个年龄阶段,为大众诊疗带来便捷(图1)。

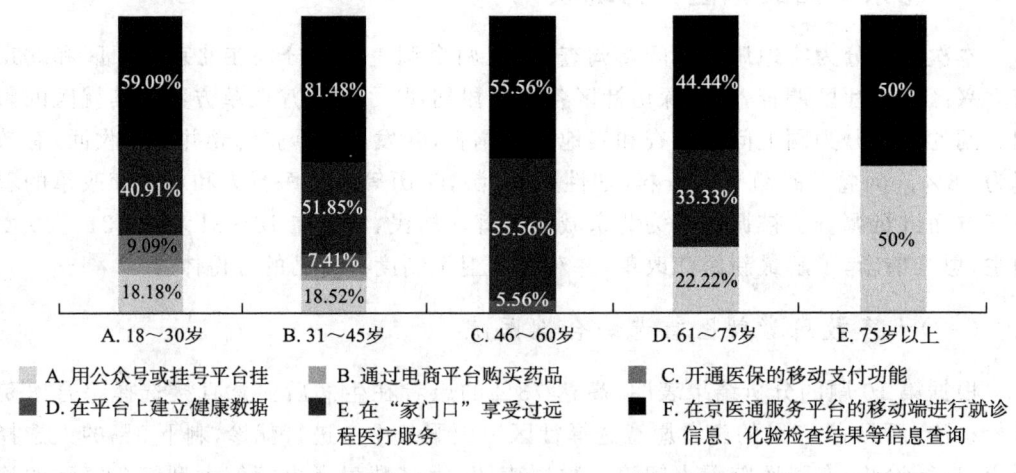

图1 年龄段与新型医疗方式的交叉分析

(四)就医地点的选择与城郊区就医便捷度紧密相关

改革开放以来,百姓的就医选择越来越广泛。在调查过程中,我们发现对于大部分百姓来说选择就医地点时会根据自己自身身体情况,来选择方便或者医疗水平较好的医疗机构。根据第3题和第10题的交叉分析结果表明,对于城区市民来说,周边医院水平相对较高,就医十分方便,会选择口碑更好的综合医院来就医。对于郊区人民,当面对一些较为好治疗的疾病,例如发烧、感冒,会选择社区医院;而面对大病医疗,会选择信任度更高的综合医院。

(五)就医地点的选择与居民收入水平有一定关联

随着社会的逐步发展,人们的收入水平也在逐渐提高,也更加重视身体的健康程度。对于自己的疾病也更加地重视,希望得到更好更全面的治疗。通过第5题和第10题的分析结果显示,对于收入水平较高的家庭,无论疾病情况如何均会选择医疗条件更好的综合医院。而对于收入水平较低的家庭会根据自身疾病来选择医疗地点。

(六)医保覆盖日趋完善

随着社会进程的发展,医疗水平的进步,人们对健康越来越重视。医疗保障更加完善。据调查显示,大部分居民具有医疗保险,无论是职工医疗保险还是城乡居民医疗保险,都基本可以满足居民的医疗需求问题。由第20题的调查结果显示,有35.9%的受访者认为医疗卫生方面的支出与上年同期相比相对减少,由第21题的分析结果表明,46.15%的人认为医疗保障对医疗卫生方面的支出变化影响最大,可见大部分居民的医疗负担正在逐年减轻,生活质量相对提升,医疗保障使得居民在物质和精神上更富有安全感。

二、北京市居民就医行为选择存在的问题及分析

通过本次问卷调查,我们小组发现居民在进行就医选择时仍受到多种因素的制约,使得医疗资源得不到最大化的有效利用,具体存在的主要问题如下。

(一)医疗资源配置与居民就医选择间存在结构不合理现象

据卫生部提供的数据,现阶段我国80%的医疗资源集中于城市,城市中30%的医疗资源主要集中在大医院。在城市的医疗资源配置中,只占医疗机构总量7.3%的大医院却占据80%的医疗资产和60%的医护人员。而占据机构总量67%的中小医院,其资产总额和人员只占据0.6%和1.3%。由此可见,目前我国医疗资源分布极不均衡,主要偏向于大城市,大医院,而忽略了基层医疗建设。同时,由于医疗资源的分配不公,导致在进行就医选择时,大多数居民会选择去大医院就诊。根据问卷第10题有关"您一般首选的医疗机构"的调查发现,有73%的受访者认为应选综合性医院,18%的受访者选择社区卫生服务中心,只剩9%的人选择药店,无受访者选择专科医院。从调查数据来看,大多数人的第一选择是综合性医院,且年轻人占比重较大,部分老年群众会因腿脚不便等因素考虑离家较近的社区医院进行就诊取药,而专科医院涉及转诊、路途遥远等因素而少被患者问津。

在调查中我们发现被访者在回答首选医疗机构的依据时,离家距离近,医疗设备好,医护人员水平高和有知名专家成为比重最高的三个因素,可见在居民眼中就医便利和就医质量是就医选择的关键指标。在医疗设备、医护人才等资源极度偏向大型综合医院的同时,大量患者无论大病小病也纷纷流向三甲医院等大医院,使得现有患者量远远超过了大型综合医院医疗服务供给所能承受的范围,造成了看病难等一系列问题(潘习龙,2006)。因此,优化医疗资源配置,调整居民就医结构迫在眉睫。

(二)医疗保险制度仍需进一步完善与落实

医疗保险制度是社会保障体系的重要组成部分,也是社会和谐的稳定器。我国建立社会保险制度以后参保公民的医疗费用负担明显降低,生活质量显著提高。然而现阶段我国医疗保险制度仍存在不足之处,从而限制该制度的效用最大化。

1. 部分低收入群体的医疗保险尚未完善落实(郭秀兰,2012)

通过调查本课题组发现,月收入在2000元以下的受访者占有7.69%的比例,说明部分居民依旧处于低收入状态,甚至有些居民没有医疗保险。在问及受访居民不舒服时进行的就医选择时,收入在2000元以下的居民有16.67%会选择去大医院就诊,而收入在2000至4000元的居民去医院就医的比例为47.37%,4000元以上的比例都在50%以上,其中收入10000元以上的居民选择去大医院的达到100%(图2)。通过访问受访群众,我们了解到一些小病去医院就诊花费达不到报销额度,大病医疗费用较高,某些项目需要自费,超过报销范围,个人支付率较高,某些居民没有参保,导致了小病懒得看,大病看不起的结果。

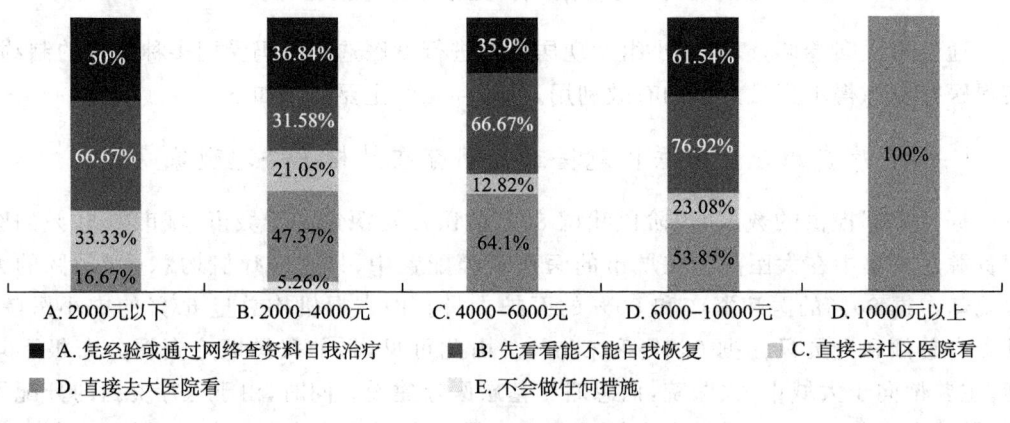

图 2 收入与就医选择的交叉分析

2. 医疗费用上涨过快

"以药养医"机制推进医疗服务社会化和市场化,在基本医疗保险还没建立有效合理监管机制的同时,部分医疗机构受经济利益驱动没有严格执行医保政策,有时还会提供患者一些没有必要的药物及检查。根据问卷第19题有关"哪种因素在平均每人每年在医疗卫生方面的支出逐年增长占主导作用"的调查发现,50%的受访者认为是流通药品的企业抬高药价导致医疗费用增加,25.64%的人认为是快速增长的经济带动物价上涨导致的。医疗费用上涨过快造成医疗保险的报销额度和范围大大缩水,个人医疗负担不断增重。

（三）就医模式单一,互联网医疗尚处于萌芽期

近年来,"互联网+"大潮风起云涌,互联网医疗为解决看病贵看病难等问题提供了新思路。面对医疗资源分配不均衡这一难题,不少患者都经历过"排队3小时,看病3分钟"的情形,而互联网医疗可有效实现医疗优势的资源共享。通过网络,进行远程医疗信息对接,促进分级诊疗,提高医疗资源利用率,节省患者的时间和经济成本（张维,2016）。

但由于互联网医疗尚处于初步发展阶段,很多居民对此并不了解甚至是陌生。根据问卷第12题"您使用过以下哪种医疗方式"的结果显示,在"家门口"享受过远程医疗服务和在网络平台上建立健康数据的受访者各仅占2.56%,在京医通服务平台的移动端就诊信息查询、化验检查结果等信息的受访者占比重15.38%。由此可见,互联网医疗对大多数居民仍属于新兴事物。改变单一就医模式,不仅国家要加大投资力度和宣传力度,更要从根本出发,推进医疗信息数字化,建立网络监管法律机制。

（四）就医流程"道阻且长"

伴随生活质量的提高,就医便利成为患者最关心的问题之一。据问卷第14题有关"针对医疗改革,医院应首先解决的问题"的结果显示,41%的受访者认为就医便利是最重要的,与其他选项相比占比最高（图3）。大多数三甲医院都存在繁杂的就诊流程,挂号,就诊,缴费,检查,取药等一系列环节。受访的大多数居民认为病情简单还好,若是病情严重就诊程序将会更为复杂忙乱,不算各科室,检验室的东奔西走,光是排队便能耗掉一大半时间,严重耽误了就诊效率。同时候诊环境人多嘈杂,秩序混乱,不免使得医患双方人心浮躁,情绪不佳,一旦触发导火索,轻则引发争吵谩骂,重则影响重病患者的及时救治,使得医患关系更为紧张。因此,优化就诊流程,创造便捷门诊已是急需解决的问题。

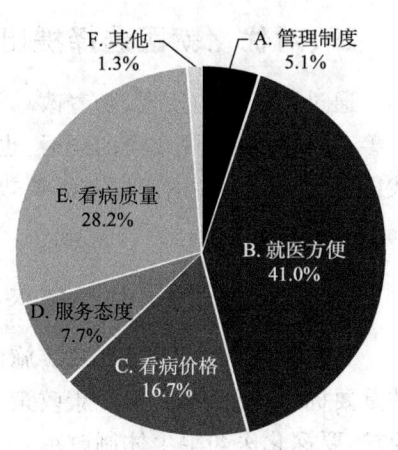

图3 对医院医疗改革方面的调查

（五）中小型医院医疗质量安全有待加强

医疗质量安全是医院的核心管理和可持续发展的基础,推进优化医疗资源配置,计划提升各级各类医疗机构的利用率的同时,医疗质量安全不容忽视。根据问卷第16题"您认为政府在哪方面的监管急需加强"调查结果显示,有53.85%的受访者认为政府

需要继续加强对医疗质量安全的监管力度,它是患者在进行就医选择时考虑的根本问题。由于现在的医院管理主要注重于提高医护人才的技术和更新医疗设备,而忽视了质量内涵的建设,没有普及医疗质量安全管理的重视程度,导致部分医务人员对病患不负责,出现疏漏,最终激化医患矛盾。

患者选择去大医院就医的原因之一便是对大医院的信任度高,而这恰恰是因为大医院在医疗质量安全管理方面执行严格,能给予患者医疗安全保障。虽然中小型医院,专科医院没有大型综合性医院那样好的医疗设备,医护人才,也应在其负责的范围内给予患者最大的安全保障,以人为本,提高患者就医质量,使患者放心安心地就医。

(六)社区医院少人问津

通过第10题的数据表明,选择社区卫生服务中心的受访者只占17.95%。与大型综合性医院相比,社区医院主要服务于老年群体,医疗资源并未得到充分利用。一方面,基层医院无法吸引患者就诊。以社区医院和卫生服务中心为代表的基层医院,缺少资金支持,在医疗硬件设施方面捉襟见肘;缺少优质医护人才,医疗水平有待提高;缺乏患者信任,造成基层医院求医者门可罗雀。另一方面,患者对于社区医院的定位十分模糊,不清楚其实际功能,不得已敬而远之。目前,北京市大多数社区医院的主要功能是开药,主要服务群体是老年人,而年轻人选择社区医院的目的主要为常规体检和打针输液(聂丛笑,2015)。明确社区医院定位,增加医疗服务优势,加强教育宣传力度,提高医疗服务质量,是社区医院改革必不可少的攻关。

三、对优化就医选择提出的建议

通过调研我们发现,随着改革开放的深入与落实,我国医疗卫生体制在不断发展与完善,提供更多便民政策的同时,也存在着一些问题。党的十九大报告中也有多处提到我国医疗事业存在的问题与需要攻克的难关。结合党的十九大报告与本次调研结果,提出如下建议:

(一)深化医药卫生体制改革

党的十九大报告指出,要实施健康中国战略;强调人民健康是民族昌盛和国家富强的重要标志;要完善国民健康政策,为人民群众提供全方位全周期健康服务。报告同时要求,要深化医药卫生体制改革,全面建立中国特色基本医疗卫生制度、医疗保障制度和优质高效的医疗卫生服务体系,健全现代医院管理制度。加强基层医疗卫生服务体系和全科医生队伍建设(习近平,2017)。

在本次调研中,我们发现,医疗配置不均衡的现象依然存在,社区医院少有人问津,低收入人群医疗保险问题依旧存在没有落实的情况。所以,明确社区医院定位,提高社区医院基本医疗水平,健全分级诊疗制度;加快低收入人群医疗保障普及,是当下依旧需要攻克的难关。

（二）取消以药养医

在本次调研中，51.25%的人认为医药诊疗价格贵的问题主要是由制药、流通药品企业哄抬物价引起。很多低价药品，比如用于感冒治疗的氨咖黄敏胶囊，在一些医院、药店根本买不到，出现了只有高价药，没有廉价药的现象。十九大报告指出，全面取消以药养医，健全药品供应保障制度。坚持预防为主，深入开展爱国卫生运动，倡导健康文明生活方式，预防控制重大疾病。实施食品安全战略，让人民吃得放心（习近平，2017）。取消以药养医政策，可以有效改善民众看病贵的难题，惠及百姓生活。

（三）完善统一的城乡居民基本医疗保险制度和大病保险制度，健全社会保障体系

本次调研中，有46.15%的人认为当下我国医疗事业改革的第一要义为医疗保障。十九大报告提出"全面建成覆盖全民、城乡统筹、权责清晰、保障适度、可持续的多层次社会保障体系。"低收入人群的医疗保障意识，医疗保障完善程度，都还不足。这些问题，其实是源于民众的医疗意识的薄弱，健全居民医疗意识，加强居民对自我健康的关注度，宣传定期体检，享受医疗保障的重要程度，是逐步建设健全医疗保障制度的坚实基础。

综上所述，改革开放40年来，政府在社会保障，医疗机制改革方面做出了卓越的贡献，为人民的幸福生活提供了安全保障，虽有不足，却也是激发进一步革新的动力。保证人民安全就医，便利就医，无忧就医将是政府下一步的目标，不断前行，为百姓创造更为美好的明天。

参考文献

郭秀兰,刘佳佳,于慧萍,2012.浅析我国医疗保险制度存在的问题及对策[J].中国药物经济学（2）：38-40.

聂丛笑,权娟,2015-10-24.居民去社区医院主要为开药[Z].人民网.

潘习龙,张红,周汝森,2006.大医院与基层医院的关系分析[J].医院管理论坛(5).

习近平,2017-10-27.在中国共产党第十九次全国代表大会上的报告[Z].人民网.

张维,2016-10-24.传统就医模式正在悄然转变[N].经济日报.

改革开放以来北京市私人汽车管理政策的演变及其原因分析

吴穹　蔡健平　刘航　张博雅　赵宇剑　贾怡萌　陈嘉轶

【摘　要】 改革开放以来,中国社会的发展取得了卓越的成就,但也暴露出很大的矛盾和问题,其中北京市交通拥堵问题及政府出台的管控措施引起了广泛关注。私人汽车的普及是经济发展下的必然趋势,其目的就是为了方便个人及其家人出行。然而,随着私家车保有量的逐日增加,交通拥堵、环境污染等问题严重,北京市管控私人汽车迫在眉睫。

本调研在调查北京市管控私人汽车政策变迁的基础上,找到交通拥堵、环境污染等相关数据变化,究其原因,进行深入分析,并且通过对比其他城市,找其相似、有借鉴之处。同时通过运用SWOT战略分析法,对各个政策进行系统性的评估,并且对北京市管控交通拥堵提出了建议。

【关键词】 改革开放;北京市管控私人汽车政策;管控私人汽车;SWOT战略分析

一、调研背景

(一)近十年来,北京市私人汽车拥有量增加

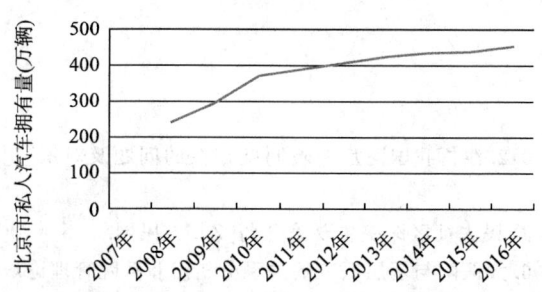

图1　北京市私人汽车拥有量(数据来源:国家统计局)

通过图1的逐年对比,我们可以看到,近十年来,北京市私人汽车的拥有量逐年增加。尤其是2007年到2011年这四年增加的幅度大,2012年至2016年增长较为缓慢。

---

① 课题组成员:吴穹,贾怡萌(物流161,1606050111),赵宇剑(物流162),张博雅(物流161),刘航(物流161),蔡健平(物流162),陈嘉轶(物流162)。

（二）近十年来，市民对拥有一辆属于车的意愿保有热情

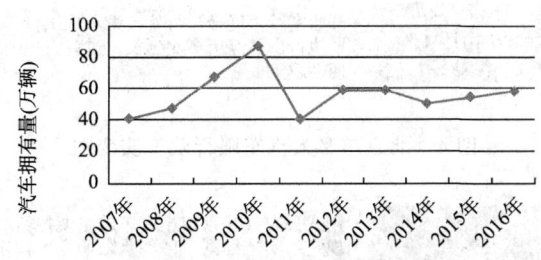

图2　新注册民用汽车拥有量（数据来源：国家统计局）

通过图2分析得到，2007年到2010年新注册民用汽车拥有量逐年稳步增加，2010年达到顶峰，2011年骤降，而后缓慢增加，直至2015年之后趋于平缓。由数据分析可知，2011年相关政策很有成效，新注册民用汽车拥有量明显减少，但从2011年之后缓慢提升来看，北京市民对拥有私人汽车的热情依然强烈。

二、调研过程及调研结果分析

（一）北京市管控私人汽车政策前后，相关数据对比及原因分析

1. 相关政策及现状

（1）政策变化

① 购置税政策变化，如图3。

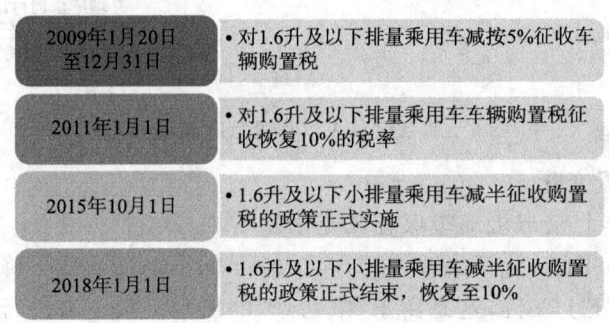

图3　北京市私人汽车购置税政策演变图

② 限行政策，如图4。
③ 限购政策，如图5。

（2）进京证的变化

截至2018年4月底北京汽车保有量达596.8万辆。这表明通过严把车牌审批发

2008年7月1日至 2008年9月20日	• 为缓解奥运期间道路交通压力与城市污染,实施机动车"单双号限行"政策
2008年10月11日	• 开始实行"尾号限行"政策,从试行、短期执行,并经历多次延长,过渡为一个长期性政策

图 4 北京市私人汽车限行政策演变图

2010年12月23日	• 正式公布《北京市小客车数量调控暂行规定》实施细则,俗称"限购令",实行总量年度控制

图 5 北京市私人汽车限购政策演变图

放关,北京市此前的宏观调控目标基本实现。但相关部门之前可能忽略了外地进京车辆的影响。据报道,目前每天进京行驶的车辆高达 70 万辆,几乎接近于按每天尾号限行的京牌私家汽车数量。大量外地车辆涌入北京,让现有每周限行一天带来的功效折去大半,所以新进京证政策产生(图 6)。

1973年-2014年 进京证为长期有效	2014年4月11日 长期进京证取消,初次办理的进京通行证件有效期为7天,有效期届满需要延期	2018年6月15日 北京市交通委员会、北京市环境保护局、北京市公安局交通管理局发布《关于对部分载客汽车采取交通管理措施的警告》:自2019年11月1日起,每辆外地车每年最多办理进京通行证12次,每次办理的进京通行证有效期最长为7天

图 6 北京市私人汽车进京政策演变图

(3)汽车保有量变化

2000-2017 年北京市机动车保有量变化如图 7。

从汽车增长率(图 8)分析来看,2009-2010 年间出现断崖式下降,并且自此之后私家车增长率都没有超过 5%,这是由于"限购令"的出台。接下来进行具体分析:2011-2013 年,北京市小客车指标额度均为 24 万辆,由图 8 不难看出 2011-2013 这三年间增长率一直保持 5%,北京机动车数量激增的现象得到了很好的抑制,但是以这种增速增长仍将很快到达 630 万辆,北京小汽车保有量红线,所以在 2014-2017 年间新增小汽车数量总额控制在 60 万辆,进一步抑制了小汽车的增速,才使北京的交通状况没有更进一步的恶化。综合限购政策实施以来,多年北京小汽车合计增长 132 万。

(4)环境污染

根据不同政策的实施时间,优先选取 2010 年之前的数据进行分析。2000-2007

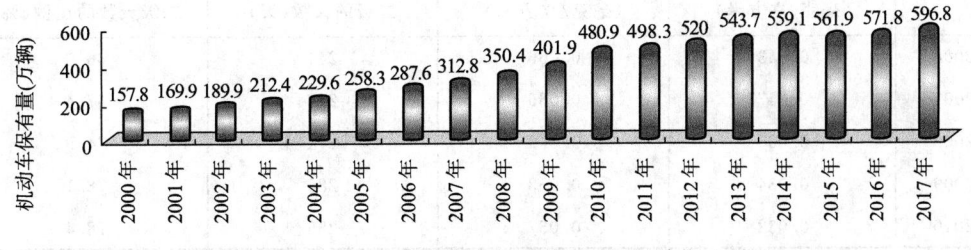

图7 2000—2017年北京市机动车保有量（单位：万辆）

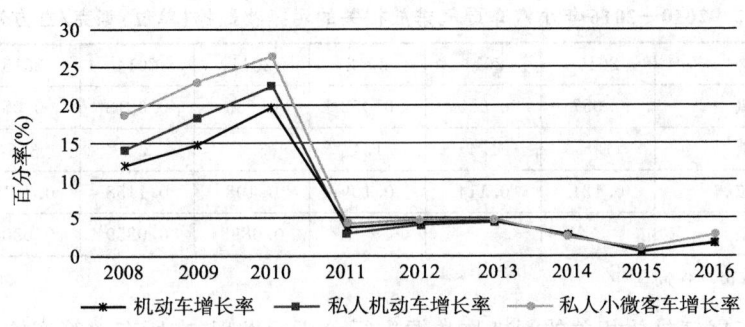

图8 2008—2016年汽车增长率

年间空气质量一直有所好转，但是每年的变化幅度都不是很明显。2008年北京空气质量二级及好于二级天数的比例较2007年增长7.5%，而在2000—2007年此项数据增长最多的是2002—2003年，但也仅仅增长了5.8%。所以不难看出，2008年实行的单双号限行政策对环境的改善做出了不可忽视的帮助。在这之后，北京空气质量二级及二级以上天数持续增高，限号政策和购置税政策在这中间发挥了很大的作用。限号政策让北京每日有大约70万辆机动车不能上路，缓解了二氧化氮和一氧化碳的排放。新购置税政策让小排量汽车更好地走近了大众身边，为北京的蓝天贡献了一份力（表1）。

表1 2000—2010年小汽车尾气排放相关的污染物数据

年份	二氧化硫每日均值（毫克/立方米）	二氧化氮每日均值（毫克/立方米）	空气质量二级及好于二级的天数（天）	空气质量二级及好于二级天数的比例（%）
2000	0.071	0.071	177	48.4
2001	0.064	0.071	185	50.7
2002	0.067	0.076	203	55.6
2003	0.061	0.072	224	61.4
2004	0.055	0.071	229	62.6
2005	0.050	0.066	234	64.1

续表

年份	二氧化硫每日均值（毫克/立方米）	二氧化氮每日均值（毫克/立方米）	空气质量二级及好于二级的天数（天）	空气质量二级及好于二级天数的比例（%）
2006	0.053	0.066	241	66.0
2007	0.047	0.066	246	67.4
2008	0.036	0.049	274	74.9
2009	0.034	0.053	285	78.1
2010	0.032	0.057	286	78.4

数据来源：北京市环保局。

表2　2010—2016年小汽车尾气排放相关的污染物数据（单位：毫克/立方米）

年份	2010	2011	2012	2013	2014	2015	2016
二氧化氮	0.057	0.055	0.052	0.056	0.0218	0.05	0.048
一氧化碳	1.5	1.4	1.4	3.4	3.2	3.6	3.2
可吸入颗粒物	0.121	0.114	0.109	0.108	0.1158	0.1015	0.092
$PM_{2.5}$				0.0895	0.0859	0.0806	0.073

数据来源：北京市环保局。

对小汽车尾气排放相关的污染物数据进行分析后发现，在所有政策实施之后，2010—2016年间所有的数据基本保持稳定个别年份间会出现轻微浮动（表2），但这7年来所有污染物的排放还是呈现下降的趋势。一氧化碳的排放增加主要是与北京的工厂排放有关，所以北京的小汽车调控已经对环境产生了良好的效果，同时也说明了政策是正确的。

（5）交通拥堵

2007年，工作日道路网交通拥堵指数为7.73，比2006年增加了2.66%，拥堵程度轻微恶化，总体呈现"中度拥堵"状态。

2008年从数据情况看，二、三、四环线全天大部分流量均超过20万辆，只有南二三环和北二环流量略低；在高峰时段四环路全线流量最大，平均为16395辆/小时。全年工作日道路网交通拥堵指数为5.84，比上年（指数7.31）下降了20.1%，拥堵程度减轻，由"中度拥堵"变为"轻度拥堵"等级。

在2008年之前，交通拥堵的趋势越来越明显，但通过单双号以及每周少开一天车的政策提出，北京的交通拥堵情况得到显著的改善。随着政策的持续实施，2009年交通情况得到进一步改善。

2009年工作日道路网交通拥堵指数为5.41，比2008年（指数5.84）下降了7.4%，处于"轻度拥堵"等级。与2008年相比，由于2009年"每周少开一天车"以及"每周一日高峰时段限行"措施的持续实施，五环内路网速度均有所提高，早晚高峰路网平均车速分别提高了1.5%和6.2%，比2007年10月和11月无限行期间分别提高了13.3%和19.3%。2009年11月路网早晚高峰平均速度比2007年无限行期间分别提高12.4%和14.4%。

2010年,工作日道路网平均日交通指数为6.14,比2009年(指数5.41)增加了13.6%,处于"中度拥堵"等级。分析表明,主要受2010年机动车保有量继续迅猛增长的影响,各路段全日交通量和高峰小时交通量总体呈增长趋势。

2011年,工作日道路网平均日交通拥堵指数为4.8,比2010年(指数6.14)下降21.3%,处于"轻度拥堵"等级。在北京市限购政策的作用下,2011年五环内路网速度较2010年同期有较大幅度的提高,早、晚高峰路网平均车速分别提高了10.5%和13.2%。

2012年,路网工作日平均日交通指数为5.2,比2011年(指数4.8)增加8.3%,较2010年(指数6.1)下降14.8%。

2013年,全路网工作日道路网平均日交通拥堵指数为5.5,比2012年(指数5.27)增长4.2%。

2014年全路网工作日平均日交通指数为5.5,与去年持平。

2015年全路网高峰时段平均交通指数5.7,较去年5.5高3.6%。

2016年全路网高峰时段平均交通指数5.6,较2015年略有降低。

总体来说,在2010年后北京的交通拥堵程度有了反弹的趋势,所以,针对这一现象,北京市政府应及时采取措施进行解决。

2. 与其他城市数据的对比

我们选取了上海和伦敦,针对不同方面将其汽车保有量、环境污染、交通拥堵等数据与北京进行对比,得出相关问题的结论,并努力寻求解决方式。

(1) 伦敦的数据对比

伦敦拥有广泛发达的交通网络,包括私人和公共服务。公共交通系统的旅行占伦敦旅行的37%,而私人服务占旅行的36%,交通仍然是重点问题。

① 汽车保有量

伦敦市汽车总量大体上呈逐年上升趋势,截至2017年,伦敦居民登记的私人汽车超过260万辆。

目前伦敦的道路上只有2,400辆电动汽车,几乎占不到汽车总数的0.1%。未来几年我们可能会看到在伦敦发展的未来趋势之一是电动汽车租赁计划的出现,这也应该是北京市应当发展电动交通的一种方式。

在过去的20年里,伦敦的人口一直在增长,收入也在不断增加,但是汽车的使用量一直稳定在每天约1000万人次。这主要是因为该市没有增加道路容量,而是投资了公共交通。最重要的是,与拥挤道路上的汽车相比,铁路为工作之旅提供了快速可靠的旅行。使得商业和专业人士更倾向于选择铁路,使得这座城市变得更加宜人。这也是目前北京正在努力实行的一方面。

② 环境污染

20世纪80年代后,交通污染取代工业污染成为伦敦空气质量的首要威胁。英国政府不得不采取一系列措施来对抗这种由汽车带来的空气污染,其成效斐然,大气中温室气体不断降低。

伦敦政府出台了一系列法案，对其他废气排放进行严格约束，制定明确的处罚措施，以控制伦敦的大气污染。英国公民可向政府环保机构索取相关数据，全民监督。主流媒体也会大力抨击政府的失误。

毕竟在经历过"霾都"的洗礼后，英国更加注重环境问题，这也是急切控制车辆尾气，控制车辆的迫切原因，这都是北京可以学习的地方。通过民众监督和媒体指引去调控因车辆引发的环境问题，但要控制媒体市场的真实性，拒绝盲目导向。

③ 交通拥堵费

通过交通拥堵费和发展公共交通来限制私家车流量是伦敦市控制车辆的有效措施。自2003年2月起，伦敦市政府规定，收费区域为伦敦市中心8.5平方千米区域（现在已扩展到了22平方千米），从周一到周五的早上7时至下午6时在收费区域内行驶，需要缴纳拥堵费。拥堵费在过去10年有所增长，目前已从最初每天5英镑上涨至11.5英镑。研究表明，该措施减少了收费区域内26%的交通拥堵。

而北京市交通委宣布，2016年将研究试点征收拥堵费，再一次引发人们的热议，现在仍未实行，是否实行，如何定价，成效如何是我们仍该关注的问题。

④ 其他

另外，伦敦还通过周边的"新城"建设，有效降低城市中心区人口密度，减少交通污染。现在伦敦城区三分之一面积都被花园、公共绿地和森林覆盖，这些绿化带有效地净化了空气，减少了车辆数量，减少了交通拥堵问题。

欧盟对空气污染处理不得力的英国发起将近3亿欧元的罚款。北京的情况也需要有国家政府宏观调控。我们要努力从"过来人"的英国那里学习经验，尤其是他们对抗雾霾的决心，从而也能减少交通拥堵。

通过政府和法律的有限管制，再加上环境罚款和交通拥堵费的收取，划分地区限制，才能控制好汽车数量，保护好环境，给人以舒心的交通状况。

(2) 上海的数据对比

上海市人口逐年增多，是全球人口规模和面积最大的都会区之一。至2015年末，全市常住人口总数为2419.70万人。上海每天都吸引数百万的中外游客，闹市区人流如织，这不仅给上海带来了巨大的经济效益，同时也对上海市的交通状况影响极大。

① 汽车保有量

上海汽车保有量呈持续上升的趋势，一方面是因为中国汽车市场对外开放，以及国家出台了一系列鼓励轿车进入家庭的政策；另一方面则是因为上海经济的快速发展，以及上海交通道路建设的日趋完善。但汽车保有量的逐年增长也给环境空气污染、道路交通等带来了一定的压力。1998年上海每千人汽车拥有量仅为26.42辆，到2013年上海每千人民用汽车拥有量已经达到了97.34辆，高于全国千人汽车保有量的平均水平94.19辆；但低于159辆的世界平均水平，更是远低于欧美等发达国家。随着大量人口涌入上海，导致近年来上海千人汽车拥有量增速趋缓。

② 私家车牌照

随着上海汽车保有量的逐年增加，上海私车牌照投放数量也相应地持续增加。

2002—2013年上海私车牌照的投放数量从31850张上升至2013年的110000张。尽管每年的私车牌照投放数量稳中有升,但与新增汽车保有量之间仍然存在较大的缺口。造成私车牌照价格居高不下的局面,迫使很多新车上了异地牌照和沪C牌照。这也是北京市现在的写照,大量无车牌人口为满足购车需求购进外地牌照,导致更加拥堵的交通状况。上海私车牌照拍卖价格也是居高不下。

③ 未来期望

上海市汽车保有量将会持续上升。越来越多的人开始有能力购买汽车,为上海市汽车市场的长期稳定发展提供了保障。但汽车保有量的迅速提高,在积累财富、方便出行的同时,也占用了大量资源和空间,其对环境、交通和能源的压力也日渐显现。2013年频繁出现的雾霾天气更是促使人们进行反思,而汽车排放的尾气已被认为是雾霾形成的重要原因之一。全国600多个城市都存在不同程度的交通拥堵。显然,这些不确定性因素都将有可能成为我国汽车产业以及上海汽车产业发展难以承受之重。快速增长的汽车保有量和有限数量的牌照发放,将进一步加剧汽车牌照的供需失衡。未来可能扩大对外牌车辆的限行时间和限行范围,私车牌照拍卖标价可能会继续保持高位运行。

(二)对北京市民进行线上、线下的问卷调研

为了更好地方便政府、企业相关部门对现有小客车政策进行升级改造,更好地服务市民,我们对北京市控制私家车数量政策及其满意度开展调查。

1. 对已购车人群的调查

根据调研的结果和最新数据,目前北京市的机动车保有量逐年平稳增长,驾驶员人数也是持续稳步上升中,并且增长速度更快,由此我们对于有车的人群进行以下调查。

(1)交通的拥堵情况及主要原因

2016年路网早高峰平均速度为27.8千米/时,其中快速路平均度37.1千米/时,主干道平均速度为23.3千米/时。晚高峰期间,路网平均速度为24.6千米/时,其中快速路平均度为32.3千米/时,主干道平均速度为20.6千米/时。

从早晚高峰交通指数分别统计来看,晚高峰交通拥堵程度高于早高峰,早高峰平均交通指数5.1,晚高峰平均交通指数6.2。

2016年北京市日均拥堵时间共计2小时55分钟,早高峰出现95个中度拥堵天。工作日晚高峰共出现11个严重拥堵天,中度拥堵205天。

在所调查的人群中,分别有47%的人认为拥堵和偶尔拥堵,只有6%的人认为不拥堵,因此,就北京现在的交通状况来看并不理想,尤其早晚高峰拥堵更是严重。其中有多半的市民认为,私家车数量的不断增多是引起交通拥堵的主要原因。

(2)相关政策对生活的影响

① 交通拥堵费

交通拥堵问题备受困扰,不仅日常出行受到影响,还会给城市中的每个人及全社会带来负面效应和影响。在面对这个非中国特有的现象时,政府参考了国外的经验

再结合我国的交通难题,因地制宜地欲推出征收"拥堵费"这项政策。我们发现,征收交通拥堵费在伦敦、新加坡、纽约、斯德哥尔摩等地不同时期都曾实施过,因各地收费情况、人口数量、车辆保有量、民众意识、公共交通系统发展、经济发展不一,效果各异。

我们调查了市民对交通拥堵费价格的心理预期,其中66%的人不能接受缴纳交通拥堵费;19%的人可接受每天10元以内的税额;10%的人可接受20元以内的税额;只有5%的人可以接受较高的税额。同时我们也统计了市民对这项政策的看法。其中大部分人认为,缴纳交通费并不能解决拥堵的问题,反而是增加生活成本,不会有明显的成效,只是治标不治本。由此不难看出,这项政策还是出现了一边倒的反对意见,缺少了民众支持的政策很可能难以施行与落实。

② 尾号限行

为了缓解交通拥堵和尾气排放导致的雾霾,北京开始实施尾号限行措施。现在北京是全年限行,本地车辆为工作日的7时到20时。外地车辆7时到9时,17时到20时禁止载客汽车进入五环以内,9时到17时按车牌尾号限行。

通过调查,我们发现有一半以上的人认为尾号限行措施能够更有效地缓解交通压力。尽管有车族在工作日出行时会受到一定的限制,但是在一定程度上这项措施确实尽可能地满足了出行需求,又同时缓解了交通拥堵。

2. 对未购车人群的调查

(1)摇号原因

在调查的未购车人群中,有47%的人是确实需要用车,而有15%的人是属于家中已经有车,但是由于其他原因也参与摇号,同时还有15%的人并不需要用车,只是在随大流。因此可以看出,在摇号政策下还是有很多人属于"凑热闹"型,并不是真正需要,而这种现象也同样影响了有用车需求人群的中签率。

(2)摇号持续时间

通过调查参与过摇号的人群,我们发现,有11%的人摇号时间在半年以内,13%的人摇号时间在一年以内,23%的人摇号时间在1~2年,17%的人摇号时间在2~3年,17%的人摇号时间在3~4年,19%的人摇号时间在5年及以上。每个时间段人数的分布基本持平,可以看出每年都有新的驾驶员申请摇号,但因申请的人数越来越多、燃油车指标越来越少,导致中签率的下降,因此这种摇不上号的情况还是会大概率地发生。

(3)购车选择

随着节能环保理念的大力倡导以及电动汽车性能的不断成熟,越来越多的人开始考虑购买新能源汽车。截至2016年底,北京市新能源保有量97405辆,较上年增长249.4%。2016年全市新能源车保有量变化及各区系能源车保有情况如图9所示。

在摇号政策的限制下,对用车有需求却摇不上号的人群越来越多,所以每年很多有购车需求的人选择放弃摇号,申请新能源汽车号牌,按照轮候次序进行配置购车。在我们的调查中,有超过半数的人群选择新能源汽车的原因是燃油车摇不上号(图10)。

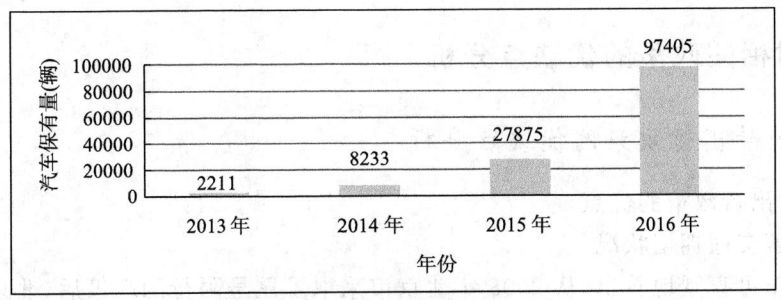

2016年底北京市各区新能源车保有量	
区县	保有量(辆)
东城区	9612
西城区	9071
朝阳区	13410
丰台区	7251
石景山区	2541
海淀区	22372
门头沟区	844
房山区	2161
通州区	6265
顺义区	2890
昌平区	5451
大兴区	9223
怀柔区	3481
平谷区	937
密云区	1397
延庆区	499

图 9 北京市新能源汽车保有量历年变化图

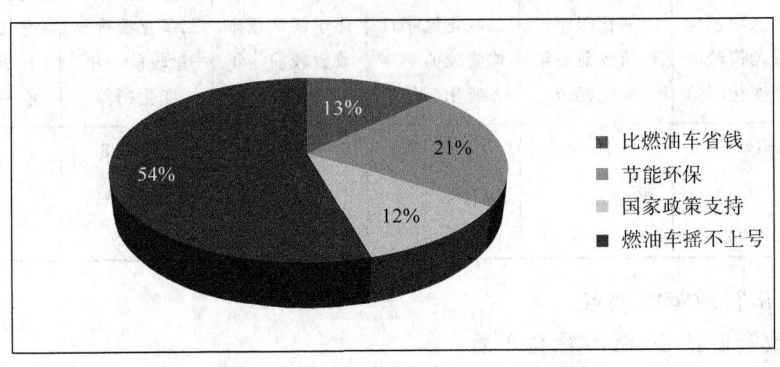

图 10 选择新能源汽车的原因

三、对相关政策的优缺点分析

（一）限号出行政策的优缺点分析

1. 限号出行政策的优点

（1）缓解交通拥堵状况

由图11可直观地看出，从2008年北京市采取了尾号限行的政策后，北京交通拥堵指数较无限行时显著下降，交通拥挤情况得到了一定的缓解。

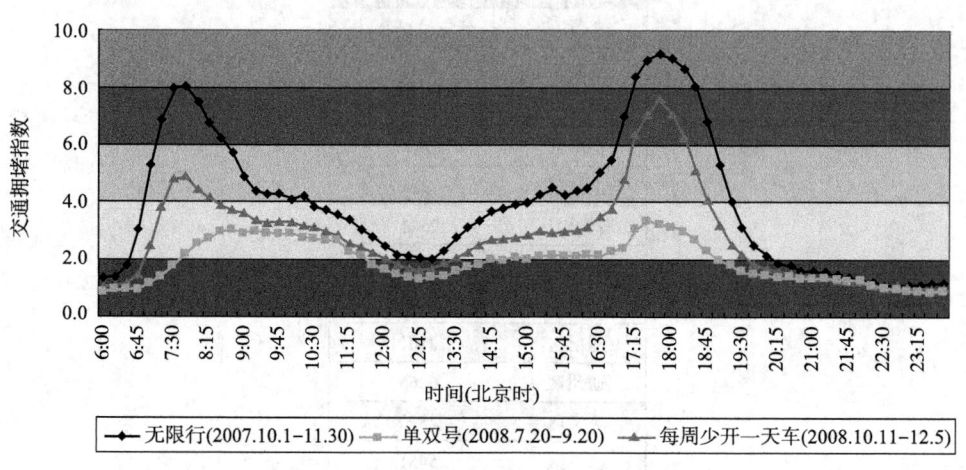

图11 分时段交通拥堵指数（工作日）

（2）减少汽车尾气排放量，有助于改善空气质量

2008年北京市采取了尾号限行的政策之后，汽车尾气排放量减少，对改善空气质量起到了很大的作用（表3）。据统计可知，2008年较2007年空气污染物显著下降，空气质量二级及好于二级的天数明显增多，空气质量明显改善。

表3

年份	可吸入颗粒物年日均值较前一年变化（%）	二氧化碳年日均值较前一年变化（%）	二氧化氮年日均值较前一年变化（%）	化学需氧量排放量较前一年变化（%）	二氧化硫排放量较前一年变化（%）	空气质量二级及好于二级天数较前一年变化（%）
2008	−17.57	−23.40	−25.76	−5.61	−19.08	11.38
2009	−0.82	−5.56	8.16	−1.98	−3.25	4.01
2010	0.00	−5.88	7.55	−7.07	−3.36	0.35

2. 限号出行政策的缺点

（1）导致资源浪费，激发社会矛盾

由图12可以看出，2010年较前一年汽车保有量增长最多，这与限行政策分不开。

限行政策使许多家庭本来只有一辆车就够用,结果因为限号需要添置第二辆车,这就导致了经济资源的浪费。企业和政府机构,在无法满足本单位车辆运用需求的情况下,也会购置增加一部分公用车辆。另外,汽车保有量增加,还会导致车位需求增加,进而衍生出更多的抢占停车位问题,一定程度上导致土地资源的浪费和社会矛盾。

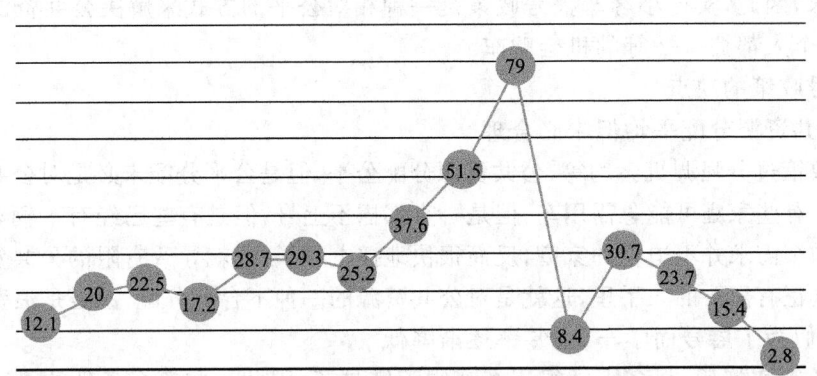

图12　汽车保有量较前一年增长量

(2)效果逐渐减弱

2009年交通拥堵状况虽有所下降,但是下降幅度不大,到2010年交通拥堵指数反而上升了。这是因为限行政策导致汽车保有量增长,间接导致了交通拥堵指数上升,限行政策对缓解交通拥堵的效果越来越弱。

由表4可以看出,2008年较前一年空气质量显著提高,但是2009年和2010年较前一年空气质量改善效果逐渐减弱。

表4　2008—2010年空气质量变化

年份	可吸入颗粒物年日均值较前一年变化(%)	二氧化碳年日均值较前一年变化(%)	二氧化氮年日均值较前一年变化(%)	化学需氧量排放量较前一年变化(%)	二氧化硫排放量较前一年变化(%)	空气质量二级及好于二级天数较前一年变化(%)
2008	-17.57	-23.40	-25.76	-5.61	-19.08	11.38
2009	-0.82	-5.56	8.16	-1.98	-3.25	4.01
2010	0.00	-5.88	7.55	-7.07	-3.36	0.35

(二)摇号限购政策的优缺点分析

1.摇号限购政策的优点

(1)车辆增长速度放缓

2010年实施摇号购车政策后,2010—2011年北京市机动车增长率急速下降,并且之后的机动车增长率都没有超过5%,说明摇号政策对减缓机动车增长速度起到了重要作用。

(2)公共资源分配难题的有效解决办法

2008年实行限行政策后,小客车保有量快速增长,使小客车所使用的道路资源供不应求。公共资源在稀缺的情况下,是不可能被平均化分配的,只能满足定量的、少部分人的需求,因此,实行小客车摇号政策是一种相对公平的方式来解决公共资源分配难题,让每一个人都拥有平等的机会购车。

2. 摇号政策的缺点

(1)公共资源分配平均但未必合理

摇号政策过分强调机会均等,公共资源分配公平,但是公平分配未必是对公共资源的合理分配。有些家庭可能急需用车,但是一直都摇不上号,但是有些已经有一辆车了的家庭或者对购车需求并不迫切的家庭,反而很快地摇上号了,这就导致有限的公共资源并没有分配到真正有需要的人手里,这就是对公共资源的一种不合理分配,甚至是浪费。

(2)人们为了摇号而学车,中签率逐渐降低

摇号政策实施后,很多人觉得买车变得不容易了,因此一些符合条件的人都想摇个号,甚至有些人为了摇号而去学车,认为家里多一个人摇号,就多一分中签的概率。而事实是,2011年北京首轮购车摇号时,中签率约为10%;2014年,约145万人参与摇号次数未超过24次,他们的中签率大约是0.8%;25万人参与摇号36次的,中签率仅为2.4%。摇号的人不断增多,中签率反而越来越低。

(3)增加社会隐患

不想买车的摇上号了,想买车的却没摇上号,这就衍生出一些私下进行卖号交易的现象。摇上号卖给别人或者送给亲朋好友用,从而加大法律责任风险,增加了社会隐患。

(4)未从根本之上解决交通问题

摇号政策虽然减缓了汽车保有量增长,但是北京市汽车数量依然在不断增加,因此摇号政策并没有减少北京市汽车数量,没有从根本之上解决交通问题。

(三)缴纳交通拥堵费政策的优缺点

1. 缴纳交通拥堵费政策的优点

(1)降低私家车使用率

据调查,2010年北京市私家车使用率为34.2%,2013年实施交通拥堵费政策,2016年北京市私家车使用率为32%,由此可以看出,缴纳交通拥堵费的政策对降低私家车使用率起到了一定的作用,但是作用效果不是很明显。

(2)减少区域交通需求

通过收取交通拥堵费来控制交通需求,如果进入这个区域的需求没有那么大,就别进入。靠经济手段调节,减少某个区域的车辆,从而缓解交通拥堵。

2. 缴纳交通拥堵费政策的缺点

(1)增加管理成本,加重财政负担

征收交通拥挤费会增大人力和物力的投入,增加管理成本,加重财政负担。

(2)缺乏配套设施,政策效果微弱

在我们的调查中,有45%的人认为只收取交通拥堵费解决不了拥堵问题。城市道路拥堵是一个系统性问题,只收取交通拥堵费,缺少配套的设施,那么政策效果就会大打折扣。

(3)增加出行者经济压力

在我们的调查中,有30.7%的人认为"住得远怎么都要开车出行,缴纳交通拥堵费只会增加生活成本,没有实际意义"。对于这部分人来说,工作地点离家太远,征收交通拥堵费用也不会改变他们的出行方式,反而会增加其经济压力。

四、未来发展的建议

(一)增长型策略(SO策略)

(1)已知机动车保有量与驾驶员数量每年上涨的客观情况,在不改变此情况的状态下,为使交通状况得到有效改良,建议采取的增长型策略为:

建立相关配套设施与提供更多出行方式,如:

① 改善道路质量,增大行驶机动车容纳量(如加宽、改良路面)

② 推动新型交通规则的应用与实施,通过提高一定时间内的通行效率,来起到缓解拥堵的作用(如全向十字路口)

(2)SO策略优点

① 有效改善道路交通情况,大幅增加道路交通效率;

② 社会舆论及争议较少,道路交通参与者满意度高。

(3)SO策略缺点

① 空气污染问题得不到有效解决;

② 建设周期较长,短期内无法有效缓解道路交通拥堵问题;

③ 已建成城市应用此方案的难度与成本较高。

(二)扭转型策略(WO策略)

(1)面对道路交通压力骤增的客观问题,并考虑时效性。建议采取的扭转型策略为:

① 改良之后的尾号限行政策:

在原有限行方案基础上,对有紧急或特殊需求的车辆(如救援、就医、赶考等),实施临时不限行方案,事后提交材料免责制。

② 改良之后的摇号政策:

从需求角度出发,对非刚性需求群体适度增大摇号限制,对刚性需求群体适度降低摇号限制,以此增强摇号方案的秩序性与可行性。

(2)WO策略优点

① 时效性强,短时间内对缓解道路交通拥挤有显著效果;

② 便于实施。

（3）WO策略缺点

① 特殊需求的审核环节，会加大社会服务工作者的工作量，进而增大提供社会服务的时间与成本；

② 仅让机动车保有量的增速放缓，但久而久之依然会面临道路交通拥堵的问题；

③ 会舆论及争议较多，道路交通参与者满意度较低。

（三）策略——多元化发展策略（ST策略）

（1）缓解道路交通拥堵的同时，对环境污染起到一定的抑制及改良作用，并促进全国各地区协调发展。建议采取的多元化发展策略为：

① 加大二、三、四线城市建设

在二三四线城市建设地方特色产业，带动区域经济发展，建立起配套设施，吸引人们长期入驻，以此来分散人群分布地区，同时缓解部分繁荣地区交通压力过大，而其他地区经济低迷的状况。

② 研发新能源汽车

加大新能源汽车及配套设施的研发、投入与布置，引导人们购买新能源汽车，在解决道路拥堵问题的同时，改善环境污染状况，提高环境质量。

③ 研发智能交通技术

加大技术研发投入，研发智能汽车——智能红绿灯的配套设备体系，提高交路交通效率，并能降低交通事故发生率。

（2）ST策略优点

① 考虑未来道路交通发展适用状况，回报高；

② 促进国家各城市均衡发展，拉动经济增长，实现经济繁荣；

③ 促进环境污染问题的解决。

（3）ST战略缺点

① 建设投入成本高；

② 周期较长。

短时间内无法解决道路交通拥堵问题。

（四）WT策略——防御型策略

（1）面对机动车保有量骤增、道路交通拥堵程度严重的可观事实，为了在最短时间内降低道路交通拥堵程度，可采取的防御型策略如下：

① 征收交通拥堵费：

依据出行频率、出行距离对机动车驾驶者收取一定费用，促使其减少不必要的出行活动，推动短距离公共出行。

② 实施较为严格的限行措施：

包括但不限于单双号限行、外地牌照禁入等措施。

(2)WT策略优点：

① 最短时间内缓解道路交通拥堵；

② 临时、随时可实施，灵活性强；

③ 方案较为直观，无需加大任何公共设施建设的投入。

(3)WT策略缺点

① 降低私家车使用率。

让人们出行便利程度降低，对人们日常生活产生负面影响。如增加上下班路途总时长，降低人们工作热情和效率

② 减少区域交通需求。

长期实施会对该区域的经济发展产生负面影响。如企业间贸易往来减少。

③ 增加道路交通参与者的经济压力。

参考文献

曹永琴,2015.上海汽车保有量现状分析及其未来展望[J].上海经济(Z1):33-36.

董锋,李卓霖,代远菊,2016.我国雾霾污染的防治建议——基于伦敦地区治理成效的历史考察[J].科技管理研究(12):245-249.

邱诗永,李威,王颖,等,2017.伦敦拥堵收费政策及其对交通安全的影响[J].交通与运输,33(6):10-12.

王颖,2018.从交通低排放区政策看空气污染治理[J].交通与运输,1.

改革开放以来北京地铁支付方式调查[①]

江　燕　赵小涵

【摘　要】 改革开放以来,北京地铁建设发展突飞猛进。随着时代的发展,地铁支付方式也发生着巨大的变革。北京地铁支付方式从之前纸票单程票阶段到IC卡2元时代,再到"无票时代"。通过对北京地铁支付方式的探究,我们发现这些支付方式存在着不同的问题,技术的缺陷,设备的维护问题,新技术不能得到普及使用等。如何改进技术,改善制度,加大宣传使得现行支付方式更好地服务大众需要探究。通过对基础设备如自动检票闸机和TVM自动售票机的更新换代解决设备问题,建立新型信号基站、设置站内充电装置、提升传统支付交易介质安全性、提升系统安全性、提升新型支付网络安全、自建相关资金数据库、应用认证码等,并继续对新技术发展进行研究以改进提高技术。利用新旧媒体相结合的方式加大宣传力度,使新技术得以广泛应用,达到便利大众生活的目的。

【关键词】 北京地铁；地铁支付方式；支付新技术

本次调查主要采取网上调查的方式。调查问卷由小组成员在朋友圈发出让群众填写并收回。共发出调查问卷205份,收回205份,回收率达100%；有效问卷205份,有效率达100%。本次调查报告填写人群主要以17～35岁的青年为主,占73.66%；16岁以下占1.95%；36～55岁占15.61%；56岁以上占8.78%。参加此次问卷调查的人群88.78%在北京居住一年及以上,11.22%为一年以下。人们越来越多地选择乘坐地铁出行,说明地铁已成为人们生活中一个重要组成部分。如何做到真正提高地铁运营效率,便利大众,地铁支付方式新技术发展和普及十分重要。

一、北京地铁支付方式经历的主要阶段及使用情况

北京地铁支付方式在改革开放以来一共经历了三个主要阶段,从最开始的纸票单程票阶段,到IC卡2元全网通行阶段,再到现在的IC卡与智能支付并行的计程支付方式阶段。在这三个阶段:纸票单程票时期,地铁价格是完全统一的,但不可免费换乘；在第一阶段与第二阶段中,有一段较为模糊的时段,当时IC卡的置换还没有全部完成,但已经推行了2元全网通行的政策,因此,这个时段购买的纸质地铁车票的价格也是2元单一票制,换乘无需再次购买车票；之后的IC卡2元全网通行阶段,IC卡全面取代了纸质车票,票价为2元单一票制；而后就是现行的IC卡与智能支付并行的计程支付方式阶段。在此阶段,北京地铁已经拥有诸多种类支付方式,并按乘车距离计算票价。

[①] 本课题指导教师江燕(北京工商大学马克思主义学院),课题组组长赵小涵(金融171)；
课题组成员:郭鹏彤(金融171)、王晶晶(金融171)、郭浩杰(金融171)、夏阳(金融171)。

（一）最初的纸票单程票制度

北京地铁最初诞生于 1969 年,于同年 10 月正式通车。当时的北京地铁还没有正式进入运营阶段,因此地铁只小范围接受参观性质的乘客,想坐地铁需要持单位统一领取参观券。由此开始了北京地铁的纸票单程票阶段。此时的地铁价格是完全统一的,换乘需要重新购票和检票。

北京地铁票价进行过多次的调整:1971 年 1 月 15 日,北京地铁开始试运营阶段,当时需要凭单位介绍信在各车站购票,单程票价为一角。一角票价一直持续到 1987 年 12 月 19 日,北京地铁环线建成通车后,一线及环线两线地铁票分别定为 2 角,2 角车票于同月 28 日正式启用。1991 年 1 月 1 日北京地铁票价调整为 5 角。1996 年 1 月 1 日,北京地铁开始调整地铁票价,普票由 5 角调至 2 元。1999 年 12 月 10 日,北京地铁票价调整为 3 元,在这个阶段开始由颜色区分不同线路的车票,以方便检票。

当然,和北京的其他公共交通工具一样,北京地铁同样拥有一段使用纸质月票的岁月。

（二）IC 卡 2 元全网通行制度

1.2 元全网通行制度

纸质单程车票与月票的购买与检验均较为耗费人力物力,随着科技的逐渐发展,于 2006 年 4 月 1 日,北京地铁开始进行纸质月票到 IC 卡的置换,同时自动售检票系统也正式开始投入使用。

由于自动售检票系统暂未在北京地铁的全部线路投入使用,因此纸质车票与 IC 卡一度同时在北京地铁支付系统中使用,直到 2008 年 6 月 9 日,北京地铁才全部实行自动售检票。纸质车票从此退出历史舞台。

2007 年 10 月 7 日,北京地铁开始实行全网 2 元单一票制无障碍换乘。此项重大改革有两个核心内容,一是大幅度降低票价,利用价格导向的作用,引导市民优先选择轨道交通,二是借机推广使用一卡通(马北北,2014)。此方案受到大多数群众的支持,因为不仅票价便宜了,还避免了一些由于不必要原因引起的二次消费。市发改委曾表示,单一票制体现了公交优先和惠民、便民的原则,凸显轨道交通的公益性定位。此后,北京一直实行地铁单一票制。

至 2013 年,北京地铁运营线路从 2006 年的 4 条 114 千米,增加到 17 条 465 千米,是 2006 年的 4.1 倍,日均客运量已达 1000 万人次左右。上述指标均在增长,运营收入却在下降。北京地铁公司面临严重局面。且如此庞大的客运量也造成了地铁部分线路的拥挤,部分站点经常出现乘客等多趟车才能挤上去的现象,而且乘客表示经常"被挤成相片"。市发改委表示现行的票价政策与公共交通整体发展要求已经不相适应,希望调整地铁票价(马北北,2014)。

乘坐地铁将涨价的消息引发公众关注,当时某门户网站发起调查,参加调查的网友,近六成反对全时段大幅涨价。对于方案中提出"通过价格杠杆分散高峰时段客流压力",许多市民表示并不认同。他们认为,票价调整不能彻底解决地铁拥堵问题。首都经贸大学金融学院院长谢太峰教授接受《北京青年报》记者采访时也表示,涨价可以让一部分对时间不敏感的人群换个时间出行,"但对于上班族等存在刚性需求群体,涨价也得坐"。有反对涨价的市民提出,目前国外一些城市为了鼓励错峰出行,采取的措施是在正常票价基础上,在非高峰期时段降低票价。也有专家认为,多年来北京对公共交通的补贴已成为相当大的财政负担,政府部门通过涨价可以弥补运行成本,分散客流,"赞成在高峰时期适度涨价"(李泽伟,2013)。

市发改委进行的意见调查中,支持涨价的,占到了63%,其中又包括希望微调和大调两种,分别占到了96%和4%;反对涨价的,约占总体的29%,包括希望维持现状的和希望再降价的,两者比例约为9:1。由此调查结果,市发改委再次进行了研究与商讨,决定施行计程制票价,至2014年12月28日,北京地铁结束"2元"时代。

2. IC卡支付方式

IC卡支付方式主要以"现金+卡(储值卡或单程卡)"为主,乘客需要准备现金充值或购票。

储值卡:需在票卡内存入一定的预付费用,可反复使用。从轨道交通运营商的角度来说,乘客在该票种的使用期限内,会将轨道交通作为固定的出行方式,其突出优势是运营商在票款收入方面能够得到保证,同时亦可节省与售票相关的运营成本。从乘客的角度来看,储值卡可以提供一定的折扣,使用方便,无需每次出行都买票。

单程卡:具有一次性、时效性的特点,以满足乘客的快速出行需求。

(三)北京现行的IC卡与智能支付并行的计程支付制度

1. 北京地铁的计程支付制度

2014年12月28日,北京地铁(不包括机场线)票价正式进入为计程时代,具体为6千米(含)内3元;6千米至12千米(含)4元;12千米至22千米(含)5元;22千米至32千米(含)6元;32千米以上部分,每增加1元可乘坐20千米,最高票价不封顶。

2. 北京地铁多种支付方式

地铁长期以来一直以单程票、储值卡为主要票种,因其符合市民出行时的支付习惯而受到青睐。随着银行卡闪付功能的兴起,第三方支付平台的成熟,智能手机NFC功能的广泛应用,乘客们也逐渐开始青睐虚拟车票。

(1)储值卡/单程卡

与IC卡两元全网通行制度时期的IC卡支付方式相同。

(2)银联金融IC卡

乘客使用带有银联"闪付"标识的金融IC卡、开通小额免密服务的IC信用卡,无需预先进行充值,即可轻松挥卡过闸搭乘地铁。此种技术采用"先坐车、后扣款"的方式,省略了以往充值或购买/兑换单程票的过程,同时,国内各大城市地铁为支持此项技术正在逐步升级AFC系统设备,乘客也可免去异地购买交通卡的麻烦。

早在2016年1月26日,轨道交通行业银联IC卡闪付支付系统在苏州有轨电车1号线正式投入使用;2017年6月,广州地铁线网6000多台闸机完成改造,全面支持金融IC信用卡过闸服务。

银联金融IC卡过闸服务依托银联云闪付服务。银联云闪付是银联移动支付新品牌,依托NFC/HCE/TSM/TOKEN技术,用银联云闪付能在超市、便利店、停车场、地铁闸机等不同场所完成付款。在2017年中国国际金融展上,银联首次展出"云闪付公交地铁解决方案"等一系列在交通、车载领域的支付应用情况。

(3)NFC手机

NFC支付是指消费者在购买商品或服务时,即时采用NFC技术(Near Field Communication)通过手机等手持设备完成支付,是新兴的一种移动支付方式。NFC技术是一种短距高频的无线电技术,在13.56 MHz频率运行于20厘米距离内。其传输速度有106 Kbit/s、212 Kbit/s或者424 Kbit/s三种。这种方式通过使用NFC射频通道实现支付,在实际操作中,乘客只需要将手机贴到NFC读取区域,即可完成支付。国内目前主要的Pay类NFC支付为Apple Pay、Samsung Pay(三星智付)、Huawei Pay和小米支付,这用到了NFC的卡模拟模式,但在手机内并非绑定银行卡的完整卡片信息,而是形成特殊Token号码,在支付时通过NFC通信把Token传递给POS机,POS机再把Token和交易金额发送给银联、银行,进行验证和完成交易,整个过程手机是不需要联网的,它就相当于你的实体银行卡。这类Pay为了保证安全性,还需要内置SE(Secure Element)安全模块,用于存储Token信息,苹果Apple Pay利用TouchID指纹识别进行Token的读取和交易确认。

(4)二维码

二维码技术诞生于20世纪40年代初,但得到实际应用和迅速发展还是在近20年间。二维码是按一定规则在平面(二维方向)用黑色和白色像素进行编码,使用黑白矩形图案表示二进制数据符号信息,用若干个与二进制相对应的几何形体来表示文字数值信息,是具有可读性的条码,其安全性与加解密算法有关,通过图像输入设备或光电扫描设备自动识读以实现信息自动处理。其中黑色代表二进制的"1",白色代表"0",这取决于编码规则代表的各种信息。它具有高信息含量、高可靠性、低成本的优势,且可表示各种不同的信息(数字,文字,声音,图像等)。因此,二维码在现代信息社会中起到了重要的作用。

二维码具有储存信息量大、数据输入快速、扫描识读技术较成熟、使用方法简单快捷、为运营公司节约维护成本等优点,使用于小额充值和消费。但是,二维码作为车票媒介,读写效率与扫描设备相关,由于不可二次写入修改,无法记录计时统计信息。同时,也存在联机交易无法保证时间,脱机交易无法避免逃票等问题。

据新京报报道,北京地铁二维码乘车服务自2018年4月29日上线以来,已经正式运营满三个月了。乘客可通过北京轨道交通单程票互联网票务服务平台推出的应用易通行APP进行支付。据了解,先前的易通行APP仅支持工商银行、支付宝、京东支付。7月29日起,微信支付将加入到易通行APP当中。二维码乘车支付扩增为工商银行、微信支付、支付宝及京东支付四个渠道。据数据显示，4月29日二维码乘车服务全网试运行首日，使用二维码进站的乘客为7.39万人次，5月19日全网正式运行当天，乘客进站量达29.87万人次。7月13日，其进站量已突破百万人次。截至2018年7月底，二维码最高日进站量达107.88万人次(7月20日)，累计进站量超过5100万人次。二维码乘车服务进一步提高北京轨道交通服务水平，引入多元化支付方式以满足更多乘客出行需求，大大提升了乘客的出行体验。

（四）北京人群对北京地铁现有支付方式的使用情况

此次调查人群中(图1)，79.51%通常使用北京市政公交一卡通出行，25.37%扫描二维码支付进出站，16.1%中用自助购票机购买单程票出行，13.66%用手机NFC功能出行，仅有0.49%会使用银联金融IC卡出行。这表明大部分人还是选择较为熟知的北京公共交通一卡通，较为"年轻"的技术如手机NFC功能支付和二维码支付还需要推广应用。

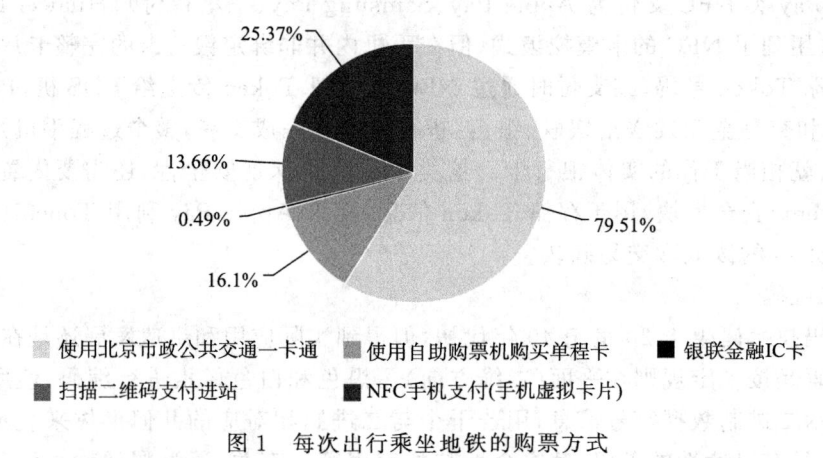

图1 每次出行乘坐地铁的购票方式

二、北京地铁支付方式改革后出现的问题

（一）市政交通一卡通遗失、忘记携带和余额不足问题

2008年6月9日北京地铁原有的5条运营线路的93个车站自动售检票（AFC）系统全部投入使用，结束了38年纸质车票的历史，北京地铁进入刷卡时代。据调查结果统计表明，市民普遍使用市政一卡通进行地铁支付。56.1%的市民存在忘记携带卡的问题，62.44%的市民存在储值卡余额不足的问题，26.83%的市民存在丢失补办耗时的问题(图2)。其中忘记携带卡和余额不足是主要问题。

尽管地铁支付正在逐渐改革中，但是大多数市民，仍习惯于使用一卡通进行地铁支付，但是一卡通毕竟是一张非实名制的卡，容易丢，容易忘带，作为储蓄卡，有时也会出现余额不足的情况。虽然一卡通是目前市民进行地铁支付最普遍的方式，也成了广大市民的首选,但是这种方式也存在了明显难以改善的缺陷。

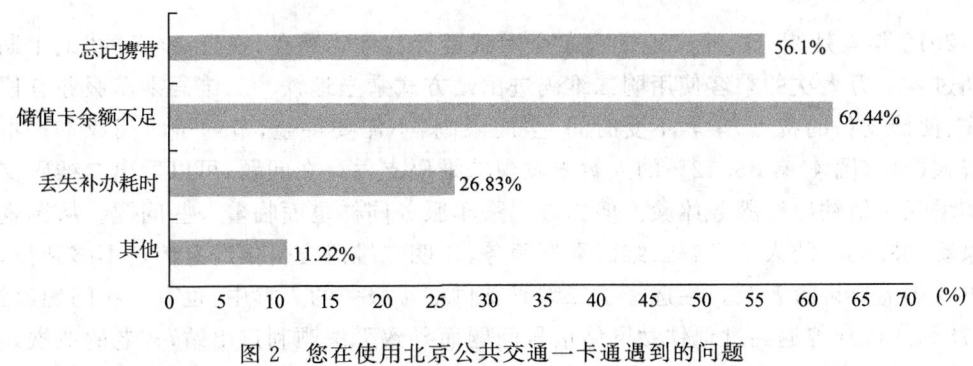

图2 您在使用北京公共交通一卡通遇到的问题

(二)自动购票机购票时设备技术的问题

自动购票机伴随自动售检票(AFC)系统早在十年前就已存在,目的是代替人工售票,主要是方便于没有市政一卡通的乘客,目前也是排在一卡通支付之后市民主要的支付方式。据调查结果统计,有50.73%的市民在使用自动售票机时出现过不同程度的问题。其中2.93%的市民遇到过机器吞币、吞钱的问题,21.95%的市民遇到过纸币拒收的问题,5.37%的市民存在因不知使用方法操作困难的问题,4.88%的市民遇到过机器故障导致无法购票的问题,3.9%的市民遇到过机器找零存储不足导致无法购票的问题(图3)。其中纸币拒收是相对较大的问题。近年来,越来越多的人选择乘坐地铁出行,客流量明显增加,此次调查中66.34%的人对自动售票系统一般满意,17.56%的人认为自动售票机排队人数通常较多,效率较为低下,需要改进提高。

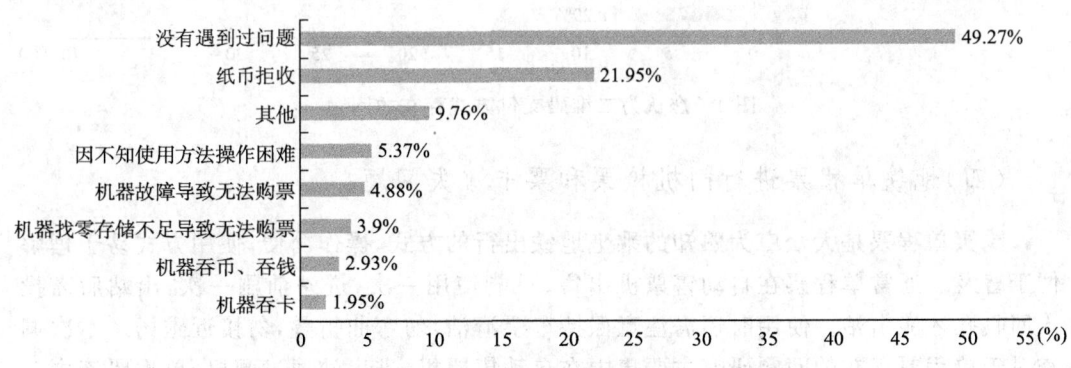

图3 乘坐地铁出行您使用自动售票机时遇到的问题

所以,自动购票机仍需改进创新,虽然纸币硬币都能用,但是对于纸币拒收,纸币不识别,机器故障导致可用的自动售票窗口少存在排长队买票等等问题说明还是自动购票机在设备技术上仍需进步。

(三)关于二维码支付方式使用普及和识别的问题

2018年4月29日,北京地铁宣布全网试运行二维码乘车,在近20天的"试用期",有超过400万人次的乘客使用刷二维码进出站方式乘坐地铁。二维码乘车服务有便利操作、便捷支付的特点,乘客不受时间、空间限制,不需要押金,节约了时间成本。本次调查人群中(图4)有35.12%的人暂未发现二维码支付存在问题,可以看出二维码支付确实增强了地铁出行服务体验。但二维码乘车服务同样也面临着一些问题。从调查结果来看,33.66%的人不了解二维码乘车服务,说明二维码支付推广宣传还不够到位,操作方式仍需要讲解普及。在选择了二维码支付乘车服务的人群中,也有一些问题反馈,28.78%的群众曾遇到过地铁站网络信号问题而导致无法顺利进出站,较老的地铁站基础设施不够完善,时常出现网路不佳的状况,降低用户体验,18.05%的群众反映个别闸机无法识别二维码,这无疑会造成在一些站点发生拥堵状况。加之11.22%的群众认为二维码闸机设置数量不合理,出站速度自然减慢带来不便。还有10.73%的群众认为二维码支付速度慢,易通行仍需不断完善更新,在8.29%的群众中还有反映手机有时没电影响使用、不支持苹果iOS系统、充钱未及时到账等问题。综合起来,二维码支付是中国公共交通迈向"无票时代"的重要一步,但仍需不断完善。

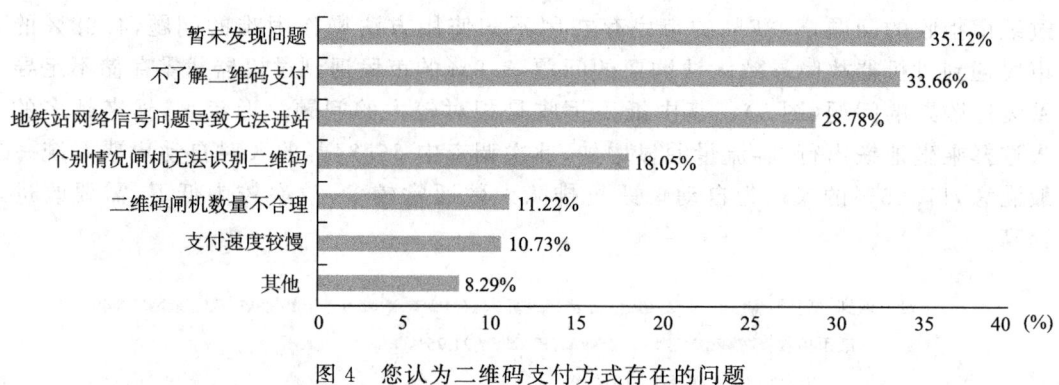

图4 您认为二维码支付方式存在的问题

(四)地铁单程票进行闸机检票和票卡流失问题

购买单程票是大众广为熟知的乘坐地铁出行的方式,操作简便,使用方式易于理解便于普及。通常单程票在自动售票机出售,只能使用一次,进站前刷一次,出站后需投入回收孔才能出站。使用时还需注意保持车票清洁,勿弯曲折叠,勿接近磁场。本次调查对于单程票存在的问题研究主要集中在自动售票机、进出站通过闸机、单程票流失三个方面。自动售票机售票机存在问题已叙述,在此不再累述。

关于进出站通过闸机,在此次调查中(图5)38.54%的群众表示没有遇到过问题,27.32%的调查群众表示曾遇到过机器故障导致不能验证通过,25.85%曾因站位不合适导致不能验证通过,13.17%的人遇到过卡片消磁导致不能验证通过,还有5.37%的人遇到过闸机吞卡问题,同时闸机也存在着识别较慢的问题,导致通过的效率降低,是造成某些站拥堵的原因之一。此外有受调查群众反映携带行李箱通常不便通过闸机,存在闸机提前关闭行李箱无法通过以及行李箱太大无法通过等问题。由此看来,闸机的灵敏度以及宽度等设计都需要得到改善调整。

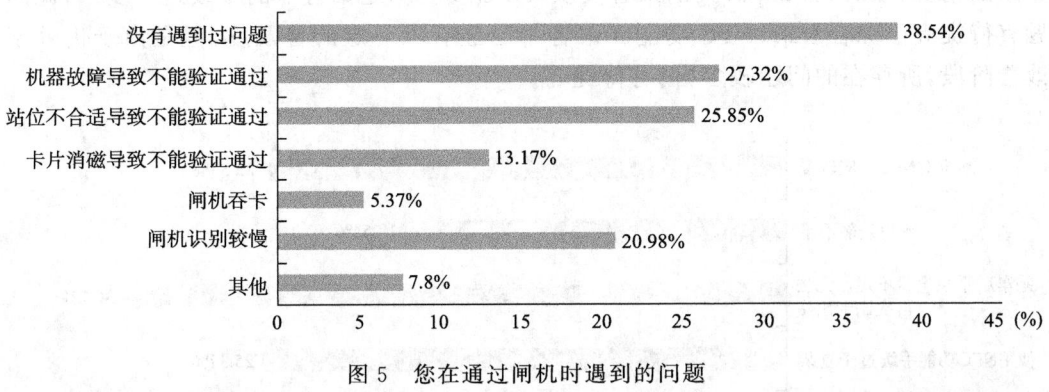

图 5　您在通过闸机时遇到的问题

单程票流失现象提高了地铁企业成本支出,流失情况主要包括:(1)乘客故意多购票,将未使用单程票带走,用作其他用途。(2)进站刷卡不成功,票分析为"无进站信息""超程""超时"的车票,无法正常出站,未办理车票更新,直接跟随前一个乘客携票出站。(3)恶意逃票,出现车票超程或过期,票价低于乘车费用无法正常出站,直接跟随前一个乘客携票出站。(4)闸机卡票,出站闸机投票口出现卡票情况,导致后面的乘客无法将单程票投入闸机回收口,跟随刷卡出站的乘客携票出站。(5)传感器报警,由于乘客刷卡间距未保持合理的距离,后面乘客进入闸机传感器报警区域。(6)闸机逻辑通道现实禁止通行扇门不关闭,直接跟随前一个乘客携票出站。(7)单程票未妥善保管,乘客购票进站后将单程票遗失,未办理补票,直接跟随前一个乘客出站。(8)乘客使用概念不清,乘客不理解概念,误以为每条线乘车都要购票,先买到换乘站的车票,在目的车站出站时导致单程票超程,未办理补票,直接跟随前一个乘客携票出站。由此可见单程票的流失确为一大难题,给地铁企业和乘客都造成了损失,票务管理力度有待加强。

(五)手机 NFC 支付设备服务和普及问题

在 NFC 技术出现之前,使用手机刷地铁卡并不是新鲜事。但随着北京地铁全线路支持 NFC 支付功能后,NFC 技术在地铁支付比例中逐渐增多了起来。在实际操作过程中,乘客只需要直接将手机放在刷卡闸机处便可出入站,操作便捷,十分简便,不需要缴纳 IC 卡的工本费,仅需在手机上绑定银行卡便可以直接操作。本次调查结果(图 6)显示,有 30.24% 的人由于手机设备不支持 NFC 功能或个人习惯等客观原因,未使用过 NFC 支付,这说明,NFC 支付功能作为一个新兴的支付手段,消费者乘客对其的接纳率以及 NFC 的使用率仍有待提高。同时,有 25.37% 的乘客反映,闸机对 NFC 反应较慢,这说明虽然地铁已经支持了 NFC 支付功能,但限于个人手机和闸机各机器的实际状况不同,该问题仍有待改进;有18.54%的乘客提出NFC支付功能不能有效地在手机上及时提醒余额不足等情况,只能在出入闸机时显示余额,对乘客出站时会造成影响,从而耽搁乘客时间;加之,32.2%地乘客认为,由于NFC功能只能在手机正常开机时使用,而关机时不能使用,这就会造成如果手机在地铁上没电,乘客无法再次刷手机出站的情况;最后,有25.37%的乘客反映,NFC功能绑定银行卡的手续过于复杂,此问题有待提高。综合看来,NFC功能在乘客中已经有了一定的普及度,但是由于仍处于改善阶段,所存在的问题较多,仍有待提高。

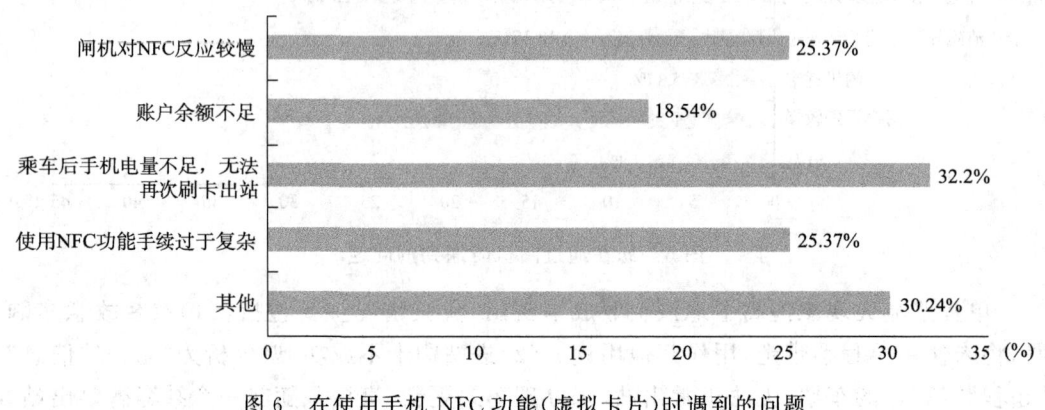

图6 在使用手机NFC功能(虚拟卡片)时遇到的问题

三、对北京地铁支付出现的问题原因分析

(一)技术客观原因

地铁自动售检票系统主要由自动售票机与自动检票闸机组成,以下为针对这两大部分故障做出的技术客观原因分析。

1. 自动检票闸机工作中常出现的五大类故障原因分析

第一大类故障为主控制模块故障,即闸机无法正常启动到维护界面或正常服务界面,主要原因有以下几个:(1)闸机EMM内CF卡的系统文件损坏,造成刷屏或反复重启现象。(2)闸机EOD故障,造成系统停止在启动界面。(3)维护键盘的某个按键被卡住,PID上出现某个单一字符反复刷屏的现象。(4)工控机故障和闸机DOM故障。

第二大类故障为显示模块故障,大致有三种情况:(1)黑屏,即在正常的启动闸机的时候,PID显示屏上没有显示,呈现黑屏现象。造成此现象的原因很多,不在此做过多赘述。(2)花屏和白屏,即正常启动闸机后,PID显示屏出现花屏或白屏现象。造成此种故障的原因多为打开闸机上盖进行维修时不小心碰到连接线。(3)GED故障,即闸机正常启动后,一端的GED不亮,此种情况多为GED电路板的保险丝熔断导致。

第三大类故障为控制故障,此种故障主要是由于乘客进出闸机或者车站员工进行维护操作时,长时间占用闸机通道,导致闸机传感器失灵。

第四大类故障为接受模块故障,大致有三种情况:(1)卡票,导致此类故障的原因多为乘客在出站时由于投票速度太快,票口未开却硬投,或与前一位乘客发生投票冲突,导致智能票卡接收器堵塞。(2)刷卡无反应,使用CSC卡或单程票在刷卡区刷卡时,闸机无反应。可能是票箱已满,或者是票箱传感器无法识别票箱。(3)投票门不开,造成此类故障的原因大多为在打开闸机进行维修时不小心触碰了天线版的连接线。

　　第五大类故障为读卡机故障,产生此种故障的原因是闸机或读卡器本身软件发生故障。

　　除以上五大类故障外,还有五个常见的故障:(1)开门后无法跳到暂停服务界面,这是由于闸机软件原因或维护门行程开关并连接线接触不良,闸机无法判断维护门是否打开并引发故障。(2)刷卡不开门,造成此种故障的原因一般有PLC故障或PLC处于警告状态;CSC故障或CSC处于假死机状态;针对TOKEN有可能出现卡票或废票情况三种。(3)通讯故障,发生此种故障是由于CC/SC发生软硬件故障。(4)闸机维护门开并故障,造成此故障的原因多是因为关门时锁舌未打到位,关门时造成锁舌变形引起的。(5)刷卡投票无提示音,出现此种情况通常因为喇叭信号线脱落或接触不良及喇叭本身故障导致(生潇,2016)。

　　2. 在TVM自动售票工作中常出现的五大类故障原因分析

　　第一大类故障为纸币模块故障,主要体现为卡纸币或纸币钱箱拿不出,造成此类故障的原因有皮带松动、脱落、位置偏移、老化、断裂;光感器被遮挡、脏污;控制面板损坏;电机损坏、识别器脏污等。

　　第二大类故障为硬币模块故障,主要体现为卡硬币、无法清币和钱箱无法打开、合上,造成此类故障的原因有光感器被遮挡、脏污;PFID板损坏;转换条损坏;识别器脏污等。

　　第三大类故障为发卡模块故障,主要体现为无法发卡、卡票和暂停服务,造成此类故障的原因有光感器被遮挡、脏污;皮带松动、脱落、位置偏移、老化、断裂;读写器死机等。

　　第四大类故障为屏幕故障,主要体现为无法点击屏幕、黑屏和蓝屏,造成此类故障的原因有触摸屏为灰尘和高压板或AD板损坏。

　　第五大类故障为招援模块故障,主要表现为无法联系车控室和联络设备无声音,造成此类故障的原因为联络设备占线或死机(范涛,2016)。

　　3. 二维码乘车服务故障原因分析

　　随着北京地铁二维码支付方式的使用,除了AFC系统故障以外,我们还会遇到一些问题,例如以下三种情况:(1)地铁站内网络信号较差,导致无法支付,这种情况主要是由于地铁站内无法安装信号基站,且与基站发出的信号源有土、水泥和钢筋的阻挡导致。(2)二维码支付反应速度较慢,这种情况通常是因为手机内存占用过多和网络信号稍差共同作用造成的。(3)机器无法识别二维码,这种情况通常由手机显示原因导致二维码识别度太低或手机表面反光导致机器无法识别。

（二）群众主观原因

随着互联网的发展，网络支付是个热门的话题，地铁支付也有了新的创新。但是技术的创新发展真的使人们生活更加方便了吗？目前地铁支付方式大致以下五种：使用北京市政公共交通一卡通、使用自助购票机购买单程卡、银联金融IC卡、NFC手机支付（手机虚拟卡片）、扫描二维码支付进站。但是据问卷统计结果表明，有将近80％的市民仍选择用市政一卡通支付。据了解，此现象的原因，不仅仅是因为技术的客观原因，导致新的支付方式存在问题，往往大多数来源于群众的主观原因。大多数市民觉得一卡通很方便，刷手机虽简单不用携带单独的卡片，但是对于一部分中老年群体还是存在操作困难的问题。

一方面，这些"高科技"的支付方式对老年人来说可能更麻烦，反而更不方便。对刚接触这个方式的老年人来说，打开手机，打开APP等步骤是较为繁琐的，不如直接刷卡来得方便。另一方面，往往还是因为习惯占主导。不是因为他们不接受不会使用，而是他们还是更倾向于"习惯"。在心理学中有这样一个词，叫作"近因效应"。即在印象形成的过程中，信息出现的顺序对印象形成有重要影响。我们都知道，习惯成自然，当我们习惯了一件事之后，在心理上就很难对这种定性思维进行调整。所以他们使用二维码等新的支付方式是存在个人主观问题的，从而导致新技术难以普及。此外，由于一卡通采用不记名方式，不像身份证是实名制，所以在乘坐地铁的过程中，一卡通由于市民并非妥善保管导致丢失，损坏，消磁等原因使得无法正常进出地铁，这也是当前地铁支付存在问题的一部分原因。

四、对北京地铁支付方式进一步改革提出的建议

（一）基础设备的更新换代

1. 关于自动检票闸机

及时对闸机EMM内CF卡的系统文件进行检查修复，对闸机键盘质量进行检查防止按键被卡住，防止出现闸机刷屏反复重启现象。对GED电路板的保险丝进行质量检查和质量提升，防止GED故障。对闸机传感器进行灵敏度的提升，防止出现乘客进出闸机不便问题。提升智能票卡接收器的回收速度，防止票卡接收器因投票速度太快造成堵塞。提升票箱回收容量和票箱传感器灵敏度，防止乘客在刷卡区刷卡时闸机无反应。更新闸机和读卡器软件，防止读卡机故障。

2. 关于TVM自动售票机

增加对皮带的检修频率，提高皮带质量防止皮带松动、脱落、老化、断裂，及时对光感器进行清洁，对控制面板、电机、识别器的检修防止出现卡纸币、硬币、无法发卡的情况。对于软件故障，通过重做系统、重导数据库等手段解决；对于硬件故障，确定故障模块，对相应模块进行维修或更换。

（二）新设备的发明引入

建立新型信号基站，解决站内信号差而导致二维码等互联网购票方式无法正常运行的问题。

地铁站内设置站内充电装置，或引入提供公共移动充电宝等商户解决乘客因手机无电无法正常使用手机 NFC、二维码等购票方式。例如上海推出了一种"双脱机回写"技术，在信号不好的地下地铁站中，即便手机和检票段都处于没有信号的状态也可进行移动支付。北京地铁也应引入新设备来解决市民所面临的热点问题。

1. 提升传统支付交易介质安全性

提升交易介质安全性，更换传统使用的容易被破解的 M1 卡（逻辑加密卡），改为安全性更高的 CPU 卡（具有 CPU 的智能卡）。CPU 卡可以作为银行的金融卡使用，是当前 IC 卡应用的最高安全等级，正成为 IC 卡应用中的主流，其支持符合银行规范的电子钱包、电子存折功能，是有中国人民银行统一规范及严格检测的。其拥有芯片和 COS 的双重安全保证，能防止通信数据被非法窃取或篡改，在使用过程密钥实现加密、解密。卡片支持多种容量选择，CPU 卡从卡结构到卡容量可以很容易地扩展到多应用，可与银行联合，实现真正意义上的一卡多用（耿伟娜，2018）。

CPU 卡不仅具有 M1 卡的所有功能，更具有 M1 卡所不具备的优良性能，是今后 IC 卡发展的主要趋势和方向（耿伟娜，2018）。

2. 提升系统安全性

提升系统安全性，移动支付增加了地铁 AFC 系统架构车票层的支付手段，对原有系统架构没有改变。严格按照 AFC 标准，读写器端对于非法交易严格杜绝，非 CPU 卡以及其他

有安全隐患等卡种逐步取消其过闸权限，保障刷卡的安全合法性。

3. 提升新型支付网络安全

现阶段地铁 AFC 系统不与外界互联网相连，使用移动支付就需要数据的交互，需链接 AFC 系统与支付运营单位间的网络提升网络安全，保护交易数据的传输。大数据时代，信息数据被大量掌握，监管方面要增强加密机制，安全认证机制，访问控制策略来保证网络信息的安全传输。

（1）建立网络管理平台

现在网络系统日益庞大，网络安全应用中也有很多成熟的技术，如防火墙、入侵检测、防病毒软件等；但这些系统往往都是独立工作，处于各自为政的状态，要保证网络安全及网络资源能够被充分利用，需要为其提供一个经济安全、可靠高效、方便易用、性能优良、功能完善、易于扩展、易于升级维护的网络管理平台来管理这些网络安全设施。

（2）数据加密

加密指改变数据的表现形式。加密的目的是只让特定的人能解读密文，对一般人而言，就算获得了密文，也不解其意。加密意在对第三者保密，如果信息由源点直达目

的地,在传递过程中不会被任何人接触到,则无需加密。Internet 是一个开放的系统,穿梭于其中的数据可能被任何人随意拦截,因此,将数据加密后在传送是进行秘密通信的最有效方法。

(3)会谈钥匙

通过识别身份认证,认证环节虽然可以保证双方的通信资格,但不会保护双方后续通信内容的安全。在彼此确认身份后,进行明文通信,则通信内容可能会被窃听或者篡改。为了后续会话仍可以秘密进行,在认证之后,需要利用密码学技术对会话进行数据加密。当有大量数据时,公用钥匙加密成本较高,即采用秘密钥匙进行加密。双方若采用秘密钥匙进行通信,必须先商定用于加密通信内容的秘密钥匙即会谈钥匙(耿伟娜,2018)。

(4)网上身份认证

认证即验明真身,用于确认某人或者某物的身份。在网络上,需要确认身份者,大致可分为人类用户和物理设备两类。传统的认证,凭据一般是一组秘密字符组合。前者称为 ID,后者称为密码。进行认证时,被认证者需要提供 ID 和密码。这种认证方式并不保险,不能确保密码不外泄。一般的认证方式是加密认证。在这种方式下,被认证者不需要出示其秘密信息,而是采用迂回,间接的方式证明自己的身份。

4. 自建相关资金数据库

自建相关资金数据库,对移动支付资金进行管理,维持一支开发团队需较高费用,而且要长期维持。在开发完成后还会有新问题、新缺点出现,要不断地修改,但其有利于按照自己的业务情况不断调整优化,确保资金流转安全性,也更方便于清分中心将传统交易汇总,并核对结算(耿伟娜,2018)。

5. 保障乘客信息安全

移动支付中乘客账户由于属于公开信息会面临泄露风险。为了避免信息被复制,重复使用等情况,移动支付方要及时对应用信息进行更新,针对乘客账户信息在其注册时产生认证秘钥对其进行认证。同时,为了防止乘客伪造应用信息,确保信息合法性及安全性,应用信息也有相应的认证码。现阶段地铁中没有实行全网络覆盖,可能会有信号不良的现象,所以,认证码信息必须可以脱机完成,认证码密钥需在本地保存,对此就要保证每位用户私钥不同,密钥采用过程密钥方式,用户端密钥定期更换,密钥以密文形式存在,在使用时需进行解密,采用非对称密钥对传输的密钥进行加密并加以签名(耿伟娜,2018)。

(三)设立人工服务购票的必要性

在此次调查(图7)中,有54.63%的人认为有必要设立人工服务售票,对于老年人、残障人士等无法独立操作自助售票系统的人群,增设人工服务十分必要,同时也使得整个地铁运行效率得到提高,真正达到便利群众的目标。

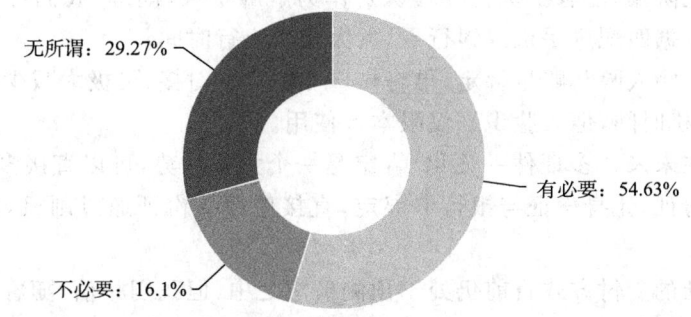

图7　对于现在的自助购票系统您觉得是否有必要设立人工服务购票

（四）对新技术的发展研究

新技术的出现说明了老技术对现阶段消费者乘客需求的不满足。针对现阶段的问题，新技术的方向应该是往便捷化、安全化、多样化的方向发展。首先，明确所实现的目标，提高消费者乘客的出行感受，增加消费者乘客的满意度；其次，在保证满意度的同时，确保消费者乘客的贴身利益，如资金安全等消费者乘客较为看重的经济利益；最后，应将新技术多元化，多样化，人性化，让消费者乘客可以安全出行的同时，逐渐普及新技术，慢慢淘汰老技术，最终提高出行质量，使消费者在多方面感到满意，以达到服务乘客，满意乘客的目标。

（五）对新技术的普及

新技术的最终价值实现需要从大众消费使用中得到体现，由此对新技术的普及也尤为重要。

宣传普及方法要新旧媒体相结合。传统宣传方法，如利用报纸报刊专栏、新闻播报进行报道宣传，在地铁站内外贴示新技术操作流程图示提示，站内显示屏播放操作流程，在现场安排工作人员制定乘客进行操作等。利用新媒体宣传，制作宣传片在微博、微信、QQ等新媒体平台上进行播放宣传，利用微信公众号、微博等及时发布最新消息，在一些门户网站上进行报道宣传。

全方位的报道宣传是新技术真正得到其价值实现，才能使群众选择地铁出行更加便利，同时推动科学技术的不断发展。

五、对未来支付方式的预测

面对现行多种支付方式的不便捷之处以及支付过程中出现的各种问题，人们也在积极畅想未来新的地铁支付方式，期许提高出行效率。

提倡度最高的有以下几种：

指纹。指纹作为每个人独特的生理因素。在地铁出行时，将指纹充当IC卡功能，消费者可为指纹对应账号进行充值，人手一张"虚拟卡"；

虹膜。在现阶段,已有手机将虹膜识别作为解屏手段,同理,我们可以将每人的双眼眼角膜对应数据匹配进手机或银行卡,大大减少出行时间。

人脸识别。将人脸与账号绑定,再将账户与银行卡对接,可极大减少办卡等工本费用,极大缩短过机时间,但人脸识别仅限本人使用。

身份证。在未来,"多证件一证化"肯定是一个大的趋势,可以直接多卡合一,将IC卡功能赋予身份证,让身份证与银行卡绑定,直接使用身份证通过闸机,使得每个人皆能便捷出行。

尽管很多新的支付方式目前仍处于预测猜想之中,但我们相信,随着人民物质生活水平的提高和科学技术的发展,这些幻想终将变成现实,人们的出行将更加方便快捷,人们的生活将更加优质美好。

参考文献

范涛,2016.地铁AFC自动售检票故障分析及改善措施[J].科技尚品,89(2):154.
耿伟娜,2018.移动支付在地铁中的应用及发展[J].中国高新科技(14):53-55.
李丽芬,王媛媛,2012.南京地铁单程票流失问题的分析[A].科学之友,6:136-137.
李泽伟,2013-12-15.北京地铁2元固定票价将调整,近六成网友反对[EB/OL].凤凰资讯.
马北北,李林,郝丽婷,2014-07-07.北京将告别"地铁2元时代",调价过程被赞透明[EB/OL].搜狐新闻.
生潇,2016.地铁自动售检票系统闸机常见故障分析[J].江苏交通科技,6:22-26.

改革开放以来北京大学生就业情况分析①

杨春花　王子璇

【摘　要】　通过调查分析,北京地区大学生就业既有作为首都地区的特点同时也反映出全国大学生就业的一般状况;影响大学生就业的因素中,既有大学生家庭背景、知识素养、专业技能、个人能力、实习经验等个体因素,也有社会的竞争状况、自然与人文环境、专业供需等社会宏观因素。

【关键词】　改革开放;北京;大学生;就业

自改革开放以来,国内的教育水平不断提升,公民所受到的教育等级也节节攀升。近年来的高校毕业生规模高达几百万,面对如此之多的人力资源,公司及企业在招聘方面自然会加大审核力度,以从中筛选出最优秀、适合的人选,就业竞争便由此而生。为了了解改革开放以来大学生就业面对的情况的发展变化,我们开展了这次关于大学生就业现状的调研,主要以北京地区的大学生为主。

本次调查主要采取非定向问卷调查,兼有对毕业大学生或社会工作人士进行相关问题的街访、网上分发问卷的形式。调查问卷是由小组成员在朋友圈及其他社交渠道发送链接的方式让网友们填写并收回。共发出调查问卷100份,收回78份,回收率达78%;有效问卷78份,有效率达78%。街访工作由小组成员与北京工商大学内熟识的毕业大学生及少量社会工作人士交谈,了解现状。

本次调查的人群主要以24～30岁的群体为主,其中女性占80.7%,男性占19.3%。调查群体的教育水平大多受过高等教育,大学专科学历占28%,大学本科学历占比最大,达59%,研究生学历占9%,更高学历占4%。

一、北京市毕业大学生状况分析

(一)北京大学生个体背景差异分析

调查结果显示,我们所调查的人群男女性别比约为1∶4,农业户口人群与非农业户口人群约各占一半。调查对象的学历多为大学本科与大学专科,这两项占所调查人口的87%,由此可以知道,现在大部分的人都有一份像样的学历,并由此可以推测出,当今就业压力相比20世纪末以及21世纪初明显增大,大学生人数相比与前些年明显增多,并且现在依旧在逐年增加,这也就意味着在未来,会有相当一部分人没有工作,大

---

① 本课题指导教师杨春花(北京工商大学法学院/马克思主义学院);课题组组长王子璇(生物161);课题组组员:王欣宇(生物161),焦旭立(生物161),宛甜甜(生物161),魏昊勋(生物161)。

学学历越发不能满足当今社会招人需求,大学生就业压力大。所调查人口的平均就业年份大致为2016年,但其中仍有45%的人尚未找到工作或未入职。

当今社会,毕业生或是选择考研攻读更高的学位,或是率先走出校门,首要考虑的便是迫切地去寻找一份工作。可以看出来,现在的学生都有种奋斗的精神,先求稳定,为自己步入社会的初期有个收入的保险,收获人生的"第一桶金"。众所周知,中国是世界上人口最多的国家,如今越来越多的青年都能顺利考上大学,高校毕业生的比例逐年增加,招聘公司有限,对工作有需求的人增多,就业市场也变得更加紧张。为了能在众多同龄人中脱颖而出,也有很多人会在求职过程中转向考研道路。

根据调查结果也可以看出,39.74%的人认为,户口对就业的影响不大;41.03%的人认为户口对就业没有影响,说明现在的年轻人的观念比较新,找工作的时候不会太在意自己是否是农业或者非农业户口,从中也体现出了在社会的发展过程,人们的思想观念也在不断更新。户口所在地并不能决定一个人的学识和能力如何,说明现在的年轻人更加自信、自立感更强,更倾向于用实力证明自己,挑战人生的极限,也更加乐于离开家乡去外地、去更有发展潜力的地方工作,既能增长自己的见识,也锻炼了生活适应能力。

另外,家庭背景因素也是他们选择就业的一个很大的影响。49%的受调查人群都认为,家庭因素对就业选择有很大的影响;也有38%的受调查人群认为家庭因素影响不大;只有很少一部分人认为家庭因素对就业选择没有影响或不清楚。家庭因素包含很多方面:现在很多人父母都有文化,较以往而言,社会发展很大,父母博学对子女工作学习上自然有自己的想法,大多数家庭的父母都希望自己的子女找一个离家近的工作,最好是那种稳定的,工资也乐观的,这是现在大多数家庭的期许。而少数家庭可能从小所受教育不同,家庭所处位置不同,从而对毕业后择业也是有很大影响。有些家庭的父母有权有势,也有家长所处的社交圈广泛,自然希望自己的孩子能够担任一项体面或相对轻松且高薪的工作。为了让孩子的就业更加轻松,高同龄人一等,有些家长便会暗中找人、"找关系",因此父母的意愿多少对孩子自身的选择有间接或直接的影响;当然,也有质朴的家庭,相信孩子的选择,任其自己摸索道路,不给予干涉。

(二)调查人群在大学期间的实习经验分析

根据调查结果显示,占受调查人群59%的毕业生在大学时期有实习经历但是经验非常的少,19%的受调查人群有实习经验且非常丰富,这些人都是有期望的,很多公司在面试时都会询问应聘者是否有工作经验,因此在大学时期找一实习机会是很有必要的;而仍有22%的受调查人群表示在大学期间没有实习经验。

大学毕业可以说是人生的一个重要转折点,大学生从轻松的校园生活,转向奔波忙碌的社会生活。这一变化是巨大的,因此需要大学生在校园生活期间做好充分的准备工作,比如提前参加实习工作,积累工作经验、与人处事交往的能力,在心理方面也需要有更加成熟的心智、更强的抗压能力和适应能力。实习即是大学生获取工作经验的最佳机会,也是让大学生灵活运用所学知识的良好场所,将学校内书面化的知识转化成可见的行动力、创造力,让理论转化为实践,检验、证明自己。在实习过程中,大学生能认识到社会的复杂多变,也能发现自身的种种不足和优势,从而更有针对性地做出改变,使得从学生到社会人的转变过程更加顺畅。因此,实习经历是十分重要且必不可少的。假如大学期间不能有足够的实习经验,在毕业后或多或少会落后于其他人。为了与他人保持相同的起跑线,至少要有一次充实的实习经历。但也不是说大学期间的学习生活是可有可无的,它同样也是不可缺少的一部分,积累着我们的专业基础知识。

(三)所学专业的差异分析

根据调查数据显示。我们的调查的人员在大学期间所攻读的专业大多数是工程类、计算机类和电子技术和信息技术。这些专业都是相对较热门的专业。现时期学习理科的人比较多,大多数人都认为理工科未来有较好的发展,能为国家做贡献的同时也能给自己提供好的生活。而且现如今的社会也越来越需要这些方面的人才。文科专业,工商管理,会计,行政管理也比较热门。世界的发展,会计是一个不错的选择。还有一些冷门专业,比如药学、心理学、广告设计这些专业人才都比较少。选择这些专业的人都是按照自己的兴趣来的,这些专业对人的要求都比较高,一般有兴趣有天赋的人比较适合。不过,"闻道有先后,术业有专攻",不管选择哪个专业,只要适合,只要肯努力,都可以有很好的前途,都能为国家做贡献!

二、北京大学生对就业的整体观点

(一)所读专业对就业的影响分析

调查数据显示。我们的调查的人员在大学期间所攻读的专业大多数是工程类、计算机类和工商管理专业等。这些专业都是相对较热门的专业。

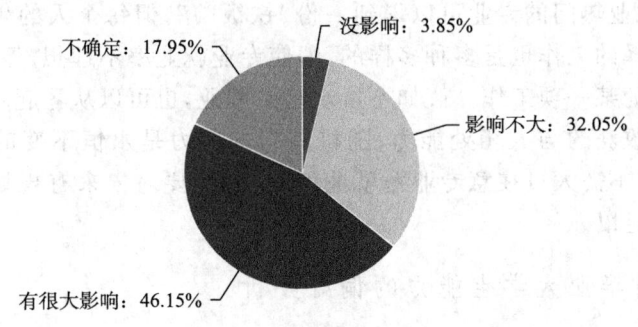

图 1 学生所读专业对未来就业的影响

图 1 是根据调查问卷中"学生所读专业对未来就业的影响大小如何"的问题结果。在我们调查的毕业大学生中,有 32%的人认为专业对就业的影响不大,大约有 22%的

人认为专业对就业没有影响或是不确定。其中,有46%的人认为学生所读专业对未来就业有很大的影响,具体到"哪些专业更好就业,或者说在企业招人时会有所偏好"的问题时,结果如图2所示。

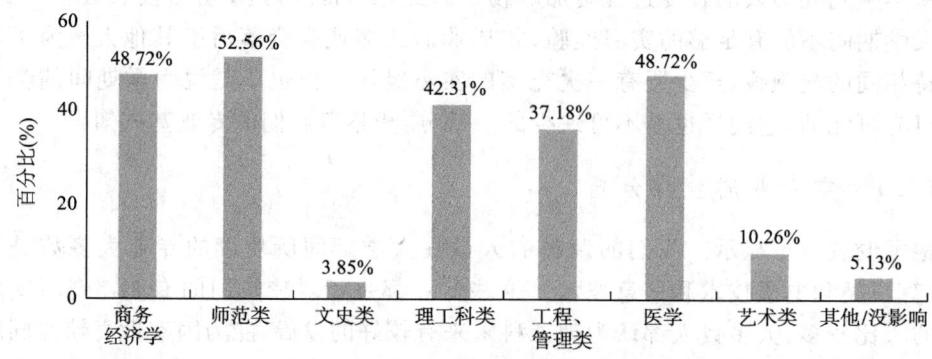

图2 哪些专业更好就业

调查结果(图2)显示,将近一半的人认为师范类、医学和商务经济学专业是很好就业的专业,理工科类和工程管理类排在第二位,相对也较好就业。但文史类、艺术类有极少数人认为易就业,相比较而言,这两类算是比较冷门的专业,在就业方面可能会比较艰难。

商务经济、师范、医学之所以如此火热,原因是它们的工作需求相对较大,任何一个公司、企业都需要会计等经济管理者,这类工作永远也不会冷落,始终都需要人员;国内大大小小的学校,都需要优质的师资资源,师范类专业便是他们所重点关注的。夸张地说,师范类专业毕业的学生一般不需要担心招聘名额有限,任何时候都需要教育者;医学类就更显而易见了,医生也是一门永远不会失业的工作,不仅市场需求稳定,薪水也是相对较高的。当然,也需要在此专业有优秀的成绩才能自豪地走上工作岗位。

确实,有些就业热门的专业可以得到一份"铁饭碗",但每个人的生活观念不同,毕业后可供我们选择的工作也是多种多样的,即使专业就业率不理想,但总有一项专业知识会对应社会上的某一项工作。假如不喜欢这个职业,也可以从零起步学习职业知识,但在大学生活中收获的与人相处能力、随机应变的能力是永恒不变的,是所有职业的"万金油"。因此,不需太过在意专业对就业的影响,只要对未来有规划和准备,做好当下的学习工作便足以。

(二)企业对毕业大学生能力的偏好分析

针对企业在招聘时最看重的大学生能力这个问题,我们的调查结果(图3)显示:占比例最大的是业绩表现一项,达到了所调查人群的35.9%,其次是动手能力,接下来是勤劳朴实,最后是在校成绩。也有少数人表示:应聘者的自学能力与踏实程度、工作态度最为重要。还有人表示,如果没有名牌大学学历,做一个老实人也能受到企业的欢

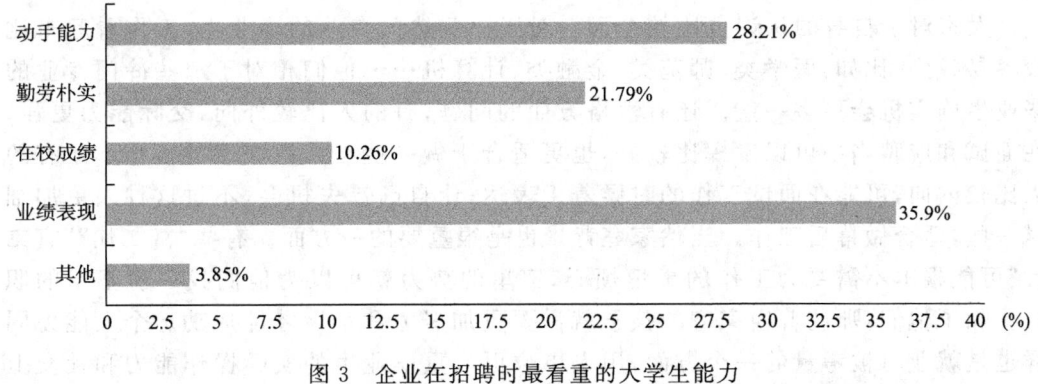

图 3　企业在招聘时最看重的大学生能力

迎。综合我们的实地访查来看,很多工作者对大学生提出的建议都是提升与人交往的能力、适应抗压能力以及学习能力。

业绩表现固然是企业最为看重的,但作为初入社会的大学生,在没有工作经验的前提下,何来业绩呢？就如同网上流传过的一张趣图:一名毕业生去面试,被面试官告知:"我们想找 25 岁左右,有 30 年工作经验的员工!"既可笑,也反映出当今就业的现实性。由此我们也能认识到在大学期间实习的重要性,有一份实习经历就有一份业绩证明,企业也乐意雇用有工作经验的员工。

动手能力、勤劳朴实、学习能力可以归为一类,这些都建议大学生培养自主学习的能力。每个人不可能找到与专业相合的工作,难免会遇到大学所读专业未涉及的领域,但企业只看重结果,也就是说,不足的知识完全可以在工作后通过自学研究明白,只要自己勤劳、肯付出。再者,在校成绩之所以不被部分人所看重,是因为应届生在就业后,在公司中仅处于底层的地位,文凭高低只会影响进入公司工作的难度,日后的发展还是要看自己的责任感、与工作的契合度等因素。

总而言之,企业最看重的还是大学生的工作经验,其次便是大学生在公司中的各种表现,包括对新环境新工作的适应、学习能力,也包括对工作积极的态度和责任感。由此更可见在第一部分分析过的实习的重要性。

三、北京地区毕业大学生对自身的认识

(一)北京地区毕业大学生对就业客观形势的认识

北京地区毕业大学生认为就业的客观形势还是比较严峻的。首先,在北京这个一线城市中,工作职位的需求量远少于当地生源量,以至于许多毕业生在北京也找不到工作。其次,北京高精尖技术型岗位对于学历也有很高要求,学历低的毕业生很难应聘成功。还有户口问题,北京的许多企业对于本地户口的学生更加青睐,但机会有限,更加优秀的北京毕业生就能获得更多更好的工作,能力平平的人一样也要面临很大考验。而且在大环境当中竞争非常激烈,优秀的人比比皆是,犹如千军万马过独木桥,淘汰率

还是很大的。

大家对于自身的认识也比较全面。对于一些热门专业的毕业生,工作看起来比较容易找到,比如:医学类、师范类、金融类、计算机……他们相对于那些冷门专业的毕业生确实机会更多一些。还有性格方面的问题,有的人比较外向,交际能力更强,在面试和应聘当中可以发挥比较好,也更适合于做一些与人打交道的工作。还有的人比较内向,可能在面试工作的时候羞于表达,让自己错失机会,不过这种人更加细腻一些,适合做幕后工作。当然家庭背景也是很重要的一方面。有些"富二代""官二代"可能根本不需要为工作的事情烦心,家里的势力就可以为他们找一份不错的职位。除了他们,那些普通家庭的孩子就需要更加努力和幸运才能成功。个人能力同样也是就业时被考量的一个方面,用人单位更看重毕业生的实际操作能力和社交上的能力,对在校时的成绩和表现参考较少。最后,最重要的一点是现在大学生择业时的心态问题,这很不利于他们找到工作,在正确认识自己的同时也要给自己定一个合适恰当的标准。

(二)北京地区毕业大学生对自身的分析

在这场选择工作的"战役"中,毕业生们也能够意识到自己的问题所在。

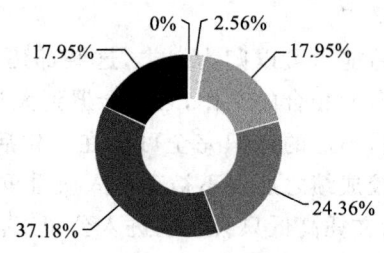

■ 基本的解决问题的能力　■ 与人沟通协调的能力　■ 承受压力、克服困难的能力
■ 相关工作经验　■ 专业知识和技能　　■ 其他

图4　北京地区毕业大学生对自身的分析

调查结果(图4)显示,多数(37.18%的受调查人群)毕业生都认为自身欠缺相关的工作实习经验,有24.36%的受调查人群认为自身缺乏承受压力并克服困难的能力,也有17.95%的受调查人群认为自身专业知识和技能不足、缺乏与人沟通协调的能力,只有极少数人欠缺基本的解决问题的能力。

针对"求职中最困扰毕业生的因素",又有如下的调查结果(图5):

结果也是惊人的相似,受调查人群的一半都被缺乏实践经验所困扰,还有很多人因专业不对口、缺少社会关系、不公平竞争(如性别歧视等)所困扰,也有少部分人因就业信息不足或是就业政策限制、学历问题所迷茫。

毕业生们也知道求职中工作经验是首要困扰项,但还有专业不对口和性别差异对待的问题。而他们自己又很欠缺工作经验,抗压能力和解决问题的能力也有待提高,还

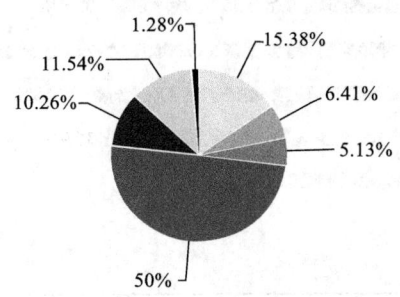

图 5　求职中最困扰毕业生的因素

有人际交往能力和专业知识技能都需要实践积累。这些问题都是需要解决的,如果能够意识到自己缺乏工作经验,那么就应该在大学期间多参与社会活动,在实习时积极参与、做出切实的贡献,以换取满意而丰硕的业绩成果。众所周知,应聘单位往往很看重一个应聘者是否有相关的工作经验,而很多人因为缺少工作经验在这一关就已经被拒之门外。实习不仅可以给我们带来工作经验,也是我们大学期间的一段珍贵的体验,为我们步入社会做一个初步的体验,从而将来少"碰壁",更有助于提高人际交往能力和应对问题的能力。

然而在这些表面现象的背后,还存在着最大的问题,就是——"眼高手低"。相信很多人都存在这个问题,有些工作不够体面,有些工作薪资不高,有些工作单位环境不好,这都是毕业生们在选择的时候考虑的因素。然而在考虑这些的时候往往忘了自己的能力是否足够匹配得上那些待遇优厚的企业。还有就是上面提到的"能不配位",高精尖的技术岗位是大学毕业生所不能企及的,学历不够高也成了他们就业的一个障碍。

不过,毕业生们也不是完全没有优势,自身的专业素养是他们最大的优势,踏实老实的性格、性格温和、喜怒不行于色都能够帮助他们在应聘岗位时取得更好的机会。总而言之,切勿眼高手低,好高骛远,也不要急功近利,摆正自己的心态才能更好地选择工作。

如上所说,毕业生也不是一无是处,每个人都有自己独特的长处。

调查结果(图 6)显示,61.54%的受调查人群都以自身的专业素养而自豪,也有相当一部分的受调查人因优异的学习成绩、自身良好形象、实习经历而具有强劲的竞争实力。还有部分人在大学期间参加了众多竞赛,获取了相当多的考试证书,也有少数人通过朋友、熟人的介绍,或是凭借温和的性格,具有就业中的竞争力。

只要毕业生踏踏实实、兢兢业业,培养了良好的专业素养,维持外在的良好形象,行为举止优雅大方,同样能获得公司企业的"芳心"。当然,通过实力说话也是最直截了当的方式,既有外在美,又有内在美,也能在就业竞争中争夺一分天地。

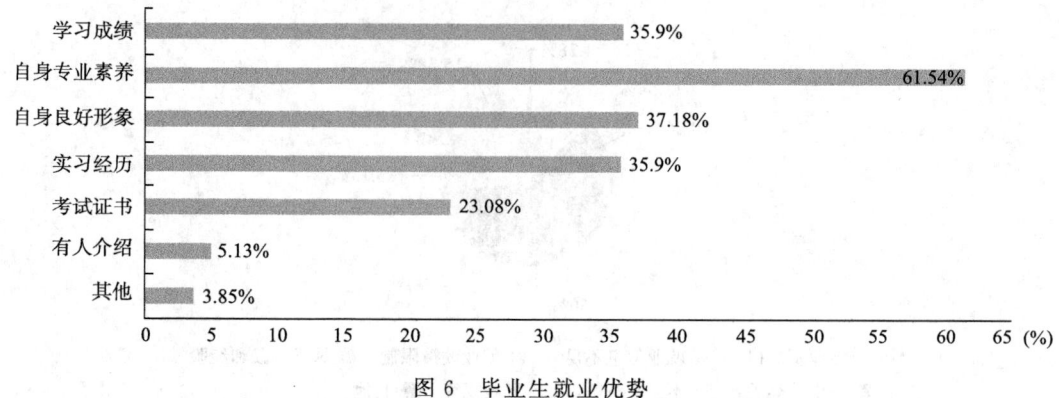

图 6　毕业生就业优势

四、北京地区大学毕业生对就业的期望

(一)毕业大学生对工作的获得及工作条件的期望分析

调查问卷(图 7)结果显示,将近 98%的人都是双向自主就业,极少数人的就业政策是国家分配。由于社会的发展,现在人们的就业并不很看重稳定性,大多数人希望就业可以自由选择,毕竟大多数人都想做自己喜欢的事。因为工作是一个长时间的问题,人们都希望能找个自己喜欢的。也有少数人图稳定,希望就业可以"靠谱",专业一点。这个时候他们都比较希望国家分配,不用自己操心,也是一份保障,而且国家分配的工作稳定,也是一种方式,未尝不可。

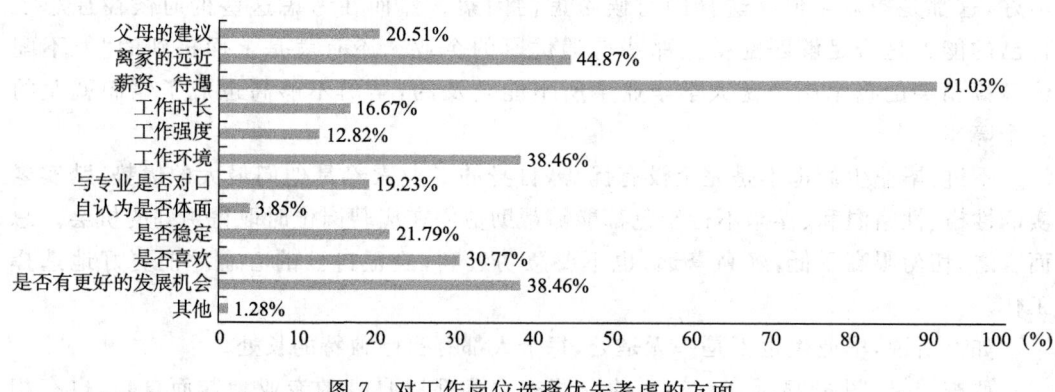

图 7　对工作岗位选择优先考虑的方面

图 7 是调查问卷中"对工作岗位选择优先考虑的方面"的问题结果。问卷显示,有 91.03%的人最看重的是薪水、待遇;次之看重的是离家的远近以及是否喜欢以及未来发展;接受调查的人群都不是特别在乎工作环境、时长与强度,这些与每个人的适应、抗压能力都有关系。这说明现在人还是很愿意花费自己大把的时间放在工作上,对于工作,最重要的还是工资,因为工作好坏影响个人以及家庭的生活,男性可能更为看重一点,毕竟男性养家糊口的多。现在人较以往更希望能找个离家近的工作,想自己上班的

同时也能照顾家人。

(二) 毕业大学生对首份工作的工资期望分析

对于大家在刚开始就业时所能接受的工资水平,在我们的调查结果中显示,大多数的人选择3000～4000元这一档;选择2000～3000元和4000元以上的也有很大一部分。

在这个飞速发展时代中,高昂的物价成了人们对工资要求的首要考虑因素,然而因为自己的经验不足尚处于实习期不对工资报以太高期望,所以综合考量之下决定工资在3000～4000元是比较适合的。而那些选择2000～3000的人大多数表示自己在家住,单位可能离家比较近,不用考虑房租和餐费,自己资历尚浅,所以选择2000～3000元为一个过渡。选择4000元以上的人表示,钱当然是越多越好,如果能争取到高工资的工作自然更愿意去,而且大城市物价又比较高,工资太低不足以维持正常的生活所需。

从以上调查结果来看,当代大学生还是能够从自身出发,比较务实,能够对自己有一个恰当的定位,只不过有少部分人还存在不太切合实际的期望。而如何确立自己的薪资水平,在这一点上我们认为要考虑很多方面,比如你所要竞争的这个行业的普遍的薪资标准,在了解了这些之后应该在脑中有了一个对自己大概的评估,这样就可以对自己的薪资要求有了一个比较明确的数字。其次,还要对自己各方面的能力以及自身价值有正确的认识,自身价值越高说明你的"含金量"就越高,那么对应的薪资水平也应该是高一等级的,当然,提升自身价值还需要自己的努力。

(三) 毕业大学生对就业地区的期望分析

根据调查问卷显示,多数人希望去东部沿海地区和中部内陆地区就业,因为发达城市比较多,生活条件好,好就业,且就业前景好,发展机会更多,不至于一辈子碌碌无为;少数人希望去西部边远地区或者港澳台就业。

调查问卷还显示,这些人中多半是想回报家乡,西部边远地区比较偏远,条件可能没有内陆好;而港澳台花费又大,且都很远。离家太远,并不是大多数人愿意的就业方向。

综上可以看出,现在大多数人更向往的是自由的职业。虽然也看重薪资,但是自由以及是否喜欢也得到了相应的看重。家庭因素对就业选择影响也很大,它决定了你将来去哪儿就业,大多数人选择去发达地区就业,好发展。当然这些都是人们对于就业的选择。但是现在社会发展很快,很多工作都随着社会的发展由人工智能取代。可想而知,为适应社会发展,为以后就业有选择的机会,我们更应该好好学习,培养专业的知识素养,不是一味地"卖苦力"。实地调查也显示,就业时仅仅智商够用是不行的,我们还要培养抗压能力,人际交往能力,这些能力往往在我们日后发展中起很大的作用,甚至有时候决定我们的未来。所以,为了以后能更好地就业,我们不仅要培养专业的素养,眼光看远,更应该培养各方面能力,努力为国家做贡献,为社会做贡献。

五、结语

通过对改革开放以来大学生就业情况（主要为北京地区）的调研，我们的结论如下：

当今就业形势严峻，为了让自己在未来的就业中有一技之长，最关键核心的词便是——实习。"实践出真知"这句话相信大家都知道。"纸上得来终觉浅，绝知此事要躬行"，这也说明只有书本知识是不行的。想要立足于社会之中，还需要自己亲身实践去感受，丰富自己的阅历，才能适应社会的节奏，慢慢地融入它。实习经验对于寻找工作的毕业生来说是十分重要的。每个用人单位都很看重一个应聘者是否具有相关实习经验，这就说明了这个人对这方面工作的熟悉程度。有了实习经验可以提高应聘成功率，这在求职竞争如此激烈的当代是一个非常大的"加分项"。实习经验可以让我们了解相关专业落实到具体事情中的价值，在心理上也会让我们懂一些道理，明白工作的不易，从而回归学校，更加努力学习。同时，实习还让我们发现自身的不足之处并及时地弥补，也能让我们看到自身长处，再接再厉。

通过实习，在我们走出校园时，才能对自己有一个清醒的认知，即给自己一个定位，认清楚自己的能力、学历，不能眼高手低，这点直接决定了很大一部分人是否能成功找到工作。任何事情都不是一蹴而就的，或许就业初期并不是自己想象的那样顺利、完美，但只要脚踏实地，一步步来，总有一天，会实现自己的预期。

改革开放40年来北京居民出行方式及出行观念的变迁研究①

——以北京市海淀区为例

陈凤芝　于水晴

【摘　要】　改革开放40年来,北京的公共交通以令人震撼的速度迅猛发展。交通方式的多样化以及公共交通覆盖面的扩大,都使得北京居民的出行更加便捷。在出行方式日益丰富、基础设施不断完善的同时,人们的出行观念也随着经济水平的提高和科技的发展而发生了变化,从受条件限制无法进行选择向快捷省时、价格低廉甚至低碳环保转变。本次调查旨在探究改革开放以来北京市居民出行方式与出行观念的变迁,进而分析出其背后存在的问题,找到影响因素,最后得出相应的解决措施。

【关键词】　出行方式与出行观念;绿色出行;低碳环保

改革开放至今,我们的国家发生了翻天覆地的变化。从整体上看,我们的经济水平提高了,基础设施正加强建设,民主政治建设不断进步,文化也逐渐繁荣。同时对于市民自身,生活质量持续改善,居民保障每每落实。在这样的情况下,人们的出行方式和出行观念也开始随着交通发展、经济建设和国家政策等原因而不断变化。因此,为了探究改革开放40年来人们出行方式和观念的变化、其影响因素和存在的问题,我们对1978—1992年、1992—2012年、2012年至今这三个时间段里,不同年龄段人们出行方式变化进行调查,总结出了改革开放以来人们出行方式的变化规律、对人们出行方式和观念的影响因素、公共交通存在的问题提出了相关对策。

本次调查主要采取非定向问卷调查,兼有对海淀区市民进行相关问题的访谈形式。调查问卷是由小组成员在海淀区的公园、社区内进行发放,由当地居民进行填写并收回。共发出调查问卷400份,收回400份,回收率达100%;有效问卷375份,有效率达93.75%。访谈工作主要针对年轻人出行观念的变化、原因以及各年龄段的居民出行观念开展,由调研小组成员与海淀区市民交谈,进而充分了解各个时期以及各个年龄段人们交通观念的变化以及背后原因。

本次调查报告填写人群主要以60岁以上的退休老年群体为主,占46.6%;50~60岁的人群占26.7%;40~50岁的人群占26.7%。调查群体的教育水平大多不高,这与调查人群年轻时的时代背景相关。大多数调查者为初中、高中(中专)或大专学历,分别

---

① 本课题指导教师陈凤芝(北京工商大学马克思主义学院);课题组组长于水晴(注会163);
课题组成员:赵依珣(注会163),邬佳乐(注会163)包宇佳(注会163),周倩(注会163),于沛丰(注会163)。

占比26.7%、33.2%以及33.2%,其余为小学学历。无硕士以上学历。参加问卷调查的人群居住地自1978年改革开放以来均为海淀区。

本次参与调研访谈的人群主要以20~40岁的年轻人为主,中老年人为辅,旨在调查年轻人的出行方式、观念变化以及与中老年人变化的异同。

一、改革开放40年来北京居民出行方式及出行观念的变迁

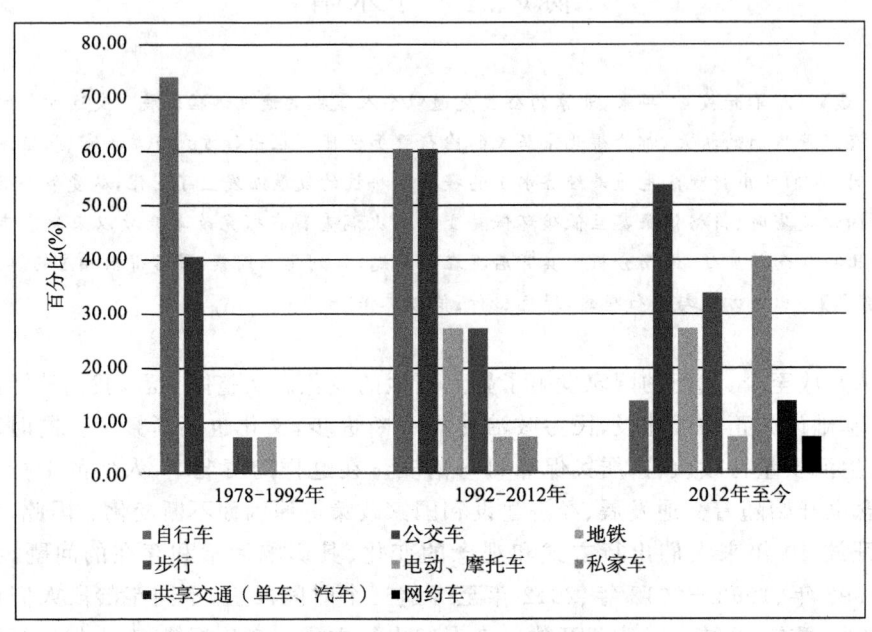

图1 改革开放以来北京居民的出行方式

（一）1978—1992年北京居民的出行方式及出行观念变迁

1978—1992年,公共交通方式单一,人们的出行方式大多集中在自行车和公交车,73.3%的被调查者表示会骑自行车出行,40%的被调查者也会乘坐公交车出行。

1978年前,中国的经济水平较低,人们出行方式的选择不多。因此,出行的最主要方式为自行车。

通过访谈和查阅资料,我们了解到,在20世纪80年代,公交车的比例开始增长。自行车已无法完全满足人们的出行需要,以公交为代表的机动车登上历史舞台。值得注意的是,北京地铁建设的一期和二期环线分别于1981年和1987年正式运营。北京地铁的运营已进入了起步阶段。

在这个阶段,我们可以看到人们的出行方式在宏观上经历了从自行车到公交车的变化,而且地铁在这个时期也开始起步。

另外,在我们的调查中有半数左右的被调查者认为,自行车当时已经完全满足出行

需求,26.7%的被调查者基本满足,其余20%的被调查者觉得不太满足。其实,我们知道,是科技水平和经济水平使需求没有增长的空间,所以说自行车满足当时的出行需要是一个不证自明的问题。

(二)1992—2012年间北京居民的出行方式及出行观念变迁

1992年开始,人们的出行频率变高,次数变多,乘坐公交车或骑自行车的人较上一阶段有了20%左右的增加。而且通过本次问卷调查,我们发现在这一时期,地铁——这种新型的交通工具成了部分海淀居民的首选。

这20年来,北京的地铁线路以让人惊叹的发展速度延伸到了大大小小的区县,设施的日益完善使得居民的日常出行有了更广泛的选择和更有力的保障,实现了地铁使用率从零到26.8%的巨大转变。

不仅仅是地下交通,地上交通也有了巨大的发展。公交线路和车次大幅度增加,导致乘坐公交车的人数也有所增加,骑自行车的人略有减少。

和上一个阶段相比,北京的公共交通已有了质的飞跃。总体来说,在这个阶段人们出行方式开始向更方便快捷的地铁偏移,日益健全的公交线路以及低廉的价格也使其成了更多的海淀区居民出行的主要方式。

66.7%的民众认为,当时的交通方式可以满足出行的需求,有了较小幅度的增加;但存在的问题仍然显著,其中60%的被调查者认为车次少,发车间隔过长,耗费时间;同时,站点设置少,无法实现线路的全面覆盖,20%的被调查者认为,交通拥堵问题严重或者公共交通服务一般。

(三)2012年至今北京居民的出行方式及出行观念变迁

近年来,北京的交通方式出现更加多样的形式,以响应绿色发展理念。在公交、地铁交通系统继续扩张发展的同时,这些绿色出行方式逐渐融入了人们的生活,增加了人们出行的选择方式。

在我们调查的人群中,40~50岁的人群交通方式的变化最为显著。40~50岁的人群相对更愿意接受新的交通方式,因为这些新型交通方式几乎都可以通过手机操作来完成全部搭乘过程,因此使用起来很方便。

与40~50岁的人群相比,50岁以上人群的交通方式的变化甚微。由于50岁以上受访者的出行观念已经基本形成因此并无明显变化。其中50~60岁的人大多数有稳定且离家近的工作,所以他们出行还都是以公交车和自行车为主。60岁以上的人大多已经退休,他们的出行观念也几乎没有改变,而且他们的出行目的大多单一且固定,因此这一年龄段人群的主要出行方式为步行或者公交车。

在满意度调查上,53.3%的受访者认为,现在的交通方式可以满足出行的需求,相比上一个阶段有了较小幅度的减少;33.4%的受访者基本满意;仍有13.3%的受访者不太满意现在的交通方式,较上期也有一定程度上的降低。

由于20~40岁的年轻人未经历整个改革开放的过程,所以通过访谈来了解他们的出行方式和出行观念。

根据访谈的结果,我们发现年轻人出行方式的改变有一个明显的从公共交通到私家车,最后在回到公共交通的过程。对于已经有稳定工作的年轻人来说,在2008年以前,他们出行方式的选择主要受自身经济实力的影响。工作时间的累积意味着经济实力的逐步提高,而这也是公共交通到私家车发展的主导因素。到了2008年以后,由于出行成本的迅速提高,许多市民又会重新乘坐公共交通,并且有向共享交通和绿色交通转变的趋势。

对于尚未工作的年轻人来说,他们的出行方式与上班族相似,也经历了从公共交通到乘坐私家车,再转回公共交通或是共享单车。这些年轻人,出行目的多为上学和游玩。因为上学和放学时间都较早,所以基本与早晚高峰不冲突,上学的交通方式取决于学校距家的远近,距离稍远则会采用私家车。而对于出去玩来说,在时间的选择上更是会避开早晚高峰出行。同时年轻人更能接受并响应低碳政策,也更容易接受新鲜事物,所以现在年轻人大多都选择公共交通或是更低碳的共享交通。

二、影响北京居民出行方式及出行观念变化的因素

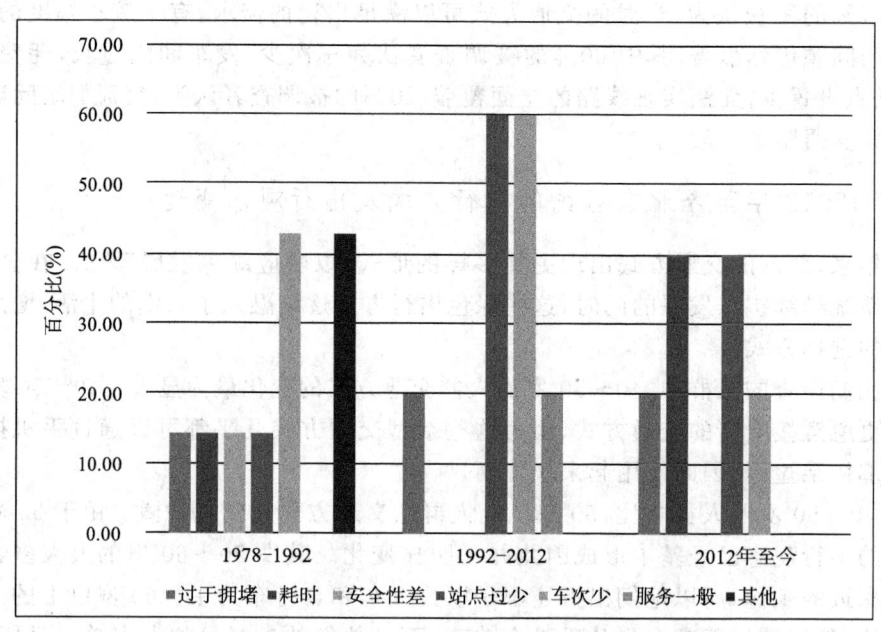

图2 改革开放以来影响北京居民的出行方式因素

(一)1978—1992年北京居民出行方式及出行观念变化的影响因素

在这一时期,影响着人们出行选择的主导因素是现实条件,即科技水平和经济水平的双重限制。

1978年前,中国经济水平较低,人们可选择的出行方式不多。因此,成本低廉的交通方式,比如自行车,是最符合人们当时的经济状况的。这也就决定了当时大部分的人们以短途出行为主,不论是工作还是生活需要,基本上都是一辆自行车能够解决的。而只有那些远距离出行的人们才会去车站等公交车。

从调查结果中可以看到,几乎无人选择地铁出行,这是因为1969年通车以后,地铁并非作为一种交通工具被广泛使用,更多地被看作是观光景点,只小范围接受游客的参观,想要乘坐地铁的人都需要持单位统一领取的参观券。在通车初期,由于中国技术发展的限制以及缺乏运营地铁的人才,出现了几起比较严重的交通事故,因此北京地铁经历了3次全线停运。直至20世纪80年代,中国经济迅速发展同时交通技术逐渐成熟,地铁才以交通工具的"身份"正式登上历史舞台。由于起步较晚,乘坐地铁这一出行方式在这一阶段还未成为一种主流的出行方式。

在20世纪80年代,随着北京经济的复苏和人民生活的稳定,人们的出行需求激增,供求出现了缺口,交通基础设施供给能力不足的问题日益显露。同时科技水平和经济水平的快速提高让公交车的普及有了可能性,公交车的比例正是从此时开始增长的。

这短短的15年的时间里,北京人的出行方式从自行车到公交车的变化,也同样是我们国家经济、科技、生活等方方面面从恢复到蓬勃发展的写照。虽然北京的交通方式在飞速地演变,但他们似乎只是历史舞台上的"配角",因为自行车在北京人心中代表的不仅仅是交通工具,更是忙中夹杂着慵懒的闲情,一种带着北京味儿的生活气息。因此,即使是在90年代初期北京的自行车保有量仍有着831万多辆,居全国之首。

(二)1992—2012年北京居民出行方式及出行观念变化的影响因素

1992年,邓小平南巡谈话和党的十四大的召开使得中国加快了改革开放和现代化建设的步伐,我国开始向社会主义市场经济体制转变。随着国民经济和民生水平的显著增长,居民的业余生活日益丰富。不似上一阶段只局限于日常规律的上下班,出行的目的产生了较大变化,例如外出和朋友聚餐、游玩。

1992年以后,北京地铁的发展逐渐成为城市交通建设的重心。尤其是在2008年奥运会筹备期间,北京地铁有了质的飞跃。人工售出的纸质车票暂停使用,取而代之的是非接触式IC卡车票,采用自动售票系统。与此同时,北京地铁十号线一期、八号线一期以及机场线同时开通试运营以迎接奥运会。在8月8日当天,北京地铁奥运支线的开通,实现了有史以来第一次45小时不间断运营。

1992—2012年相较于1978—1992年,随着经济建设的不断加强和各种交通设施的不断完善,居民的生活水平有了大幅度的提高,生活质量有了更加有力的保障。部分人的出行观念开始从只追求费用低廉向以快捷省时为主进行转变。因此40%的被调查者认为,经济的发展、生活水平的提高对出行观念的转变影响较大。同时,除去工作,日常的休闲娱乐也成了居民生活中必不可少的一部分。个人生活的丰富促使了个人需求的改变。除此以外,科技的进步以及地铁的广泛使用,也对出行的观念产生了一定的影响。

(三)2012年至今北京居民出行方式及出行观念变化的影响因素

自2012年至今,在社会经济快速发展与生活水平提高的前提下,科技进步是首要影响人们出行变迁的因素。为了深入贯彻落实《国务院关于积极推进"互联网+"行动的指导意见》,促进交通和互联网深度融合,推动交通智能化发展,从而进一步促进社会发展以及习近平总书记在十九大提出的建设现代化经济体系,以"创新、协调、绿色、开放、共享"的新发展理念推动经济发展变革,发展将环境保护为目标的新型交通方式,实现高质量、可持续发展,在移动互联网快速发展的带动下,互联网共享单车应运而生,在2016年末已经有多家共享单车诞生并且都获得了大量的风险投资。与此同时,与互联网技术相融合的网约车也开始兴起,2016年11月1日,《网络预约出租汽车经营服务管理暂行办法》正式施行,这意味着"网约车"这一新兴的出行方式自此进入法治轨道。还有近期出现节能环保的新能源汽车,也逐渐步入大众的生活。

在选择出行方式时,费用、省时都是他们非常关心的问题。除了个人需求的因素,国家政策一直提倡的低碳环保理念也在影响他们的出行观念变化,尤其是国家交通运输部在2017年公开发布的《关于鼓励和规范互联网租赁自行车发展的指导意见》,明确了共享单车发展定位,是城市绿色交通系统的组成部分,实施鼓励发展政策,让共享单车大批量地投入市场,是促使人们选择绿色共享新型交通方式的驱动因素。

值得关注的是,在满意度调查上,仍有一定比例的人不太满意现在的交通方式。究其原因有二。首先,目前的出行方式仍未完全满足人们省时的需求,其次,在保证人们抵达目的地的最基本要求下,公共交通的服务仍需进一步完善。

我们的问卷调查对象大部分为中老年人,事实上,虽然国家对绿色发展理念的宣传理论上对人们的出行观念产生影响,但我们从调查结果中并没有看到出行方式上明显的改变,而只有少部分四十至五十岁的中年人反馈出了这种影响。这是因为老年人可能没有精力去密切关注国家在政策上的调整,也没有能力去适应这些新兴的科技产品。相比之下,青年人则完全不同。而这也恰恰为我们之后对青年人的访谈提供了充足的必要性。

通过与一部分青年人简单的交流,我们可以看出他们的出行方式存在一个从公共交通向私人交通发展之后再回归到公共交通的过程。但是,为什么这个发展方向转变的节点是2008年?

在2008年以前,也就是公共交通向私人交通发展的过程中,青年人的出行方式主要受自身经济实力的影响。随着经济基础的积累,大部分人都倾向于购买一辆私家车,因其具有公共交通难以相比的灵活性。同时,在当时私家车已经超出了交通工具这个单一范畴,而是成了衡量小康家庭的标准。人手一辆汽车是那时每个家庭的目标。

随着时间推移到2008年,由于私家车数量的剧增引起的问题日益显著。碳排放超标,交通严重拥堵,停车位紧俏导致影响市容、扰乱交通秩序等都成为一个个棘手的难题。于是北京市政府规定从2008年10月11日起试行私家车限行措施,同时严格管制尾气超标的汽车,包括之后停车费、汽油价格的提高,一系列的问题以及随之而来的针对措施,都或多或少地增加了私家车出行的成本。外部客观条件的改变让那些准备买车或者已经拥有私家车的青年人不得不正视私家车所带来的双重性。

同年,国家环境保护部首先对南京1000个家庭的碳排放情况进行了调查并于2009年4月宣布,将在上海、重庆、天津等11个城市开展"全民低碳行动"。随着低碳环保理念的提出,越来越多与时俱进、思想先进的青年人认识到私家车对于环境发展的阻碍作用,也认识到在当今发达便利的公共交通网下,我们需要的是出行,并非一辆汽车。所以之前的买车热潮——那种为了买车而买车的盲目观念也开始慢慢消散了。

三、北京居民出行方式及出行观念存在的问题

通过本次问卷调查及随机采访,我们发现北京居民出行方式及出行观念的问题主要体现在以下几个方面。

(一)交通拥堵问题严重

交通拥堵问题在许多大中城市都屡见不鲜,首都北京也被冠以"首堵"的称号。由于北京人口基数大,车辆数量逐年增长,虽然采取了限号限行以及严苛的摇号措施,但对于缓解交通拥堵问题的效果甚微,道路压力依旧很大。再者,北京虽然一直在拓宽道路,新建公路,道路交通网愈渐复杂,然其路网规划不尽合理,畸形路,断头路,瓶颈路较多。其路网结构并未达到主干路,次干路,支路1∶1.5∶3.5的国家规范金字塔结构。加之部分城区有人占道经营,违规停放,致使交通循环不畅,加重交通拥堵问题。其次,交通需求的迅速增长与交通管理滞后的矛盾突出。交通管理水平待改善,对于突发交通事故处理不善,对违规停放车辆处理不及时也使交通问题日益严重。

(二)公共交通系统不完善

公共交通是城市交通的重中之重,其发展状况关乎经济发展水平及人民生活水平的提高。北京市的公共交通在改革开放后发展迅速,但仍然存在较大问题。北京市的公共交通以公交为主体,地铁为骨干,市区的覆盖面广,但郊区缺乏。于公交系统而言,主要存在郊区公交车次少,公交线路覆盖率低;城区公交线路重复率高,与地铁等交通方式转乘不便的问题。对于地铁来说,北京的地铁交通系统在中国首屈一指,但是在某些老旧线路及站点诸如残障人士便捷设施不够健全,某些线路的换乘距离过远,带来诸多不便。

(三)共享交通发展乱象

除了常见的公共交通工具,在移动互联网快速发展的带动下,互联网共享单车、共享汽车、网约车应运而生,给予人们出行新选择。但目前我国共享交通的发展面临着法

规政策、管理制度不健全。

（四）绿色出行意识薄弱

除了交通方式上存在的一些硬性问题，人们的出行观念也有一定的偏向性。私家车已经超越了交通工具本身，它往往是人们身份地位的象征。这些人认为使用公共交通出行有失身份，纷纷选择私家车出行。因此，人们过分注重自我满足，忽视了对大环境的影响，带来交通环境污染问题，如汽车尾气排放量增多，在城市上空形成浓度较高且持续时间较长的污染物，不仅危害到生态系统，而且对人体健康也有严重影响。

四、改善北京居民出行方式及出行观念的对策

（一）疏解交通压力

要解决交通拥堵问题主要需要注意三个方面：第一，提高交通路网的运载能力，并且要合理控制交通需求的增长，着力带动北京人口疏解，达到供需平衡的状态。第二，完善城市路网设计，尽量使机动车道平直且宽阔，增加非机动车道，使车辆各行其道，并且保障交通安全。第三，采用智能交通系统，运用先进的信息技术，通信技术，电子控制技术提高交通管理水平，从而建立起高效、实时、准确的交通管理系统。三个方面都要兼顾才能改善交通拥挤问题，改善交通出行方式，改变出行观念，提高居民出行满意度。

（二）完善公共交通系统

要促进便捷、舒适、大容量的公共交通系统发展，就要完善公共交通基础设施建设，提高公共交通的覆盖率与乘坐体验，做到便民利民；还要与时俱进，不断更新公共交通工具，与科技同步，与绿色发展理念同步，与人民需求共鸣，从而建立北京市高效、安全、先进的现代化公共交通体系。当客观出行方式得到完善，人们的出行观念也会随之改变。"仓廪实而知礼节"，只有当基本需求得到满足后，人们才更有可能形成绿色共享可持续的出行观念，响应国家的发展理念。

（三）整治共享交通乱象

首先，政府应该发展与共享交通相适应的治理模式，如增强共享单车管理力度，杜绝共享单车乱停乱放的现象，并且要合理调整共享单车的放置位置，使其在城市中均匀分布。其次，完善网约车的相关制度，规范网约车的流程，加强信息质量审核和行业监管力度，增强人们约车出行的安全性，通过一系列的整顿措施，保障人们可以更方便、更放心地使用新时代的共享交通工具，从而让共享的观念逐渐深入人心，进一步推进公共交通和共享交通为主体的绿色出行。与此同时，还要提升人们的法制观念和交通安全意识，综合提升我国交通系统的质量。

（四）增强绿色出行意识

首先，政府要继续加强绿色环保交通出行的宣传教育并广泛传播，让人们树立绿色出行观念，倡导人们选择低碳出行方式，鼓励公共交通城市发展模式，实现可持续发展。其次，推广新能源汽车的使用，对新能源汽车的研发和生产加大国家财政补贴，鼓励人们使用新型低耗能的交通工具，从而减少二氧化碳和一些有害气体的排放，实现低污染出行。另外，要继续实施工作日高峰时段区域限行交通管理措施，如限行机动车车牌尾号出行，促使人们乘坐公共交通外出。人们的观念无法在短时间内得到修正，但是我们可以通过外部出行方式的改进，政府政策扶持来逐渐削弱忽视大局，过分注重自我满足的观念，进而循序渐进地帮助人们认识到低碳出行的重要性及意义。

参考文献

李德强,1985.自行车在城市客运交通中的地位和作用[J].城市规划（05）:23-27.

尹怡晓,钟朝晖,江玉林,2016.绿色出行——中国城市交通发展之路[J].科技导报,034(017):25-32.

张博,倪东生,2013.北京市解决交通堵塞的对策分析[J].现代城市研究（08）:97-100.

城乡一体化背景下高里掌村医改制度推进情况的调研

余金城　吕怡晖

【摘　要】 医疗改革事关国民的健康与社会发展,一直是民生关注与思考的焦点。长期以来,在城乡二元状态下,农村合作医疗成为农村卫生服务模式的主体。在建设城乡一体化的今天,城乡人口、技术、资本、资源等要素相互融合,互为资源,互为市场,互相服务,农村医疗改革也逐渐向城乡一体化的居民医保制度转型,以建立更加完善的医疗卫生体系。本次调研以位于北京海淀区温泉镇西北的高里掌村为对象,通过非定向问卷调查和街访,考察了该村医疗改革制度的推进现状、存在问题,并提出相应的对策,以期为推进健康中国的医疗改革,提供一个基层研究的样本。

【关键词】 北京;高里掌村;农村医疗保障制度;城乡一体化

1965年,毛泽东发出了"把医疗卫生的重点放到农村去"的号召,农村合作医疗作为农村卫生服务模式的主体地位,开始逐步确立(张博等,2018)。2002年10月,中共中央、国务院颁发《关于进一步加强农村卫生工作的决定》,开始在全国推动建立新型农村合作医疗制度(高维等,2018;李鑫等,2018);从2009年始,随着医药卫生体制改革的开展,国家开始打破城乡居民户籍界限,推进建立城乡一体化的居民医保制度,推动建立全民医疗保险制度(李洁,2018)。2018年,政府提出"农村医疗保险"的概念,为农村人口发放了社保卡,更大程度上推进医保的"城乡一体化"。

党的十九大报告进而提出:我们要深化医药卫生体制改革,建立优质高效的医疗卫生服务体系。一系列文件的制定出台标志着我国城镇、农村医疗保险的发展进入了新时期。

新农村合作医疗(以下简称新农合)体现了政府对农民的关怀。当前,村民们是否感受到看病、住院报销、补贴等惠民举措方面正在发生的重大变化,如何看待加入医疗保险一事?政府在推进农村医疗改革方面还有哪些值得改进的地方?为了弄清这些问题,课题组决定深入基层,选取了北京市海淀区温泉镇西北的高里掌村作为调研对象。

高里掌村现有340户,农业户口总人数为432人。由于"城乡一体化"的进行,村中拆迁系列工作仍在继续,大多数居民已不在此居住。因此,本次调查除了村访征集调查问卷以外,课题组成员还借助新媒体手段,通过朋友、长辈将链接的调查问卷发送给他们认识的生活在农村的熟人填写后发回;此外,课题组成员还来到高里掌村附近的某三甲医院里发放了调查问卷。

本次调查共发放问卷174份,回收165份,回收率94.83%,有效问卷160,有效率

---

① 本课题指导教师余金城(北京工商大学法学院/马克思主义学院);课题组组长吕怡晖(化学171);课题组成员:吕怡晖(化学171)。

96.97%。访谈工作则由组员到高里掌村及上述三甲医院进行。在 160 份有效样本中,各年龄段占比为:15~30 岁,27.50%;31~45 岁,13.13%;46~65 岁,41.25%;65 岁以上,17.50%。其中,男性 79 名,女性 81 名。81.88%的调查对象为北京常住人口,享有北京本地的医疗卫生政策,其中,居民占 63.75%,农民占 36.25%。

一、农村医疗改革现状

农村医改政策所主要针对的方面为:解决农村人口看病和住院时的资金问题,在达到一定基础金额的情况下,采取一定比例的报销政策,对于规定内的大病、疑难杂症采取更高比例的报销政策,对于申报的困难家庭也有一定比例的补贴。除此之外,每个村镇还可以根据自身的情况,在原有政策基础上进行进一步的补充和调整。入险形式主要以村民个人志愿入险,政府和个人共同承担入险金额,其中政府花销占大多数,目的在于鼓励村民全员入险。

(一)群众对医疗改革的认知

1. 群众对农村医疗改革的了解程度

我们调查了人们对农村医疗改革的了解情况。据统计,有 11.88%的群众表示对这项改革非常了解,有 3.13%的表示丝毫不了解,都占少数。而有 49.38%对政策有一些了解,人数最多;有 33.75%对政策比较了解。出于种种原因,大部分人对这项制度处于一知半解的状态,或为"有听说,不了解"。根据后期数据分析相比较而言,拥有农村户口的人比非农业户口的人群对制度的了解程度略高;而从性别上来看,女性相比男性更了解,也更关心这项制度。

关于群众对农村医疗政策内容的调查采取多选形式,此次百分比计算的方法为勾画人数比总样本量。新农合的基本政策为看病住院的医疗补贴和大病医疗的补助,如图 1 所示,了解情况分别为 86.25%和 71.88%,占受调查总数的绝大多数,说明绝大多数群众都了解或知道基本政策;也有 48.13%的群众了解政府个人两方面入险的政策。

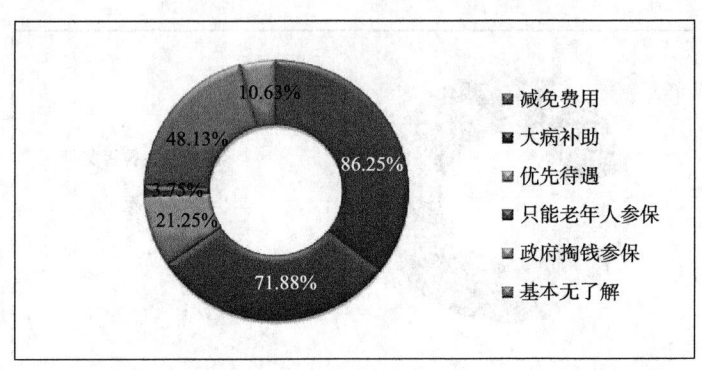

图 1　群众对政策内容的具体了解

此项数值低于小组预估值,说明政策的完全落实还存在有一些问题。同时,通过随机采访我们也了解到,有些村落为村委会担负全款全员入险,更大程度上减轻个人负担;而有21.25%的群众认为,参与农村医疗保险可以享受优先待遇或特殊服务,这项内容并不在政策之内,但通过后期采访我们发现,有一部分医院确实存在有特殊优待,如:可以优先挂号、单独缴费窗口的设立等,在方便患者就医的同时也体现了医院对医疗政策的一种支持和理解;只有老龄人才可以入险是对政策的一种不正确认知,占比3.75%,为极少数人群。还有10.63%的群众表示对政策只知其名、不明其意,在后期数据分析中发现,此种情况基本集中在青少年和65岁以上老龄人当中。

2. 群众了解医疗改革的途径

据调查,高达67.50%的群众通过村中通知的发放了解到农村医改政策。村中会以张贴通知、发放传单等方式向村民们进行政策的宣传,保证村民及时准确的得到信息;其次是通过电视广播等方式了解政策的群众占比44.38%,通过亲朋好友得知占35.0%。由于采访对象大多为中老年人,通过网络了解的仅占17.50%,还有9.38%的群众通过其他方式了解。由此可见,大部分人群了解政策的方式单一且集中,对于政策宣传来说有利有弊,但总体上能够保证常驻村中的人员对政策的知晓,并能及时督促人员办理入险。

(二)群众对医疗改革政策的满意度

对于医疗改革政策,大部分人都还是抱有积极的看法,认为其是一项惠民利民的好政策,非常满意人群占到23.75%,比较满意人群为53.75%,有6.88%的人表示不太满意,还有1人对政策表示非常不满。后期采访时,当事人对此抱有抵触情绪,表示农村医保使用时体验极差,其余不愿透露。总体医疗改革态势良好,满意度较高。

(三)农村医疗保险的使用情况

在参与调查的人群中,如图2所示,有93.12%的人表示自己了解到的身边的人或多或少都有参与农村医保的情况。整体来看,农村医疗保险的使用情况良好,真正在群

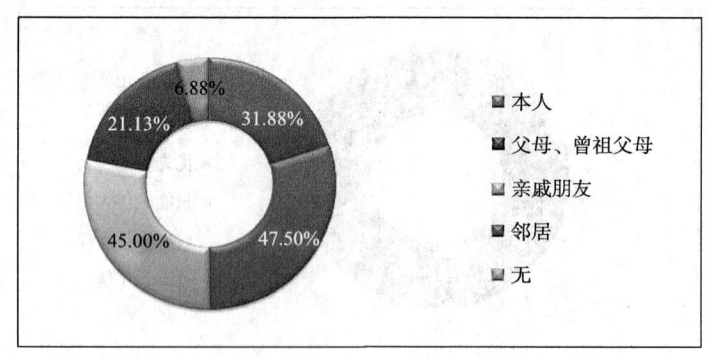

图2 农村医疗保险的使用情况

众生活中发挥着重要作用,为群众的生命和财产保驾护航;其中自己的父母拥有农村医疗保险的人数最多,占47.50%,而本人入险的仅占31.88%。通过后期采访分析认为,一方面因为子女多进入城镇工作生活,不参与农村医疗保险,同时另一方面也说明年龄越大,对医疗卫生保障的需求也越大。

二、农村医疗改革中的问题及分析

在整理、综合大家对于农村医疗改革的看法与评价之后,我们可以发现,整体上政策的落实比较完善,对群众的生活产生了一定的积极影响,大家对此项政策抱有很高的热情,有11.88%的人群表示对政策相当满意,如图3所示;而与此同时,群众也对政策抱有更高层次的希望,故组员对群众进行采访并结合生活实际与网络资料,通过样卷预调研的方式整理出了可能存在的不足,并在后期的正式问卷中进行了投票统计和补充后,展开如下分析。

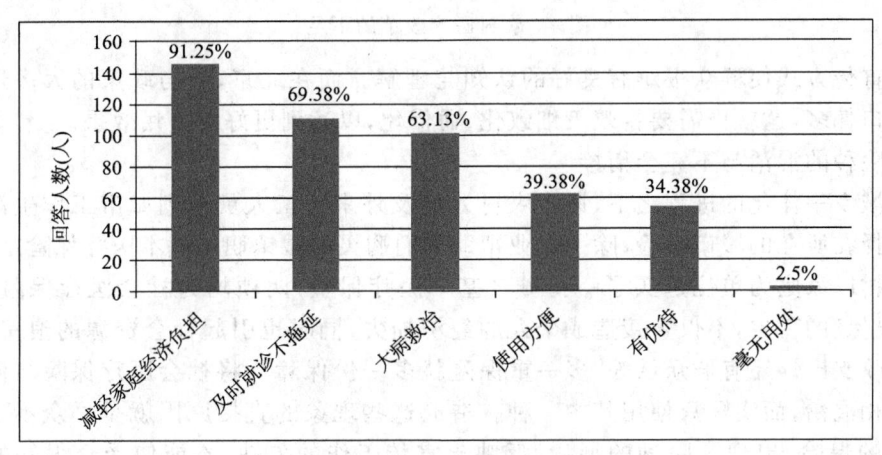

图3 农村医疗改革的优势

(一)宣传工作不到位

如图4统计,高达58.13%的群众认为宣传力度仍有待加强。农村医疗改革的有效实施与群众的正确认知是密不可分的,由于近几年"城乡居民医疗保险并轨"的实行,政策之间的转换频繁,内容逐渐复杂,群众难以及时准确地了解信息,造成对政策的了解不足和对政策的理解程度降低,归其原因为宣传工作不到位。

1. 宣传方式过度集中

首先一项突出的问题就是宣传方式较为集中。虽然村中集体通知的方式可以较为权威地向群众宣传,但受众有限,了解人群单一,有宣传死角,很难保证每个人都或多或少听闻此政策;另一方面村民本身可能存在一些生理或心理原因,如:不识字、听力障碍、理解能力有限等情况,难以正常知晓并理解政策,造成政策落实不到位。同时如图4所示,有14.38%的群众表示政策难以理解。政策为整体的、概括性的综述,过度

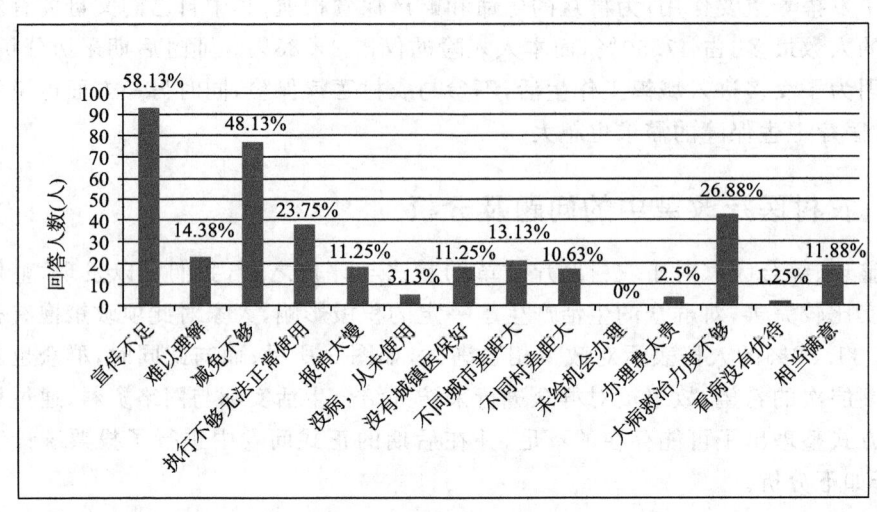

图4 农村医疗改革的不足

集中的宣传方式使群众很难有良好的认知与理解。而在北京,参与政策的大多还是中老龄人口偏多,这就更需要将政策细致化、通俗化,以达到更好的使用效果。

2. 险种的混淆与不完全衔接

在城乡一体化的进程之下,许多农村人口及外来务工人员来到城市工作生活的同时也选择在所在的城市参险,除了企业帮助他们购买的城镇职工基本医疗保险之外,还有在农村以家庭为单位购买了一份城乡基本医疗保险,两项均为社会医疗保险,出现"重复投保"的现象,不仅直接造成个人的经济损失,同时也引起社会资源的浪费,增加国家财政支出。还有群众认为"多一重保险就多一份保障",将社会医疗保险与商业医疗保险相混淆,而实际只使用其中一种。造成这些现象的直接原因就是群众不了解自己所入的保险,出现了险种的混淆,反映出宣传工作的欠缺,不能使受众很好的利用医保。

理论上,城乡医疗保障制度应当覆盖全部公民,而由于城乡体系初步融合,存在不完全衔接问题,有一部分在城市务工的"边缘人员",其大都从事餐饮、美容、建筑等服务行业,其流动性高,本身处于医保的盲区,再加上其自身大都为青年人,自认为身体健康状况良好,忽视入险,形成"夹心层"的漏网。此外,学龄前儿童作为弱势群体,在农村医疗改革的衔接中也出现了空白,造成城乡医疗保险的不完全衔接。

3. 社会宣传关注度不足

除去可能参保的人群,社会上的人对农村医疗改革政策的了解更是少而又少,社会关注度明显不足,由于对城市居民的改动不大,大部分人群对"城乡一体化"的改革毫不知情。虽然社会上拥有其他方式的医保政策来保证各种人群的顺畅就医,但存在群众不了解农村政策也反映出一定问题,农村就医依旧是未被很好重视的一项政策,使农民在医改方面成为弱势群体。我们应当投入更多的宣传,至少使社会上的人对农村医疗改革有所了解。

(二)医保减免力度还有发展空间

通过调查我们发现,大多数群众对医保减免持肯定态度。由图3可见,高达91.25%的人群表示通过医保的政策有效缓解了家庭的经济问题,有病可以及时就诊不拖延成大病和大病医疗补助的推进支持率也都在60%以上,说明政策随着时代的发展进行改革,切实有效的为群众带来经济上的支持。

而由图4,我们也不难发现,群众对政策还抱有更高的期望,有48.13%的群众希望得到更加优惠的就医补贴,有26.88%的人群希望大病医疗政策可以更加推进,也仍有2.5%的人群认为个人入险的负担过重。

1. 政府投入问题

虽然政府在新农村建设投入了大量资金,也取得了一定的成果,但在医疗保障方面仍与城镇存在差距。目前,由于我国对农村税费进行了改革,农村基层政府财政收入降低,直接导致农村建设的资金短缺,投入到农村医疗之中的比例更是不容乐观。

2. 小病的治疗与疾病的预防补贴少

除报销比例有待提高外,到目前为止,小病的医治几乎没有补贴,在某种程度上,还不能很好地贴合群众需求,达到满意效果。在城乡一体化进程下,农村医疗改革的特点为"以大病统筹为主",医保制度"上设封顶,下有基价"对一些用户造成困扰,疾病的预防和小病的治疗几乎没有补贴或补贴极少,不能达到预期的效果。政策的改革是没有止境的,随着城乡一体化的逐步推进,日后应当对农村医疗改革的取向进行更优的引导,更大程度上展示农村医疗改革的优势,对农民给予更多的关照。

(三)医疗保障的公平性问题

在调查中,由图4我们了解到,有13.13%的人反映,不同城市之间医保的执行存在差距,有10.63%的人群表示不同乡镇间的政策落实存在不同,有11.25%的群众认为城镇的医疗保障制度比农村的更为完善,优惠政策更大。不可否认,因为种种原因不同地区有自己的经济、政治、基础设施建设状况,医疗政策也是基于各地方的实情而特异性执行的,有差距在所难免,其中以工作单位统一上险报销比例最大,政策最优。

2009年,"城乡医疗并轨"的提出正是基于城乡公平性的考虑,希望逐步消除农村和城市之间医疗保险落实情况之间的差距,真正达到城乡一体化的成果,让更多的人群享受平等的待遇。而目前,农村医保待遇在医疗保险报销比例、医疗保险范围内的药品目录和转诊制度等方面还不能与城镇很好同轨,仍需要进一步地改革与发展。绝对的公平在现实生活中难以实现,我们只能逐步趋近公平,所以今后我们更应当立足发展,缓解或改善不公平现象,让更多的人享有更平等的服务。

(四)政策落实不到位

如图4所示,有23.75%的群众表示曾遇到农村医保无法正常顺利使用的情况,也有11.25%的人群表示报销不及时,造成某段时间内的资金紧张。

值得一提的是,针对报销不及时,政府近日已经采取即时报销的措施,看病住院缴费时可直接使用医保,实现立时报销,省去层层上报的麻烦,缓解群众一段时间内的经济压力,而具体成效还需要在一段时间后进行检验。

城乡一体化虽然为一项美好的愿景,但政策直接使医疗改革政策复杂化,在达到目标的过程中也暴露出很多问题。群众在调查问卷的主观问题的回答提到一些政策漏洞。比如:有部分人对农村医疗保险的使用流程不了解;到其他医院看病需要转诊,程序相对复杂不便;医药市场管理紊乱,一些私人诊所、药房等无法享受农村医保服务;异地看病无法报销等问题,这些都体现出目前政策还有很多无法涉及之处,需要政府进一步统计核实后采取一定对策。

三、对优化农村医疗改革的建议

（一）采取多角度多方位的宣传策略

虽然城乡一体化下的农村医疗改革项目进行顺利,但不可否认其宣传工作仍有待提高未能达到预期效果。

1. 村中通知形式改进

第一,原先的村中通知虽形式过于单一、覆盖不全面、理解不充分,但其有针对性地进行较大面积的覆盖,使群众至少都能在村中"听闻此事",在宣传手段中也是最为成功的一种,所以应当在此基础上做出改进。如:可以用通俗易懂的语言解说政策,而不是把政策条例简单"搬运"给村民;村中宣传还可以采用更丰富的形式,设置自愿答疑讲座等,对村民进行普及;村中还可以研究村民的经济状况与生命健康状况进行特殊性建议,关照那些真正需要保险的群体,以家访等形式进行有针对性的建议与普及,真正使政府的钱花在需要帮助的人身上。

2. 在青少年间的宣传

第二,年轻人对农村医疗改革的了解程度不容乐观,即便是与自己息息相关的政策,基本也是一知半解。为了更好地宣传政策,贯彻政策,改进政策,我们应当使青少年一代更加了解政策。随着互联网时代的兴起,我们可以把握机遇进行宣传,配合学校、村镇、社会组织等机构,以多种方式进行科普,如:网上有奖问答、宣传网页、调查问卷等,目的不在于奖励"知之者",而在于参与网络程序过程中汲取一定量的信息,甚至是网上搜索答案时对信息的获取;青少年大部分时间在学校内度过,政府也可以联合教育部门对方针政策进行贯彻,如在课本、课堂中加以介绍,在校园广播站的新闻中进行宣传等。

3. 在城区市民的宣传

第三,除了切身参与政策的农村人口,在城乡一体化背景下,对市区的市民也应进行必要的科普,使农村医疗改革不再成为边缘政策,受到更多人的关注、理解和配合;农村人口平均收入水平低于城市人口,知识水平普遍略低于城镇人口,不利于医疗卫生政策的推行,在一定程度上属于政策中的"弱势群体",所以社会应该给予更多的关注,以便更完善、更公平地执行政策。

(二)提高农村医疗优惠比例

农村医疗保障制度向下设立基价,向上设立封顶,低于或高于都无法使用本政策。据采访,报销比例在55%左右,只能保证基础的医疗救助需求,而大病医疗补助政策则需要特殊申报,只有政策内的特殊病种才可享受。由此,为了真正摆脱"因病致贫、因病返贫",群众与社会都对农村医疗保险有更高的希望。

1. 基础医疗保险的改进

农村医疗保险主要以政府和个人共同"掏钱"参保,以政府资助为主。我们可以在经济允许的情况下逐步减小个人参保花费的比例,而有些村落由于自身经济较为富裕,采取了全额负担参保的政策,很大程度上减轻了个人的顾虑,也免去了纠结保险是否用得上的烦恼。农村医疗还可以通过下压基价,上抬封顶的方式进一步对政策进行优化。这样一来,使用保险的门槛变低了,有更多的农村群众可以享受到优惠,使花费不多的小病的救治和疾病的防控也能受到补贴;一般情况下的就医花销均在报销封顶费之下,但也存在特殊情况,封顶费上抬也能让那些花费较高的群众更加放心大胆地使用政策。而最能体现减免力度的为医保报销百分比,提高报销比例,可以在最大程度上减轻就医人员的经济负担,实现政策价值。政府可根据自身财政收入和经济发展变化对报销比例进行适当上调,使群众得到更大的实惠。

2. 大病医疗政策的改进

对于大病医疗,多为终生难以脱离药物或医疗手段的重病,关系到个人的生命安危,政府理应给予高度重视和较大的报销比例。今后,政府可通过扩大大病医疗的病种范围,使更多病症的治疗得到经济上的支持,保证一定的社会公平性;也可以通过不同的标准对患者的情况进行考量,加大对重病患者经济上的补助,保证患者生命安全。

(三)进一步推进政策公平

在城乡一体化进程下,城乡差距正逐步缩小,取得一定成果。目前,政策在很大程度上给予各地区、各村一定的自主性,根据自身情况适当调整政策,真正实现"简政放权",做到参保农户受益是农村社会医疗保险政策制定的初衷和落脚点。与此同时,国家资源无法实现绝对均等,每个地区也有每个地区的发展特色,使公平性问题引起争议。政府可以根据各地区状况,对经济条件相对落后的地区以更多的政策补贴,直接地进行平衡;而小组认为最重要的还是发展地方经济,增进基础设施建设与文化教育程度,如此,地方政府将有更多的资金可以投入到医疗改革当中,实现与其他地区的政策公平性问题,同时地方也能有更好的医疗卫生条件,能使用医保的医院数越来越多,从根本上解决农村医疗改革的公平性问题。

(四)从细节着手改善政策

我国农村医疗改革发展至今,取得了不小的成果,有了较为稳定且适于发展的框架,为城乡一体化的新农村建设做出贡献。而我们也不难发现,政策本身还过于"粗枝大叶",很多细节问题没有办法兼顾到位,导致虽然群众对政策整体呈肯定态度,但仍有许多很多情况下无法顺利使用,造成医疗过程中的不愉快。所以我们应当从细节着手,将农村医疗改革这张大网织细、织密。

其中,保险即时报销就是最近一项非常成功的尝试,使报销金额立即得以使用,从根本上缓解群众的燃眉之急,值得提倡,而今后其他一系列问题也应相继提出解决方案。

1. 异地就医问题

由于我国国情,人口流动性大,首要应当关注异地就医问题。相关部门应相继出台相关政策规范市场,并采取适当措施进行有效推广,帮助群众在异地的就医,预防群众在外地的突发状况,切实有效照顾到群众经济状况,使医疗改革政策更加人性化。

2. 使用指导问题

其次,去医院求方问诊是每个人的权利,无论其是否参与医疗保险体制我们都应当一视同仁地对待,不必刻意采取优待;与此同时,由于宣传力不足产生的遗留性问题,很多家庭在使用时总会有一些困惑,导致后续使用效率低下、无法正确使用报销,进而产生不好的使用体验。所以,我们可以考虑是否能组织一定人员,通过各种方式对有问题的使用者进行指导,保证更加顺畅的医疗保险使用体验,以使农村医疗改革政策达到更高的使用效力。

3. 转诊问题

其三,需要优化医院间的衔接问题。随着互联网大数据和云技术的发展,我们应当充分利用社科资源,尝试逐步建立各医院与患者之间的网络平台联系,在各个医院转诊和各种医疗信息上进行优化,使群众获得更便捷更流畅的用户体验。

(五)政府给予政策更多支持

1. 设立专门的管理、监管部门

城乡医疗并轨的实行使政策复杂化、整体化,所以在提高统筹层次的同时,也要谨防有个人或机构"钻空子"。单独设立部门管理、审查农村医改情况,可以使国家更加清晰地了解到农村医改的现实状况,以便在城乡医疗改革并轨还不成熟的探索期更及时准确地做出调整与反馈,监管相应机构保证缴费和支出的公开透明、各地报销的公平公正,使医改并轨问题得到顺利过渡、各项问题得到改善。

2. 建设健全法律保障

到目前为止,全国人大仍未对实施农村医疗改革而专门立法,而法律是建立和实施医保的坚强后盾(缪辉,2018),医疗改革作为关系到每家每户的基础政策更应当受到国家的重视。城乡医改并轨的施行,更是让医疗保障制度出现了许许多多的潜在隐患,需

要政府一步一步地改善。全国人大应尽快制定相应的法律条例对医疗改革进行约束，为医疗改革加上法律的保障，使这项基本保障制度管理起来有法可依，通过这种形式让更多群众认识到农村医改的重要性，同时也更加方便管理、有法可依。

四、结论

对高里掌村情况的调查使我们认识到：整体农村医疗改革态势很好，得到了各方的好评与认可，在生活中实用性强，报销力度一般，为百姓看病住院提供便利，在大病救治方面也卓有成效。整体来说，农村医疗保险使用较为方便，让更多的农村人口不因看病的费用问题而拖延甚至放弃就医，导致后续更严重的病症，造成更大的资金和心力投入。

与此同时，群众也提出更高的需求，希望得到更加实惠的政策。农村医疗改革政策的宣传力度不足，群众对政策的理解程度一般，对主要政策都基本上为知晓的状态，但对其细节还存在一定的误解或空白，尤其是年轻人和城市居民，对此项政策的了解程度不容乐观，造成一定的险种的混淆与不完全衔接；改革整体框架虽然得到了很好落实，但细节问题还落实不到位，导致使用中出现问题与困惑，导致不好的使用体验；各个地区的资源不平衡也导致社会资源分布不均的状况，展示出社会公平性的一定问题。

对于这些问题，我们应当从细节着手改善政策、采取多角度多方位的宣传策略、进一步推进政策公平、提高农村医疗优惠比例、增加政府投入支持等，响应群众的建议，解决群众的问题，完善农村医疗改革政策，使群众得到更多的实惠。

综上所述，在国家城乡一体化的积极推进之下，"农村医疗保障制度建立、完善与改进"政策执行落实情况良好，得到群众肯定，但也还存在一些可以改进的空间，需要各方人民群策群力，积极推进政策的执行和进一步改革，对政策进行大力的支持和推进，共同为促进国家更好的发展，实现中华民族伟大复兴的中国梦而一起努力。

参考文献

高维,许敏,2018.城乡居民医疗保险并轨问题研究[J].经济研究导刊(20):90-92.
李洁,2018.我国农村医疗保险制度问题探究[J].南方农业(11):109-110.
李鑫,李亚军,2018.我国城乡居民医疗保险制度存在的问题及对策[J].经营与管理(7):140-142.
缪辉,2018.城乡一体化背景下的农村医疗保障制度探究[J].科技经济导刊(5):153-154.
盛娅农,2017.农村社会医疗保险参保农户满意度及影响因素研究[J].农业经济问题(7):64-71.
张博,陈淑婷,2018.城镇化背景下广东清远农村地区城乡居民基本医疗保险实施效果调查[J].经营与管理(5):144-148.

残疾人教育"随班就读"的现状与改良对策①

陈晋文　王雪溪

【摘　要】 我国在残疾人教育领域的核心成果是"随班就读"政策。随班就读是一种趋向融合式教育的教育安置形式,是国外先进理念和国内特殊国情结合而培育出的果实。目前,国际上先进的教育理念是"全纳性教育",我国的随班就读虽吸收了其理念,但离实现真正的"全纳式教育"仍有一定差距。"随班就读"政策从1987年正式推行至今,已经历了几十年风雨。基于此,本次调研的目的是通过研究对不同人群对随班就读政策的看法,深入了解其实施与发展现状,并对其日后的发展与改良以及对本土化的"全纳性教育"的实现可行性进行探索。

【关键词】 随班就读;全纳性教育;残疾人教育

改革开放40年来,残疾人教育经历了从特殊学校完全隔离于普通教育,到融合式的"随班就读"。残疾人作为社会主体的一部分,也是国家的重点关怀对象。在十八届五中全会上,习近平总书记提出"全面建成小康社会,残疾人一个都不能少。"在决胜全面建成小康社会的冲刺阶段,十九大报告呼吁全社会要发展残疾人事业,加强残疾康复服务。2017年7月,《第二期特殊教育提升计划(2017—2020年)》的政策出台,对随班就读政策提出了新的发展要求。本文应时代所需,提出了改革开放以来残疾人教育的现存问题,并致力于探索新时代下解决这些问题的具体化措施。

本次调查主要采取非定向问卷调查,兼有对残疾人的关系人进行相关问题的采访。调查问卷是由小组成员在朋友圈发送链接的方式,让网友们填写并收回。共发出调查问卷240份,收回240份,回收率达100%;有效问卷240份,有效率达100%。采访工作由本小组成员当面或通过电话的形式与采访对象进行沟通交流。

本次调查报告填写人群主要以19~60岁的人群为主,占95.84%;60岁以上的人群占0.83%;其余年龄段人群占3.33%。长期生活在一线城市的调查人群占46.25%,生活在非一线城市的占53.75%。对于接触过残疾人的人群与残疾人的关系,老师占很大比例,为52.83%;同学/朋友关系为28%;亲戚关系为6.6%;残疾人本人有两人,占1.89%;其他的为10.38%。

---

① 本课题指导教师陈晋文(北京工商大学法学院/马克思主义学院);课题组组长王雪溪(法学173);课题组成员:吴子奕(法学174),杨文娇(法学174),李仁康(法学173),黄雅贞(法学173)。

一、随班就读的提出及发展历程

(一)"随班就读"的提出

20世纪50年代,北欧国家率先提出的"残疾人正常化理论",取缔了将残疾人归于"另类"的认知观念。随后,美国等部分发达国家兴起特殊学校"回归主流"运动,主张将残疾儿童与健全儿童在同样的环境中学习、生活,使残疾儿童享受平等的教学资源的同时,与健全儿童接触、沟通,减少二者间的隔阂。改革开放初期,我国没有强大经济实力培养专业化特殊教育师资队伍以满足特殊学校教育的需求,1986年《中华人民共和国义务教育法》颁布,我国吸收了发达国家"回归主流"的融合式教育的理论,提出了"随班就读"的教育安置形式——吸收部分轻度残障儿童(如弱智儿童、肢体残疾儿童)进入普通学校与健全儿童一起学习和生活,其他聋盲儿童依然分设在特殊学校,与健全儿童隔离开来接受特殊教育。

(二)随班就读的发展历程

"随班就读"经历了提出、规范和推进三个阶段。在提出阶段,1987年开始在全国15个县市进行随班就读的实验实践研究,并总结相关经验,呈现相关研究成果。1987年12月在《全日制弱智学校(班)教学计划》(征求意见稿)中,中国政府首次提出"随班就读"一词。1988年召开第一次全国特殊教育工作会议并出台普通教育机构招收特殊学生随班就读的政策,但是,这个阶段的随班就读政策更多的是迫于国情现实而提出,方向性强;在规范阶段,国家化被动为主动,不断重视与强化随班就读的功能作用,逐步完善随班就读的政策设计。如1994年提出《关于开展残疾儿童少年随班就读工作的试行办法》的随班就读政策文件,规定特殊少年儿童就近入学,这成为普及义务教育提高特殊儿童少年入学率的有效途径之一,标志着我国随班就读政策和理念初步成型;在推进阶段,在国家引导下,随班就读政策已成为特殊教育领域的主体部分,在特殊教育普及与发展方面起着带头作用。如2014年、2017年分别提出第一、二期特殊教育提升计划,为未来残疾儿童教育提出新规划。2017年新修订的《残疾人教育条例》对解决残疾人教育问题提出创新思路,比如在保障教育机会平等这一方面,提出了对行动不便的残疾学生提供"送教上门"服务。在义务教育和随班就读政策的双重影响下,残疾人儿童入学率大幅提高。截至2017年底,视力、听力、智力三类残疾儿童义务教育入学率已经达到了90%以上。残疾人接受高等教育人数也在逐步提升,截至2017年,全国已有10818名残疾人被普通高等院校录取,1845名残疾人进入高等特殊教育学院学习。"随班就读"有效解决了残疾儿童接受义务教育、就近上学等问题,效果可见一斑。然而,由于随班就读的政策、法律相关条文比较笼统,不便操作、落实有难度;有的教育行政部门对随班就读不够重视,部分学校、教师只接纳残疾儿童入学,不重视教学质量。因此,随班就读的现状急需改良和完善。

二、随班就读的现存问题

（一）只注重入学率，不注重教学质量

残疾儿童入学率是一个很重要的问题，它一定程度上可以反映残疾人教育事业的发展水平。随班就读的提出，很大程度上是为了普及义务教育，让每一个儿童有学上，提高残疾儿童入学率。但这也不可避免地出现了很多问题，通过调查，我们看到其中最主要的问题是随班就读更多地侧重于入学率，不重视教学质量。究其原因，主要有以下几个方面。

第一，87.08%的民众认为普通学校很少具备残疾儿童教育专业知识的教师，不管是《关于发展特殊教育的若干意见》，还是《中华人民共和国残疾人保障法》，虽然都提到要加强特殊教育师资团队建设，但落实情况并不乐观。普通学校教师的职前并没有系统地包含特殊教育知识内容，教师资格证书的获得与考核很少或根本就没有包含特殊教育成分。除了数量不足，质量也很难保证。截至2013年，我国硕士学历特殊教育教师只占1.54%，教师的学历仍以本科和大专为主。据采访，很多特殊学校的老师是由普通学校教师转业而来，在工作岗位定期接受特殊教育教学培训，从"0"开始积累经验来给残疾儿童教授课业。他们中大多数不具备系统的残疾人教育理论知识基础，且师资量早已供不应求。因此，在随班就读的教育安置形式下，保障残疾人的教育质量依然举步维艰。

第二，老师精力有限，可能照顾不到残疾儿童，持此观点者占比76.67%。普通学校一般每班设立一位班主任，同时该教师还需要教授一门学科，而且每班平均有30~50人不等。在这种情况下，班主任既要关注多数同学的学习状况，又要及时关注并满足残疾儿童的需求，难度可想而知。在应试教育的体制下，学校迫于文化课教学成绩考核的压力，加之老师素质参差不齐，有的老师即使发现问题，要么放任不管，要么不知怎么处理。其他任课教师与学生的接触只是课堂上的时间，并不能很好地了解残疾儿童学习生活等多方面的情况；

第三，普通学校只注重科学文化知识的教学，忽略残疾儿童的特殊教学需求，持该观点的大众占75.83%。通过采访普通学校的老师，我们发现：有的智力较低的儿童并不参加考试，平时教学中也相对自由，老师对这类儿童的要求也是"能学多少学多少"，没有额外设置培智课、职业教育课、心理辅导课等。结果就是：这些残疾儿童既没有掌握职业技能，也没有进入高等学校深入学习，仅有浅显的书本知识和文凭，在社会上无所适从。

（二）类群分别的观念仍然存在

普通大众对残疾人的观念与看法仍存在分歧（图1）。"随班就读"政策已经施行了31年，使人们对于残疾人的态度产生了积极影响。根据民意调查，接近60%的人认为，

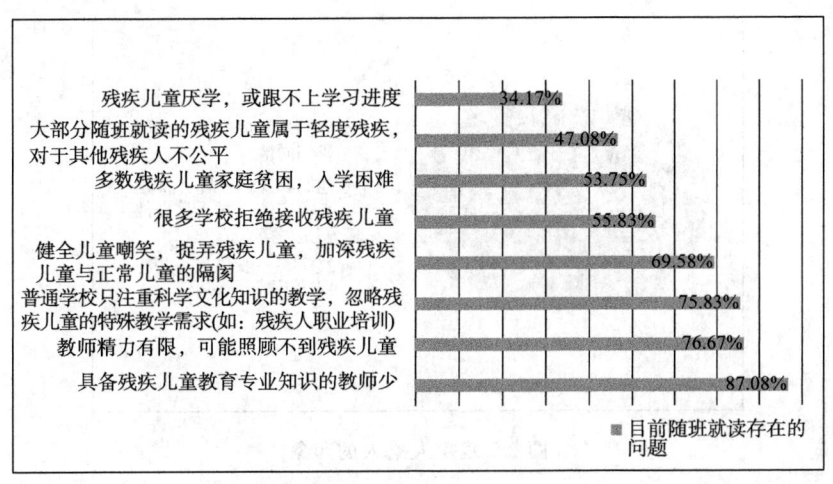

图 1　目前随班就读存在的问题

残疾人和普通大众一样,是平等的主体,其中还有人认为,残疾人在某些方面拥有着比常人更优秀的天赋。而当前仍存在 40% 左右的人群认为,残疾人为弱势群体,他们需要正常人的帮助。但是若一味强调"救济帮扶",可能会加剧残疾人群的自卑感,也会动摇社会大众视残疾人为平等主体的认知。根据调查,有 37.5% 的人会主动为残疾人提供帮助,有 57.5% 的人表明,如果对方需要帮忙才会伸出援助之手。为残疾人群提供帮助没错,但这种帮助要建立在平等对待的基础之上。

树立观念最重要的是孩童时期,这一阶段影响最大的莫过于家庭教育与老师引导。一些孩子反映,自己的父母曾经告诫过他们,要与残疾儿童保持距离,这就给孩子埋下了不平等观念的种子。教师在人的一生中扮演着重要的角色,他们不仅要教授科学文化知识,更重要的是教导学生如何为人处世。当问及如何解决随班就读的问题时,85.4% 的人认为,学校老师的正向引导至关重要。班级就像小社会,班风建设就像是社会风气建设,作为引领者的老师责无旁贷。如果老师对班级儿童疏远、排挤、歧视残疾儿童的现象视而不见,教育出来的孩子如何具有平等观?社会对于残疾人教育平等观的树立,政府也起着举足轻重的作用。当今类群差异问题没有引起政府的足够重视,树立平等观仍然举步维艰。就拿随班就读的政策来说,虽已推行 31 年,调查人群中只有 37.92% 的人了解该政策,其他多数人对政府在残疾人教育工作问题上的重视程度、形势政策感到未知与茫然(图1,图2)。

(三)学校拒收残疾儿童入学现象仍然存在

随班就读虽然为残疾儿童接受普通教育提供了途径,但根据调查显示,能够入学的残疾儿童多为轻度残障人士,有许多残疾儿童因"达不到学校标准"而被学校拒绝接收。在我们本次的调查问卷中,有占比 55.83% 的人认为,目前随班就读存在学校拒收残疾儿童的情况,其中包括参与问卷的两名残疾人。

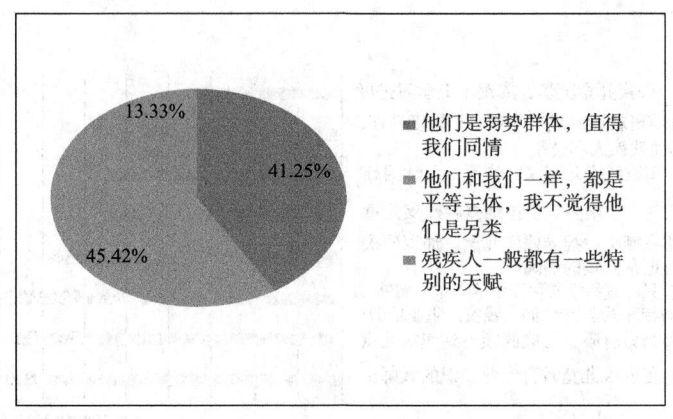

图2 残疾人给人的印象

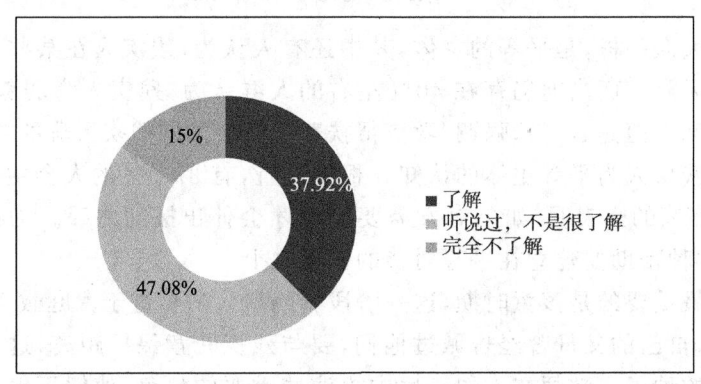

图3 大众对"随班就读"政策的了解程度

虽然我国已出台政策要求学校不得以不正当理由拒绝接收残疾儿童,有了关于残疾儿童"全覆盖,零拒绝"的新政策,但是许多普通学校仍存在着拒绝接纳残疾儿童的现象,而造成此现象的原因是多方面的:第一,立法过于原则,《中华人民共和国义务教育法》虽然规定了"不得拒绝接收具有普通教育能力的残疾适龄儿童、少年",但对于什么是"具有普通教育能力"标准不够明确,容易使有的学校钻空子、以其他理由拒绝学生;第二,学校社会责任感不够强,对残疾儿童的教育问题认识不够深入,只一味担心影响学校声誉与升学率,经采访,一位残疾儿童的老师表示,该残疾儿童患小儿麻痹症,曾辗转多个学校均不被接收;第三,监管制度不够完善,对学校拒收残疾儿童的现象管理不到位。

而这种拒收残疾儿童入学的现象背后还存在着更为深广的问题。首先,残疾儿童接受普通教育的权利被剥夺,不仅意味着失去了接受普通教育的权利,更意味着失去了决定进入特殊学校就学还是进入普通学校就学的自主选择权,残疾儿童十分被动;其次,残疾儿童参加普通学校生活,不仅仅是为了学习普通学校的科学文化知识,更重要的是提前适应与健全人士交往,这有助于其以后更好地融入普通大众社会生活,改变目前残疾人在社会参与感低的现状。曾接受过采访的一些教过残疾儿童学生的老师表示,在经历了一阶段的"随班就读"后,残疾儿童和健全儿童都能适应共同学习的校园生活,并能友好相处。由此可见,促进残疾儿童与健全儿童的交往对其往后融入社会生活是有益的。但学校剥夺其入学机会,是剥夺了残疾儿童与健全儿童交往的机会,无形中成了残疾儿童融入大众社会生活的隐形绊脚石。

三、解决方法

调查发现,有 85.42% 的大众认为随班就读促进教育公平,有 77.08% 的大众认为随班就读可以使残疾儿童与健全儿童互相接触,互相帮助,消除隔阂。实践证明,随班就读是适应我国国情的,且已经取得了一定的成效,所以我们不能放弃随班就读,而是要在此基础之上继续改良。但面对随班就读的对象仅限于轻度弱智和肢体残疾人群,随班就读的残疾人往往得不到满足其需求的教育,同时盲聋儿童依然被隔离在特殊学校,没有与健全儿童一起学习生活的平台,"随班就读"已经落入"两难"的境地,况且国际社会整体思想观念进步,抓紧寻找解决随班就读现存问题的对策是当务之急(图4)。

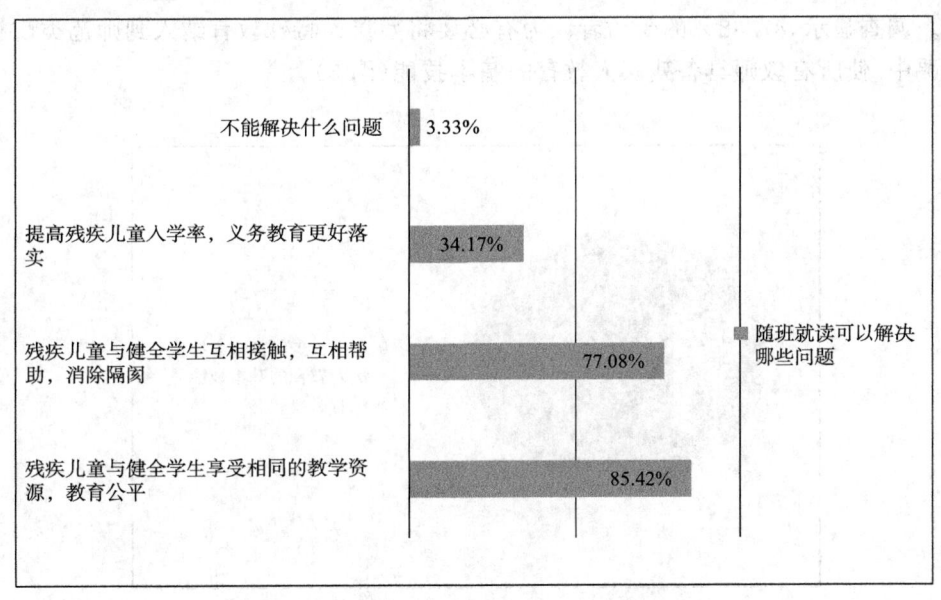

图 4 随班就读可以解决哪些问题

(一)引进国外的全纳教育

1994 年在西班牙召开的世界特殊需要大会上通过了《萨拉曼卡宣言》,延续了"教育一体化"思想,首次提出了"全纳教育"的新型教育安置。"全纳教育"就是接纳全部残疾儿童,将其纳入到普通教育机构中学习。相比我国的随班就读,全纳教育提倡关注那些被排斥的人群,比如盲聋儿童、严重智力障碍儿童、自闭症儿童等,旨在反对歧视排斥、促进健全儿童与残疾儿童的互帮互助、集体合作,满足不同需求,树立教育平等观。这种平等不应仅停留在残疾儿童与健全儿童有平等入学的机会,更要平等对待,保证残疾儿童接受教育的质量,为每个残疾儿童量身定制个体成长计划,通过改革教育系统和其他学习环境以适应学习者的多样性,一改"残疾人群适应教育"为"使教育适应学生",为所有学生提供多元化的学习环境。通过使所有残疾儿童与健全儿童在同一教室学习生活,促进社会最大化地接纳、包容残疾人群。

(二)改良

1. 大力培养特殊教育师资,制定个体发展计划

针对教育质量无法保证的问题,最重要的是对老师的培养,使其具备培养残疾儿童的专业知识。为解决特殊教育师资不足的问题,我们一方面可以将特殊教育师范专业加入到"提前批"报考项目中,并且提高特教薪资,吸引有才能的学生踊跃报考,另一方面我们应加大对普通教师的培训。参考青岛四方区的成功经验。该地区开展随班就读的普通学校老师需要经过由国家、省、市组织的培训,和普特教学能力的综合考察。为了解决特殊教育师资质量参差不齐的问题,应提高特教入职标准,设立特殊教育教师资格证。调查显示,87.68%的受访者认为有必要将残疾人特殊教育纳入到师范类院校的必修课中,使所有教师具备残疾人教育的基本技能(图5)。

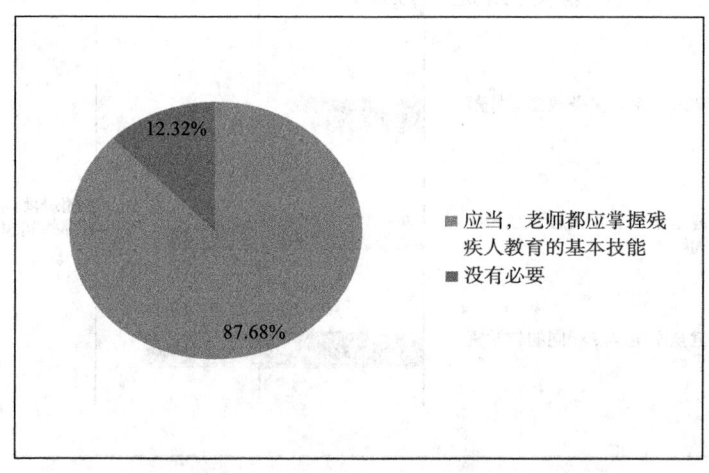

图5 是否应当将残疾人教育纳入师范类学校的必修课范畴

具备了专业知识不代表可以保证残疾儿童的教学质量,老师精力不足是一个方面,残疾儿童有特殊需求是另一方面。这就要求我们设立"助教制度"。助教的主要工作就是专门辅助残疾儿童的学习、生活。据采访,加拿大已经实现全纳教育安置形式,每个残疾儿童配备一个"陪学"助教。举一个盲童的例子,课上助教为其做笔记、课下读笔记,考试时帮其读题、辅助作答,以满足该儿童的特殊需求。据调查,绝大多数人认可

"将全部残疾儿童纳入随班就读的范畴,学校设置专业的助教团队,对残疾儿童一对一关照"的方案,认为这样能有效解决"随班混读"的问题。

学校要针对残疾儿童的自身情况制定适合他们的发展计划。对于能够适应普通学校教育的残疾儿童增设有关职业培训、心理辅导和人际交往的选修课,并且加快建设高等特殊教育学院、职业培训学校,增强他们适应社会的能力。对于智力较低的儿童,可以根据其智力水平设立培智课,改变学校不让其参加正常考试或对其没有考核标准的情况。

2. 将残疾教育纳入对学校的考核标准,健全监督管理机制

针对学校拒不接收残疾儿童的现状,我们拟定了以下三个解决措施。

通过调查发现,目前政府政策还不够细化,有的学校容易钻空子以推脱拒绝招收残疾儿童入学。对此,一方面,政府应该不断完善随班就读的保障支撑体系,如建立完善的师资机制,选取部分地区开展试点研究;另一方面,在试点开展的同时,即在体系完全建立起来之前的空白期,把评判学校是否能招收某一残疾儿童的话语权从校方转移到由隶属教委的第三方机构来审批该残疾儿童的入学申请,评判该残疾儿童是否符合进入普通学校就读的标准,以保证普通学校落实随班就读政策;此外,还应对违法不接收残疾儿童的学校给予处分;通过我们的民意调查,这一设想获得了不少人的认可(图6)。

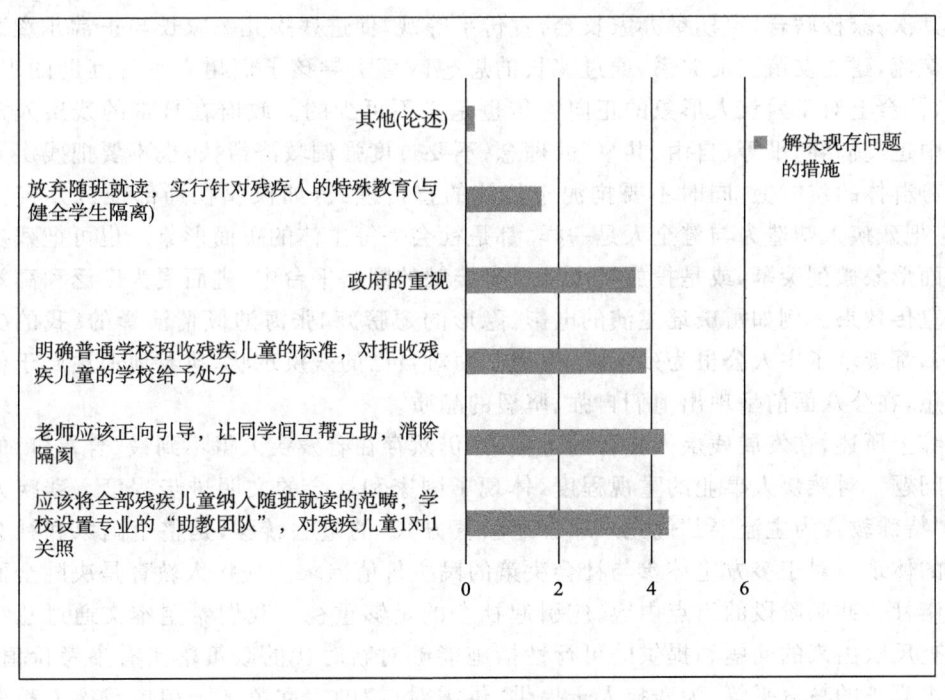

图 6 解决现存问题的措施

内因是事物发展的决定性因素,解决学校拒收残疾儿童的问题,重点应该从学校入手,鼓励学校接收残疾儿童入学。对此,我们应将残疾教育纳入对学校评优评先的考核

标准。这个考核标准,不仅仅要看学校是否容纳残疾儿童,还要看残疾儿童的培养成果。而这培养成果的评判不仅局限于文化课的成绩,更要注重多元的综合性评判。如可以依据残疾情况的不同,区分身体残疾儿童与精神残疾儿童的成绩考核标准,考核内容除包括科学文化知识,也可容纳专业的职业技能或是平时的表现情况。将学校落实第三方决策的情况与教育培养结果二者结合形成对学校的考核标准,不达标的接受惩处,出色达标的则可在其评优评先活动中加分。

为防止随班就读流于形式,还应分设一个由地区教委和残联组成的巡查小组,不定期开展巡视检查工作。巡视检查工作应独立于有关部门,以抽查形式为主,主要检查第三方机构的评判过程,学校是否真正落实了"随班就读"政策、是否存在做到能从硬件和软件上保证残疾儿童的教学质量,并检查对残疾儿童教育的教学成果。

3. 各方协助树立平等观

在社会上树立残疾人教育平等观,并非易事,还是要充分发挥老师、家长、政府的主导作用。首先,老师的正面引导至关重要,老师的引导要做到程度适宜、方法得当、不偏不倚,如适时地为残疾学生做心理辅导。主题班会的作用不应被忽视,应定期宣讲树立平等观,对残疾儿童的特长、取得的成绩给予肯定和鼓励,如在宣传栏展示他们的优秀作品;还可以做一些互动游戏,以消除健全儿童与残疾儿童之间的隔阂。平时对于健全儿童疏远、排挤、歧视残疾儿童的现象,做到及时发现与纠正,避免下一次同类现象的发生。其次,家校联合,定期举办家长会,宣传平等观,促进残疾儿童家长与正常儿童家长间的交流,建立友谊互助关系,通过家长的思想教育引导孩子们树立平等互助的观念。再次,社会上对于残疾人形象的正向宣传也是必不可少的。政府在日常的残疾人宣传工作中也应倡导"平等、自由、共享"的理念,不要过度强调救济帮扶,也不要把残疾人放在弱势群体的位置上,同时不要拘泥于传统的宣传模式,如仅仅在局部地区办宣传活动,应把残疾人塑造为与健全人是一样,都是社会平等主体的正面形象。也可把残疾人的正面形象搬到荧幕,或是投放到大众时常接触的网络平台中,进而更为广泛和高效地产生宣传效果。例如雷庆瑶主演的电影《隐形的翅膀》和张海迪倾情演绎的《我的少女时代》,都展示了主人公虽为残疾人,但勇于面对自己的残疾现状,执着地追逐属于他们的梦想,在公众面前呈现出他们自强、坚毅的品质。

综上所述,在发展残疾人教育的过程中,仍然存在着残疾人得不到最"合胃口"的教育的问题。对残疾人事业的重视程度,体现了国家和社会的文明进步程度。残疾人教育从"特殊教育为主流"到"优先采取普通教育方式"的重心转移,是整个国家和社会人权观的体现与对于多方主体参与社会决策的民主价值追求。残疾人教育是决胜全面建成小康社会冲刺阶段的重点内容,应引起社会的足够重视。我们希望本文通过总结民意调查反映出来的问题和提供的可行性措施能够对新时代的政策落实有参考价值,进而促进真正的教育平等,为残疾人士提供"供需对口"的人文关怀。相信残疾人教育的改良将会促进整个社会的良性发展。

参考文献

邓猛,赵梅菊,2013.融合教育背景下我国高等师范院校特殊教育师资培养模式改革的思考[J].教育学报,9(006):75-81.
李拉,2015.我国随班就读政策演进30年:历程、困境与对策[J].中国特殊教育,000(010):16-20.
汪斯斯,邢芸,2016.人力资本视角下的残疾人教育成本和教育收益分析[J].中国特殊教育,000(007):3-11.
谢春玲,2015.我国残疾儿童义务教育保障问题研究[D].北京:首都经济贸易大学.

改革开放40年婚姻观念变迁的调研[①]

王俊峰　刘美娟

【摘　要】改革开放不仅提高了人们的生活水平,也促进了人们观念的转变,这其中也包括婚姻观念。本次调查研究主要从婚恋观、离婚观、性观念等三个方面去考察改革开放40年来人们婚姻观念的变迁,并分析其中的影响因素。

【关键词】改革开放　婚恋观　离婚观　性观念

改革开放以来,中国社会发生了翻天覆地的变化,也改变了人们的观念。我们小组主要调查改革开放40余年来人们婚姻观念的变迁,了解观念变迁的影响因素。调查主要采取非定向问卷调查,既有线上调查,也有线下调查,共发放问卷220份,收回220份,收回率达100%;有效问卷220份,有效率达100%。我们根据调查问卷结果,同时结合国家公布的相关数据、街头采访的信息,形成此调研报告。

本次调查主要从婚恋观、离婚观、性观念等方面调研国人的婚姻观念。

一、婚恋观的变迁

(一)自主婚恋观念深入人心

婚恋形式是指一对夫妻从相识、相知、相爱到最终步入婚姻殿堂所采取的方式。调研结果显示,人们对于自由婚恋形式最为推崇。在被问到"您理想的婚恋形式"时,"自由婚恋"所占比例最高,为90.91%;"父母安排"的婚恋形式位居第二,仅占4.55%;"婚恋机构"位居第三,所占比例为3.18%。

相较于过去传统的"父母之命,媒妁之言"恋爱形式,绝大多数受访者倾向通过"自由恋爱"来与另一半相恋结婚。同时,随着互联网时代的到来,"婚介机构"及"婚介网"也已进入民众视野,成为民众寻找配偶的重要途径之一。

通过交叉分析,我们发现理想的婚恋形式与受访者的年龄和婚姻状态也呈现出一定的关系。在年龄层面,数据显示仅有0.8%的"18~39岁"的受访者倾向"父母安排",而15.79%的"60~79岁"的人选择了"父母安排",可见老年人对"父母之命,媒妁之言"这一婚恋观念的认可度还是很高的。

同时,受访者的婚姻状态和理想的婚恋形式呈现出一定的关联。数据显示,98%的

[①] 本课题指导教师王俊峰(北京工商大学马克思主义学院);课题组组长刘美娟(商英162);课题组组员:侯雅婷(商英162),李敏琴(商英161),许敏(商英162),张傲然(商英162)。

未婚人士年龄阶段在"18～19岁",而未婚人士无一认可"父母安排"和"婚恋机构",究其原因则是在改革开放40年来年轻人对婚恋形式的选择更具有自主性,未婚人士在婚恋形式的选择上更加自由,更愿意听从自己的内心,并非长辈的安排。但不可否认,长辈往往会给出一些建议,间接影响未婚人士对该段婚恋的抉择。与未婚人士的想法不同,12.65%的已婚人士和21.43%的离婚、丧偶人士选择了"父母安排"和"婚恋机构"的形式进行婚恋。他们中有一些人是通过"父母安排"这一婚恋形式与配偶步入婚姻的殿堂并生活幸福,而有一些则是经历了离婚这样的惨痛经历,通过自己的亲身经历认为"自由婚恋"不可靠,婚姻关系必须要得到双方父母的支持,因此认可"父母安排"的婚恋形式。还有部分丧偶人士认为通过"婚恋机构"提供了更多再婚对象的选择机会,因此倾向通过"婚恋机构"再次婚恋。丧偶人士中有78.5%年龄在"60～79岁",这类人群的思想较为保守,受改革开放与思想进步的影响较小,对婚恋机构的信任度低,且对网络婚介的了解甚少,因此更认可所谓的"父母之命,媒妁之言"。

(二)晚婚晚育政策已经普遍被人们接受

中国法定结婚年龄为男不得早于22周岁,女不得早于20周岁。改革开放以来,我国推行了计划生育政策,倡导晚婚晚育。法定婚龄以上三年的结婚是晚婚,即男方25周岁,女方23周岁即是晚婚。调查显示,人们普遍接受了晚婚晚育政策。在被问到"您理想的结婚年龄"时,选择"25～30岁"的所占比例最高,为66.05%;"25岁以前"排列第二,为24.19%;选择"30岁以后"结婚的比例为9.77%。通过交叉分析,我们发现理想的结婚年龄也与受访者年龄、学历、户口所在地为城镇与农村有着一定的关系。

从年龄层面来看,在"18～59岁"群体中,有70.4%的受访者认为,理想的结婚年龄为"25～30岁",而年龄较长的"60～79岁"群体中,有52.63%的人认为,"25岁以前"是理想的结婚年龄。这可以看出,老年人希望儿女早结婚,早抱孙子的良好愿望,也从侧面看出当代年轻人都接受了晚婚晚育政策。

从学历上看,"初中及以下"学历的受访者无一选择"30岁后"结婚,而"研究生"学历中有40%的受访者选择在"30岁后"结婚。可见学历越高,受访者越倾向晚婚。经过深度访谈,我们也了解到,学历高的群体,更注重对自己事业的追求,对婚姻的考虑并不太多,有时也比较挑剔,因此会选择更晚结婚(见图1)。

数据显示,户口所在地为"农村"的受访者中,36.04%的人选择在"25岁前"结婚,比户口所在地在"城镇"的受访者高25.03%。经过深度访谈,我们了解到,部分较为经济较为落后、思想较为保守的农村地区对于年轻人结婚的年龄较为苛刻。这些农村地区的人更提倡早结婚、早生子、早为家族"传香火",结婚过晚是一件不被人理解和接受的事情。然而,改革开放以来,农村经济体制改革、农业现代化以及国家宏观政策制度的松动使得农民向城市流动,加之市场经济的发展以及城市劳动就业制度的改革为进城农民提供了就业机会,使得越来越多的农民选择进城务工。这一现象使得其理想的结婚年龄有所推迟,即在户口所在地为农村的人对理想结婚年龄的限制呈现出更为乐观、宽容的发展趋势。

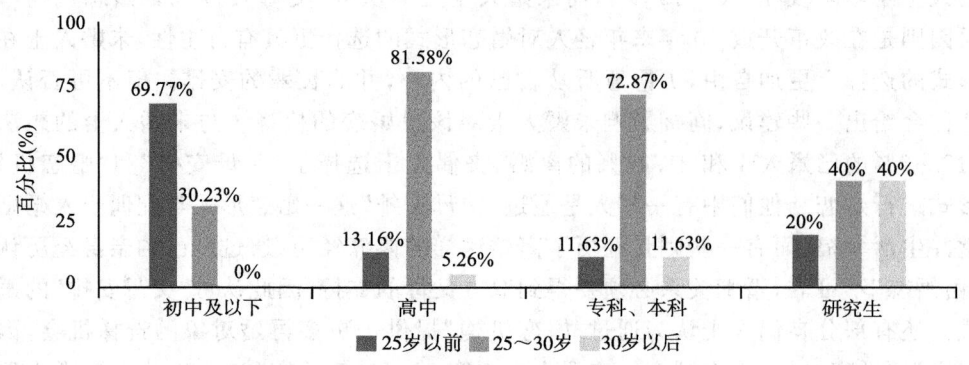

图 1 学历与理想的结婚年龄关系

(三)更加注重配偶的人品与性格

在任何时期,男女进行择偶一般都是基于一定的条件,比如"品德修养""外貌长相与健康""性格爱好""学历和才华""经济实力"和"家庭因素"等。调查显示,得分最高前三项分别为:"品德修养"得 4.57 分,"外貌长相与健康"得 3.12 分,"性格爱好"得 3.08 分,随后为"学历和才华"得 2.49 分,"经济实力"得 2.36 分,"家庭因素"得 1.67 分(见图 2)。

选项	平均综合得分
品德修养	4.57
外貌长相与健康	3.12
性格爱好	3.08
学历和才华	2.49
经济实力	2.36
家庭因素	1.67
其他	0.14

图 2 择偶条件

由此可知,在择偶时,人们更加注重个人的修养品德,而经济等是次要因素。究其原因,改革开放以来,国家以经济建设为中心,大力发展生产力,人们对于金钱物质的追求从未松懈,但物质的富有者不代表是精神的富有者。在这个提倡建设社会主义精神文明、践行社会主义核心价值观、提倡物质文明和精神文明协调发展的社会主义社会中,人民对自己及配偶的思想觉悟、道德水准和文明素养都有了更高一层的追求,这一追求也恰恰体现在民众择偶标准上。

（四）更加追求基于爱情的婚姻生活

从社会发展的长远角度来看，男女相识、相爱、最终步入婚姻殿堂是社会前进的必要推动力，每个家庭的祥和是社会稳定的决定因素。从每个普通人的角度来看，婚姻与家庭的幸福也是衡量一个人人生幸福的重要指标。那么婚姻最重要的目的是什么呢？结果显示，受访者认为婚姻最主要的目是延续爱情，即"婚姻是爱情的结果"，所占比例为57.27%；"传宗接代"排列第二，占比21.82%；"搭伙过日子"排列第三，占比10.45%；"顺应父母""受到法律保护""实现金钱物质需求"所占比例均为5%以下。

男性和女性对婚姻的最终目的看法并不一样。29.41%的男性认为婚姻的目的是"传宗接代"，比持有同一观点的女性的比例高14.16%；而女性认为婚姻的目的是"爱情的结果"的比例为61.86%，比男性比例高9.9%。

"不孝有三，无后为大""传宗接代，绵延子嗣"一直是对于婚姻的传统思想。不过这一思想伴随着改革开放的深入，已经开始慢慢瓦解。我们的调查结果显示，"18～39岁"群体中，72.8%的人认为婚姻最主要目的为"爱情的结果"，"40～59岁"群体中选择"爱情的结果"的占比也高达48.15%，远远高于选择"传宗接代"的占比25.93%；"60～79岁"年长群体有65.79%认为婚姻的最主要目的为"传宗接代"，以较高数据占据首位。

同时，学历也影响着一个人的婚恋观。数据显示，"初中及以下"学历人群中，65.12%的人认为婚姻最主要目的是"传宗接代"，而"高中"及其以上学历的人群中，60%以上的人均认为婚姻是"爱情的结果"。

调查还显示，未婚、已婚人士普遍认为，婚姻是"爱情的果实"，而离婚或丧偶人士大多不再认同婚姻是爱情的归宿，60.71%的人认为婚姻是为了"传宗接代"。

（五）对新兴婚恋现象更为包容

改革开放40年来，尤其是进入新世纪以来，婚姻中出现的许多新兴现象，如"闪婚""丁克家庭""婚前同居""老少婚""同性婚姻"等逐渐被人所知。我们的调查显示，人们对此类现象总体持包容态度。受访者对"婚前同居"的认同度最高，占比为60.91%；对"裸婚"的认可度为第二，占比32.73%；对"丁克家庭"认可度为24.55%；对"闪婚"的认可度为20%；对"同性婚姻"认可度为18.18%；对"老少婚"认可度最低，为9.09%（见图3）。

从性别来看，女性对"丁克家庭""同性婚姻"的认可度均高于男性，高出比例分别为23.83%、21.11%；男性对"闪婚"的认可度高于女性，高出10.24%。

从年龄层面来看，年轻人对种种新兴婚恋现象的认同度、接纳度、宽容度均要高于较为年长的人。其中的重要因素即为成长在改革开放、社会进步的大背景下的年轻人的思想更为自由，对新鲜事物的接受能力更强，而年长的人思想较为保守，所以对新兴婚恋现象的接受能力也相对较低。

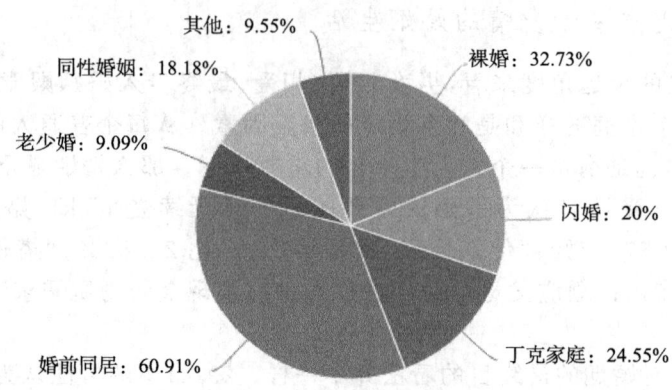

图 3 新兴婚恋现象认可度

从收入层面来看，月收入达到"6000元以上"的群体对"裸婚"的认同度较高，达到54.55%，是收入"3000元以下"群体认同比例的两倍。可以看出对"裸婚"的接受程度还取决于受访者的收入状况和经济实力，对于"纯粹"的"裸婚"并不看好。

二、离婚观的变迁

（一）逐年递增的离婚率

改革开放40年以来，中国社会的婚姻家庭正面临着一场巨大的挑战，离婚率逐年攀升。从过去的谈离婚色变，到"70后"纠结于离或不离；"80后"的"离婚没啥大不了"；再到如今"90后"感觉离婚无所谓，中国人的离婚观正在发生巨大改变。

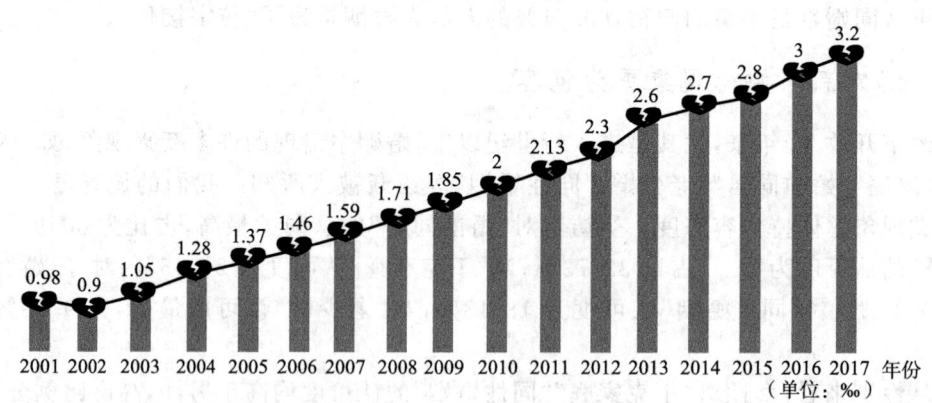

图 4　2001—2017年离婚率统计

（数据来源：民政部1987—2017年《社会服务发展统计公报》）

由图4可以看出，从2001年到2017年，离婚率由0.55‰上涨至3.2‰。31年内，除去2002年略有下降，其他年份离婚率都是逐年增长。

（二）离婚原因探究

近些年的调查显示，随着改革开放的深入，生产力的不断发展，市场经济激发出来的主体意识和自主精神使人们越来越注重缔结婚姻的精神需求，离婚原因更多的是因为感情和个人原因。

表1 2017年中国离婚率最高的十个城市

2017年中国离婚率最高的十个城市（%）									
北京	上海	深圳	广州	厦门	台北	香港	大连	杭州	哈尔滨
39	38	36.25	35	34.90	34.80	33.80	31	29	28

数据来源：中商产业研究院

从表1不难看出，城市经济发展水平与其总体离婚率成正比，这也说明了经济发展与离婚率上升有一定的直接关系。改革开放初期，人们物质条件落后，婚姻中男女双方可能只停留在低层次的生理和安全需求，比较注重考虑婚姻的经济和物质层面。但随着经济的飞跃发展，人们的需求层次上升，男女双方对婚姻的追求显然已经上升到了爱与尊重的需求，强调归属感。当收入可以支撑自己的生活，人们开始对婚姻越来越挑剔了，更多的人选择了"不将就"。这种对婚姻质量的高要求，促使人们一不合适就决定放弃婚姻。

我们同样认为，改革开放以来女性思想意识的解放以及社会地位的提高，也是导致离婚率上升的重要原因。改革开放以前，中国传统家庭中男性的权力要大于女性，女性在家庭中往往扮演一种附庸的角色，正所谓"夫唱妇随"。然而随着现代化进程的加快，女性有了与男性同等的受教育机会，女性也像男人一样进入市场的各个领域，从事各种各样的职业。女性经济地位和社会地位的提高使她们不再依附男子，在社会和家庭生活中的独立性和自主性增强。一旦她们不满于自己的婚姻现状，便会选择离婚，去寻找美好的婚姻。现在多半的离婚是由女性提出的，也正是印证了这一点。

三、性观念的变迁

（一）更为开放的性观念

调查显示，极少部分人认为性生活在维系婚姻稳定方面起到特别重要的作用。在维系婚姻稳定方面，排在前三的重要因素分别为：夫妻间的相互信任与理解、物质经济和爱情。仅有2人认为"性生活"是维系婚姻稳定的第一重要因素，分别是1名60～79岁的女性和1名18～39岁的女性，占比仅为0.91%；5人认为"性生活"是维系婚姻稳定的第二重要因素，分别是2名40～59岁的女性和3名18～39岁的男性，占比为2.43%；15人认为"性生活"是维系婚姻稳定的第三重要因素，分别是5名18～39岁的男性、2名40～59岁的男性、7名18～39岁的女性以及1名40～59岁的女性，占比为7.85%。

从性别角度来看,共有10名男性认为"性生活"在维系婚姻稳定中起到重要作用,占男性总人数的9.80%,共有12名女性认为"性生活"在维系婚姻稳定中起到重要作用,占女性总人数的10.17%。从年龄角度来看,16名18~39岁的人认为"性生活"在维系婚姻稳定中起到重要作用,占该年龄段总人数125人的12.80%;5名40~59岁的人认为"性生活"在维系婚姻稳定中起到重要作用,占该年龄段总人数54人的9.26%;1名60~79岁的人认为"性生活"在维系婚姻稳定中起到重要作用,占该年龄段总人数38人的2.63%。我们发现女性对性生活的重视程度略高于男性,青年人对性生活的重视程度略高于中年人,远高于老年人。

这些数据深刻体现了改革开放以来人们思想观念方面发生的变化。以前的女性深受古代男权社会的影响,多数人的性观念保守,谈"性"色变或是耻于谈性,对性生活多是被迫接受而很少享有自主权。改革开放以前社会统一的思想标准,来自社会规范的压力使得统一价值观念很难发生变化。而改革开放以来,社会倡导自由与权力,对人们的意识形态放松约束,人们也呈现出多元化的性观念,虽然总体性观念还是趋于严肃和保守,但是性观念的开放趋势也开始明朗化。生长和成长在改革开放浪潮之下的青年人和中年人,随着国门的打开,通信的日益便捷,更易接触到各种先进的媒介,外界的新潮思想流入中国,冲击传统的主流思想,性观念也更加自由开放,并且也更加习惯于勇敢表达出自己对于性的看法,因而可以发现青年人、中年人对性生活的重视程度远高于老年人。

(二)对性与婚姻生活关系的认识更为成熟

由图5可知,超过半数的人能够接受婚前性行为,大致分布在18~39岁、40~59岁,其中男性的接受程度更高,占男性总人数的65.69%,女性的接受程度略低于男性,

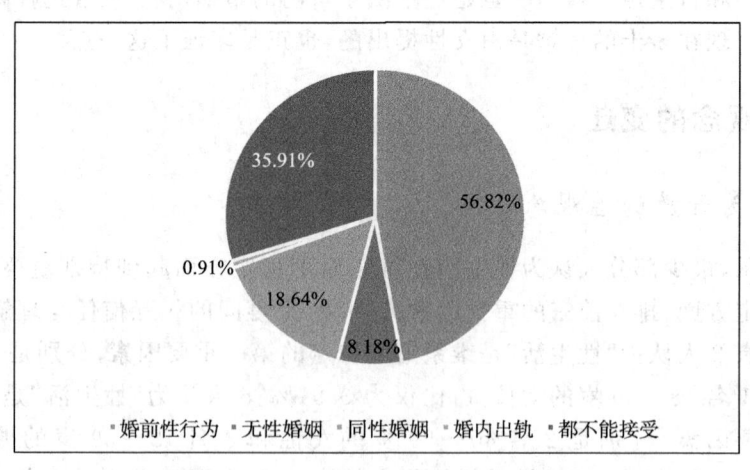

图5 人们对各种婚姻形式的接受度

占女性总人数的49.15%,初中及以下的人群的接受度是25.58%,高中人群的接受度是57.89%,专科、本科人群的接受度是64.34%,研究生人群的接受度是90%。改革开放带来新的社会思潮,在此阶段成长的人思想相较于改革开放之前的人的思想更为开放。受教育程度越高,人们更容易接触到新潮开放的思想,因而对性观念的态度更加开放。我们曾采访过受访者,其中一位男研究生表示,当今社会是个开放包容的时代,他能理解出现的多种婚姻方式。他自己是个比较容易接受新鲜事物的人,认为性生活是婚姻中必不可少的一环,对于促进双方交流感情,维持婚姻稳定有很大作用,当两个人在结婚之前,感情到位的时候发生性关系是合乎情理的,因此婚前性行为是可以接受的。

我们还了解到极少部分约占总人数8.18%的人能接受无性婚姻,其中男性的接受程度较低,占男性总人数的5.88%,女性的接受程度略高,占女性总人数的10.17%。小部分约占总人数18.64%的人能接受同性婚姻,其年龄段多集中在专科、本科阶段。我们发现,男性在同性婚姻方面的观念相对保守,其接受程度远低于女性,占男性总人数的7.84%,女性的接受程度则接近男性的四倍。

(三)对婚内出轨的态度

我们发现,当今社会对婚内出轨的容忍度更低,受访者中仅有2人能接受婚内出轨。过去的人因为经济、名誉或者面子等因素更倾向于选择原谅,而如今,改革开放使得社会规范对人们的约束减弱,人们更加自由自主,对婚姻忠诚度的要求更高,对婚内出轨的容忍度更低。一位25岁的受访者表示,婚内出轨已经不是婚姻形式的范畴内了,婚姻双方最重要的是互相尊重,出轨不但是不尊重对方的行为,更是不忠诚不诚信的表现。生活中会面临或多或少的诱惑与选择,人的本性就是追逐更好的事物,但婚姻中,"出轨是本能,而忠诚是选择",既然选择了婚姻,就应当从一而终,既是对他人负责,维系婚姻关系的必然选择,也是一个人应有的道德。

四、结论

依据问卷数据分析,再结合深入的访谈,可以初步得出以下结论:

第一,在婚恋观方面,民众思想更加新潮,恋爱观念呈现出自主多元的特点,男女对于婚姻目的、择偶标准等存在一些差异。且人们对于爱情、婚姻的认识有了更加深刻的认识,对于家暴、行为不端等行为更加呈现零容忍的态度。

第二,在生育观念方面,生育不再是一个必须选项,养孩子也不再是为了养儿防老,人们自我意识更加突出,生育也更多地成为自己个人选择的范畴。在法律允许的情况下,多数人想生两个孩子。

第三,在离婚观念方面,由于越来越多的人不再受限于经济条件的桎梏和封建思想的束缚,更加看重婚姻所能体现的情感需求。他们不再选择勉强维持婚姻,从而导致离婚率攀升且离婚趋势正演变为"情感离婚"。

第四,在性观念方面,过去人们都是"谈性色变",而现在性被越来越多人的提及并重视。调查对象普遍认为,性生活在婚姻生活中也扮演着重要的角色。性生活不仅是身体的交流,更是情感的交流,这种亲密的交流能使我们表达出言语无法表达的依恋与爱。性生活的和谐与融洽能够促进感情的发展,相反,性生活得不到满足与快乐,双方的感情也会产生隔阂与矛盾,甚至进而影响婚姻,造成婚姻危机。这些都表明人们性观念的不断开放。

改革开放以来北京市高校毕业生就业渠道演变调研①

孟繁宾　韩　悦

【摘　要】 改革开放以来,大学毕业生的就业问题一直是人们高度重视的话题。本文以抽样调查方式对不同时期北京市本科层次普通高校毕业生(不包括三本学校)的就业情况进行分析研究。研究结果表明,政策体系的逐步完善使就业渠道呈现多样化,但经济下行、高校培养方式落后、毕业生就业期望过高仍然是制约就业的关键因素。为此,文章从政府、高校、企业的角度提出促进大学生就业的对策,同时引导大学生树立正确的择业观和就业观,敢于经受锻炼,接受考验,提升自身综合素质以便更好地适应社会。

【关键词】 高校毕业生;就业渠道;对策

近几年,关于拓宽大学生就业渠道方面的关注度越来越高。许多人从国家、学校、社会、学生个人等方面提出建议。但实际上,关于拓宽大学毕业生就业渠道方面的资料并不是特别系统。基于这种情况,本小组以北京市的本科高校毕业生为例,通过调查改革开放以来他们第一次就业时的就业渠道的演变过程,并结合国家、学校、社会、学生个人等方面进行研究,提出了一些我们认为可供借鉴的建议,意在提高大学生提升自我的意识感,为解决当前毕业生就业问题献言献策。

本次调查主要采取的是网上问卷发放调查,兼有文献查阅、媒体报告参考等形式。调查对象全部为改革开放以来北京市本科高校的毕业生。调查时间为2018年暑假7月26日至8月19日,共计25天。网络问卷共发放318份,有效问卷318份,有效率100%。其中,男性占40.57%,女性占59.43%。受访者中,生源地在北京的比例占6.92%;在上海、广州、深圳的占3.14%;在重庆、天津的占8.81%;在省会城市的占10.38%;在普通城市的占20.13%;在县城的占21.07%;在农村的占28.93%;在国外的占0.63%。本次调查改革开放以来本科高校毕业生的就业渠道,我们小组将这个时间段分为1978—1990年、1991—2000年、2001—2010年、2011—2018年四个时间段,每个时间段的情况都独立调查,最后以这些时间段的不同情况来分析就业渠道的演变。受访者中,2011—2018年的占比最高,为66.35%;2001—2010年次之,为22.64%;1991—2000年占比7.55%;1978—1990年占比最少,为3.46%。

---

① 本课题指导老师孟繁宾(北京工商大学马克思主义学院);课题组长韩悦(材料172);课题组员:魏诗艺(材料172),赫然(材料172),赵春燕(材料172),全梓萌(材料172),纳婷(材料172)。

一、改革开放以来北京市高校毕业生就业渠道的演变及分析

(一)北京市高校毕业生第一次就业渠道演变情况

1. 第一次就业时的最高学历

根据调查问卷结果显示,第一次就业时毕业于"985""211"院校的比例基本保持不变,而毕业于普通一本院校的比例从9.09%稳步上升至27.01%,毕业于普通二本院校的比例从63.64%下降至45.5%。由此可以看出,第一次就业时的学历呈上升趋势。改革开放以来,我国高等教育模式取得了跨越式发展,高等教育作用日益凸显。改革开放之前,我国将高等教育属性定为上层建筑,教育经费长期徘徊在占国内生产总值3%以下;1978年改革开放以后,国家冲破"左"的思想束缚,强调科学技术的重要作用,制定了一系列决策,如《关于教育体制改革的决定》《中国教育改革和发展纲要》,大大提高了全社会对教育的重视程度,大学生在第一次就业时的学历也越来越高。

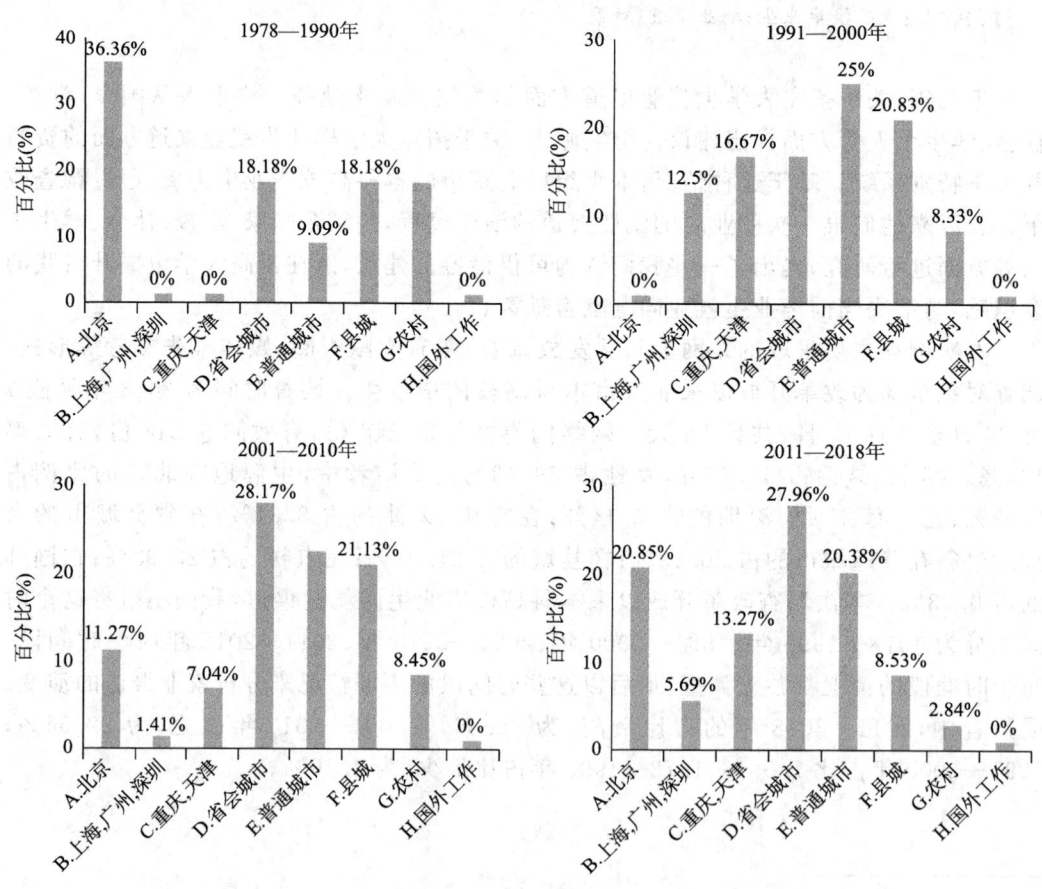

图1 北京市高校毕业生第一次就业地分布图

2.第一次就业时的就业地

由图1可以看出,随着改革开放的深入推展,城乡差距逐渐减小,城市建设逐渐兴起,人们心之向往的大都市不再只有首都北京,而是呈现一种平均分散化的状态,几乎半数的人就业时选择的城市为省会城市,普通城市,这表明第一次就业时的就业地逐渐不再有明显的比例差异。

3.第一次就业时的就业类型

根据调查结果显示,国企和私企一直是毕业生的就业热点选择,在民企就业的比例则有了长足的进步,从9.09%增长到15.64%。同时,在科研机关就业的比例从0增长到6.64%,这在一定程度上说明了国家对科研项目的扶持,也说明改革开放以来我国科技水平的提高,毕业生不再满足于解决饥饱问题,而是胸怀天下,为国家的进步和民族的发展做出自己的贡献。同时,随着我国改革开放的进一步深化,特别是加入了WTO(世界贸易组织)之后,中国的社会形势发生了改变:我国高校实行扩招,毕业生人数逐年递增,且又值政府机构精简、国有企业减员增效、下岗分流,就业矛盾突出。在就业认识上,逐渐打破机关、事业、企业和国有、集体、民企之间的等级观念,"创业也是就业"成为普遍接受的观念。

4.第一次就业时的工作与专业是否对口

据调查结果显示,改革开放以来,第一次就业时的工作与专业完全对口的比例从63.64%下降至38.39%,工作与专业相关的比例基本稳定在35%,而完全不对口的比例从0陡升至20.33%。由此可以得出两个结论:第一,改革开放,经济发展,高等教育发展日益成熟,一个岗位的应聘者越来越多,高精尖人才队伍逐渐壮大,所以工作与专业的对口机会越来越小。第二,改革开放带来机遇与发展,使人们的心理不再保守内敛,更有勇气面对工作与专业不对口的挑战。

5.第一次就业时的职业类型

由图2可以看出,随着改革开放,越来越多的人投身于IT、金融、房地产、餐饮等与市场经济联系密切的行业。中国改革开放40年,经济战略地位逐步提升,青年就业观念上也表现出了经济取向的强化,经济意识普遍增长。青年随着经济意识强化而更主动地投身市场经济。这是一个国家"发展才是硬道理"的转变,这种转变是务实的体现,是质的飞跃。

6.第一次就业前获取就业信息的方式和通过何种方式获得第一份工作

根据调查结果显示,由分配获取就业信息的比例从45.45%下降至6.16%;校园招聘比例基本不变,是毕业生获取就业信息的主要途径之一。从1978年到1980年中期,城市青年中,由于高等教育仍然是一种高度集中的计划管理模式,就业实行的是"统包统分",由国家包下来分配工作,负责到底。当时,考上大学就相当于有了"铁饭碗",该阶段中国青年的择业观念比较被动、单一。从1985年开始,我国对大学毕业生的就业制度分步骤、分层次地逐步进行改革;1989年提出的改革目标:在国家就业方针政策指导下,逐步实行毕业生自主择业,用人单位择优录用的"双向选择"制度。这一改革将竞争机制引入高校,使毕业生就业逐渐走向市场化,从而使分配这一就业方式的比例得到

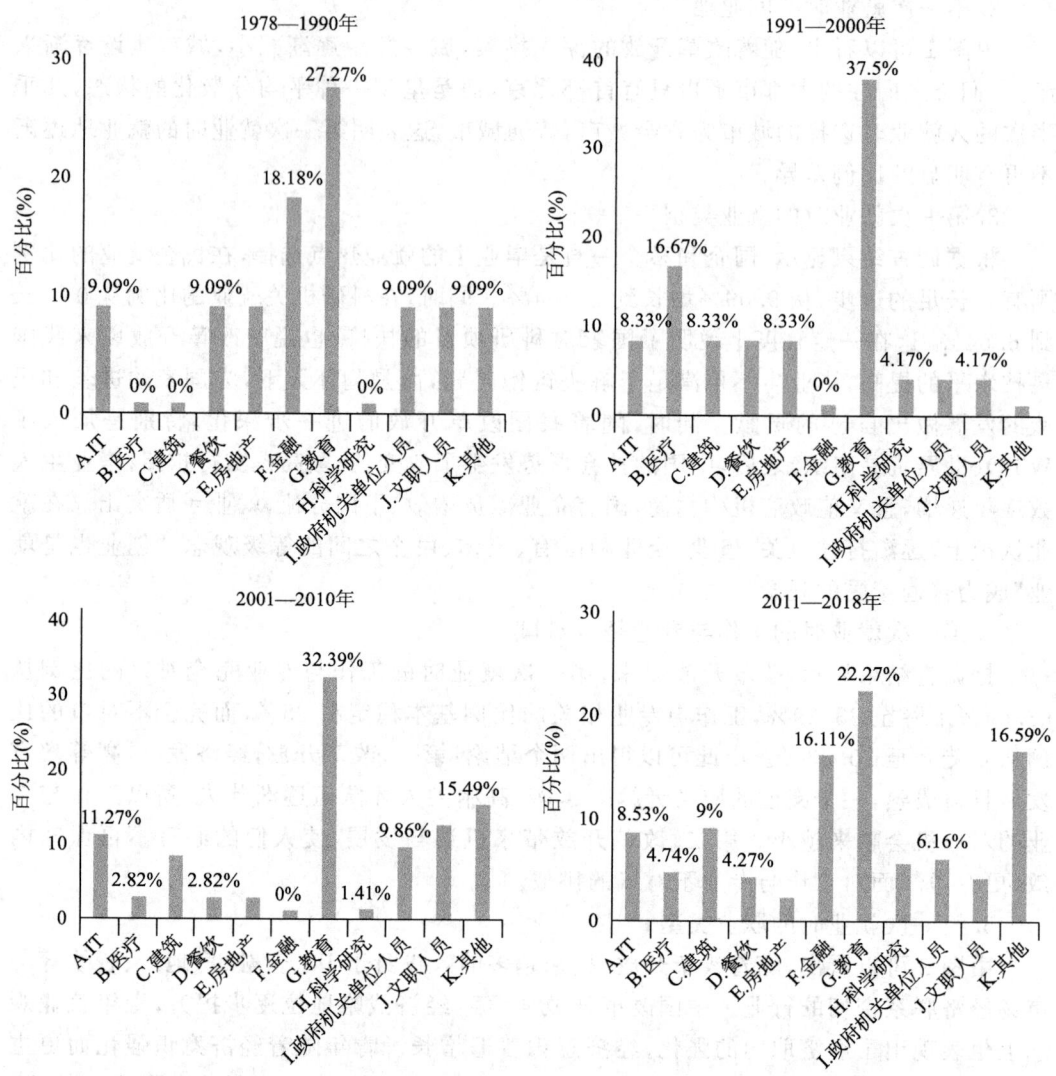

图 2 北京市高校毕业生第一次就业的职业类型分布图

下降。而同时,毕业生处于学校这个小社会中,自然基本都能在学校的校园招聘中获得就业信息并找到工作。

7. 第一次就业时与毕业的时间间隔

据调查显示,毕业后一个月之内完成就业的比例从 36.36% 上升至 55.92%,而毕业后一年完成就业的比例从 0 上升至 7.11%。随着改革开放,信息时代的发展,大学不再是一个封闭的社会,很多大学生在大三便开始进行职业选择,因此,在毕业时便能直接找到工作岗位就业。

在本次问卷中,有 48.58% 的被调查者认为,解决当前就业问题的最重要方法是"提高职业技能,提高就业技巧,调整择业期望值,调整就业心态",有 23.97% 的被调查者认为,最重要的方法是"提高人品素质与职业素养使自己的品质更符合用人单位的要求"。而关于"得到学校哪些方面的指导和服务最重要,最有效",超过三成的人认为是职业生涯规划和职后发展指导,近两成的认为是收集和整理社会上有关人才需求的信息。

(二)北京市高校毕业生就业渠道演变的影响因素

随着我国基础教育的不断发展,本科升学率也在逐渐提高,各大高校正处于广泛招生的时期。生源的扩大对应每年毕业生人数的激增,然而市场不足以支撑大量毕业生流入社会,就业压力随即变大。因此,大学生毕业后的就业渠道问题就更加值得我们研究探讨。

1.大学生就业渠道演变的主观因素

现如今,大学生面临着"毕业即失业"这一严峻的问题,而主要原因在于大学生在临近毕业时对自己的职业规划不够完善。其中,主观因素影响了一部分大学生在毕业时的选择,相比于传统就业,创业、继承家业和自由职业等更容易受主观因素影响。

(1)非传统就业方式的演变

随着时代的改变和互联网的发展,大学生们的就业方式越来越多,开网店、创业、全职家教、自由职业等都是许多大学生所选择的生存方式。改革开放初期,受到当时国内市场经济和先进观念的影响,少数非传统就业的大学生们多是继承家业或是自主创业。这部分大学生受家庭因素以及个人因素影响较大。21世纪初期,互联网在中国飞速地发展,由此也产生了许多线上职业,如电商、自媒体等。选择这类行业的大学生基于现今市场的发展趋势,也受到政府的大力支持,开辟了更多新的非传统就业方式。创业的多样性也随着社会发展而发生着改变,从20世纪的开工厂、"个体户",到现如今的网店、网络经营等等,就业机会大大增加。

(2)高校就业教育与大学生就业意愿对就业渠道的影响

近年来各大高校扩招,毕业生就业压力增大,应届生的就业问题也不同于改革开放初期。伴随着人工智能的发展,社会岗位只少不多,无疑给竞争日益激烈的大学生带来更多不利。于是,极少数大学生在临近毕业时会感到迷茫和巨大的压力,"临时抱佛脚"选择一个并不适合自己的工作,甚至会放弃就业。因此,为了减少这种情况的发生,各大高校相继采取措施,如举办就业问题研讨会、开办职业生涯规划课,并对学生进行专业的就业指导等。这些举措实质上减缓了学生们在就业时心理上的不安和迷茫,使毕业生在就业时更加自信,也为学校的就业率做出巨大的贡献。此外,毕业生对于工作条件、待遇等也做出了积极的反馈。调查结果显示,现在越来越多的大学生更加在意工作待遇和未来发展(图3),因此,毕业生在求职时会更多考虑自身经济以及发展前景。此外,求职者是否有一定的就职经验也是自身优势强弱的重要评判标准。

2.大学生就业渠道演变的客观因素

大学生就业不仅在于自身因素,更多的是受外在条件因素的影响。找工作对于刚毕业的大学生来说迫在眉睫,于是就业渠道的选择成了大学生找工作的必要条件。是

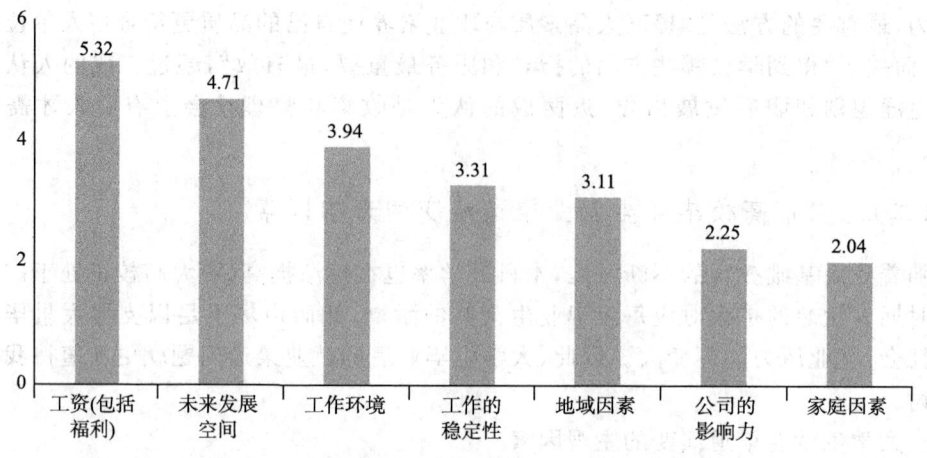

图3 北京市高校毕业生对工作因素重要性排序

"广撒网"还是明确目标,相信每个毕业生都做过这样的选择。经过我们的调查(图4),找出了影响这一选择的几个主要因素。

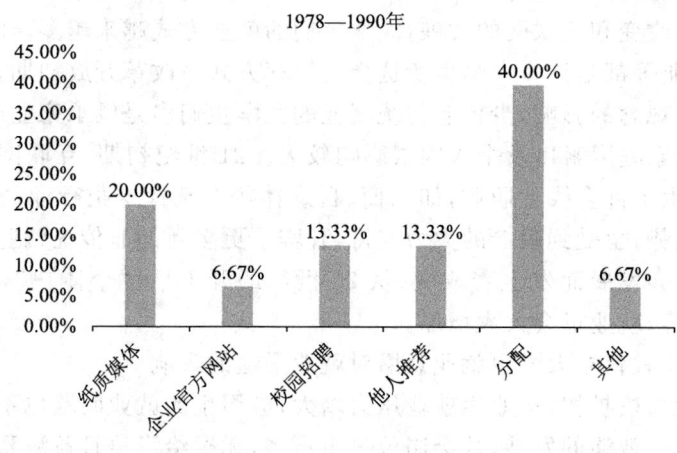

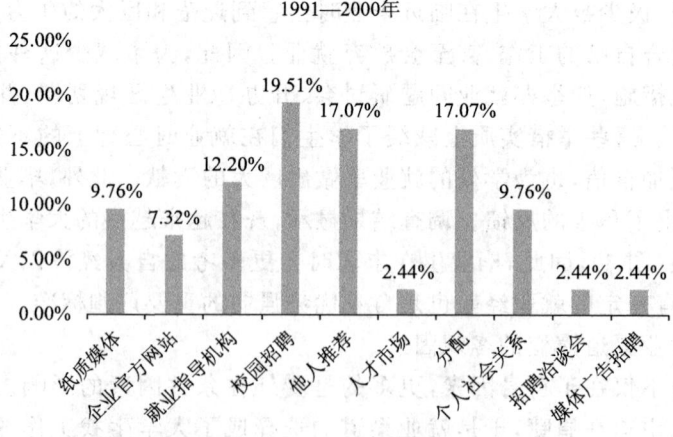

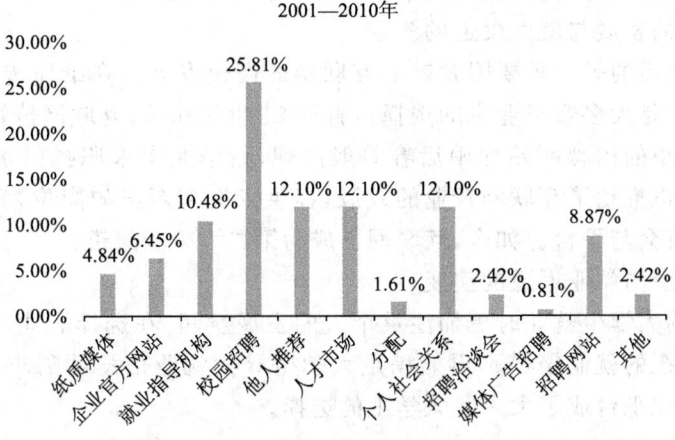

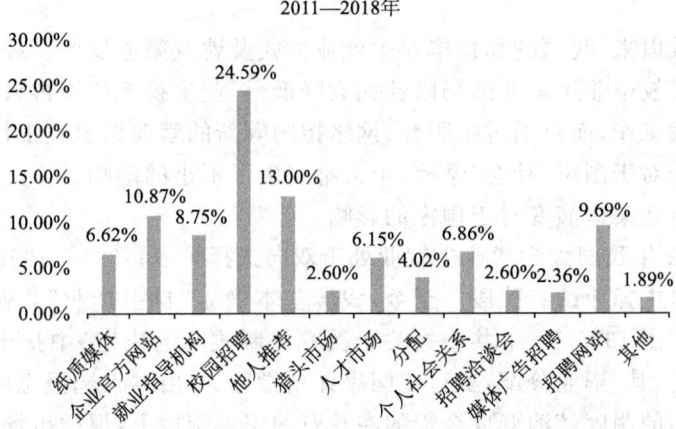

图 4　北京市高校毕业生获取就业信息的方式比例图

(1) 高校提供的就业渠道的演变

改革开放初期,各大高校大多采取包分配的就业模式,这种方式在当时有效地解决了大学生就业问题。但随着市场经济体制愈加完善,这种分配模式开始出现了倾斜,工作岗位不足以满足全部大学生的就业。毕业生之间竞争日益激烈,求职方式逐渐市场化,包分配也仅在少数教育专业或其他部分专业存在。于是,高校想出了新的应对措施,定期举办校园招聘大会、邀请企业来校宣传等。这样不仅大大缩小了毕业生找工作的时间还提高了就业质量,现如今这种招聘方式已成为主流方式之一。

(2) 国家政策影响就业渠道的演变

我国改革开放初期,就业政策确立了劳动中的双向选择关系,促使劳动合同的生成。社会主义市场经济逐步完善,国家规范了劳动市场的管理制度。2006 年,人事部、教育部、财政部、劳动和社会保障部、国务院国有资产监督管理委员会、国防科学技术工业委员会联合发布《关于建立高校毕业生就业见习制度的通知》,帮助毕业生及时就业。2009 年,国务院办公厅发布了《关于加强普通高等学校毕业生就业工作的通知》,更加明确了采取有效措施的必要性,为大学生就业提供新渠道。

(3)互联网的发展与就业渠道的演变

影响就业渠道的另一重要因素就是互联网的高速发展。在纸质传媒时期,参加招聘会或上门求职是大多数毕业生的选择。直到21世纪初期,互联网传媒掀起了一股时代潮流,大大小小的招聘网站如雨后春笋般出现,给毕业生求职提供了更加广阔的平台。与此同时,也推动了互联网行业的发展,提供了更多新鲜的岗位,为大学生提供更多展示自我的机会与平台。如今,互联网已成为第二大就业渠道。

(4)社会发展与就业渠道的演变

当今社会的大学生就业时更加注重个人的发展空间,在选择职业时也会考虑更多因素。因此,传统的就业渠道不再能满足大学生寻找就业信息的需求,越来越多个性化、多元化的求职平台成了大多数大学生的选择。

(三)北京市高校毕业生就业渠道演变的影响

自改革开放以来,我国的高校毕业生就业方式及就业渠道发生了翻天覆地的变化。这些变化使得高校毕业生就业的局限性大大降低,毕业生找工作不再只是通过报纸、熟人介绍的方式找工作,而是通过招聘会、网络招聘等新的就业渠道找工作。高校毕业生就业渠道的演变对于国家、社会、学校、个人都产生了不小的影响。

1.大学生就业渠道演变对于国家的影响

1985—1992年我国大学毕业生就业处于双向选择阶段;1993—1998年我国大学毕业生就业处于自主择业试点阶段。至今,我国基本确立"自主择业"的就业政策。我国大学生就业政策由1985年《中共中央关于教育体制改革的决定》中指出的对于国家招生计划内的学生,其"毕业分配,实行在国家计划指导下,由本人选报志愿、学校推荐、用人单位择优录用的制度。"演变成今天的在政府的宏观调控下,根据市场的需求,大学毕业生自己选择职业,毕业不等于就业。这样大学生就可以通过更多的就业渠道进入民企、外企等企业,大学生不再拘泥于国企与政府机关。进入民企等中小型企业,大学生发挥自己的专业知识,为民企的经营模式等带来先进的理念,促进了我国民企的发展,从而促进了我国经济的发展。

近年来,我国鼓励大学生多渠道就业,所以大学生们开始通过网络等各种现代就业渠道找到可以发挥自己专业知识的工作或者选择创业。选择创业的大学生越来越多,我国因此突破了一些发展的瓶颈,也为我国带来了更多新的经济发展途径。大学生就业渠道的多样化演变,让大学生们发挥自己的专业知识及他们的创造性思维,使我国经济发展不再单一,也为我国经济发展带来新的发展途径(图5)。

2.大学生就业渠道演变对于社会的影响

我国大学生就业渠道的多样化发展让大学生更加容易进入各个单位、各个行业就业。通过网络,大学毕业生可以了解到需要人才的单位,这样可以实现单位与学生的互惠互利。大学生发挥其专业知识,可以带动单位的发展,让比较落后的单位也可以跟上国家的发展步伐。社会上各个行业都向前发展,从而造就了国家的发展。

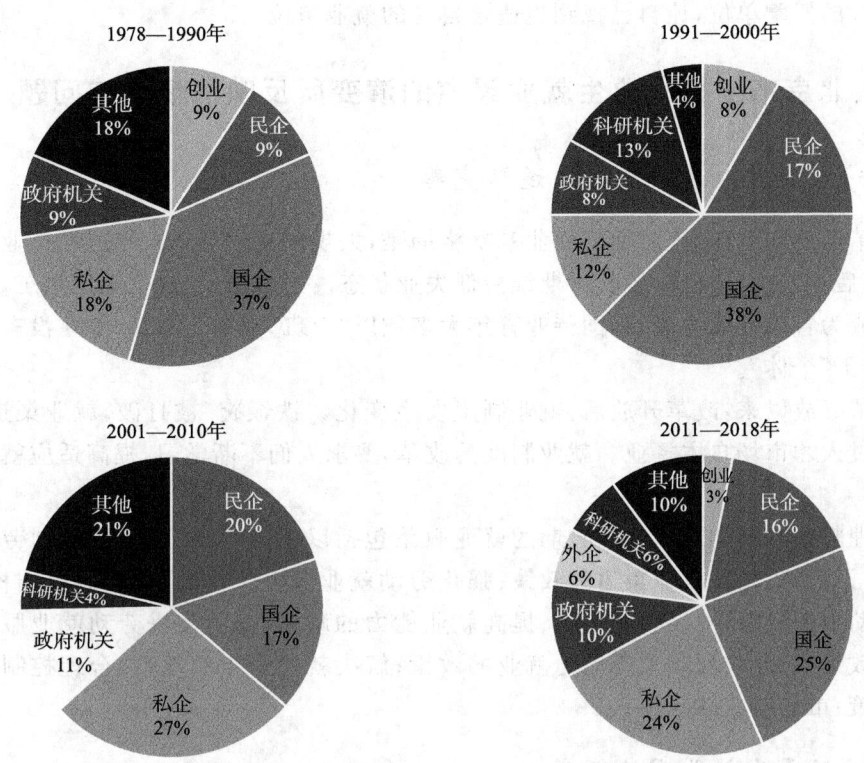

图5 北京市高校毕业生第一次就业的类型比例图

3.大学生就业渠道演变对于学校的影响

学校是国家人才的摇篮,每一所学校都希望可以培养出为国家做出贡献的人才。对于学校来说,大学生就业渠道的多样化演变使得每一个学生都有更多的机会可以获得工作,可以为国家做出贡献。同理,每一个单位都会收到各种人才的简历,大部分学生的能力也会因他的毕业院校不同而有所差异。每一位学生的能力也代表着他的毕业院校。每一所学校都面临着他们的毕业生是否能在"最不缺人才的社会"里找到满意的工作的现实问题。为了提高毕业生的就业率及就业的质量,高校会提高自身的教育水平,重视培养学生的综合能力,让他们的毕业生可以在毕业后找到一份满意的工作,最大化体现出大学毕业生的价值。

4.大学生就业渠道演变对于学生的影响

在改革开放以来,从原来的"统包统分"到现在的"自主择业"的过程中,大学生都需要凭借自己的专业知识找到合适的工作。大学生就业渠道的多样化演变让大学生在毕业后可以了解到更多用人单位的招聘信息,增加自己的就业机会。近几年来,我国大学生的就业压力不断增大。因为就业渠道的多样化,可以让招聘公司有更多的人才可供选择,所以能力一般的大学生很难找到一份满意的工作。大学生就业渠道的多样化演变加大了大学毕业生的就业压力,但是却可以让每一位大学毕业生清楚地认识到自己能力的不足,从而加强自己的综合能力;就业渠道的多样化转变还让大学毕业生有机会接触更多的招聘单位,让自己找到更适合自己的就业单位。

二、北京市高校毕业生就业渠道的演变所反映的情况与问题

(一)国家就业政策和体系逐渐完善

改革前期的就业:该时期的就业基本格局是,大规模上山下乡青年返城待业即公开失业,而后很快得到解决,较长时期维持低失业状态。当时国家分配,工厂招工,退休子女接班成为青年就业主流,全国待业青年大多数以"上班"为第一考虑,实在没有出路的话,才会干"个体"。

改革开放以来:改革开放后,就业制度发生变化,"铁饭碗"被打破,就业渠道拓宽,人们通过人才市场自主择业。就业制度的改革,要求人们不断学习,提高适应就业变化的能力。

治理整顿时期和深化改革时期的就业政策包括以下内容:治理整顿控制劳动力的政策;广开门路、拓宽就业渠道的政策;强化劳动就业服务工作的政策;调整结构、合理配置劳动力的政策;发展教育培训、提高就业能力的政策;大力促进劳动就业服务企业发展的政策;引导农村剩余劳动力就业的政策;解决就业难点的政策;合理控制企业裁员的政策;市场就业的政策。

(二)毕业生就业观的衍变

改革开放后,我国大学生的就业观念经历了服从分配、双向选择、自主择业三个阶段。

1. 服从分配

从1978年到20世纪80年代中期,由于国家的计划经济体制的惯性,就业实行"统包统分"的政策,在该时期大学生的就业观念分为三种:第一,大学生受到计划思想的制约,有关部门不重视大学生职业意识的培养,所以这一时期的大学生择业不主动,形式也比较单一。第二,当时的形势迫使大学生在面对择业显得很被动,择业标准变得个性化。第三,在大多数人的择业观中,更倾向于选择在城市就业,而非农村。几乎所有的毕业生都觉得在城里谋得一份好工作更有利于自己将来的发展,毕业生很少走向"个体户"或商业、服务业等第三产业,选择毕业后回农村发展的更是少见。

2. 双向选择

自1985年起,在高等学校毕业生的就业制度方面,我国分步骤、分层次地进行了改革。1989年,毕业生就业制度上出现了一个重大转折:就业逐渐走向市场化,国家也开始贯彻"双向选择"制度(指毕业生与用人单位直接见面相互选择的就业方式,也是以毕业生和用人单位为主体的市场就业方式)。这是顺应国家教育体制改革的要求所进行的毕业生就业制度改革的方向和目标,也是人事制度改革的主要组成部分。另外,在该阶段就职岗位形成无序流动,因为在20世纪80年代中后期,越来越多的毕业生有"先就业后择业"的就业观理念,这使得就业市场出现活跃的人才流动。

3. 自主就业

1993年，国家开始贯彻落实少数毕业生由国家安排就业、多数由学生"自主择业"的就业制度，摒弃了"统包统分"的理念。在该阶段，择业的首要标准是发展前景，机关、事业、企业和国有、集体、个体之间的等级观念逐渐被打破。另外，大学毕业生开始逐渐接受"创业也是就业的一种方式"这个理念，他们开始有了各自的择业目标，自主择业意识也开始增强。

（三）普通高校毕业生就业压力仍然较大

近些年，随着地方高校数量的增多和规模的扩大，我国普通高等学校毕业生数量持续增长，未就业毕业生规模也持续扩大。导致高校毕业生就业困难的原因主要有三点：一是有时经济下行压力下，国内劳动力市场需求萎缩。二是高校教育内容与培养方式落后，不适应经济发展要求。三是毕业生就业期望值过高。高等教育是我国高素质人才的主要来源，在改革开放以来经济的快速发展中发挥了重要作用。但由于高校教育内容和培养方式改革滞后，加之高校为求"发展"盲目扩大规模和生源、毕业生就业心态不合理，不仅带来普遍的"学用脱钩"现象，更使未就业高校毕业生逐年积累，形成日益庞大的"高学历"失业大军。如果高校没有针对此类问题进行在教育内容和培养方式上的改革完善，那么未来一段时间内，高校毕业生的就业问题将更加严峻，并会成为我国未来就业的重点和难点问题。

（四）农村剩余劳动力转移的挑战与机遇

近年来，我国高达数千万的农村转出人口流入城市和城镇，这一方面为实现农村规模化、产业化发展创造了条件，也一定程度上缓解了部分地区的企业"用工荒"和地方基础设施建设的劳动力缺口。但户籍制度以及附着其上的保障制度的差异性，导致农村转移劳动力真正实现市民化困难，不仅一定程度上抵消了相关政策的效果，而且转移劳动力在城市的边缘化很容易成为城市发展的不稳定因素。农村剩余劳动力的转移，不仅有利于一定程度上缓解人口拐点的压力，为产业转型升级留足空间，也有利于实现农业规模化、现代化发展。尤其是作为未来一段时间我国经济发展重要动力的新型城市化，重点集中于人的市民化，这为农村剩余劳动力的高效转移带来了难得的机遇。《国家新型城镇规划（2014—2020年）》提出，到2020年我国常住人口城镇化率达到60%左右，户籍人口城镇化率达到45%左右。而在国家限制部分城市人口规模、引导农业转移人口更多进入二级及以下城市的背景下，各级地方城市将面临越来越大的转移成本压力。如何抓住农村剩余劳动力转移带来的机遇，同时尽量降低转移成本，将成为各级政府必须认真解决的现实问题。

三、针对北京市高校毕业生就业渠道的演变所反映的情况与问题的对策及建议

近年来，随着高校的扩招，毕业生就业竞争异常激烈，就业形势日益严峻。加之当

前全球金融危机的影响,毕业生的就业受到前所未有的挑战,大学生在毕业后能否顺利就业,已成为全社会普遍关注的热点问题。解决大学生就业难的问题事关大学生的切身利益,更关系到国家的发展,社会的和谐稳定,需要政府、企业、高校和大学生共同的努力。

(一)政府方面

1.当前我国高校毕业生就业方针:市场导向,政府调控,学校推荐,双向选择,自主择业。其中,政府的作用尤为突出。为了促进就业,政府应推进体制机制改革,畅通毕业生到城乡基层、中西部地区、中小企业就业的渠道。采取鼓励性政策,引导更多的毕业生到城乡基层、中西部地区特别是祖国建设最需要的地方就业、创业。

2.强化服务培训,挖掘更多适合毕业生特点的就业岗位。要结合加快转变经济发展方式,培育发展战略性新兴产业,推进产业结构优化升级,创造更多适合大学生知识结构和就业意愿的岗位。同时要加强就业需求预测,引导高校优化专业设置,改革培养模式。

3.创造公平就业环境,努力解决好家庭困难毕业生、残疾人毕业生等群体的就业问题。要实施基层就业项目,鼓励引导高校毕业生到基层就业;实施就业援助,对就业困难的毕业生托底安置;要认真落实取消就业体检中乙肝检测项目的规定,维护公平就业权利。

(二)高校方面

1.首先要搞好素质教育,提高学生的就业能力和创业能力。注重教育理念的转变和创新,即教育理念必须从"知识本位、技能本位"向"素质本位、人格本位"转变,可采取多层次多方面模式如"精英模式—团体模式—制度模式—系统模式"等去培养学生,让学生各方面能力提高,从而提高学生的社会适应能力(包含职业适应能力)和对国家和事业的忠诚度。

2.要变单纯的精专业教育为通识教育基础上的大专业教育。无论是创业还是就业,大学生都应该有较为广博的知识。无论是创业还是各类性质的创新,都需要多学科知识融会贯通。纵观企业界、科技界、文学界及其他各界的成功人士,依靠单一学科闯天下而成功者几乎没有。

3.建立完善大学生就业服务体系。高校要尽快建立和完善集教育、管理、指导和服务等功能于一体的毕业生就业指导和服务体系。为大学生确立正确的职业理想和择业观,掌握竞争技巧,积极参与人才市场的竞争创造有利条件。

4.加强实践教学,多从企业聘请有丰富经验的管理人员到校讲学或开办讲座,更多地引进企业的案例,让学生们多接触真实的企业环境,多了解用人单位对学生知识能力和素质的要求,尽早了解职场的规则。加大教师的选拔和考核工作。对那些既懂教学,又能指导实践、关心爱护学生的老师进行表彰奖励,让那些既不懂教学,又不能指导学生实践、不关心爱护学生的老师离开教学工作岗位。

5. 加大就业指导工作力度。加强对学生进行职业生涯规划的教育，引导学生树立正确的职业观和择业观。加强创业教育，为学生们的创业提供智力和财力支持，鼓励学生创业。要发挥第二课堂在学生成长和能力培养方面的作用。

6. 改革课程。公共基础课程开设过多，太重视理论说教，教学效果不好，应进行改革；减轻学生课业负担和压力；对现有课程进行削减或整合，提高能力培养的针对性。

7. 改革对学生考核评价方式。不应过分强调和重视对学生知识的考试，不应该像中小学那样，将考试作为对学生评价的重要指标，让学生们将大量的时间和精力放在应付学习和考试上。在教育教学的各个环节应该渗透学生的素质和能力培养，切实提高学生的综合能力和就业能力。

（三）企业方面

1. 与高校建立信息平台及企业人才需求库，为学生提供更多企业所需人才的信息，为学生建立一定的求职渠道。

2. 用人单位应与高校保持密切的联系，及时将企业文化和职业意识、职业环境、用人单位对学生的期望和要求等信息通过学校人才培养方案传递给学生，保持学校人才培养与用人单位人才需求的一致性。

3. 企业多到学校组织校园招聘会及有关职业生涯的讲座，使学生了解就业状况；开办模拟面试，使学生明确所学专业特点及将来就业行业的所需的实际能力。

4. 联合学校对在校生进行适应企业需求的基本能力培训。

（四）大学生个人方面

1. 培养自信心，首先要充分相信自己的实力，同时要学会正确对待挫折。在求职中遇到挫折是正常的，切不可因此而自卑，失去信心。遇到挫折后应冷静思考，仔细寻找失利的原因，争取在下次招聘中"取得胜利"。另外，还要加强社会实践，大学生可利用假期积极参加社会实践，积累工作经验。

2. 树立正确的择业观和就业观。大学生就业难并不是社会不需要大学生，而是大学生们的主观取向与客观需要不匹配。在市场经济的影响下，许多学生在择业上形成了"就东不就西"和"就高不就低"的观念。

3. 先就业后择业。面对严峻的就业形势，不得已时，大学生应转变就业观——先就业后择业，可以在先就业过程中积累工作经验，使自我价值得到较大的提升，为以后找到理想的工作奠定基础。

4. 学生们应该有明确的学习方向，除了对专业知识的学习以外，平时还需尽量开阔视野，关注行业动态，注意对管理案例的研究，以便更加全面地看待问题。巩固掌握专业知识，加强专业素质的培养，要有针对性地为学生未来工作做更全面的准备。

5. 树立责任心，在与社会接触中锻炼自己、磨炼意志，做事要务实、自信、诚实、灵活。

6. 提高学习能力、人际沟通能力、处理问题能力、团队合作能力、创新能力、语言表达能力、实际动手能力等综合素质以便更好地适应社会。提高自我管理能力和职业生涯规划，了解一些社会常识和企业内部的一些规则；多与企业沟通，参加具体实践活动。

四、结论与反思

通过此次调研，我们对改革开放以来北京市本科层次普通高校（不包括三本学校）毕业生第一次就业时的信息有了更深的了解，同时对就业渠道的演变过程、原因、影响进行了较为详细的分析，并针对找出的问题提出了一些我们认为有借鉴意义的建议。

改革开放以来，当代学生就业渠道虽然越来越广，但是依旧有部分大学生无法尽快就业。所以，就业渠道不足仍旧是目前全社会关注的热点问题。拓宽就业渠道，不仅需要国家推行有利的政策、学校提供更多的帮助与机会、社会大环境提供便利，大学生们更是需要积极提高完善自己，让自己有足够的"资本"，提高自己的竞争优势，实现自己的价值。

参考文献

丁喜旺,2013.大众化就业形势下大学生就业方式的演变与实现途径[J].陕西青年职业学院学报,000(004):58-60.
刘成斌,2008.改革开放30年与青年就业观念的变迁[J].中国青年研究(1):4-7.
王丽丽,2012.我国政府促进大学生就业政策分析[D].青岛:中国海洋大学.
张明龙,2009.我国就业政策的六十年变迁[J].经济理论与经济管理(10):21-26.
张英杰,2015.当前我国就业存在的主要问题及应对策略[J].经济纵横,2:110-114.

新时代北京民众的娱乐生活①

李　金　何晓虎

【摘　要】　在任何时期，娱乐生活都是人们社会生活的重要组成部分，是不可抹杀的。本文以北京地区的民众作为调查对象，调查其新时代下的娱乐生活，旨在研究现状及其问题，并依此分析原因，针对问题及原因提出相应建议。随着时代的飞速发展，社会生活水平的不断提高，民众的娱乐生活有了很大的变化。与此同时也带来了一些问题：快餐式生活占领高地，易使人丧失独立思考能力；电子产品泛滥，人与人交流少；新兴娱乐不具有普遍性，针对年龄段单一，弱势群体娱乐生活匮乏；娱乐产业服务与资本，消费高；不同地区发展不均衡，资源分配不均，娱乐设施尚不完善。娱乐在人们生活的地位愈发重要，存在的问题仍有很大改进的空间。要紧紧跟随国家文艺方针的指导，不断创新，不断尝试，不断升级，力求让娱乐文化产业适应新时代民众的需求。

【关键词】　新时代；北京民众；娱乐生活

　　本次调查采取了网上调查和外出调查两种方式。网上调查通过朋友圈，QQ空间的转发让网友填写，外出调研通过打印纸质问卷外出发放填写并回收。共发出348份，收回348份，回收率达100％，其中有效问卷348份，有效率达100％。其中年龄在18岁以下的受访者占7％；年龄在18～28岁的受访者占52％；年龄在29～38岁的受访者占15％；年龄在39～48岁的受访者占12％；年龄在49～58岁的受访者占7％；年龄在58岁以上的受访者占7％。同时，每日娱乐时间在1小时以内的人占13％；每日娱乐时间在1～3小时的人占43％；每日娱乐时间在3～5小时的人占29％；每日娱乐时间在5小时以上的人占15％。可见随着社会生产力的提高，人们可用于娱乐的时间也随之增加，娱乐生活在人们心中的地位越来越重要。对娱乐生活进行考察，可以从侧面聚焦民生的情况，为特色社会主义的建设提供些许思路。

一、新时代北京民众娱乐生活现状

（一）民众娱乐时间充足，但娱乐方式单一

　　在本问卷调查中，第4题"您每天的娱乐时间大约在多长"的相关调查中（见图1），有13％的被调查者表示每天娱乐一小时以内；有43％的被调查者表示每天娱乐时间1～3小时；有29％的被调查者表示每天娱乐时间3～5小时；有15％的被调查者表示

---

① 本课题指导教师李金（北京工商大学马克思主义学院）；课题组组长何晓虎（应用统计161）；课题组成员：赵玉雪，陈海峰，曹天明，彭语霏，陈思。

每天娱乐时间 5 小时以上。可见,绝大部分被调查者每天有充足的娱乐时间。但同时,民众在充足的娱乐时间内的娱乐方式并不十分丰富,在第 5 题"以下哪种娱乐方式占用您闲暇时间较多"中(见图 2),有 39%的被调查者以看手机、玩电脑为主要娱乐方式;有 29%的被调查者以看电视、电影为主要娱乐方式;而选择则看书的被调查者只有 15%,参加体育运动的被调查者只占 10%,其余观看相声、戏剧、魔术等文艺表演的被调查者有 7%。由此可见,大部分民众的娱乐方式以手机、电脑、电视等电子产品为主,而参与户外运动的较少,这也是新兴科技产品带来的必然结果——足不出户便能获得很多的乐趣。

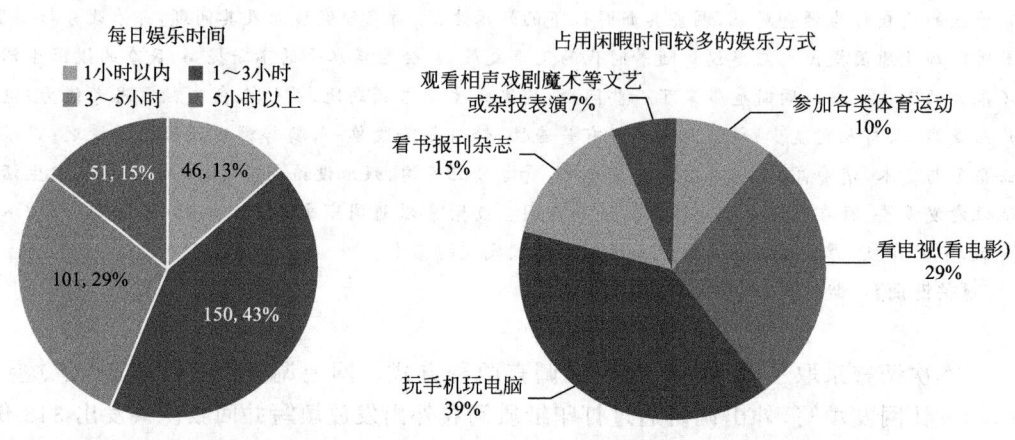

图 1　您每天的娱乐时间大约在多长　　　图 2　以下哪种娱乐方式占用您闲暇时间较多

(二)新兴娱乐进入民众视角,现代娱乐有喜有忧

本次调查中,我们在第 7 题询问了民众对于网络直播、网络游戏等新兴娱乐方式的看法,有 24%的被调查者表示非常感兴趣,有 39%的被调查者表示有点兴趣,28%的被调查者表示不太感兴趣,其余 9%的被调查者表示不喜欢,其中非常感兴趣与有点兴趣的被调查者多为 29 岁以下人群,而对于新兴娱乐方式抱有中立观点的被调查者多为 29~48 岁,持负面观点较多的被调查者为 49 岁以上人群。由此可见,在如何看待新兴娱乐方式时,不同年龄段有着不同的思维方式,影响其判断。而在第 6 题中,我们询问了被调查者"您认为现在的娱乐方式与之前的娱乐方式不同在哪里"(见图 3),有 37%的被调查者认为现代娱乐方式人与人之间交流变少,18%的被调查者认为现代娱乐工具逐渐单一化,25%的被调查者认为现代娱乐方式过于"快餐化",20%的被调查者认为现代娱乐方针对群体年龄段单一、不适用于所有年龄段。现代娱乐依托于新兴科技,其结果无法让所有年龄段的人均能快速接受,且现代生活节奏较快、时间碎片化,新兴娱乐方式要适应这种生活节奏必然要"快餐化"。同时,在线娱乐的兴起也减少了人们与亲人之间的交流,"低头族"大量涌现,在线娱乐给我们带来快乐的同时也给我们敲响了人际关系的警钟(图 4,图 5)。

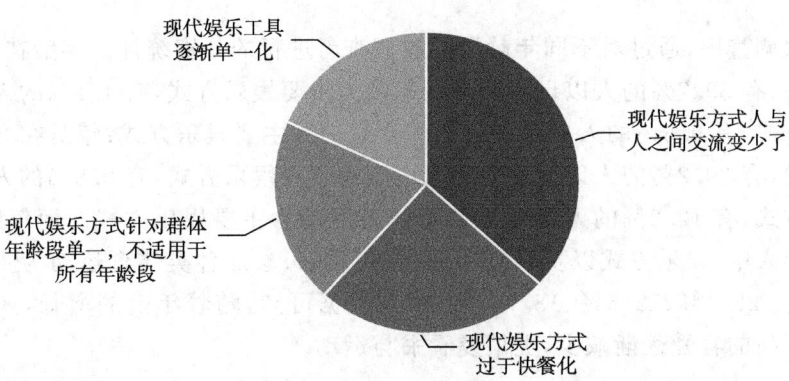

图 3　您认为现在的娱乐方式与之前的娱乐方式不同在哪里

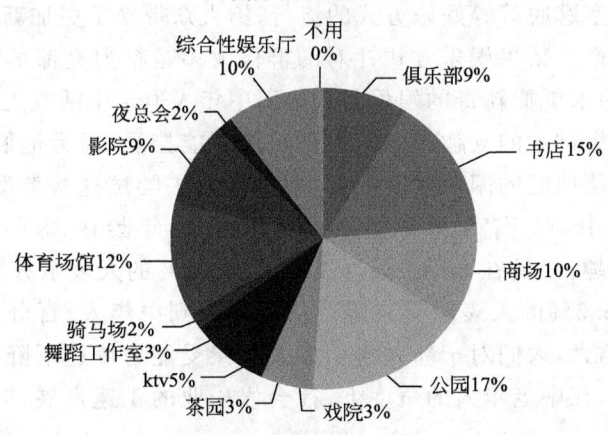

图 4　您希望周围多哪一类娱乐场所

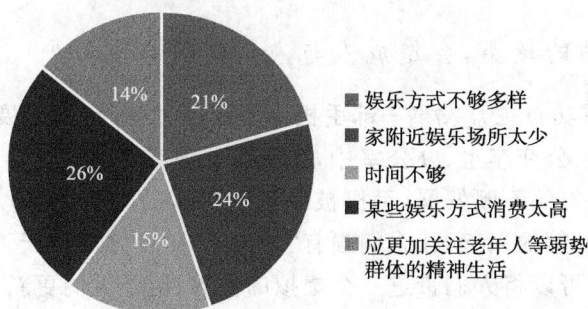

图 5　您觉得现在的娱乐生活有哪些需要改善的地方

（三）对娱乐活动的选择，年龄的差异造就了不可逾越的鸿沟

在本次调查中，通过对不同年龄段的被调查者进行的分别统计。年龄在28岁以下的青年人中，有39.7%的人以玩手机和玩电脑为主要娱乐方式，有4.1%的人以看书为主要娱乐方式，有9.6%的人以参加各类体育运动为主要娱乐方式；年龄在29到48岁的中年人中，有29.2%的人以玩手机和玩电脑为主要娱乐方式，有9.8%的人以看书为主要娱乐方式，有12.2%的人以参加各类体育运动为主要娱乐方式。而年龄在49岁以上的老年人中，娱乐方式以玩手机和玩电脑、看书、参加各类体育运动为主要娱乐方式的，分别占28.1%、12.5%、18.75%。由此数据可知，随着年龄的增长，人对手机电脑等电子产品的喜爱逐渐减少，更偏爱看书与运动。

（四）新兴娱乐方式针对的年龄段单一

21世纪以来，随着娱乐业的飞速发展，各种创意娱乐方式百花齐放。"轰趴"、网络游戏、直播平台、密室逃脱等等娱乐方式的流行，给大众带来了更加新颖的享受的同时，也存在着它的局限性。新兴娱乐方式针对的群体大多是精力充沛的年轻人，因为年轻人敢于尝试，喜欢追求更加新奇的娱乐方式。而中年人迫于生活或工作的压力，并不会对新型娱乐方式产生过大的兴趣。老年人则更加不能接受，因为他们普遍缺少对新事物的接受能力。即使他们的闲暇时间充裕，也不愿意去尝试这些新型娱乐方式。在本次调查的北京民众中，对于21世纪的新兴娱乐方式，年龄在28岁以下的人有高达83%的人表示有兴趣，年龄在29到48岁的人有46.3%的人表示有兴趣，而年龄在49岁以上的人仅有35.3%的人表示有兴趣。从青年人到中年人，百分比跌了将近一半。可见，随着年龄的增大，人们对于新兴娱乐方式的接受能力快速下降，这说明新兴娱乐方式不具有普遍性，在中老年人的角度下，社会娱乐业的飞速发展，对他们娱乐生活水平的提升意义不大。

二、新时代北京民众娱乐生活存在的问题

（一）电子产品的泛滥，会造成人与人之间的交流减少

1998年，中国成功自主开发第一部手机。仅仅经过20年的发展，几乎人人手中都有一部手机，大街上、公交车上、办公室中，随处可见拿着手机的人。一开始，手机只有通讯的功能，随着科技的不断发展，手机被赋予了更多的娱乐功能。游戏、小视频以及各类生活与社交app等的兴起，让人们颇有"未出茅庐，便知三分天下"之感。电子产品有它独特的魅力，它可以将人们带进一个虚拟的世界，给予人们更新奇、更刺激的体验。但是，在人们沉迷于它带来的快乐的同时，容易忽略掉身边的人。在本次的被调查者中，有37%的人认为人与人交流变少了。同学聚会由说说笑笑逐渐变为互相刷着各自的微博朋友圈；亲人相伴由谈论家长里短变为鸦雀无声，各自低头玩手机。人与人交流

的变少,会导致朋友之间越来越冷漠,家人之间产生隔阂。

(二)"快餐式"娱乐容易让人丧失独立思考能力

娱乐生活是人民群众日常生活的重要组成部分,具体地说是人们精神生活的重要组成部分。而人们的精神生活的质量,会影响到人整体的素质发展。在本次调查中,有25%的被调查者认为现代娱乐方式过于"快餐式"。此种"快餐式娱乐"指人们在进行娱乐时仅仅为了娱乐消遣,而排斥思考,排斥想象,不会获得任何启发。诸如炒作新闻,碎片阅读,爆款文章等等,都属于快餐式。它们往往具有精美考究的"外衣",然而其实际内容却十分贫乏。在现代如此快节奏的生活中,人们往往不愿或无力去腾出大块时间去进行某一项活动,所以娱乐媒体只有用"博人眼球"的标题在短时间内吸引住人们,获得浏览量。正因为如此,产生了"标题党""UC震惊部""3分钟带你看XX"等等。当人们在忙碌中度过每一天,这种节省时间而又能快速获取信息的娱乐方式自然成为一种休闲时尚。快餐式娱乐的危害在于,让人误以为自己从这种娱乐方式中能真的有所收获,殊不知快餐式娱乐容易让人丧失独立思考能力,从而缓慢地侵蚀着他们的精神世界。

(三)人们偏爱"宅"在家中进行娱乐,户外运动的缺乏势必导致民众身体素质的下降

"宅文化"自1983年提出后,到如今已经是人人耳熟能详的词了。它形容了这样一种人:"长期足不出户,与人交往较少,生活圈狭小"。在本次调查中,以体育运动为主要娱乐方式的人只有10%,仅有12%的人希望在家周围建设体育场馆。可见,如今外出进行体育活动的人占比很少,大多数人都不会选择体育活动。最新的健康数据显示,中国青少年的体质连续25年下降,力量、速度、爆发力、耐力等身体素质全面下滑,中国90%的人处于亚健康,中国人长期处在亚健康状态,尤其是年轻人、学生的身体健康。很多青年人的体质甚至不如老年人,超重率、近视率却大幅上升,这便是因为大众普遍缺乏运动。

(四)娱乐设施建设仍不完善,易造成不同地区民众幸福感较大落差

一个地区的娱乐设施完善程度可以从侧面反映出这个地区民众的娱乐生活水平,并由此窥探到整个社会生活状况。随着我国经济的快速发展,人们整体的生活水平也会提高,自然会对娱乐设施的完善有着更高的追求。虽然现在娱乐设施体系不断完善,技术水平也在不断地提升,但仍有44%的被调查者家附近的娱乐设施不太完善,有8%的被调查者家周围完全没有娱乐设施,相较于"有9%的被调查者家附近娱乐设施十分完善",北京的娱乐设施分布极度不均匀。这会导致有些人家附近有好几个公园、商场、博物馆、图书馆等,而有些人家附近却是空荡荡什么也没有。部分人为了看个电影,可能要乘很长时间的车才可以到达最近的影院。这就会导致部分资源的浪费,有的娱乐设施建设过于集中,达不到其本应发挥的作用。

(五)某些娱乐方式消费过高,使低收入人群望而却步

在本次调查的被调查者中,月收入在700元以下的人有12%,在700~1500元的人有32%,在1500~3500元的人有19%,在3500~5000元的人有13%,在5000~8000元以及8000以上的人有12%。可见,收入较低的人群占据了总调查人群的大多数。而在第12题的调查结果中,有26%的人认为某些娱乐方式消费太高。根据恩格尔定律,低收入人群的恩格尔系数较高,满足生活基本需求后,其所剩的可支配收入占比并不高,当面对某些高消费的娱乐方式时,没有条件去尝试。

三.新时代北京民众娱乐生活的主要影响因素分析

(一)快节奏的生活,带来快节奏的娱乐

改革开放40年以来,我国各项事业飞速发展。而笔者认为,过快的发展是一把"双刃剑"。好的方面,经济的繁荣带动各个产业的发展,有利于提高人们的总体生活水平,科技的创新让人们的生活更加便利。差的方面,人们生活的快速变迁,会导致生活节奏的加快,而快节奏的生活,会导致人心越来越浮躁。

"快节奏"是一种社会现象。随着信息化时代的到来,大量技术知识涌现出来,在有限的时间中,个人间、团队间、公司间甚至国家间为了获取到更多的利益,只能不断提高自己的效率,让自己在单位时间内学到更多知识或办好更多事情,以此才可以在激烈的竞争中脱颖而出。这势必会造就一个快节奏的氛围,在这个氛围下,人们争相求一个"快"字,学习要快,工作要快,甚至连娱乐也要快。

捷克作家米兰-昆德拉在小说《慢》中说:"突如其来的幸福往往会被证明适得其反,然而我们的世界赋予速度和效率太多的荣誉和价值,对它们的追求使我们在自己生存的社会中感到迷失和陌生。"人们往往在忙碌的工作结束后,余下的精力不足以再支撑他们进行一些有启发性的思考,诸如阅读、健身这样需要长时间沉淀才可以有明显收获,或者旅行这样需要耗费时间与精力筹备的娱乐活动,自然而然不会受到青睐。而快节奏的娱乐方式可以在短时间内让人获得较大的快感,当人们动动手指,经典名著中的好词好句便信手拈来,全世界的名胜古迹的照片也尽收眼底。然而,这导致人们放弃细细去品味一本好书,懒得去亲眼看见山河的壮美景色。

综上所述,"快餐式"娱乐的流行以及电子产品的泛滥,其直接原因为人们生活节奏的加快。在北京这个经济高速发展的城市,为了能有立足之地,人们必须去适应其"高速"的特点,不断加快自己的生活节奏,避免在激烈的竞争中被淘汰。在如此快的生活节奏下,人们对娱乐生活的追求自然也是"高速"的。

(二)部分娱乐产业服务于资本,被商业利益所驱动

21世纪,我国娱乐业焕发了蓬勃的生机,各类新兴娱乐方式层出不穷,在家中有微

博、短视频等；外出时有桌游馆，密室逃脱等。娱乐业在不断多元化、数字化，普及化的同时，也暴露了一个问题：大众化的不足。

娱乐业的大众化，具体地解释就是让各种娱乐产业适应广大群众的需要，让人民群众可以体验各种各样的娱乐方式。

娱乐业需要大众化，其原因可以从两个方面进行分析。第一个原因在于中国的贫富差距。十九大报告指出："城乡区域发展和收入分配差距依然较大"。这就导致了这样一个现象：面对某些高消费的娱乐方式，例如高尔夫球运动，或者某些高级会所，中国少数人经常玩，而大部分人根本没试过。

第二个原因在于娱乐产业建设对不同年龄的关注度的差异。在面对一个新的娱乐方式时，能快速接受的人往往是青年人，这是因为青年人普遍具有很强的学习能力、接受能力，又都富有激情，敢于尝试。老年人则与此相反，大部分老年人较为传统，对新兴娱乐方式并不感兴趣。目前娱乐业建设的重心是在于创新二字，即不断进行内容，感官体验等的研发，不断地创造新鲜感，这正是青年人所需要的。因为青年人的生活快感大多来源于进步、成就、新鲜感，而老年群体的生活快感大多来源于安稳、舒适。这是一对矛盾，而我国目前在娱乐产业的建设，偏向了年轻人的一方。

以上两个原因，又都有一个共同的背景，那就是部分娱乐产业服务于资本，被商业利益所驱动。从第一个原因的角度看这个背景，即是贫富差距的拉大，让富人越来越富，穷人越来越穷，当娱乐产业无法从穷人手中赚到更多钱，就会越来越偏向于向富人服务，而向富人服务，就代表它的成本需要更加奢侈，这就造成了某些娱乐方式的高消费，从而让低收入人群望而却步；从第二个原因来看这个背景，即是不同年龄段的人消费观的不同。消费主义在中国的兴起，青年人首当其冲，受到这一观念的影响相较老年人更加严重。于是娱乐产业面向的对象便以青年人为主，因为他们不但消费能力较强，且消费观念更激进。这就造成了新兴娱乐方式针对的群体太过单一，不适用于所有年龄段。

（三）老龄化的加重，使养老保障体系建设的重心偏向基础需求方面

人口老龄化是指人口生育率降低和人均寿命延长导致的总人口中因年轻人口数量减少、年长人口数量增加而导致的老年人口比例相应增长的动态。老龄化一直是中国面临的一个社会问题。数据显示，截至2017年，北京老年人口已达329万，占总人数24%，居全国第二。老龄化是人们生活水平提高和寿命延长的必然结果，是民富国强的标志，但它也同时带来了一个需要解决的社会问题：政府规划养老的能力。

2017年10月18日，习近平总书记在十九大报告中指出，实施健康中国策略，积极应对人口老龄化，构建养老、孝老、敬老政策体系和社会环境，推进医养结合，加快老龄事业和产业发展。这里的养老，首先就要满足老年人最基本的生活需求，例如温饱、医疗与护理。随着社会老龄化的加重，政府养老保障的负担也随之加重，当基础生活越来越难以被保障，那么对于更高一层的需求，也就是老年人对娱乐生活这种精神需求，政府则更加无能为力。

综上所述,不难看出,北京民众中老年群体对娱乐生活水平的满意度不高,其根本原因在于北京人口的老龄化给养老事业带来的重压。

四、对新时代北京民众娱乐生活提出的建议

改革开放以来,人民生活水平逐渐提高,人们最初的幸福也许是吃饱饭,后来是吃好饭,之后就是经济富足、提高生活水平,追求更美好的生活理念。幸福在不同时间里,不同的环境下的支撑都是不同的。而现在,在解决温饱和安全问题的基础上,人们更渴望精神生活上的满足,而在娱乐生活中,我们往往能够找到"可口"的精神食粮,找到幸福感。

根据相关研究表明,大多数人每天只有不到六个小时的时间能够集中精力来处理一般的工作或进行学习,当然特殊人群及特殊事情除外,所以会有很多的空余时间,有很多人会进行娱乐活动。调查显示,绝大多数人有充足的娱乐时间(见图1),但是存在娱乐方式单一(见图2)等许多问题。人们休闲和娱乐时间量的增加,标志着娱乐生活在人们社会生活中地位愈发凸显。

故在前文中,通过对北京地区民众进行调查,描述其现状,洞察其问题,分析其原因,以便于本部分针对这些问题,提出合理的建议。

(一)跟随国家文艺方针的指导,落实国家文艺政策

党的文艺方针主要有"文艺为人民服务,为社会主义服务""百花齐放,百家争鸣""古为今用,洋为中用""百花齐放,推陈出新"。其中"文艺为人民服务,为社会主义服务"是核心内容,是总方针,其他方针都受这一总方针的制约。"为人民服务"就是要做到为广大工人、农民、士兵、知识分子、干部和一切拥护社会主义、热爱祖国的人们服务;"为社会主义服务"就是为社会主义的经济、政治、军事、文化等各项事业的根本需要服务。在今天,就是为社会主义四个现代化建设的伟大事业服务。"百花齐放,百家争鸣",具体地说就是,在文艺创作上,允许不同风格、不同流派、不同题材、不同手法的作品同时存在,自由发展;在学术理论上,提倡不同学派、不同观点互相争鸣,自由讨论。"推陈出新"就是说在国家文艺建设上,对于旧事物批判性地继承,取其精华去其糟粕,积极创新,不断尝试。"古为今用,洋为中用"就是要弘扬传统文化的精粹,继承并发展中华五千年的文化,同时批判性地吸取外国文化中有益部分。

(二)娱乐文化顺应市场和时势的需要

在中华优秀的传统文化中,有许多艺术项目有一套约定俗成的规范,传承文化的艺术家们往往对"完美"情有独钟,例如耍猴艺术,在现今与禁止运输珍贵野生动物的法律冲突。《周易》云:"穷则变,变则通,通则久。"随着"互联网+"的趋势不断发展,诸多文化娱乐产业如果不转型将面临倒闭。娱乐产业面对新时代人们价值观的转变,互联网+的冲击,它们按照原来的发展模式,已经遇到了"瓶颈",此即为穷;而经过对自身的革

新,不断去满足现实条件的限制和人们的需求,例如我国全面禁止商业性加工销售象牙及制品活动后,许多牙雕艺人已经开始寻找象牙的替代材料,此即为变;娱乐文化顺应市场和时势的要求,从单一化向多元化升级转型,引入新的服务,引入新的娱乐模式,才可以满足新的需求,此即为通。

(三)增加基础娱乐设施的建设,尤其是城郊地区

虽说现在北京市的娱乐建设一直在进行着,各种游乐园、大型商场、电影院等娱乐场所相继建成,但在本次调查中我们发现,民众对于自己周边的公共娱乐设施的满意度并不高。有38%的被调查者认为较为完善,有44%的被调查者认为不太完善,仅有10%的被调查者认为很完善。有一些偏远地区公共娱乐建设比较落后,博物馆、图书馆等公共设施建设力度不够。有40%的被调查者建议增加基础娱乐设施的建设,其中包括公园、图书馆、商场、体育场馆等。受限于北京地理位置与不可抗因素,北京的娱乐建设虽领先于其他二三线城市,但分布仍不均匀,这导致某些城郊地区的民众想要外出进行娱乐活动难上加难。多建设公园、体育场馆等,大力呼吁民众外出进行娱乐活动,既可以增加人与人互相交流的机会,又让人免于因为缺乏运动而导致的身体素质下降。这也是认为需要增加基础娱乐设施建设的人中占比最大的一部分。建设图书馆,其目的在于鼓励全民阅读,方便全民阅读,加强精神文明的建设。对于商场,部分城郊地区的民众想要去大型商场购物,需要坐很久的车才可以到,故城郊地区商场的建设也成为民众迫切的愿望。

(四)在小区中开设老年人活动室及幼儿活动室

在本次调查中,第10题问到对娱乐生活水平的满意度时,年龄在28岁以下的人有13%选择了10分,8.7%的人选择了0~3分;年龄在29到48岁的人有2%选择了10分,4%的人选择了0~3分;年龄在49岁以上的人没有选择10分的人,有10.5%的人选择了0~3分。老年群体是社会中的弱势群体,在面对生活上的一些不满意之处,并不如年轻人敢于发声,易于发声,又因为步入老年后,对生活的苛刻程度会减少,这便导致即使他们的娱乐生活不尽人意,也可能会抱着"无所谓"的态度。我们应当照顾退休老年群体及幼儿等弱势群体,娱乐设施不仅仅是年轻人的,也不仅仅是四肢健全的人的,应当是全体大众的。有24%的被调查者建议,多关注老年人与幼儿的娱乐生活水平,这表明对这方面的建设已经达到需要引起重视的地步。在年龄较大的被调查者中,有一个普遍的声音:"现在许多年轻人爱玩的,我玩不来。"同样,对于幼儿,许多娱乐项目他们还不可以去体验。对此笔者的建议是,在各个小区的建设中,增设一个项目:老年人活动室与幼儿活动室。让空闲时间非常多的这两个群体,可以随时随地进行娱乐活动,并且是和同一个年龄段,让这些弱势群体可以"抱团取暖"。

(五)整治一些娱乐方式的高消费

我们应当让各种娱乐方式大众化,尽量让人人都有机会参与进来,而不是少数人的

娱乐。中国的贫富差距问题,并不是短期内可以解决的问题,但我们可以做到的是,加大对娱乐产业的监管力度,遏制某些从大众对娱乐生活的需求中谋取暴利的人,用政策限制住过于昂贵的价格,为平民百姓生活水平的提升开辟一条道路。在本次调查中,有20%的被调查者认为应该降低一些娱乐方式的消费。财富掌握在少数人手中,也就是大部分人并没有过多的财富。在这种情况下,降低娱乐消费,让平民百姓都能体验到某些高水平的娱乐生活,可以大幅提升民众整体的幸福感。

(六)重视环保,争取给民众创造干净、整洁的娱乐环境

在本次调查中,有9%的被调查者对娱乐环境的环保以及舒适程度有所要求。虽然人数并不多,可是我们也可以看出,现在确实存在有不整洁,不干净的现象。例如公园中乱扔垃圾、向河流中排污等。这就要求政府加强环保意识的宣传,坚决抵制破坏环境的行为,为民众创造干净、整洁的娱乐环境。

参考文献

鲁直,2015-07-03.对"快餐式阅读"的辩证思考[N].新华书目报.
周静,2008.新中国"十七年"北京大众的娱乐生活研究[D].北京:首都师范大学.

高考改革新方案对高中教育影响的调研[①]
——以北京市两所高中为例

杨小燕　杜舒豪

【摘　要】　2017年7月5日,北京市教委印发北京高考综合改革的两个重要文件,由此拉开新一轮高考改革的试点工作。本次调研以北京两所中学的高中部作为重点研究对象,运用理论与实际相结合的方法,以查阅文献和在网上发布调查问卷的方式明确了此次高考改革最新方案对于高中教育的影响及意义,为未来的高考改革提出了我们的建议。

【关键词】　北京;高考改革;高中教育

一、调研背景

高考改革是教育体制改革中的重点领域和关键环节,一直被社会高度关注。北京作为首都,既是政治中心,又是文化和教育中心。因此,北京市的高考改革方案更是备受期待。

2017年7月5日,北京市教委印发《北京市普通高中学业水平考试实施办法(试行)》和《北京市普通高中学生综合素质评价实施办法(试行)》,对普通高中学业水平考试和普通高中学生综合素质评价作出具体规定。两份办法中有六大要点:

1. 学业水平考试分为合格性考试和等级性考试。
2. 考生根据报考高校要求和自身特长从思想政治、历史、地理、物理、化学、生物6门科目等级性考试中自主选择参加3门科目考试。
3. 选考科目只考1次,成绩当年有效。
4. 高考综合改革赋予学生更多选择权,学校须按学生选择科目情况实行走班教学。
5. 建立新的综合素质评价体系。
6. 学生综合素质档案提供给高校招生参考。相关高校根据自身办学特色和人才培养方向,制定科学规范的综合素质评价体系和办法,提前向社会公布。

按照教育部统一部署,北京市作为第二批高考综合改革试点省市之一,2017年秋季学期进入高考综合改革实施阶段。

本次调研我们选取北京两所中学的高中部(一所重点高中,一所普通高中)为对象,主要采取非定向调查问卷、对高中学生及教师进行访谈和查阅相关文献资料的方式。调查问卷的问题设置是由小组成员共同完成,并通过微信平台进行转发、分享、在朋友

---

① 本课题指导老师杨小燕(北京工商大学马克思主义学院);课题组长杜舒豪(新闻172);课题组成员:蔡丹丹(新闻172),胡悦莹(新闻172),王紫暄(新闻172)。

圈发送链接的方式让网友们进行填写,通过问卷星平台进行问卷回收。共发出调研问卷 118 份,收回 118 份,回收率达 100％;有效填写问卷 118 份,有效率达 100％。访谈由调研小组成员对北京市重点中学与普通中学的教师和学生进行相关问题的线上采访,了解他们对于本次改革的观点与意见。

二、问卷基本问题的分析

本次调查问卷的填写人群主要为 19～25 岁的学生群体,占比达 76.27％;18 岁以下人群占 10.17％;26～40 岁和 41 岁及以上人群分别占 5.93％、7.63％(图 1)。

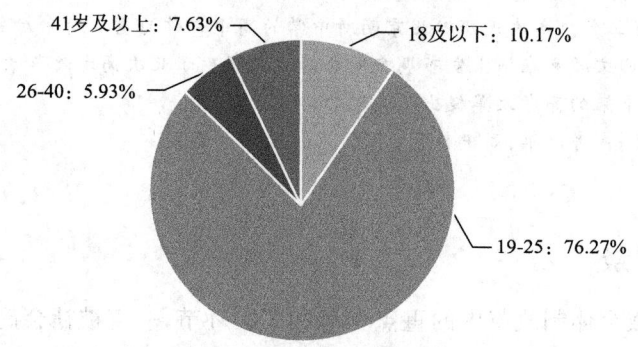

图 1　受访者年龄分布图

女性占 77.12％,男性占 22.88％(图 2)。

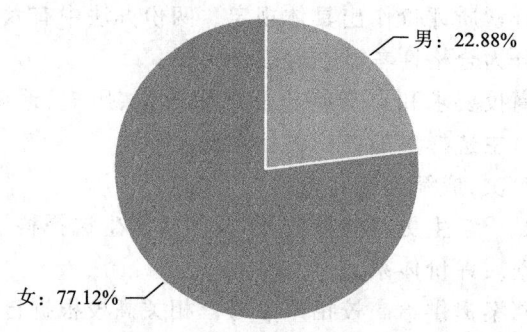

图 2　受访者性别分布图

填写调查问卷的群体绝大部分受过高等教育,学历水平本科及以上人群占 86.44％(图 3)。

填写调查问卷的人群居住地为北京的占 52.54％;居住地非北京的人群占 47.46％(图 4)。其中在此之前对北京新一轮高考改革政策有了解的人群占 38.14％;没有了解的占 61.68％(图 5)。

大众对于利弊关系的认知:调查问卷表明,占总调查人数 73.73％的人认为,北京新高考改革方案总体上利大于弊,而只有占总调查人数 26.27％的人认为北京新高考

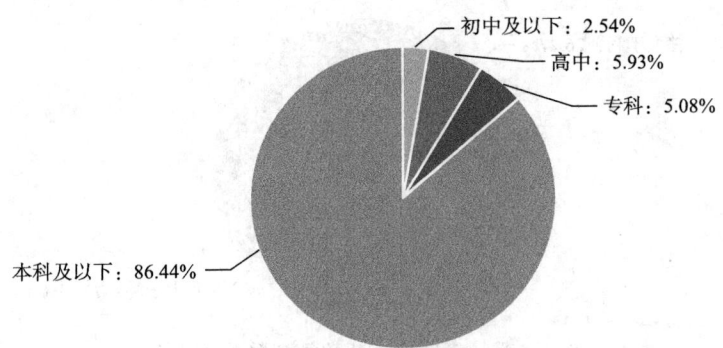

图 3　受访者学历分布图

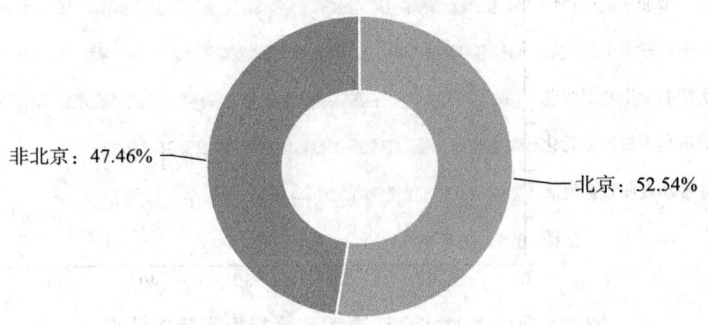

图 4　受访者居住地分布图

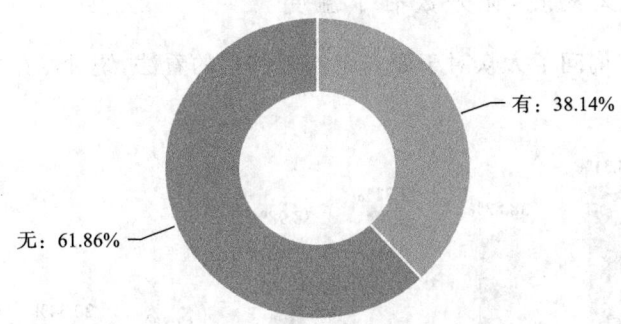

图 5　受访者此前有无了解北京新政策

改革方案总体上弊大于利（图 6）。

三、新一轮改革的影响

针对新一轮高考改革的积极影响，我们在问卷中也有所涉及：

"您认为北京新高考改革方案有哪些积极影响？"统计结果如图 7 所示。对此我们主要总结了三个方面如下。

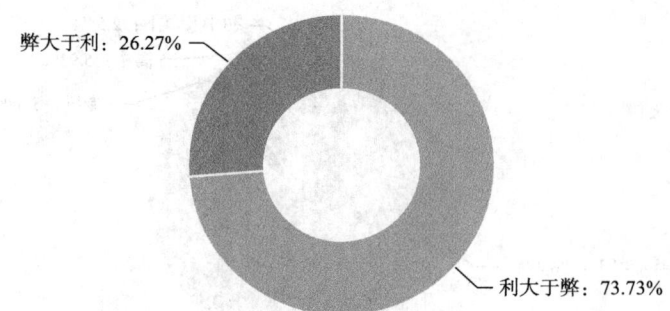

图 6　受访者对北京新政策利弊关系认识

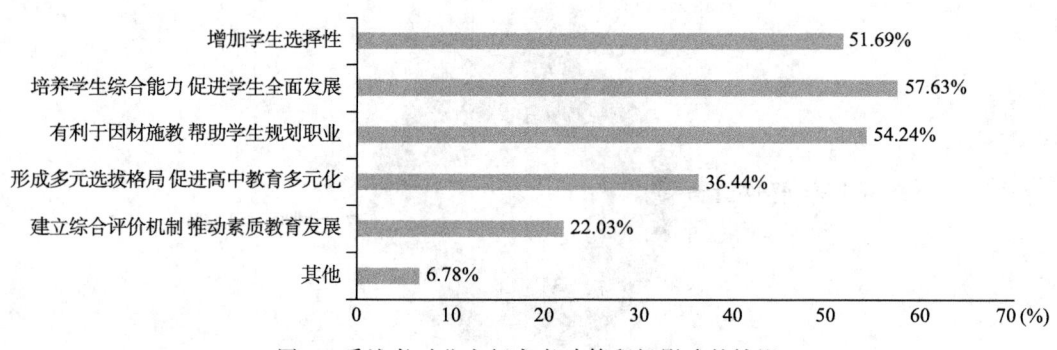

图 7　受访者对北京新高考政策积极影响的认识

（一）重视人文素质，让分数有了温度

在问卷中我们询问了大众对于原高考制度弊端的看法，统计结果如图 8 所示。

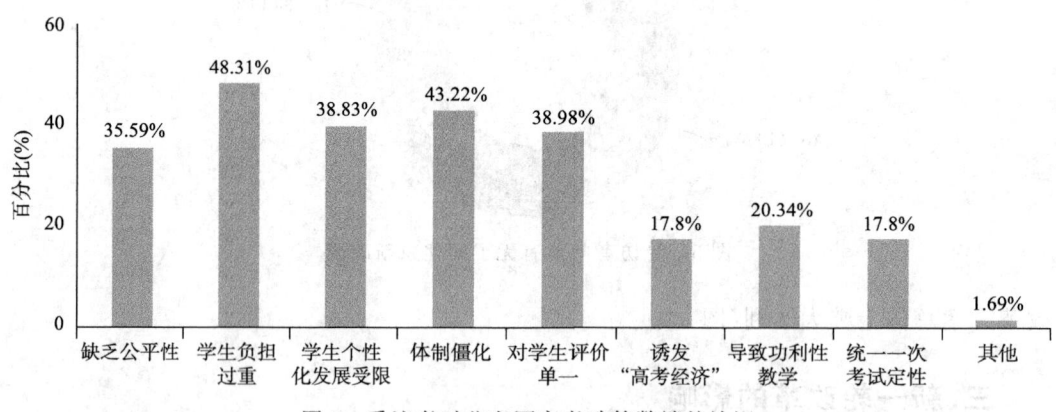

图 8　受访者对北京原高考政策弊端的认识

此次高考改革一定程度上弥补了以往考试只注重分数成绩的弊端，加入了对人文素质的重视。综合发展、特色发展已是教育前进的必经之路。在需要综合人才的当下，唯有认清发展规律，方能适者生存。

在与一位有10年授课经验的并且正值高一班主任的数学老师交谈中,了解到她希望"上学"二字不仅仅是课本中的条条框框,要真正让孩子学有所长,毕竟人与人的喜好,特长,专长是不同的。同时,让孩子的能力得到充分的培养,让他们对并不擅长或喜欢的学科有一个正确客观的认识。

教学是两个相互的过程,如果只强调教的过程及意义而忽视学生学的质量,就会陷入教育的误区,"知之者不如好之者,好知者不如乐之者",充分尊重了学生的个性化发展,尊重教育的规律,对学生的评价不局限于分数,才能够让教育行稳致远,才能够真正让高考改革有所意义。高考改革是个复杂的系统工程,因为要根据我国的国情以及在实施过程中适当地调适,不能朝令夕改,也不求一蹴而就,需要兼顾社会政治、经济、文化诸多因素的影响。

(二)术业有专攻,提供更多的机会与可能性

首先,高考改革最直接的影响就是尊重学生的个性发展和选择了,充分体现学生的主体地位,让选择具有多样化。然而,当今高考对于基础教育产生的影响是双重的:一方面它促使学校、家庭、社会重视文化知识的学习,形成尊重人才的社会风尚;另一方面又引发了片面追求升学率,片面追求名校与高分,加重学生的学业和心理负担,忽视德育、体育等问题。

在我们的问卷调查中,我们问了关于个性化发展的问题:
"您认为新高考改革是否满足了学生的个性化发展?"统计结果如图9所示。

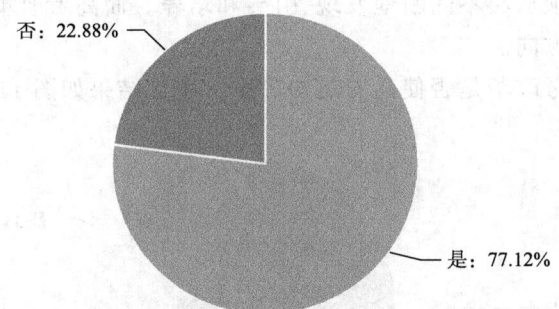

图9 受访者对新政策是否有助于学生个性化发展的认识

"您认为其中哪个政策满足了学生的个性化发展(多选)?"统计结果如图10所示。
其中不难看出对于"尊重学生个性化发展"这一个问题大家的观点还是比较统一的,3+3的选择方式的确给了学生很大的自主选择权。

其次,培养学生的综合能力,促使其更加全面发展。个性化的科目选择配合统一性的科目测试,既保证了学生的综合素质,也保证了学生根据兴趣术业有专攻。另外,新的综合素质评价体系也促进了学生在重视学业的同时注意自己其他方面的发展。

最后,用因材施教,助学生规划职业。加入自己的主动选择后,学生的兴趣自然会

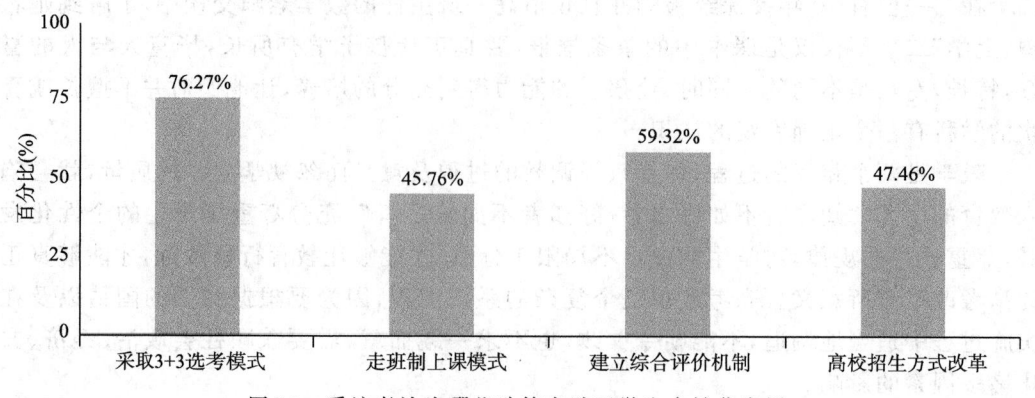

图 10　受访者认为哪些政策有助于学生个性化发展

被调动起来,规划自己的学业自然也会更加具有针对性意义。"深度的学习,可以达到更好的选拔效果"这是在与老师沟通中得到的一个改革的显著影响。学生有了兴趣就会更加容易进入深度学习的境界。

（三）高考模式更加公平化

在与三位老师的交流中我们发现,虽然老师们有着不同的授课年级、专业、职位,但都提到了一个共同的词语"公平性"——希望教育与选拔能够真正地趋于合理化,公平化,让更多的普通人享受平等的优质教育。每一个学子都是一个独立的个体,兴趣、特长、爱好的建立必须从小不间断地发现、引导和培养。而高考改革就是给了这样一个机会,选择好自己的方向。

"您认为本次高考改革是否使高考更加公平?"统计结果如图 11 所示。

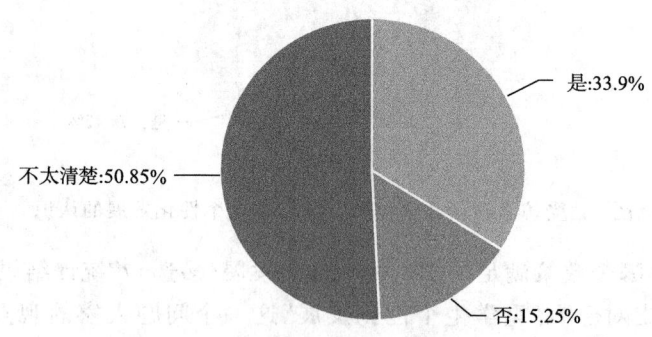

图 11　受访者对此项改革是否促进社会公平的认知

"您认为哪些政策使得高考更加公平?"统计结果如图 12 所示。

针对公平的问题,可以看出,这次改革的公平性其实是体现在许多方面的,综合评价、自主选择、透明录取等政策都是公平性的体现。

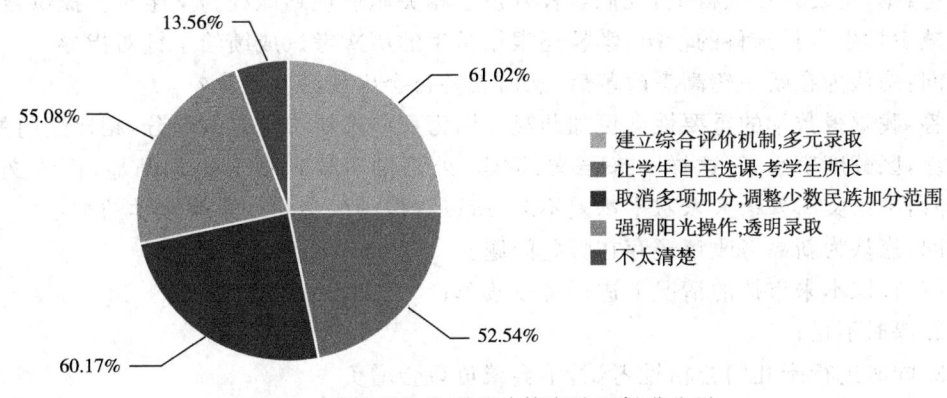

图 12 受访者认为哪些政策有助于促进公平

四、新一轮改革影响下高中的应对方式

(一)教师及学校的应对

采访一(普通高中教龄十年的新高二的历史老师)

问:请问您对北京新高考政策看法?

答:我认为总体上利大于弊,学生们可以根据兴趣选科,增加了学生的选择性;建立综合评价机制,录取多元化,使高考模式更加科学,更加公平。

问:请问您所在学校实行走班制了吗?您对走班制有什么看法?

答:我们学校部分地实行了走班制,主要是在一些选科科目,其他科目(语数外)还是实行了行政班制。走班制在一定程度上促进了学生的交流,但是我感觉相比行政班级,走班制会削弱同学间的联系。

问:请问新高考方案的施行对您的工作是否提出了更高的要求?

答:的确,新高考方案对我的工作提出了更高要求。相比以往,我会更加注重学生的知识的理解和运用能力,注重历史事件和现代社会,实际生活的联系。还会和地理政治科目联系起来,帮助学生构建时空思维。

问:针对3+3选科,您会给学生哪些建议?

答:一定要从兴趣出发,同时兼顾自身的能力、发展,更不要因为某个学科难而放弃。

采访二(重点高中教龄十五年的新高三数学老师)

问:请问您对北京新高考政策的总体看法?

答:利弊各半吧。就拿选科来说,一方面增加了学生的选择性,但另一方面,学生毕竟还小,对未来职业选择没有一个清晰的规划,就会造成盲目选科。还有综合性评价机制,我觉得在操作上也有困难。

问:请问针对上述问题,您所在学校做出改进措施了吗?

答:嗯,主要是在选科上,我们学校开设了相关职业规划课程为学生选科提供帮助,为了减少学生盲目选科的情况,学校还根据学生的历次考试成绩给予针对指导。

问:您认为在新一轮高考改革后,您所教科目会出现哪些变化?

答:我觉得数学的重要性会更加凸显。因为那些选科都是等级赋分,相比以前的文综理综,区分度变小了,这样一来语文、数学、外语的重要地位会更加凸显,而语文、数学、外语中语文·外语大家水平都差不多,所以我想学生会更加重视数学的学习。

问:您认为新高考改革还存在哪些问题?

答:1.课本未审核的情况下进行考试改革;

2.课时不足;

3.同时进行十几门合格性考试,不会减负只会增负。

采访四(普通高中教龄十年的数学老师兼班主任)

问:您对于北京2017年开始的新一轮高考改革了解多少?能简单说一下您的认识吗?

答:了解一部分吧,毕竟我在高二,不像高一的老师,身临其境。

走班制,学生选课,但似乎也不像大学似的完全开放式选课,还是有一定限制条件的,高一期末各科有会考,然后高二继续选课。听说,虽然打破了传统的固定式的"文理综",但是,有常识的人还是知道,很多大学的专业对一定的学科有更高的要求,其实,我是觉得,对于好专业,好学校的选拔要求更高了。

问:您对这一轮高考改革总体上有什么样的观点和看法呢?

答:希望真正让孩子学有所长,毕竟人与人的喜好,特长,专长是不同的,希望都能有所发现展。同时,让孩子的能力得到充分的培养,让他们对不专长的学科有一个正确客观的认识。

问:新一轮高考改革对您所在学校有什么具体的影响?您所在学校这一年以来又对新高考改革做出了一些什么样的应对策略呢?

答:每个学校都在对新的改革做出调整和学习,争取以更短时间解读和领悟新的教育精神。

问:您自身在教育教学实践中,针对新改革做出了什么具体的应对吗?新的改革对您自身又提出了什么样的要求吗?改革对您自身有什么影响吗?

答:我也在不断地"充电"学习,听了很多专家的讲座,参加了外面的学习,虽然身处旧课程的尾巴阶段,但在教学上做了一些调整和适应,我觉得作为教师应当不断学习,"充电",更新理念,学习其他好经验。

问:在新教学实践中您发现了什么问题呢?新方案在实施的过程中遇到了哪些困难呢?针对这些困难,学校或您自身有什么解决的方法吗?

答:走班形式对于很多学校的师资提出挑战,对于教师的自身人格魅力提出挑战,毕竟学生要选择教师了,教师的自身能力,口碑也很重要的。

问:针对目前实施一年的走班制教学,您和您周围的人(同事、同学)适应得如何?

答:不错吧,不断摸索中前进。

问：对于新的高考改革，您作为教师，认为弊大于利还是利大于弊呢？利弊又分别是什么呢？

答：利弊的事不好说哦，还要看几年或多年后的效果了。

利可能是，尊重学生的个性发展和选择了，充分体现学生的主体地位，选择多样化利于多数孩子的公平竞争。

弊可能是，兴趣和潜力这东西不好说，光靠兴趣也不能解决问题，一定的强迫不一定是件坏事，大学与高中的衔接能否做好，不知道了。

问：新方案实施一年以来，根据您的所思所想，对新高考方案有什么建议？

答：还是希望教育与选拔能够真正地趋于合理化，公平化，让更多的普通人享受平等的优质的教育。

(二)学生和家长的应对

采访一(新高二的同学)

问：请问在选科上，你会选择哪些科目？

答：物理、历史、地理。

问：你是依据自身兴趣做出的选择吗？

答：历史、地理是，但是选物理主要是考虑到很多高校对物理有要求，将来可选择的专业面更广。

问：你对北京新高考政策的总体看法是什么？

答：问题很多，在选科上我们并不能完全依凭兴趣选择，多少也要考虑高校的要求，未来的就业形式，科目的难易程度，这往往会造成功利性选科。其次，虽然建立了那个综合评价机制，但最后看的还是语文、数学、外语＋选考的科目成绩，说白了还是唯分数论。

问：你认为北京新高考一年两考的政策是否有利于减轻你的学业负担？

答：我认为没什么变化。要想有个好成绩，无论政策怎么变，你都得努力学，而且像外语的这些科目虽然可以一年两考，但是我觉得大家普遍都会考两次，所以没有什么减轻负担之说。

采访二(新高一的家长)

问：您对北京新高考政策有所了解吗？

答：了解一些。

问：您对北京新高考政策的总体看法？

答：我觉得挺好的，不分文理，3＋3选科可以让孩子们学习自己喜欢的科目。

问：针对选科，您会给孩子哪些建议？

答：我会尊重孩子的兴趣和选择。但我也会提醒他要关注高校要求，未来的就业形势，做出理性的选择。

五、新一轮改革中存在的问题

"您认为新高考改革方案可能存在什么问题?"统计结果如图13所示。

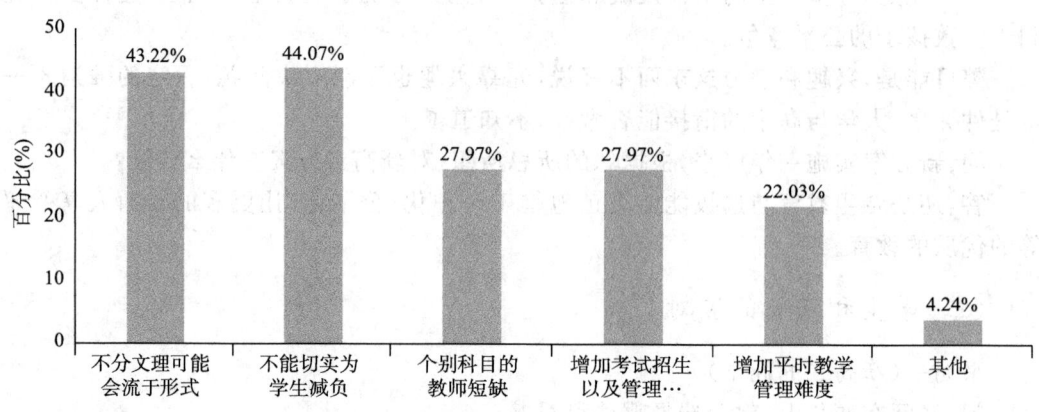

图13 受访者认为新政策存在哪些问题

（一）分层走班造成的资源的浪费

走班制很难制定课表,而且来自于不同班级的学生因合格考或等级考暂时汇集在一起,学生人数多,任课教师不堪重负,教与学的效果均不佳,相比行政班级,走班制也会削弱同学间的联系。

（二）学生选科带有"功利性"

选课不总是凭兴趣爱好来选的,大多数学生是按学科的难易度进行选科的。科目之间难易程度不同造成师生资源浪费,而且学生资源也浪费严重。从长远看,如果将来大学招收的大多是文科学生,社会就业形式会更加严峻。科目的"冷热"同样影响了教师团队的人才需求,造成教师资源的浪费与短缺。

（三）考试竞争过于激烈,加重学生的负担

外语的一年多考与合格性、等级性的学业水平考试对于学生而言依然是个不小的挑战。在结束"一考定终身"后产生的多次考试与不同类型的考试实际上在无形中增加了学生的课业负担与考试压力,也不难理解大众在减轻学生负担这一项上做出的选择。

（四）"试水"期间,考生可能产生心态问题

在高考改革各环节中,考试内容与形式的改革是关键。考试内容与评价标准的改进,加大了管理教育的难度,关系到对学生们的积极导向。学生在选择过程中遇到的纠结与困惑还需要教师与家长进行指导,而加上改革才刚刚实行,拥有这方面指导能力的人也不多,所以要解决这个问题没有时间的沉淀是很难做到的。

（五）高考改革与高校招生制度的衔接

除功利性之外，在与同学老师交流的过程中我们还发现，物理是很多高校都有要求的科目。在这样的情况下，许多学生的选择会被高校所限制，分科体系下，高校应该如何确认自己的需求科目，高中与高校应该如何做好衔接都是我们应该考虑的问题。

六、调研总结及对未来高考改革的建议

在问卷中我们询问了大众对于此次改革对于解决原来弊端的作用。

"您认为北京新方案在多大程度上解决了原来的弊端？"统计结果如图14所示。

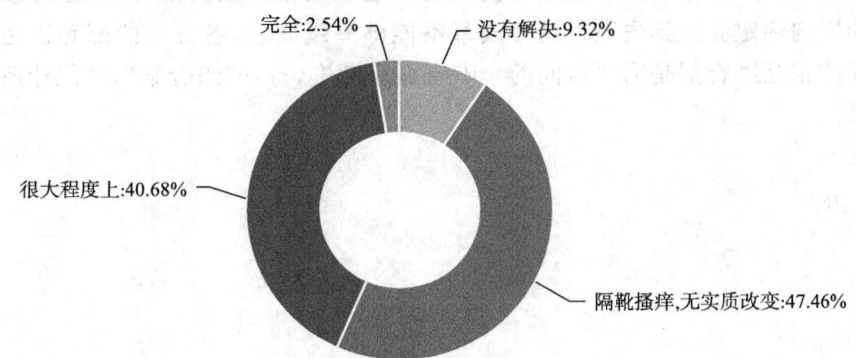

图 14　受访者认为新政策多大程度上解决了原来的问题

从中不难看出，大众对于此次改革虽然有着较为积极的认识，但在这个问题上，总体不满意改革作用的占到了56%，超过了态度较为积极的人。显然，此次改革的改进空间还有很多，问题依然严重。

（一）确实聚焦核心问题，贯彻以人为本的精神

将培养"学生"，而不是"考生"，作为标准来评价、甄别、选拔人才。更科学、更合理、更公平地培育与选拔人才。建立与高等教育大众化发展相适应的高考模式，不忽视学生的心理健康、身体素质，在减负的同时保证质量，在此基础上从实际出发，落实好改革。

（二）重视高中阶段的教育，全面理性把握高考性质

高考一直有强大"指挥棒"的作用，更是已经涉及基础教育、高等教育和整个中国教育的兴衰成败，更还是对每一位学子，每一个家庭起到改变命运的作用。高考的目的不仅在于招收人才，还在于让人们正确认识科学文化素养的重要性，真正重视高考，尊重文化、尊重知识、尊重人才。

(三)改革内容适应时代发展,与国情相适应

我国城乡、地区之间的经济社会发展差异还比较大,教育资源的分配上还存在很大的不足,如何保证偏远地区的人才选拔与培养,如何保证教育资源的相对合理分配应该是改革者所需要考虑的问题,不能"一刀切",统一进行一样的改革,而要按照实际情况,各方面都准备好之后再做行动。

(四)循序渐进,打好组合拳

高考改革是一个系统工程,其涉及的不只是高中的教育,还涉及高校的招生以及基础教育。如果只是在怎样改革上做好文章而不注意其他方面的配合,不注意改革对其他方面的影响注定会遭到失败。高考改革不能够一蹴而就,各方面的配套措施的准备以及后续的相互磨合都是需要时间的。唯有循序渐进,打好"组合拳",才能让改革达到预期效果。

流行食品的安全因素调查及对策研究①

班高杰　宋圆洁

【摘　要】　食品安全问题是民众最为关切的社会问题。通过问卷调查,发现影响食品安全的因素主要体现在"黑作坊"的生产、食品添加剂的违规使用、食品的商标等信息不齐全等方面。食品安全问题的解决要借助有关部门的监管和新闻媒体的舆论引导职能,解决食品安全隐患,保证民众饮食安全。

【关键词】　食品安全;流行食品;网红食品;新闻媒体

2018年是改革开放的第40年。在这40年间,百姓的生活有了翻天覆地的变化。在这里我们就百姓民生问题中的食品安全展开讨论,分析讨论了不同时代的人们对于食品安全的看法以及当下的一些食品安全热点问题。

本次调查主要采取非定向问卷调查。调查问卷发放分为线上和线下两种形式。线上是由小组成员在朋友圈发送链接让网友填写并收回,线下是由我们小组成员在街头进行随机发放并收回。此次调研共发出调查问卷335份,收回335份,回收率达100%;有效问卷335份,有效率达100%。

本次调查报告填写人群主要以19～29岁的群体为主,占41%;0～18岁的人群占15%;30～39岁人群占21%;40～49岁人群占13%;50岁以上人群占10%。调查群体的教育水平大多为高等教育水平,大学本(专)科及以上学历占到70.5%,初、高中学历占28.9%。

一、流行食品的安全问题

流行食品,顾名思义就是指那些在某一时间段内兴起、特别受部分或所有人欢迎的、经二次加工的食品。根据我们问卷数据统计结果来看,每个阶段的人小时候的流行食物名称不尽相同:从"冰糕"到"北冰洋",从"麦乳精"到"汽水"。但无论是未成年人还是已经五十多岁的人,小时候的流行食品的类别都是存在共性的。50岁的人中,43名受访者中有14名选择了不同类型的糖果,认为其是自己小时候的流行食品;19～29岁的受访者中,47人中有8人选择了如"棒棒糖""大白兔"等糖果作为小时候的流行食品。同时,随着时代的变迁,流行食品的种类越来越丰富。40岁往上的人群中,主要流行食品为糖果和冰棒、冰糕类;30～39岁的人群中,汽水、麦乳精等一系列饮品开始出

---

①　本课题指导教师班高杰(北京工商大学马克思主义学院);课题组组长宋圆洁(食品173);课题组组员:龚艺(食品171),张雨欣(食品172),任雨晴(食品172)。

现;29岁及以下人群中,辣条等豆类制品、薯片等膨化食品开始成为流行的主要类别。到如今的"脏脏包""脏脏奶茶"以及淘宝上热卖的各种口味的豆腐干,这些食品如今有了新的名字"网红食品"。所谓"网红食品",本身是从如今不同的热卖食品即流行食品演变而来,大多数"网红食品"可以从以前的传统食品中看到影子。

流行食品的食品安全问题,最为人熟知的比如"辣条"的"三无"问题。人民网2017年8月31日报道,在孩子身边随处可见的小食品,仍然不是十分安全。执法人员重点针对校园周边的"三无"产品、过期食品、变质食品、伪劣食品一家家排查发现,不少超市内所售的玩具、贴纸等物品虽色彩鲜艳、包装精美,但都是"三无"产品;有的商户健康证过期还未及时办理,有的商户的消毒柜就是摆设;有的商户无照经营。

在"正规商贩"手中售卖的"网红食品",食品安全情况也不容乐观。《解放日报》一篇文章指出,一大批"私房菜"借助互联网迅速成为"网红",但涉嫌无证照经营。记者在"大众点评"上随机选取了30家"私房菜",将这些餐饮服务单位网上公示的店招、经营地址等信息,输入上海市餐饮服务食品安全等级查询系统、国家工商总局企业信用信息公示系统等平台进行验证,涉嫌无证照经营的比例高达53.3%。此外,1154家"私房菜"经排查有672家无证经营,截至目前,已全部被责令停业并立案查处(千帆,2017)。"阿大葱油饼",可能是中国最早的一批"网红店"。这个由BBC吹起来的中国葱油饼店,也曾因为无照经营和食品安全差等问题被暂停营业。

二、流行食品安全问题的影响因素

(一)黑作坊生产伪劣产品对食品安全的影响

由图1、图2统计结果可知,不论在城市还是非城市环境中长大的人们均更倾向于把他们小时候(0~18岁)影响食品安全问题的因素归因于黑作坊生产的伪劣产品上(37%,36%)。22%的非城市人口认为,在他们小的时候,食品很安全没有问题,而在城市长大的人有11%认为食品安全无问题。11%的非城市人口与16%的城市人口认为,食品安全问题出现在大品牌的不安全上,22%的非城市人口与27%的城市人口认为,食品安全问题出现在农产品中。

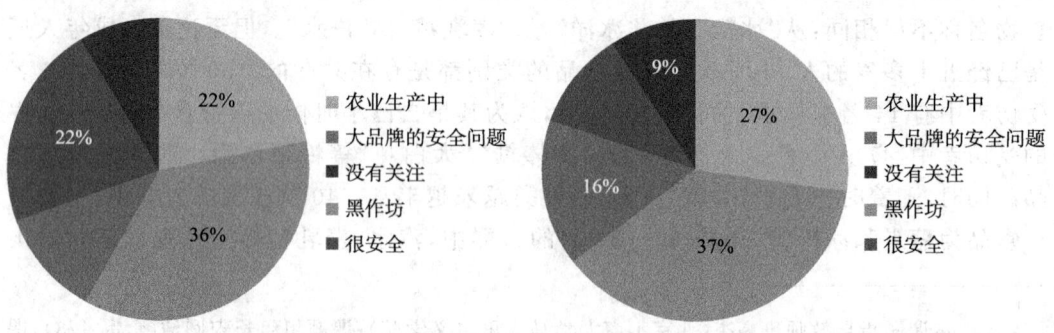

图1 非城市人口对食品安全问题的归因　　图2 城市人口对食品安全问题的归因

由此可见,不论是城市人口还是非城市人口,各个年龄段的人均认为在他们小时候,影响食品安全的主要因素是黑作坊生产的伪劣产品。根据调查问卷,我们发现,各年龄段的人们主要购买的食品有所不同。40~49岁及50岁以上的人主要购买糖果类、饼干、冰棍;30~39岁大部分人购买过酸梅粉、干脆面;19~29岁和0~18岁的人购买的零食种类增加,但大部分人购买过辣条。随着年龄的减小,购买的零食种类、品牌也逐渐增多,黑作坊的伪劣产品出现的概率也逐渐增多,食品安全问题开始更多地出现。不同年龄对黑作坊的影响的认知占比不同且比例差异较大,同时认为食品很安全的比例也有明显差异。

很多黑作坊是什么产品流行就生产什么产品,冒用品牌公司及其产品名称。黑作坊冒充很多大品牌,并且各种标志齐全。消费者上当受骗之后,不仅不敢购买黑作坊生产的食品,对其仿冒的大品牌也会敬而远之。

(二)添加剂对食品安全的影响

适当的创新给了流行食品一时的人气与销量。但是,创新的前提是保证食品的安全。创新固然重要,食品安全问题却是可食用产品的基础。以全球首款黑色冰淇淋为卖点的网红食品"椰子灰",宣传其中添加了活性炭成分,且声称活性炭可美颜。但《网红冰激凌深受追捧,专家:不建议食用》报道中却提到:"专家表示,在食品工业中,活性炭可用作食品添加剂,主要用途是作为加工助剂,用于吸附食品杂质以及颜色等等,并非专门添加到食物中用于食用目的。活性炭不仅会影响维生素、矿物质以及抗氧化成分等营养素的吸收、还会降低药物如抗抑郁药物……还可能引起过敏、腹痛等副作用。因此,不建议食用!"由于其中添加的活性炭的不良作用,目前纽约市已禁止售卖该种冰淇淋,椰子灰冰激凌的销量锐减50%。

(三)商品信息不齐全对食品安全的影响

根据调查问卷可以发现,接近六成的人会关注食品包装上是否有QS标志、生产日期等相关信息。并且,随着年龄的增加,人们在购买食品时对于QS标志、生产日期等标志的关注也逐渐增加。

根据问卷发现,超过八成的人一旦发现自己喜欢的食品出现安全问题,将不会购买或减少购买。甚至对于谣传有安全问题的食品,有42.6%选择不再购买;对于曝光出有食品安全问题的食品,有近八成的人不再购买;即使改过自新重新生产,一半的人也坚决不再购买。并且随着年龄的增加,对于存在食品安全问题的食品,选择不再购买的人的比例呈上升趋势;选择自己核实消息的真假的人占比随年龄增大而减少。对于有过谣传并进行过辟谣的食品、被曝光出在制作过程中存在安全问题的食品、因出现了食品安全问题而停产的食品,改过自新后又重新开始生产的商品,人们的购买决策与以上基本相同。

各类食品被曝光出存在安全问题的次数逐渐增加,不论是否为谣传、是否在曝光后改过自新,都不再被大部分人接受。并且随着年龄的增大,不再购买的趋势也增大。50

岁及以上这个年龄段的人对于安全问题更为重视,一旦有安全问题出现,几乎100%的人选择不再购买。从中我们可以知道,人们非常重视食品安全问题,这也提醒生产企业,食品安全问题甚至事关企业生死,消费者甚至不给企业"改过自新"的机会。因此,食品生产企业始终要绷紧食品安全生产这根弦,不能有半点马虎。

三、食品安全问题的改进方案

（一）有关部门应当加强监管

时至今日,仍然存在很多没有营业执照的商铺。这些商铺的食品安全问题是无法得到保障的。所以有关部门应当加强市场监管,加大执法力度,以减少无证店铺的存在,来保证群众的食品安全,让群众吃得放心、吃得安心。也可通过加大对一些不合格店铺的曝光力度,宣传不合格食品的危害,起到对市场的震慑作用,使得商铺在食品安全上不敢偷工减料,不敢抱有侥幸心理。

除此之外,还应加强对食品添加剂的监管,明确规定哪些东西可以添加到食品里面,哪些东西不可以当作食品添加剂使用,以防止像"椰子灰"冰激凌等食品的出现,以至于影响到人们的健康问题。

（二）有关部门应加强对食品安全问题的宣传

其实通过官方网站,可以查到很多商铺和食品的信息。我们可以从正规渠道去确定这个食品是否合格,也可以查到哪些物质可以被作为食品添加剂使用。但是现在很多的人都不知道如何上网查询。有关部门在宣传食品安全问题时,也应该教会大家如何去查询食品安全的信息,这样消费者就不用等到媒体曝光才知道这些受欢迎的食品原来是"三无食品"。"授人以鱼不如授人以渔",如果大家掌握了查询的方法,就可以在购买之前去主动了解商品的信息,避免购买到不合格的食品,以免造成不必要的损失。

（三）新闻媒体应当发挥引导职能

根据调查结果显示,0～18岁的人群中,在食品出现谣言并进行辟谣以后,只有40%的人相信食品本身是安全的,有27%的人怀疑食品存在安全问题;随着年龄的增大,这一现象更加明显,19～29岁的人群中,只有25%的人相信食品本身是安全的,36%的人对食品的安全仍存在怀疑;30岁以上人群对于食品安全问题的存疑更是达到了60%以上。由此可见,新闻媒体的公信力不足,公信力不足以让群众去相信这个食品是安全的。

新闻媒体可以说是百姓们最重要的一个信息来源,所以新闻媒体所传达的内容的真实性可以说是至关重要。因此新闻媒体应该加强对信息源的甄别与核实,将社会效益摆在首位,不应为了抢速度、"博眼球",就不进行必要的信息查证与核实;更不应抱有侥幸心理,将核实的责任给予首发媒体。只有这样才能保证新闻的真实性,才能在产生食品安全方面的谣言时,及时制止住,阻止谣言的继续传播,避免引起群众的恐慌,安抚住百姓的情绪。

四、总结

从我们统计的数据中看,人们认为黑作坊产生的食品问题远比大品牌的食品问题多得多。随着年龄的减小,认为自己周围存在食品安全问题的人也越来越多,这说明近些年来对于食品安全问题的曝光力度加大了。不同年龄段的人对食品安全的认识、获取相关信息的方式有所不同,这也就导致了不同人群对有关食品安全的新闻信任度的不同,对于食品安全的归因和重视程度有所差别。此外,对于自己身边的十分热门流行的食品,人们的购买欲望也有所不同。然而,这些火遍大江南北的食品,其安全程度,无论是从添加剂还是加工制作流程方面来看,都需要加强和改进。

我国食品安全问题屡有曝光。从一方面来看,这是好事,说明人民群众和媒体大众对食品安全越来越重视;从另一方面来看,亟待解决的各种问题说明我国的食品安全法律法规和执行方面还有很多漏洞。我们一是应唤醒大众对食品安全的认知,加深人们对其了解;二是要从"源头"材料的进口、加工、制作过程等几方面抓起,及早发现安全隐患,不给利欲熏心者以可乘之机。

参考文献

千帆,2017-4-18.让"网红"食品坚持成为百年老店[N].解放日报.

北京市及部分外省市留守儿童的问题及对策[①]

袁 雷 魏姗姗

【摘 要】 随着我国不断发展,无论是经济还是社会能力都有了显著提升。然而,大量农民涌入城市打工,越来越多的儿童被迫与家长分开,成为留守儿童。这些儿童由于家庭缺失,生活中会存在很多问题,其中最突出的问题是家庭教育、学校教育以及社会关注。在处理留守儿童问题上,首先要摆正对于留守儿童的认识,同时抓住各个层面上的关键问题并加以解决,规划好今后的发展方向。帮助他们更好地获取知识,发展自身,适应社会。

【关键词】 留守儿童;现状;对策;发展方向

留守儿童的家庭成分中有的缺失父亲、母亲中一人,有的缺失父亲以及母亲。孩子住在农村,父母去城市打工,孩子与家长两地分隔。如何解决留守儿童的问题引发了政府和社会的极大关注。

本次调查主要采取非定向问卷调查(包含社会群体调查和留守儿童群体的调查)、面对面采访和以往调查结果研讨的方式进行研究。调查问卷是由小组成员在朋友圈发送链接的方式,让网友们填写并收回:其中社会群体调查共发出调查问卷 417 份,收回 417 份,回收率达 100%;有效问卷 391 份,有效率达 93.8%。参加问卷调查的人群居住地大多为北京,占到了 51%。留守儿童群体的调查共发出调查问卷 170 份,收回 170 份,回收率达 100%;有效问卷 170 份,有效率达 100%,其中女性占 71%,男性占 29%。面对面采访主要由小组成员对留守儿童在读学校的老师进行访问,部分调查结果来自于国家统计局《中国统计年鉴》对于留守儿童的记载和调研。

一、社会群体对于农村留守儿童的认识

留守儿童是指父母双方外出务工经商或一方外出务工经商另一方无监护能力、不满十六周岁的未成年人。在 2014 年全国政协十届四次会议上,由 24 名政协委员提交的《关于为农村留守儿童建立成长保障制度的提案》中写道:在一些劳务输出大省,留守儿童在当地儿童总数中所占比例高达 18%~22%。可见,农村留守儿童问题已成为不可忽视的社会问题。

农村青壮年劳动力留在农村种地,付出了繁重的体力劳动,却只能勉强维持温饱。而

[①] 本课题指导教师袁雷(北京工商大学马克思主义学院);课题组组长魏姗姗(机械 162);课题组成员:李鹏跃(机械 162),吴京喆(机械 161),徐彦喆(机械 162),杨恺雯(包装 16),张莉文(机械 162),王雪楠(机械 162),李鑫(机械 162)。

外出离家务工经商则可有更高的收入与更多的机会,将子女留在家乡属于不得已的选择。这是一把"双刃剑"。父母的汇款能够改善家庭经济条件,极大地提高留守儿童的生活水平,使留守儿童拥有更多的教育机会。一方面,父母外出务工经商,其临时监护人照料留守儿童的精力有限,对孩子成长发育状况缺乏了解,使得多数留守儿童的膳食结构、健康活动、卫生状况均有待改善;另一方面,他们的父母无法尽到教育孩子在思想认识方面的责任,更无法帮助他们形成正确的"三观",他们在成长中缺少了父母的关心以及呵护,极易形成性格偏执怪异、内心孤僻自卑、抽烟、喝酒、赌博等心理异常、品行不端的问题。

国家统计局提供的全国妇联研究报告显示,留守儿童犯罪率占未成年人犯罪率的70%,并且在逐年上升。2014年一份调查数据显示,49.2%的留守儿童在过去一年中遭受了不同程度的意外伤害,在意外伤害致死的儿童中,大多是留守儿童。留守儿童问题严重影响社会和谐稳定,事关全面建成小康社会大局,不容忽视。解决这个问题需要家庭、学校、社会共同承担责任,群策群力,多方合力(图1)。

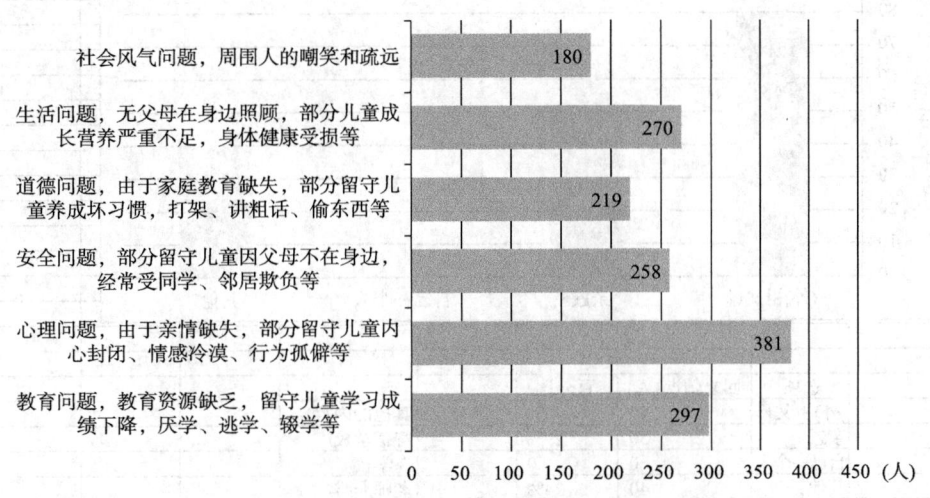

图1 对于留守儿童存在问题的社会群体认识调查

而在本次社会群体调查中我们发现,有68%的人从来没有接触过留守儿童,85%的人都是通过电视节目或者网络才了解到关于农村留守儿童的问题。大部分人对于留守儿童的印象是懂事、独立、内向、孤僻。如图1所示,在社会群体调查中,人们认为农村留守儿童面临教育问题、心理问题、安全问题、道德问题、生活问题、社会风气问题等六大主要问题。

二、农村留守儿童存在的主要问题分析

(一)家庭教育方面存在问题

1. 监护状况令人担忧

目前,"留守儿童"的监护状况大体分为两类。一种是代际监护,通常由父母的长辈

代替。这种教养会带来很多问题。他们大多满足孩子的物质需求,对他们较为溺爱、放任自流,而在精神层面上欠缺的太多。其次,祖父母和孙辈之间有很大的年龄差距,他们有不同的想法。他们在许多事情上的观点经常有很大的分歧。代沟是很明显的,彼此之间很难沟通。另外,老人们年龄大,没有精力来引导关爱他们。其次文化水平不足,无法用科学的教育方法去教育孩子。第二种是由亲戚,父母的同龄人来照顾,这种方法带来的问题是监控对象与自身没有直接的关系,在很多情况下很难严格约束,从长远来看不利于孩子的成长。这会促使留守儿童形成为人处世冷漠自私、对他人任性暴躁、对社会缺乏责任感的缺点。这种方式不利于孩子的健康成长,长此以往孩子们的心理容易受到扭曲,从而变得孤僻、内向(图2)。

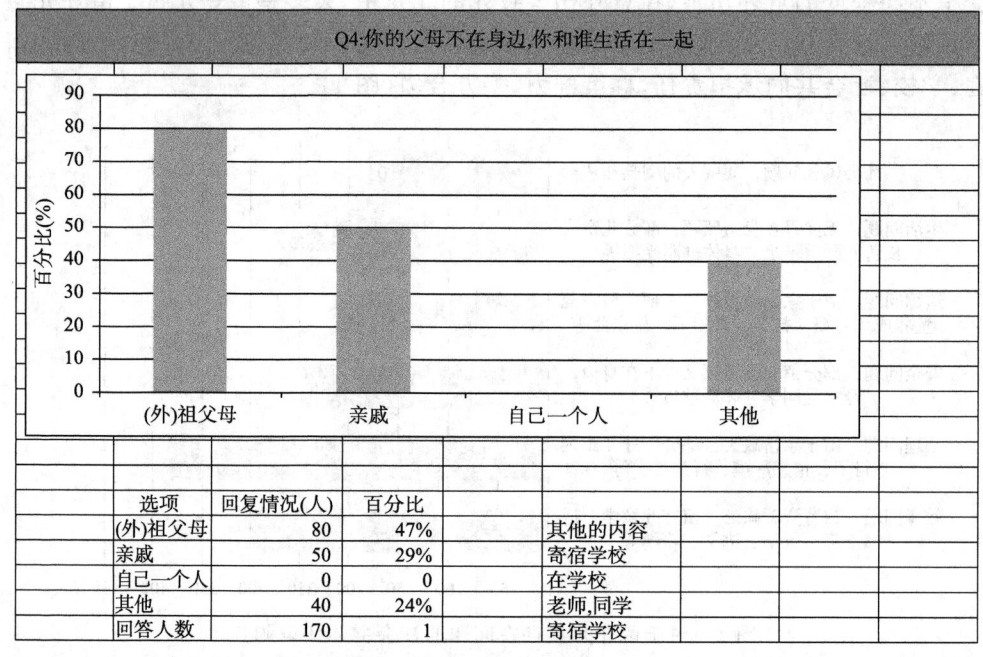

图2 对于留守儿童群体监护状况的调查

2. 缺少父母指导与陪伴,感情缺失,容易造成心理疾病

当留守儿童处于各个方面迅速发展的时候,尤其需要父母的指导与陪伴。调查显示,他们渴望学习生活中有父母的指导,即使父母的知识水平无法给予课业上的帮助,但却会给他们战胜学习中困难的信心和培养对学业的热爱,深深地鼓舞他们。同时,父母不在身边,"生活没人照顾"可能造成身体发育不良等健康情况,"孤单没人聊天"使得他们不能很好地感受家长的陪伴与关怀,心事不能很好地排解,与家长没有深度的交流,长此以往,容易产生心理问题。这不但影响了他们能否很好地融入社会,还使得他们的亲情观念淡薄,对于家庭的概念模糊,这不利于他们正确树立家庭观念,会影响他们的一生。长时间的亲情缺失,会导致他们产生感情饥渴的问题,甚至对父母产生误解,进而产生怨恨之情,慢慢地造成心理扭曲,还有报复社会的可能(图3)。

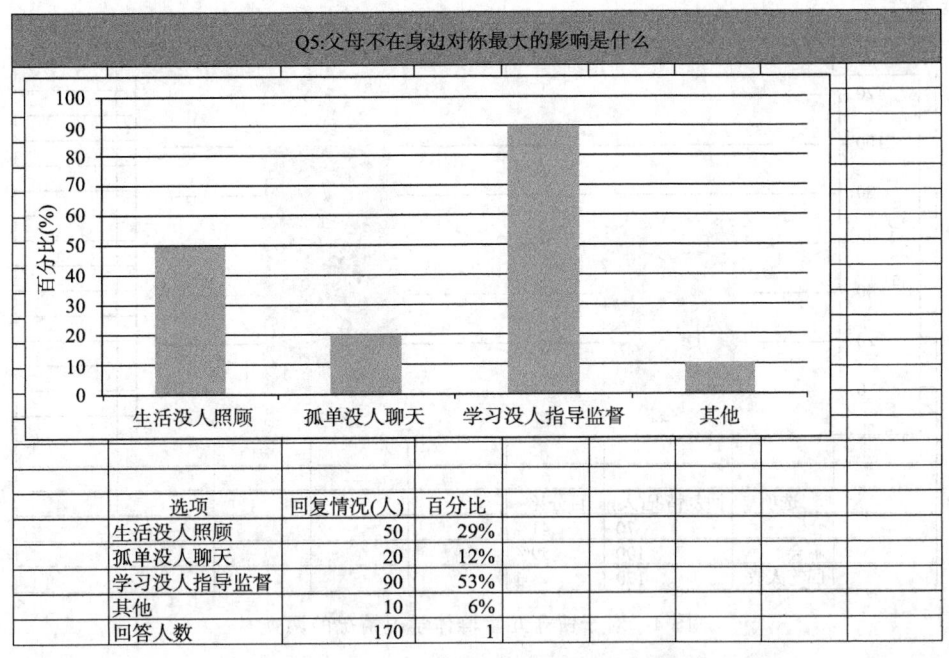

图3 对于留守儿童群体生活情况的调查

3.部分打工父母一些错误观念的存在对孩子具有错误的导向

农民工对留守儿童缺乏照顾以及陪伴,自身也会感到内疚。他们会积极满足孩子们物质上的需求,这样会把孩子引向错误的方向。然而,留守儿童的监护人大多教育水平较低,教育方法也不正确。另一方面父母的教育观念以及理念会直接影响孩子对于教育以及获取知识方面的看法(图4,图5)。也有一些家长虽然学历不高但深知知识的重要性,因此与学校以及老师有密切的互动联系,从而进一步了解孩子在学校的学习情况,并给予支持与协助。而孩子们也深知家长们的期望,在学校更加努力学习,不让父母失望,这就是所谓的良性影响。但也有一些家长的做法是我们要规避的。有的家长受到的教育程度不高,来到城市打工,认为自己赚的工资足够养家,因此养成了学习无用的观点。他们从不给孩子灌输知识就是力量的正确思想,只是一味地赚钱,并用这种错误的观点在潜移默化之中影响自己的孩子,导致自己的孩子对学习也不上心,学习的态度也很随意,小小年纪只关注挣钱,这便是我们所谓的家长的错误观念影响孩子的一生。

(二)学校教育方面存在问题

1.乡村学校教育资源配置不够

在家庭缺位、父母无法尽到教育责任的情况下,学校教育成为留守儿童教育的重要组成部分。城市公立学校条件优越、教育教学设施齐全、师资力量雄厚,其实很多背井离乡的人是希望带着他们的子女一起进城的。但是很多因素限制了他们实现这样愿望

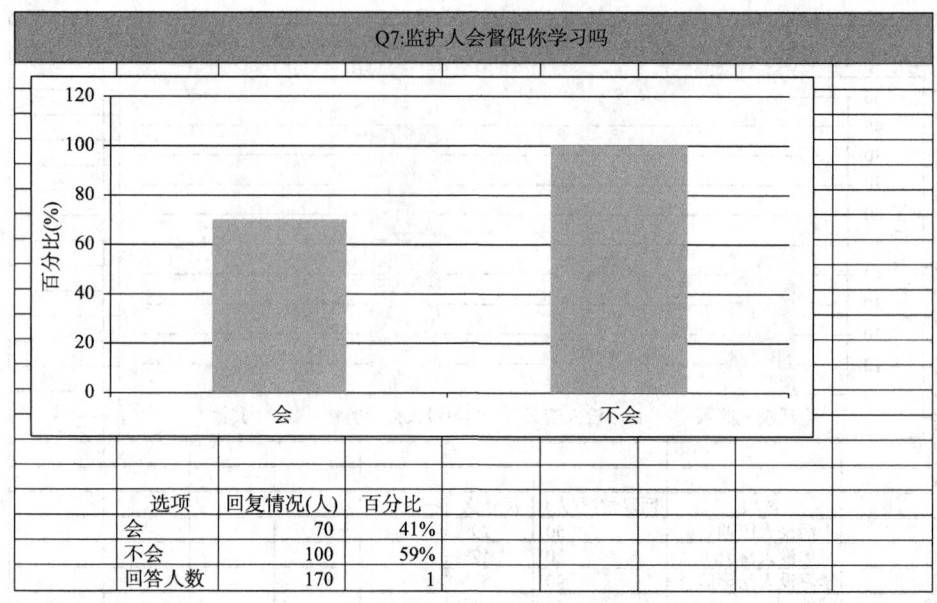

图 4　对于留守儿童群体学习情况的调查

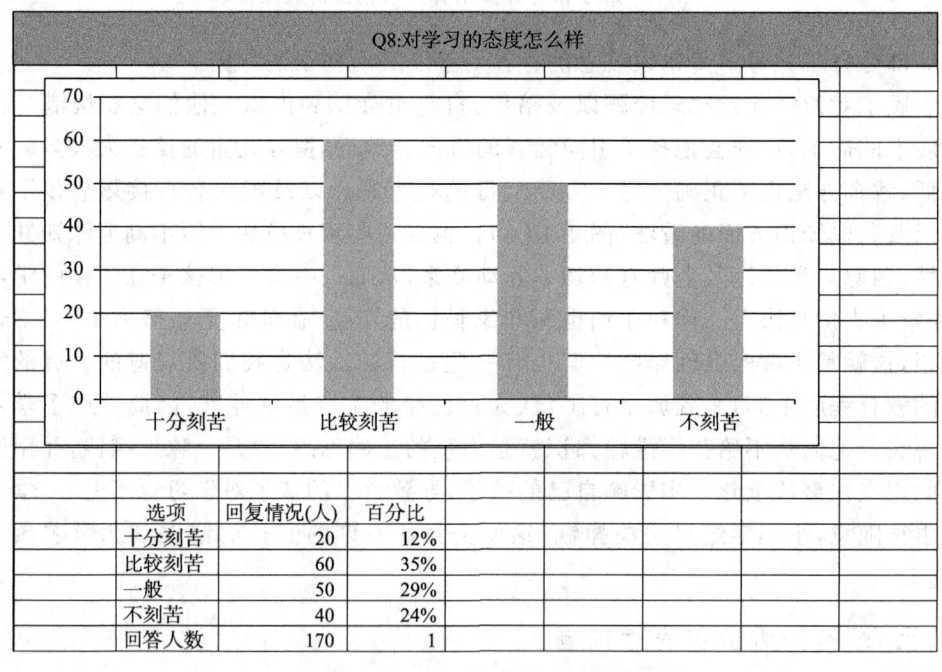

图 5　对于留守儿童群体学习情况的调查

的脚步。比如,父母本身居无定所、城市公立学校教育资源紧张、城市生活费用高昂、异地高考等。

我国教育资源的配置存在明显差异,与城市相比,乡村学校教育资源极度紧张。

2015年,"中国特色社会主义和中国梦宣传教育"系列报告会指出:我国城市(含县城)普通小学生人均公共财政预算事业费支出比农村的普通初中高出将近700元;城市(含县城)普通初中比农村的普通初中高出近900元。乡村学校存在住宿条件简陋,交通不便,食堂伙食膳食结构不科学、菜色单调口味重复,教育设施建设严重匮乏,教育水平滞后,缺乏专业的管理团队以及师资力量等问题,许多乡村学校甚至严重缺乏黑板粉笔以及桌椅板凳等基础教育设施。此外,在教育部强调要提高学生的综合素质能力的背景下,城市学校会尽可能地满足学生在这方面的需求,开展兴趣课程,举办课外活动,而乡村学校因为师资力量的不足、基础教学设施的匮乏等诸多原因,甚至无法进行音乐、美术、体育等基础课程的教学。

2. 乡村学校师资力量薄弱

乡村学校无法满足学生综合素质教育的诉求,其中一个重要原因就是缺少师资力量。通过我们对于留守儿童在读学校老师的访谈了解到:在乡村学校,就学人口基数十分庞大,这样就存在一个非常常见的现象——大班额(一个班66人以上为超大班额,56人以上为大班额),老师教学任务繁重,教学压力大,无法同时关心所有学生,更无法做到课下辅导、校外访谈;一位老师身兼数职也是常见的。例如,语文老师同时教英语,数学老师同时教体育;此外,乡村学校师资力量专业素质普遍较低,对农村留守儿童的教育经验不足、不专业,尤其缺乏专业心理老师,对留守儿童进行专门的心理测评、心理辅导。

3. 乡村学校家长与老师间交流不充分

此外,家长与老师之间的合作也不够紧密。老师在学校发现了孩子的问题,无法及时反馈给孩子的父母及其临时监护人。而父母及其临时监护人没有合作教育意识,认为"只要孩子去了学校就归老师管",或者自身文化素质较低,没有合作教育能力。学校应加强学校与监护人的联系,通过这个环节家长能够更好地了解孩子在学校的学习情况以及孩子对于获取知识的态度,对于有问题的学生能够及时发现并解决。对于老师来说,也可以对孩子进行不同层面的教育,对于生活上面有难处的孩子,给予他们更多帮助与关爱,老师也有了更加了解孩子的机会,更有利于教育的深入。

因此,可以看出,农村教育层面欠缺的东西太多太多。

(三)社会关注方面存在问题

社会关注度低并且缺少社会教育(图6),导致大量留守儿童存在错误的思想观念,很多孩子由于缺少管制,从此走上了犯罪的不归路。农村管制力较差,导致他们错误的行为得不到管束,长此以往,他们便为所欲为,对于社会制约没有敬畏之心,有的孩子从此走上了违法犯罪的道路。另外,由于缺少大人陪伴,很多孩子小的时候就是受到各种安

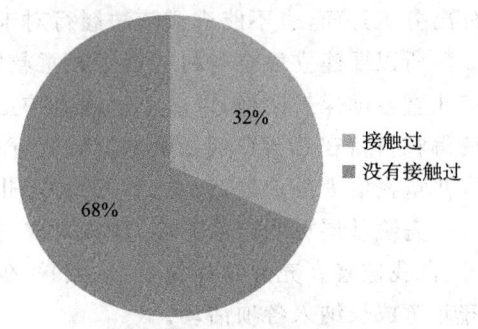

图6 是否接触过或了解过留守儿童

全隐患的影响,例如溺水,火烧,被拐卖等危险因素。

三、农村留守儿童教育问题的对策建议

(一)充分发挥政府的主导作用

2014年1月27日,李克强总理在国务院常务会议上说:"决不能让留守儿童成为家庭之痛社会之殇! ……当然最重要的,还是通过推进农民工市民化、引导扶持返乡创业就业等措施,从源头上减少留守儿童。"家庭、政府、社会是解决留守儿童教育问题的三个方面,但要解决留守儿童的教育问题,其根本是统筹城乡发展,减少留守儿童的数量。

首先,加快城乡二元体制的改革,尽量降低甚至争取在将来完全消除户籍制度对农村留守儿童的阻碍,使得农村人口可以在城市享受到在教育、医疗、就业等方面与城市人口同等的待遇。

其次,政府应该根据留守儿童的实际情况制定相应的政策,出台相关法律法规,对农村留守儿童给予政策上的保护;同时对留守家庭进行相应的财政支持,尽快实现农村脱贫,使农村家庭的父母不再需要进城打工,可以一直陪伴孩子的成长,从而解决留守儿童问题。

再次,政府要重视留守儿童的教育,并加大对农村教育的投入,对于留守儿童减免学杂费;提高农村教师的待遇,至少要高于城市教师的待遇水平,从而可以在一定程度上把城市里好的教育资源向农村倾斜,形成城市与农村轮流制度,从根本上解决教育资源流失的问题。

最后,政府要建立合理的监督制度,切实监管各项惠农政策的实施,从而让政策落实到具体实施,减少疏漏之处(李婷,2018)。

(二)建立健全农村留守儿童保护体系

在我国,保护未成年人的法律有:《中华人民共和国未成年人保护法》《中华人民共和国预防未成年人犯罪法》《中华人民共和国义务教育法》。即使父母是迫于生计,无奈外出务工经商,也不能逃避依法履行对未成年子女的监护职责和抚养义务的法律责任。

所以要建立健全各村的留守儿童救助保护机制,每个省市建立分中心,构成全国留守儿童救助保护网络,以落实家庭监护主体责任,切实保障农村留守儿童的合法权益,使得农村留守儿童得到正确的家庭教育;另外,聘请专业的留守儿童心理疏导员,在留守儿童密度大的地区,设立专门的留守儿童活动中心。

完善基层群众自治制度,加强对农村留守儿童家庭的自我管理、自我教育、自我服务、自我监督。充分发挥村委会、妇联、少先队、共青团等群团组织作用,将关爱农村留守儿童成长纳入各项活动。

(三) 充分发挥学校的教育功能

学校应积极贯彻以学生为本的教育理念,要充分相信、尊重并发展学生,尊重学生成长的规律和环境。为了给留守儿童提供良好的学习和生活环境,学校应创设积极的环境来预防可能会出现的一些问题。比如,针对留守儿童亲情缺失的问题,学校可以组织学校教师利用节假日的时间对留守儿童进行家访,主动关心和询问孩子在生活和学习中遇到的问题,多关注孩子的内心世界和学习成绩,让孩子们感受到温暖;针对留守儿童课余生活枯燥乏味的问题,学校可以定期组织学生们开展一些有意思、有意义的课外活动,来充实孩子们的课余生活。

通过多种形式开展心理健康教育活动。呼吁其他学生对留守儿童进行关心和平等对待,不能排斥和歧视他们,让留守儿童树立正确的世界观、人生观、价值观,培养他们积极阳光、自尊自信的生活态度。同时,学校可以开设心理健康教育课程,或者开展专题讲座、实践活动等对学生们进行心理健康教育。同时,建立心理咨询室、心理信箱等,聘请专业的心理咨询师,帮助留守儿童缓解心理压力。

重点改善学校方面存在的问题。首先,学校要建立完备的留守儿童档案。留守儿童的家庭背景,父母及临时监护人的基本信息,上学路途的交通状况等,都要归入档案,并及时跟进调查,有困难的学生要积极帮助他解决困难;个别问题大的留守儿童,要登记在案。学校要做到及时与家长、临时监护人交流沟通、相互合作,比如建立留守儿童家长、临时监护人微信群、QQ群等,尽力让留守儿童健康成长。

其次,要加强学校环境建设,改善留守儿童的住宿条件和饮食条件,让留守儿童可以舒适悠闲地学习。

再次,对农村留守儿童的教师及监护人最好进行心理支持培训,提高教师及监护人对留守儿童的教育能力,尤其是在心理方面的教育能力。

最后,解决农村留守儿童的问题,不仅是家长、学校的责任,也是全社会的责任。我们要倡导社会组织、专业社会工作者、志愿者等组织多为农村留守儿童做贡献,着力解决农村留守儿童遇到的困难和问题,形成全社会关爱农村留守儿童的良好氛围。

(四) 家庭应努力承担起教子的责任

在大多农村家庭中,家长没有受到过高等教育,因此他们有一种错误的观念,那就是孩子在学习上面的问题全部交给学校来解决,教育孩子是老师们的责任,而他们自己却忽略孩子在学校的学习状况,只照顾他们的衣食住行,就觉得自己已经做得足够了。我们认为,这些错误的观念应该立即改正,这会潜移默化地影响孩子们的一生。家长平时应该及时跟学校以及老师们取得联系,互相协助,共同探讨更适合自己孩子的教育方式以及策略,同时家长们还应该多与孩子进行沟通,了解孩子们内心的想法,才不会与孩子们产生不必要的误解。出门在外,离孩子距离远,很容易产生距离,只有多加联系,才会让孩子们了解到家长们此刻在做些什么,并且感受到家长对孩子们的爱与关心,不会让他们产生情感缺失的感觉。母亲最好陪在孩子身边,毕竟祖父母或是叔叔阿姨不能代替父母的地位和作用,而母亲相比于父亲更加细心,更能及时感受到孩子的内心状况。这是加强监护人与孩子们联系的一种方式,只有及时了解到孩子在学习、生活各个方面上的问题并及时解决,才能让孩子们更好地成长。

如今我国在外地务工人员子女的基础教育问题上出台了很多有力的措施,农村父母应该创造尽可能多的有利条件,克服困难,将子女带在身边,让孩子可以跟随父母就近上学。而对于很多确实没有条件将子女接到自己所在地进行教育、只得将子女留在家乡的家长来说,也一定要时刻关注子女的学习和生活情况,注重与子女的沟通和交流,多与孩子的临时监护人、学校老师打电话沟通,同时在条件允许的情况下,尽可能多地抽时间回家看望孩子,让孩子能够感受到父母的关心与关爱。

现在农村中大多数是留守的儿童与老人,因此老人就自然而然扮演起了留守儿童监护人的角色。但是目前农村老人的教育理念仍比较陈旧,因此留守儿童的父母应该多与老人沟通,使老人能够确立更为科学的家庭教育理念,认识到教育对于儿童的重要性,同时培养孩子良好的生活、学习以及卫生习惯,加强对孩子德育的培养。对于孩子不够正确的行为要及时进行引导和教育,平时也要多与学校取得联系,积极配合学校对孩子的教育工作。

四、从留守儿童的调查中获得的启示

(一)对于亲情缺失

此次调查的417人中,有高达80%的社会人士认为,亲情缺失会导致部分留守儿童产生内心封闭、情感冷漠、行为孤僻等心理问题。父母长期在外,工作繁忙,所以无暇顾及子女的情感需求,很少能够回家与子女团聚,导致留守儿童长期缺乏与父母沟通交流的机会,缺乏来自父母的关爱,亲情缺失严重。

1. 社会方面

应更加重视留守儿童的内心世界。学校教师在课余时间应多与留守儿童进行交流,倾听他们内心的声音,定期进行家访,了解家庭基本情况,并加强关怀。周围的同学们应该在生活和学习中多帮助留守儿童,多与他们进行沟通交流,让他们感受到温暖和陪伴,意识到自己并不是那么特殊,并不会被其他人所排斥和歧视。社会各界人士应当摘掉对留守儿童负面评价的标签,对待所有的孩子要一视同仁,让留守儿童享有与非留守儿童平等的权利和义务,为他们营造一个和谐的社会氛围。

2. 家庭方面

外出打工的父母要尽可能多地关注子女的学习和生活情况,注重与子女的沟通和交流,关注他们的内心世界和情感变化,多与孩子的临时监护人、学校老师打电话沟通,同时在条件允许的情况下,尽可能多地抽时间回家看望孩子,让孩子能够感受到父母的关心与关爱。

(二)关于教育问题

教育问题是此次被调查对象普遍认为的第二大问题,农村交通不够便利、硬件条件较差、教育资源缺乏,导致留守儿童学习成绩下降,甚至出现厌学、逃学、辍学等情况。从此次调查结果来看,父母不在身边对于留守儿童来说最大的影响就是在学习上没人指导监督。

1. 社会方面

政府要重视留守儿童的教育,根据留守儿童的实际情况制定相应政策,并加大对农村教育的投入。对于留守儿童减免学杂费;经济补贴,改善部分硬件设施;提高农村教师的待遇,至少要高于城市教师待遇的平均水平,从而可以在一定程度上把城市里好的教育资源向农村倾斜,从根本上解决教育资源流失的问题。社会应呼吁城市的学校,尤其是大学,在平时或寒暑假多组织有意义的支教活动,给农村留守儿童带去知识和欢乐。

2. 家庭方面

其实,大多数留守儿童是很希望去父母所在的城市接受教育的,因此农村父母应该在有条件的情况下将孩子带在自己身边,就近上学,从而减少留守儿童问题。没有条件的家庭,父母也要通过电话、短信等方式对孩子的世界观、人生观、价值观进行正确的教育和引导,如面对挫折,应帮助和鼓励孩子去积极应对,面对小小的成功,应分享孩子的喜悦并告诫他们不要骄傲。同时,积极与临时监护人联系,使临时监护人形成科学的教育观念,对孩子进行正确引导。此外,父母也要正确看待留守儿童的物质生活,不能因为长期不在身边,内心觉得亏欠孩子,就用物质进行弥补,这样容易歪曲留守儿童的价值观,不利于他们的成长(李婷,2018)。

留守儿童问题并不是一朝一夕就可以解决的,也不是少数人的工作,而是应当引起全社会的广泛关注,需要全体社会成员的共同努力。

三、采访录及视频

1. 问:留守学生占比多少?

答:留守学生现象比较突出,总数约占30%左右。

2. 问:留守学生与普通学生相比在学习上有什么突出的问题吗?

答:留守学生的大多分布在普通班级,成绩多数处于中下游,学习基础较差,个人没有良好的学习习惯,对学习没有主动性上进心,部分父母秉持着读书无用论。其次,沉迷手机游戏的现象比较严重,因为留守学生需要用手机与父母进行联系,在手机的方面难以管控,容易沉迷手机网络,无心学习。

3. 问:老师对于学生留守学生的学习有什么特别的关照的地方吗?

答:因为留守学生有一部分是住校的,所以老师会在平时的空闲时间给基础较差的留守住校学生进行单独的辅导。

4.问:留守学生在性格上与一般学生有什么差别呢?

答:留守学生的性格大部分有一点内向孤僻,不善于与他人相处,不太倾听他人意见,往往不听取他人建议。在家庭方面往往会与家长有一定的摩擦、存在矛盾,家庭观念较为淡薄。

5.问:对于这些在性格方面存在一些缺陷的学生,学校有什么对应的措施吗?

答:对于留守学生,老师是会多给予一些关注的。学校有专门的心理老师,同时开设有心理课。同时,班主任会与留守学生进行不定期的沟通,与家长也会进行定期的联系。

6.问:在生活上多数留守学生会有一些什么样的困难呢?

答:第一,留守学生的家庭情况往往比较困难;第二,留守学生往往需要自己完成生活事务,花费较长时间;第三,家长不在身边,往往个人情感得不到慰藉。

7.问:学校对留守学生生活上有什么帮助措施吗?这些措施能不能够落实到每一个学生呢?

答:(1)减免书费;(2)给予生活补贴;(3)贫困入户基金;(4)专项助学金;(5)一对一资助。

这些措施在我们学校是只有符合条件的学生才可以享受到。

8.问:对于留守学生的现象,您还有什么看法吗?

答:留守学生相对于一般学生来说,存在更多的问题。这些问题对于我们老师来说,能解决的少之又少,大部分还是需要父母、家人的帮助。

参考文献

陈拥军,2018.农村留守儿童现状及教育策略[J].学周刊,373(5):51-52.
李婷,2018.留守儿童心理状况研究——基于河南省的实际[J].行政事业资产与财务(14):43-44.
廖燕萍,2018.农村留守儿童心理健康的家校协同对策分析[J].学周刊,372(24):39-40.

贵州精准扶贫工程,从小乡村开始的蜕变[①]

——贵州省遵义市习水县良村精准扶贫调研

李永梅　袁伟荣

【摘　要】 改革开放以来,贵州省在国家扶贫政策的指导下全力推进扶贫攻坚工程,改善民生,脱贫致富。本课题组对贵州省遵义市习水县良村在推进精准扶贫前后的发展以及精准扶贫验收结束后的变化,做了广泛的调研,从对比中突出强调落实精准扶贫方案产生的具体效果,分析精准扶贫一系列政策落实过程中的问题,以期不断优化扶贫政策,使精准扶贫落到实处,切实改善民生。

【关键词】 扶贫;精准扶贫脱贫;致富

本课题组在研究贵州省精准扶贫政策的基础上,重点调研了改革开放40年以来,贵州省遵义市习水县良村镇良村精准扶贫所取得的成就和问题,并把良村的发展变化划分为两个阶段:第一阶段是改革开放后的扶贫阶段;第二阶段是精准扶贫工程的开展及精准扶贫取得阶段性成果。从对比中突出强调落实精准扶贫方案产生的具体效果。为此,我们小组以发放调研问卷和入户访谈的形式,对良村50户村户做了全方位的调研。实地发放问卷216份,回收216份,有效率100%;其中贫困户占60%,非贫困户占40%。在调查群体中12~18岁占调查总人数15.74%,18~30岁占比31.20%,30~55岁占比24.53%,55以上占比29.01%;其中被调查人数女性占比58.03%,男性占比41.97%;对于被调查群体的职业,农民占比45.47%,学生占比37.67%,无业(多为老人或残障人士)占比14.86%。我们到发放问卷的每一家每一户与他们进行深入交谈,希望能了解到他们对于自身生活变化的真实感受。

一、改革开放以来,良村在扶贫过程中的困境及原因

(一)良村扶贫的总体情况

良村地处良村镇政府所在地,距离县城28千米,辖区国土面积27.38平方千米,耕地面积10200亩,人均耕地面积0.95亩,林地面积25000亩,退耕还林面积7960亩,其中经果林2000余亩。村总支下辖党支部6个,党员130人,村委会下辖6个自然村,45个村民小组,农户总户数2271户,总人口10719(其中农业人口10500人,劳动适龄人口7500人,常年在外或在外半年以上的劳动力1200人)。该村地质资源富足,地理位

[①] 本课题指导教师李永梅(北京工商大学马克思主义学院);课题组组长袁伟荣(新闻172班);课题组成员:陈俊瑜(新闻171)。

置优越。全村共有建档立卡贫困户401户,贫困人口1634人。截至统计时,已脱贫户共360户1492人(其中2014年脱贫114户533人,2015年脱贫94户426人,2016年脱贫19户90人,2017年脱贫133户443人),未脱贫户共41户142人(其中2017年新识别12户40人,因病返贫2户10人)。2014年贫困发生率9.1%,2017年贫困发生率1.41%(图1)。

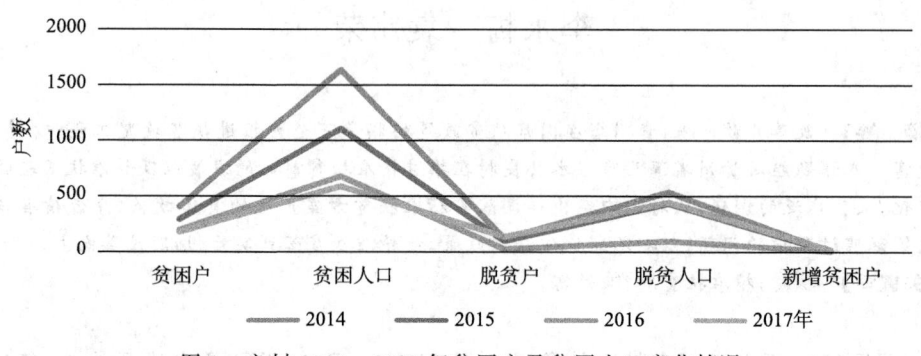

图1 良村2014—2017年贫困户及贫困人口变化情况

（二）良村贫困户致贫原因分析

在我们调查的贫困户中,主要的致贫原因分为因缺技术致贫、因缺资金致贫、因缺劳动力致贫、因学致贫、因灾致贫。在主要致贫原因方面,因缺技术致贫的11户,占贫困户比例44.0%;因缺资金致贫的7户,占贫困户比例28.0%;因缺劳力致贫的4户,占贫困户比例16.0%;因学致贫的2户,占贫困户比例8.0%;因灾致贫的1户,占贫困户比例4.0%(图2)。

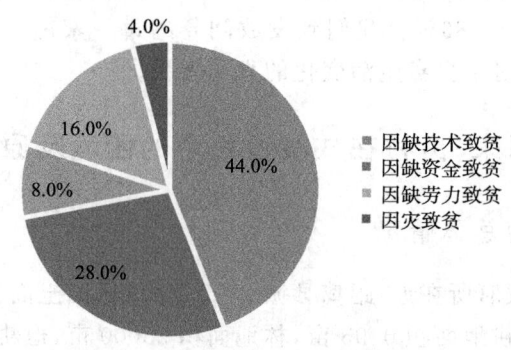

图2 良村贫困户主要致贫原因

1.基础设施不完备,良村村民们的基本生活保障没有得到完善

村里的卫生院提供的服务是没有保障的,能够提供的治疗也是单薄的,让村民没有信任感,村民也没有享受到应有的医疗社会保障。交通不便阻碍了良村的发展,造成了村民走不出去、特产推广不出去、新知识新思想进不来的尴尬局面。养殖业、种植业、手

工业等产品只能自产自销,没有带来经济利益,本应该是优势产业却因为交通的不便捷而导致经济停滞。

2. 没有自己的特色产业和特色农村文化,导致收入单薄

农民各做各的农活,依靠自己种点蔬菜水果、养点家畜、赚点小钱,没有打造一个自身独有的特色产业品牌,村民们的力量没有聚集在一处去发展一个共同的产业,没有打造自己的农村特色品牌。良村有红色文化资源,可以借此发展旅游业,利用农村特有的风景、食品风味开办农家乐。

3. 思想没有解放

有很多科技文化等很重要的领域的知识宣传不到位,导致村民思想落后,对于很多新兴事物没有接触也不了解,把自己困在小山村里,自己走不出去、别人也进不来;面对政府实行的一系列惠民政策,想要去争抢名额,没有切实考虑改变自己的不足之处,而是希望依托政府使自己的生活过得幸福。

4. 环境卫生差

良村没有统一的垃圾箱和垃圾站,路边小河边成了村民堆积垃圾的地方,对于垃圾的处理方式也只是一味地焚烧;家畜随地大小便以及家圈不及时打扫清理,造成的环境污染;厨房使用煤气或者柴火产生的废气也是造成环境污染的又一原因。

二、在贵州省精准扶贫政策指导下良村所采取的措施

(一)切实改善生活基础设施,实施一系列精准扶贫惠农富民政策

村里现在都是水泥路了,大家出入都很方便。特产出得去,外面的新奇玩意儿也进得来;居住环境大有改善,不用担心上学、看病的费用;在良村精准建设养老院,院内日常生活用品、娱乐设施、餐饮设施、健身器材一应俱全,老人们可以在宽敞的房间内看电视、下棋、打麻将以及健身,也可以在操场上打球或跳广场舞,累了还可以在日间休息室里休憩,配备了阅览室、文体活动室等功能室,充分满足了老年人休息、娱乐、交流、生活等服务需要,定期会提供免费的体检服务,真正做到养老服务全覆盖。

调查数据和实地考察表明,水泥路通往了50户村民家门口,覆盖率达到了百分之百,并且在距离相近的地方设置好几个站点,方便村民们乘坐公交车;43户村民受到政府资助,对房屋进行统一修缮,都是白漆、琉璃瓦,阳台上都是"罗马柱";有2户村民在政府的资金帮助下办了果园。这一系列具体的政策对于拉动良村的经济很有力,也在很大程度上鼓舞了村民的干劲。

(二)发展特色产业、打造特色农村文化,寻找致富的突破口

采取"一村一业、一户一策"的措施,实施项目扶贫,产业扶贫,定点扶贫。如果有人想办养殖场也会得资金支持。对于经济能力比较低的农户养的几头小猪之类的牲畜,也会有补助。以高标准农田建设为重点,以增加农产品产量为中心,加大农业、林业、道

路等的综合治理,有效解决制约农业发展的瓶颈因素,促成农业的增收,增加农民收入;县政府与村委会竭力为村里拉投资,准备打造旅游业。构建众扶平台,实现"互联网＋农业"的模式,构建网络销售平台,把良村村民的资料、产品等信息陆续上传,为生态农产品提供向外销售的途径,这样良村丰富的绿色生态农产品与城市居民生活需求进行连接,扩大特色产品网上销售,帮助农民实现创业、就业。

(三)在教育方面竭力给孩子最好的条件学习

实行义务教育,免除城乡义务教育阶段学生学杂费并且提供免费教科书;实行农村义务教育营养改善计划,让所有农村义务教育阶段的学生都享受营养改善计划,每生每天生活费4元;对普通高中建档卡贫困户家庭经济困难的学生给予国家助学金;修缮村里小学学校。

在我们的调查问卷中,数据表明,37户村民中的56名中小学生都得到了免除学杂费的资助并且享有营养改善计划规定的一切福利;20户贫困户中有16户目前家中有高中生正在校读书,他们都享有国家助学金,其中有7个孩子同时拥有全国各地的慈善机构分配下来的资助名额;8户村民中的9个大学生成功申请大学生资助。

(四)主动争取县政府的帮助,全力打造美丽乡村

建设村前池塘堤墙、村里主干道和巷道全部硬化,安装环村路灯及探头监控、对村内残垣断壁和破旧房屋进行集中清理,政府帮助村民改建危房、旧房。现在村里的房子统一都是白漆、琉璃瓦,阳台上都是"罗马柱";建文体广场并配套完善健身器材等体育设施;村庄绿化都是天然的,越来越注重农村的卫生和环境保护,已建有垃圾箱和垃圾站。

(五)结合干部驻村帮扶

根据我们的调查显示,调查中的25户贫困户全部实行了干部驻村帮扶的政策,每一家贫困户都有干部与他们交流、了解家庭的具体情况从而提出实际且具体的落实方案。

干部驻村帮扶是指按照因村派人原则,选派政治素质高、有较强工作能力、有两年以上工作经历且具有正常履行职责的人员。领派驻村开展贫困户识别和建档立卡工作,帮助村"两委"制定和实施脱贫计划;组织落实扶贫项目,参与整合涉农资金,积极引导社会资金,促进贫困村、贫困户脱贫致富;帮助选择发展道路,培育农民合作社,增加村集体收入。习水县政府在开展精准扶贫工程中的一大重点——干部驻村帮扶,这是让县里大大小小的干部下乡亲身体验,与贫困户同吃同住,切身体会贫困户所面临的困境,找寻贫穷的根源,医治病源;传播新兴的知识与思想,带动村民斗志昂扬地去奋斗。

根据我们小组调查的数据,政府所实行的精准扶贫政策在我们所调查的50户村民中的覆盖情况显示图3,水泥路覆盖到50户,覆盖率为100.0%;房屋修葺有43户,占比86.0%;办"农家乐"的有7户,覆盖率为14.0%;办果园的有2户,覆盖率为4.0%;

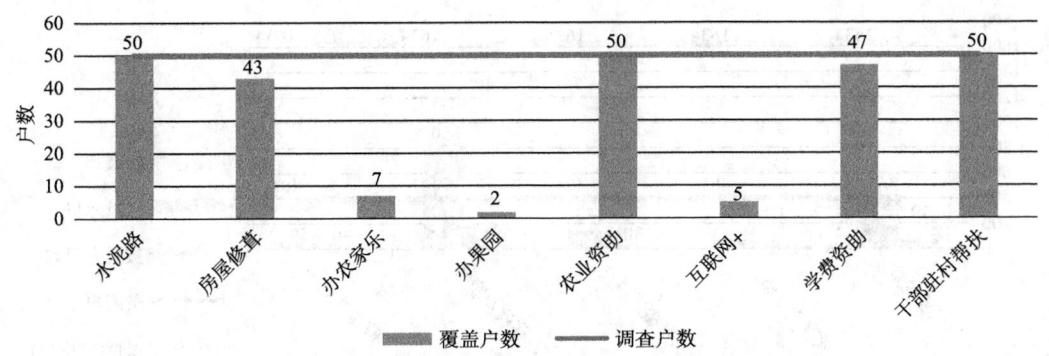

图 3　精准扶贫政策在我们调查的 50 户村民中的覆盖情况

农业资助的有 50 户,覆盖率为 100.0%;接入互联网的有 5 户,覆盖率 10.0%;学费资助的有 47 户,覆盖率为 94.0%;干部驻村扶贫 50 户,覆盖率为 100.0%。

三、小乡村的蜕变:良村精准扶贫的验收成果

"水、电、路、讯、房"等基础设施建设基本完备。"小康水":新建了小水窖 56 口,集中式人饮工程 9 处,覆盖了农户 1700 余户、7000 多人,现已达到户户通自来水,安全饮水全保障;"小康电":电力设施建设上改扩建电力设施 29 个村民组,中心村电力改造覆盖村民组 16 个,解决了全村 2271 户的正常生产生活用电;"小康路":硬化了天生自然村、干坝子自然村通村路 8.5 千米,通组通户公路硬化了 25 千米,连户路硬化了 13 千米,实现了通组通户公路、连户路硬化率达 99.5%;"小康讯":新建了移动基站 12 个,架设光缆 10 千米,全村通信设施 4G 网络全覆盖,村民小组宽带全覆盖;"小康房(寨)":习新路、良双公路沿线实施黔北民居改造 350 户,全村共实施人居整治"三改三治一化"农户 780 户,实施危房改造 305 户,老旧房整治 46 户,实现了户户安全住房有保障,生活基本功能齐全,村容村貌焕然一新。实施社会保障、政策性兜底脱贫 40 户、59 人,发展产业脱贫 79 户、369 人,教育资助脱贫 20 户、71 人,易地扶贫搬迁脱贫 30 户、143 人,转移就业脱贫 191 户、850 人。2017 年,全村实现了人均可支配收入 11000 元,贫困户 133 户 443 人精准退出(图 4)。

在前期精准扶贫的基础上,良村的扶贫政策也发生了很大变化。

(1)在 2017 年 8 月,习水县政府提出"严格干部管理,抓责任落实转作风",抽派 77 名包组包户干部驻扎到村、到组、到户,以作战组为"战场",以村民组为"阵地",以户为"堡垒",做到"作战区域"明确,职责明确,任务到组、吃住到组、工作到组、责任到人,确保帮扶工作不漏一户、不落一人。全体帮扶干部分别与 401 户贫困农户进行了结对,立下脱贫"军令状",包干到户,结合各自资源优势,因地制宜、因户施策,同时严格考核奖惩,实行"农户不脱贫、帮扶不脱钩"的销号式管理和"一帮到底"的责任压实模式。通过层层传递压力,人人肩负责任,实现了帮扶脱贫全覆盖,形成决战贫困的强大合力。

(2)坚信要让精准扶贫精准落实,政府提出"为了严格程序标准,抓识别退出保精

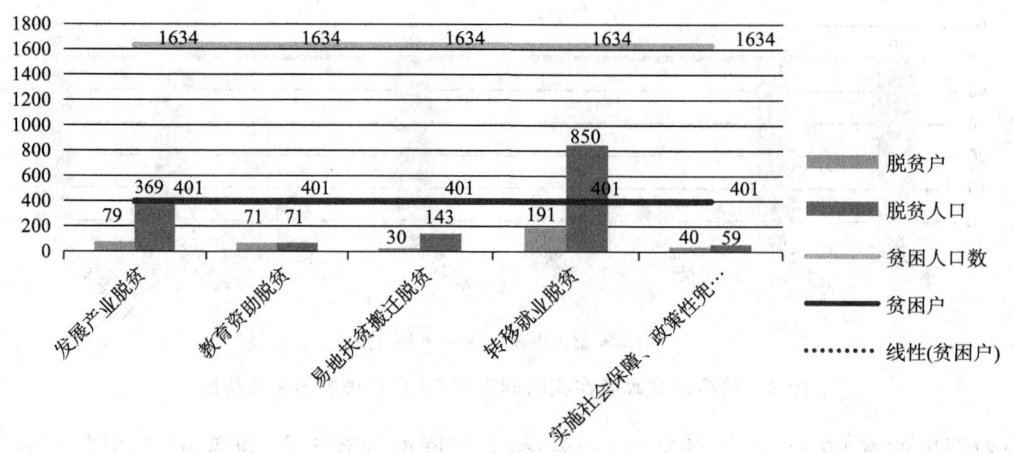

图4 良村精准扶贫验收后扶贫成果

准",严格按照"一申请、两评议、一比对、两公示、一公告"识别程序,对照当年收入贫困线识别标准,统筹考虑"两不愁、三保障"状况,通过上门走访、"四看法"、核算收入、召开评议会"一访、二看、三算、四评"工作法,将符合条件的农户不落一户、不漏一人全部纳入建档立卡贫困系统。在脱贫退出上,严格按照"两评议、一公示、一公告"程序,经村民小组提名,驻村工作队核实,农户认可,比对"一达标、两不愁、三保障"状况及"八个不能退"要求,对符合退出的农户经逐级报批,应退尽退,确保识贫准确率和脱贫准确率。

(3)对村民的生活标准在不断地提升,政府提出"抓小康建设强基础",所以良村牢牢抓住小康六项行动政策,在"水、电、路、讯、房"等基础设施建设上铆足了劲,保证村民生活基本功能齐全,村容村貌焕然一新。

(4)在结队帮扶工作中,帮扶干部结合扶贫政策和本村实际为贫困户量身制定了帮扶措施(王思铁,2014)。在产业方面,一是大力发展养殖业。发展大中型养殖户,通过产业大户带动贫困户发展,实现合作式扶贫。积极对接政策扶持,鼓励自主发展养殖业,实现造血式扶贫。二是在种植业结构调整上,2017年引导农户新种植经果林、发展有机红粱。三是发展壮大村集体经济助力脱贫。在巩固好原集体经济的同时,于2016年以群众土地折资入股模式,争取到财政量化资金35万元兴建了实体经济停车场,首年集体经济收入达6万元,按期给23户贫困户分红,每年每户分红1500元,壮大了村集体,带动了贫困户。在就业方面,一是强化就业培训及劳务输出,动员贫困户270余人外出务工,培训贫困户40余人到大安工业园区、习智园区、学校食堂及餐馆就业;二是充分利用公益性岗位政策,解决了38户贫困户就近就业,主要负责本村道路卫生、森林看护、河道管理等工作。

四、良村精准扶贫过程中的问题及改进建议

目前,良村有了良好的发展,但是仍然存在问题。我们从几个问题中分析精准扶贫

政策的实施中的一些弊端,以期使精准扶贫落到实处,惠及民生。

(1)由于村大、人口多、事务繁杂,干部编制不够,离群众期待的服务标准还有差距。干部驻村帮扶有利于利用干部的知识与经验结合村民的资源优势,因地制宜、因户施策,也通过层层传递压力,使得人人肩负责任,实现了帮扶脱贫。村民不断地学习,汲取新的知识,通过完善自我而收获成果。但一味地依赖干部的付出,而干部的缺少则导致前进步伐的停滞,这是不合理的。所以与其依赖干部驻村帮扶,不如政府组织统一学习,安排相关专业专家下乡传播知识,组织村民自发地进行学习讨论。只有村民真正通过自己的劳动获取成功的果实,才能促使他们不断地进步。

(2)农业产业化程度、组织化程度还不够高,没有形成完整的产业链。第三产业发展不够充分,就业岗位不能满足当地农村富余劳动力的需求。对于畜牧业、种植业等方面的惠民政策的实行,对于农村的优势大力开发,有利于农民利用自身优势不断发展从而致富,但是这也会导致竞争冲突的增大。所以,发展新兴产业,要创造更多的就业岗位,增加更多的收入方式,减缓竞争冲突。

(3)个别贫困户存在因病、因残、劳动力缺失等客观因素,目前只能依靠政策"兜底",在发动群众共同帮扶或通过村集体经济进行扶持上还有待思考。

(4)为贯彻落实国家政策和方针,贵州省制定了农村义务教育学生资助政策、普通高中国家资助政策、中等职业教育国家资助政策和普通高校资助政策。习近平总书记曾说过,扶贫必扶智,让贫困地区的孩子们接受良好教育,是扶贫开发的重要任务,也是阻断贫困代际传递的重要途径(习近平,2015)。"治愚"和"扶智",根本就是发展教育。教育的贫乏是导致贫困的重要原因,只有坚持发展教育,让贫困人家的孩子接受教育,才能促进扶贫工作的进一步开展。贫困地区的学生有了教育资助,保障了贫困学生接受教育的权利,有利于提高贫困地区的知识文化水平,提高农民科学文化素质,进一步推动扶贫工作的开展。

脱贫攻坚战役只是全面建成小康的起点,时代赋予的使命和任务光荣而艰巨,应当积极响应党中央的号召,带领全体村民以更加昂扬的斗志和倍加坚定的信心,全身心投入到小康建设的浪潮中去,让群众更幸福,村庄更美丽。这才是这么多人投身于精准扶贫这个大工程中所追求的美好蓝图。

参考文献

李婷,2018.留守儿童心理状况研究——基于河南省的实际[J].行政事业资产与财务(14):43-44.
王思铁,2014.精准扶贫:改"漫灌"为"滴灌"[J].四川党的建设(农村版),256.
习近平,2015-10-16.习近平主席在2015减贫与发展论坛上的主旨演讲[EB/OL].新华网.

改革开放以来北京西城区居民就医行为演变调查[①]

张彦琛　高源慧

【摘　要】 改革开放已经走过了四十个年头。在此期间,经济社会大变革、人民生活水平不断提高。改革开放触发的经济快速增长和城市化进程加快,也使得我国城市居民的就医行为产生了深刻的变化。本文基于对北京市西城区居民的调研,分析就医环境、医疗政策、就医成本等因素对居民就医行为的影响,以分析改革开放以来北京西城区居民就医行为演变。

【关键词】 改革开放;就医行为;医保政策

　　四十年来的改革开放对我国城市居民就医行为产生了深刻影响。一般而言,城市居民就医行为主要受现有医保政策、医疗设备设施等客观因素影响和自身健康状况、家庭整体收入水平及可支配收入水平、亲友及自身已有经验等主观因素影响。四十年来中国经济社会的发展,就在上述因素的深刻影响下,造成了居民就医行为的变迁。

　　本次调查主要采取问卷调查形式,兼有对北京西城区居民进行访谈、参考媒体报道、参考相关部门发布文件的形式展开。调查问卷分为线上线下两种方式。线上由小组成员通过互联网定向发送给北京西城区居民,线下由小组成员在北京西城区进行现场发放回收。调研共发出调查问卷100份,收回87份,回收率为87%;有效问卷为87份,有效率为100%。访谈工作由调研小组成员于北京市西城区当地对本区居民进行随机采访交谈,了解现状。

　　本次调查问卷填写人群年龄段分布较为均匀,其中30岁以下占21.84%;31至45岁占25.29%;26至60岁占28.74%;60岁以上占23.73%。被调查者以女性居多,占66.67%;男性占33.33%。被调查者的受教育程度情况如下:初中及以下占27.59%;高中或中专为22.99%;大学本科或专科为26.16%;研究生及以上占3.45%。被调查者职业以公司职员或个体从业者和退休人员居多,其中公司职员或个体从业者占31.03%;退休人员占34.48%;学生占4.60%;自由职业者占9.20%;事业单位或公务员或政府工作人员占12.64%;其他类别占6.90%。由于本课题针对北京西城区居民展开,所以被调查者居住地均为北京西城区。

[①] 本课题指导教师张彦琛(北京工商大学马克思主义学院);课题组组长高源慧(工商16);课题组成员:何帅(人力161),庾传欣(营销16)。

一、北京西城区就医环境及居民就医行为现状概述

（一）北京西城区就医环境及设施

在2017年4月8日北京市启动医药分开综合改革后,西城区的社区门急诊量上升了27.52%,二级医院下降1.61%,三级医院下降19.12%。经此次医改,北京市西城区内医疗服务能力和管理水平显著提升。西城区共有364家医疗机构参与医药分开综合改革,参改机构总数占全北京市的10%。得益于改革开放40年来的多次医改,西城区居民健康水平明显提高,居民平均期望寿命达到84.31岁,健康状况优于北京市平均水平,已经达到或超过世界发达国家和地区的水平。

截至2018年5月,西城区15家社区卫生服务中心均与上级区属医院及公共卫生机构实现了管理、基本医疗和公共卫生的"三个一体化"的紧密联合。社区中心的上级主管区属医院建立全科医学科,调配专家到社区出诊、开展带教,并参与全科团队工作和签约患者会诊。医联体内部各医疗机构充分联动,完善"双向转诊"机制,对社区转诊患者提供优先接诊、优先检查、优先住院等服务,促使优质医疗资源下沉,让居民在社区就能享受到二级、三级医院同质化的服务。

据西城区卫生计生委有关负责人介绍,目前西城区只有400名家庭医生,尚不能完全满足全区居民的签约需求。另据介绍,目前西城区已经建立了口腔、脑卒中、肿瘤等专科、专病医联体;在全市率先建设以优秀全科医生命名的家庭医生工作室,组建专科—全科慢病管理团队。

综合来看,北京西城区的医疗设施基础较好,并且随着改革开放的不断推进,西城区医疗设施在不断地精进。

（二）北京西城区医保政策

为实现城乡居民公平享有医疗保险权益,《北京市城乡居民基本医疗保险办法》2017年12月13日正式对外发布,明确自2018年1月1日起实施统一的城乡居民医疗保险制度。新制度实施后,城乡居民的医保待遇全面提升,门诊最高报销比例达到了55%,比原来提高了5个百分点,门诊年度封顶线统一为3000元;住院最高报销比例达80%,比原来提高了5~10个百分点,住院年度封顶线从18万元统一提高到20万元。也就是说,北京西城区目前的医保政策无论是报销金额还是起报线都比以前更加有利于本区居民。

（三）北京西城区居民就医行为现状

分析西城区居民的就医行为,被调查者主动进行体检占78.16%。在主动体检的这部分居民中:有10.34%的居民体检频次为半年一次;58.62%的居民体检频次为一年一次;9.20%的居民体检频次为两年一次或更少。在被动进行体检的居民中,有

9.20%的居民从未进行体检;12.64%的居民视自身健康状况决定是否进行体检。考虑到居民个人收入及个人可支配收入对主动或被动就医行为的影响,居民不限于固定工资的个人收入水平也是我们的调查项。25.02%的被调查者收入在3000元以下;31.03%的被调查者收入在3000至6000元;22.99%的被调查者收入在6001至9000元;有14.94%的被调查者收入在9000元以上。由此看来,个人收入水平越高,体检频率也普遍偏高。

同样地,在调查中,仅有10.34%的被调查者认为自己的健康状况很好,36.78%的被调查者认为自己健康状况较好,35.63%的被调查者认为自己健康状况一般,有12.64%的被调查者认为自己健康状况较差,还有4.60%被调查者认为自己健康状况很差。对于自身健康状况认知的途径,有42.53%的被调查者会定期到医院体检得到结论,3.45%的被调查者会到就近诊所或者社区医院进行诊断,16.09%的被调查者根据已有就诊记录诊断,还有37.93%的被调查者仅凭借自我感觉判断健康状况。我们由此认为,北京西城区居民较为关注自身健康情况,且相较于改革开放之初,居民获知自身健康状况的途径愈发多种多样。

在被调查群体中有73.56%的被调查者享受过医保报销,还有19.54%的被调查者没有享受过医保报销。在享受过医保报销的被调查者中,有98.68%表示会继续选择医保定点医院,还有1.32%则不会继续选择医保定点医院。由此看来,受访民众对当前医保政策较为认可,且医保已经成为民众就医选择过程中一个非常重要的影响因素。

为了研究北京西城区居民被动就医行为,分析在身体不适时的就医选择:通过网络查找消息自我诊断自我治疗占8.05%;凭经验自我诊断自我治疗31.03%;等待是否恢复再决定是否就医占16.09%;去附近社区医院或药店或诊所就医占52.87%;询问身边懂医药的人获得经验再自行治疗占5.75%;去大医院进行治疗占49.43%。由此可见,随着改革开放的不断深入,经济社会飞速发展,民众通过不同渠道、周边设施了解自身健康状况,从而倾向于不同的就医行为。

二、北京西城区居民就医行为影响因素分析

(一)就医观念的影响

近年来不断掀起的中医热潮,以及随着科学及科技等的不断发展而日趋完善的西医技术,都有可能通过影响居民的认知来影响其就医行为。就医时,有29.89%的被调查者更偏向于中医;70.11%的被调查者则更偏向于西医。到改革开放40年之期,被调查者偏向于西医的人数是偏向于中医的将近两倍。

在调查过程中,我组成员也对这一现象进行了深一步地探究。被调查者就医时更偏向于中医或者西医的原因,主要从以下几个方面考虑:42.53%认为治疗效果更好,31.03%认为比较安全,52.87%则是习惯使然,11.49%是受周围人或者媒体等的影响。

也就可以看出,随着改革开放"引进来和走出去"的成功和改变,四十年的时间使得西医在中国备受欢迎。

而随着城市化进程不断推进,北京地区雾霾等环境污染情况相比改革开放初期愈发明显。北京市土地面积约,1.641万平方千米。截至2017年,北京市常住人口2170.7万人。截至2016年,北京市汽车数量即超过了4800万辆。因此,发展中产生的环境问题也推动民众更加关注自身健康状况,更倾向于主动就医。

关于被调查者对于就医的看法统计中,有51.72%的被调查者认为会视病情轻重决定是否就医;有36.78%的被调查者认为看病最重要且不能耽搁;有10.34%的被调查者则会定期进行医疗体检以图个安心;还有1.14%的被调查者认为若有其他要紧事则可以将看病的事先放放。

由此可见,北京西城区居民在就医行为现状的形成,与对中医西医看法的转变不可分割。而且各类环境问题不可避免,生活环境的变化是北京西城区居民就医行为选择的一个影响因素,促成了北京西城区居民就医观念的转变。另外,与改革开放之初身体不适才去医院相比,40年后,人们主动就医的行为更加明显。

(二)医保政策的影响

从调查问卷中得知,有44.83%的被调查者认为医保政策会成为就医行为选择的考虑因素。在被采访者中有一部分向我们调查小组成员透露,报销金额未确定多少,但单位报一份街道报一份。但也有被采访者表示,报销额度偏小。在此情况下,调查问卷结果显示:如果享受过医保报销,有98.68%的被调查者则会选择继续在医保定点医院就医。由此可见,绝大多数北京西城区居民享受医保并且会继续将医保作为就医行为选择的重要考虑因素。

(三)就医成本的影响

从调查问卷中得知,有29.89%的被调查者认为就医成本会成为其就医行为选择的考虑因素。在本组成员外出街访过程中,有被调查者表示,现在就医成本越来越高。

首先体现在挂号问题上,挂号难是被普遍提到的问题。被采访者提到去人民医院的就医经历:早晨五点钟就要开始去排队挂号,通常在一个家庭里,若是有一个人生病几乎要出动全家之力。现在的挂号成本,医改之后三级医院普通门诊挂号为50元。对多数人而言,挂号成本较高。且部分被采访者提到,在去大医院就医时,存在过度消费情况,而正是这种过度消费情况推高了居民医疗成本。被调查者还发表自己的看法,认为这种过度消费一点用处都没有。另外,也有被采访者表示,而今医院数量变多,科室增加,设施完善。与以前相比,如今民众看病可以在同一家医院进行,不像之前还需要在多家医院间进行转诊。这在一定程度上降低了就医成本。

由以上可知,北京西城区居民对于就医成本的观念存在差异,实则是从不同方面考虑。对挂号成本来说,普遍偏高;从就医结果看,存在过度消费;就医疗机构的联动看,成本高存在其合理性。

(四)就医环境的影响

从本次调查问卷中得知,有33.3%的被调查者认为就医环境会成为其就医行为选择的考虑因素。就医环境对就医行为选择的影响,可以从对就医单位的选择上去看:26.44%的被调查者首选医疗机构是社区医院;63.37%的被调查者首选大型综合医院;8.05%的被调查者首选医疗机构是药店;还有1.15%的被调查者首选医疗机构为私人诊所。这也就表明了,改革开放40年以来,城市居民随着对大型医院的了解加深、认可增强,在就医时也就更加倾向于选择大型医院。

在选择就医单位时,48.28%的被调查者认为距离近、流程简单、方便很重要;有49.43%的被调查者认为设备完善、医疗水平高比较重要;有9.20%的被调查者认为成本低、费用少很重要;还有11.49%的被调查者则是按照自己的习惯选择。由此可以看出,就医环境是就医行为选择的重要影响因素。也就是说,过去人们只是为看病而去看病,而当前,改革开放以后,不仅仅是医疗技术,就医单位的管理水平也成为一个重要的影响因素。

(五)就医负担的影响

通过本次调查,我们得出了北京西城区居民不同年龄段医疗负担的对比情况(图1)。在30岁以下的被调查者中,35.71%认为几乎没有医疗负担、14.29%认为医疗负担很轻、28.57%认为医疗负担较轻,7.14%认为医疗负担适中、7.14%认为医疗负担较重、7.14%认为医疗负担很重。在31~45岁被调查者中,13.64%认为几乎没有医疗负担、4.55%认为医疗负担很轻、4.55%认为医疗负担较轻、50%认为医疗负担适中、9.09%认为医疗负担较重、9.09%认为医疗负担很重。在46到60岁之间的被调查者中,4%

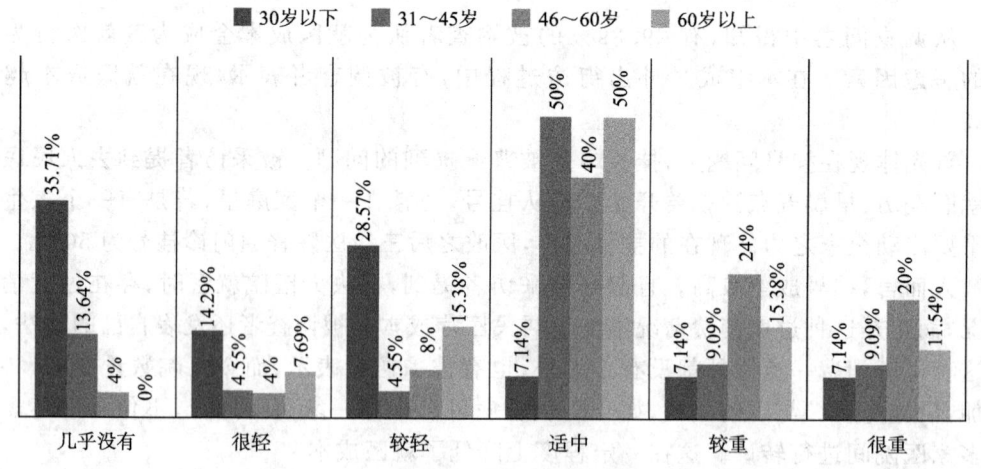

图1 不同年龄段医疗负担对比

认为几乎没有医疗负担,4%认为医疗负担很轻,40%认为医疗负担适中、24%认为医疗负担较重、20%认为医疗负担很重。在60岁以上的被调查者中,0%认为几乎没有医疗负担、7.69%认为医疗负担很轻、16.38%认为医疗负担较轻、50%认为医疗负担适中、15.38%认为医疗负担较重、11.54%认为医疗负担很重。

结合北京西城区居民的个人收入及可支配收入来看,大多数人都有就医负担。不同程度的就医负担,均对就医行为的选择有所影响。且根据不同年龄段的对比情况来看,随着年龄的增长,医疗负担越来越重。在改革开放前年轻人很少有就医负担,因为是包办制度或者根本不去就医。而现在年轻人也有了这方面负担,一方面是因为医疗制度的改变,另一方面正是由于其自身的就医观念变化。

三、改革开放以来北京西城区居民就医行为演变原因分析

（一）居民可支配收入及消费结构变化

经济基础决定上层建筑,对于北京西城区居民就医行为的不同选择,首先与居民个人收入及可支配收入密切相关。随着改革开放成果逐渐显著,北京城乡居民人均年可支配收入,由1993年的886.2元增长至1997年的2077.1元,增长了2.34倍,年平均增长率为23.73%;由1997年的2077.1元增长至2007年的9846.8元,增长了4.74倍,年均增长率为16.84%;由2007年的9846.8元增长至2016年的25669.1元,增长了2.61倍,年平均增长率为11.23%。由以上数据可以看出,随着改革开放逐渐深入,居民的可支配收入持续增长,这是改革开放以来北京西城区居民就医行为演变的原因之一。

北京地区城乡居民家庭的恩格尔系数由1979年的57.9%到1998年的41.1%,降低了16.8%;从1998年的41.1%再到2007年的30.8%,降低了10.3%。从这些数据可以看到,北京地区居民的家庭恩格尔系数逐渐降低,这表明北京市民消费结构不断改善,生活水平不断提高。

由此可以看出,随着改革开放不断深入,北京居民消费结构不断改善,这是促成其主动就医的重要因素,也是决定被动就医各项选择的重要因素。此变化也使得改革开放以来北京西城区居民就医行为不断演变。

（二）医疗单位体量及数量的变化

在2004年北京西城区与宣武区未合并之前,西城区共有药店80家,区面积为31.66平方千米,总人口为89.78万人,人口密度为每平方千米2.84万人,平均每1.12万人拥有一家药店。按国际上每一家药店服务5000人的较理想状态计算,该区应有180家药店,理论上尚有100家差额。宣武区有药店61家,该区面积19.03平方千米,户籍人口为53.93万人,人口密度为每平方千米2.83万人,平均每8800人拥有一家药店。按照前述标准,理论上宣武区尚有47家数量差。

时至今日,正值改革开放40周年之际,医疗单位的数量及体量都有较大提升。在我组成员外出采访过程中,有被采访者表示和以前相比,如今虽说存在挂号难之类的问题,但小区住宅附近的药店和正规社区医院的数量已经远超从前。这也是促成北京西城区居民就医行为演变的原因之一。

(三)医保政策的变化

北京市基本医疗保险规定于2001年2月20日北京市人民政府第68号令公布,后又根据2003年12月1日北京市人民政府第141号令第一次修改、根据2005年6月6日北京市人民政府第158号令第二次修改。

在2008年06月16日,北京市劳动和社会保障局召开新闻发布会发布了《关于建立北京市城镇劳动年龄内无业居民大病医疗保险制度的实施意见》,这一制度的实施标志着北京市人人都将享有医保,实现医疗保障制度的全覆盖,制度实施后财政每年补助1.4亿元左右。现行的医保报销须知即根据北京市基本医疗保险制度规定而公布,门(急)诊和住院的支付比例及封顶线对比以前均有提高。

在改革开放之初的医保政策为:单位全包,就医一般就去单位自己的医院或者当地公立,选择余地比较小;而随着改革开放,我们的医保政策走过了全包—市场化介入—国家、企业、个人共同负责的转轨。即随着改革开放以来,医保政策不断改进以求更方便城市居民就医,这也就使得医保政策在就医行为选择时的考虑比重逐渐增加。

(四)科技网络环境的变化

改革开放以来,科技网络在我国的发展可谓是快速猛进,其中对就医行为也有所影响。在30岁以下的被调查者中,有92.86%的被调查者体验过上网就医(图2)、7.14%的被调查者未体验过上网就医。在未体验过上网就医的这部分人中,愿意体验上网就医的占100%。在31到45岁的被调查者中,有22.72%的被调查者体验过上网就医,

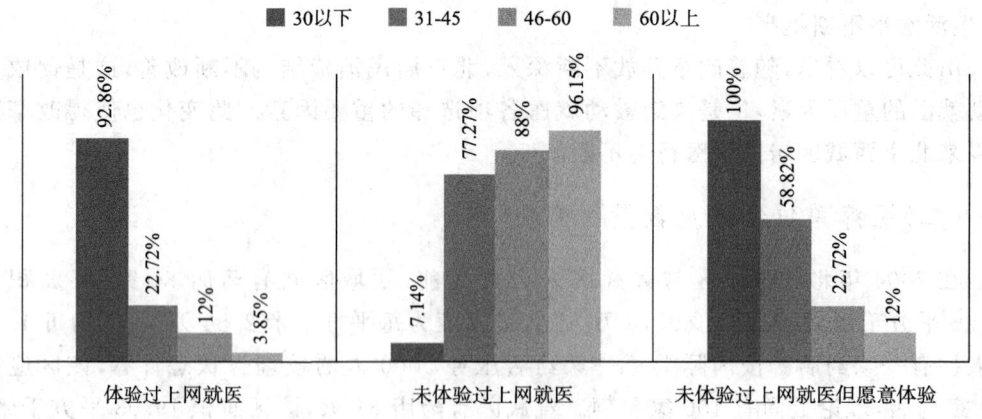

图2　不同年龄段网上就医行为对比

77.27%的被调查者未体验过上网就医、在未体验过上网就医的这部分人中愿意体验上网就医的占58.82%。在46到60岁的被调查者中,有12%的被调查者体验过上网就医、88%的被调查者未体验过上网就医、在未体验过上网就医的这部分人中愿意体验上网就医的占22.72%。在60岁以上的被调查者中,有3.85%的被调查者体验过上网就医、96.15%的被调查者未体验过上网就医、在未体验过上网就医的这部分人中愿意体验上网就医的占12%。随着改革开放的推进,网络科技的不断发展,人们接受就医新方式的意愿更强烈,并且更愿意尝试就医新方式。

通过本次对"改革开放以来北京西城区居民就医行为演变调查"课题的研究,我们的结论如下:

四十年的改革开放,不仅给我们的生活、学习、工作带来了影响,对城市居民就医行为也带来了深刻的影响。我们将就医行为分为主动就医与被动就医来看,通过城市居民的主观意识进行划分,参考因素包括是否已患有疾病等。

北京西城区居民主动就医情况比较乐观,定期体检的行为有利于我们的身体健康,能够达到提前预防、提前发现、提前治疗的作用。这种情况的出现并不让人意外:一方面随着改革开放我国经济发展迅速、城市化进程加快,北京西城区居民的个人收入及个人可支配收入都在不断增长,在物质极大丰富的情况下,保持身体健康就成了人们要考虑的重要问题;另一方面,经济建设和城市化进程带来了环境污染、光污染、噪音污染等,在这种情况下主动进行体检或就医,自然而然成为城市居民生活的一部分。北京西城区目前的医保政策无论是报销金额还是起报线都比以前更加有利于本区居民,医保政策不断改进以求更方便城市居民就医,这也就使得医保政策在就医行为选择时的考虑比重逐渐增加。

与此同时,北京西城区居民被动就医的情况根据调查报告和访谈内容来看,医保政策、就医成本、医疗设施的体量及数量等依旧是主要考虑对象。改革开放以来,我国GDP不断增长,经济发展稳健增长,对于公共卫生医疗设施的投入不断加大。再加上北京西城区居民的需求,药店、社区医院和诊所的数量也不断增加,这极大方便了北京西城区居民的就医。同样的,医疗政策改革后,就医过程复杂也是主要问题,以前只需要拿着三联表即可解决问题,如今却需要各种证件。就医成本仍旧是不可忽略的问题,北京西城区居民都承受着不同程度的就医压力。

综上所述,改革开放所带来的经济增长和城市化进程加快,使得国家对于公共卫生医疗设施、医疗保险政策的投入不断加大,北京西城区居民的就医方便度逐渐提高,但仍存在就医成本高、就医过程复杂的现象。改革开放同时伴随着个人收入及可支配收入的提高,北京西城区居民主动就医的意识有所增加,而被动就医行为主要考虑因素有医保政策、医疗设施、个人习惯等。

参考文献

北京市人力资源和社会保障局,2017.北京市城乡居民基本医疗保险办法实施细则[Z].

北京市人民政府,2008.北京市人民政府关于建立北京市城镇劳动年龄内无业居民大病医疗保险制度的实施意见[J].北京市人民政府公报(13):21-23.

国务院办公厅,2018.国务院办公厅关于对2017年落实有关重大政策措施真抓实干成效明显地方予以督查激励的通报(国发办[2018]28号)[Z].

改革开放40年以来北京六大城区
社区治安保障的变迁研究[①]

赵婧怡　杜若云

【摘　要】 改革开放40年以来,随着社会进步科技发展,人们的防范意识不断提高,监管力度不断加大,社区硬件措施不断完善,北京市六大城区(海淀区、西城区、东城区、朝阳区、丰台区、石景山区)社区治安情况总体有所改善。本文基于对北京市六大城区社区治安保障的调查,进一步了解其改革开放40年来的变迁情况,对社区治安保障情况进行分析,并提出改进方案。

【关键词】 社区治安保障;改革开放;40年变迁;对策研究

改革开放以来,我国治安制度在模式、主体、法律和工作方式四个维度上都发生了历史性变革:治安治理模式的转变,治安警务主体的发展,治安法律体系的完善,治安行政和治安执法水平不断提高(张陶然,2015)。社区治安建设是城市规划和社区发展的重要内容,主要目的是为居民创造安全、和谐的生活环境。为此,则需要为社区治安提供多重保障,不能只靠技防,还要靠人防。北京外来人口居多,管理存在一定的难度,如若物业公司的安全防范工作不到位,自我防范意识不强,常常使坏人有机可乘。

社区治安工作包含六大方面:法制教育、人民调解、治安防范、社会矫治、维持秩序、事故防治。为了进行更加有针对性的调研,本次主要针对社区治安工作中的治安防范方面开展调查工作。

本次调查主要采取问卷调查、参考媒体报道的形式。调查问卷是由小组成员共同制作完成并通过微信形式发放填写并回收。共发出问卷103份,回收103份,回收率达100%;有效问卷103份,有效率达100%。

其中男性58人,占58%,女性45人,占45%,男女比例较为平均,45岁以上人群占比最大,为33%;20岁以下占24%;20~30岁占27%;30~45岁占19%。受访者多为在职人群,占51%,其次是学生,占39%;无业人群占3%;离退休人群占10%。参加问卷调查的人群居住地均为北京六大城区。

[①] 本课题指导教师赵婧怡(北京工商大学马克思主义学院),课题组组长杜若云(生物技术171)课题组成员:胡燕妮(生物技术171),李家香(生物技术171),丁珊(生物技术171),费雨萌(生物技术171),周妍(生物技术171)。

一、北京六大城区社区治安保障现状

(一)北京六大城区社区治安基本情况

北京是全国的政治文化中心,其社区治安稳定是其社会治安稳定最基本的一部分,倍受北京警方关注。改革开放40年来,中国科技突飞猛进,公安机关加大社区警务建设,物业管理企业自觉接受公安机关的监督与指导,做到人防、技防、物防三者相结合,社区居民积极配合管理工作,摄像监控全面覆盖,保安积极巡逻,严格进行出入登记,对车辆进行合理管理,大大降低了危险事件发生的概率,但骗子窃贼作案手段越来越狡猾,让居民防不胜防。因此,社区需要研究新型社区管理方案,由公安机关、物业管理公司、保安服务公司、社区自治组织、社区内部单位保卫组织、社区治安志愿者等共同构成社区治安防范网络,让居民生活在有安全感的社区之中,不为特殊情况担惊受怕,积极加强安全防范管理制度,提高居民的安全感(王淑荣,2005)。

(二)不同类型社区对给予居民安全感的影响

总体上看,社区类型的不同对居民安全感的影响不大。九成受访者的安全感都在一般及以上范围内。仅有近一成受访者认为其所在的社区难以给予他们安全感。

如图1所示,关于居住在其所在的社区里是否让人有安全感这一项目,只有两成受访者表示非常有安全感,一半受访者表示比较有安全感。两成的受访者表示一般、不太有安全感,剩下的表示没有任何安全感。近五成受访者所居住的小区都有入室盗窃,车辆被盗或恶意损坏的现象。但受访者在小区里目睹抢劫的情况则十分罕见。

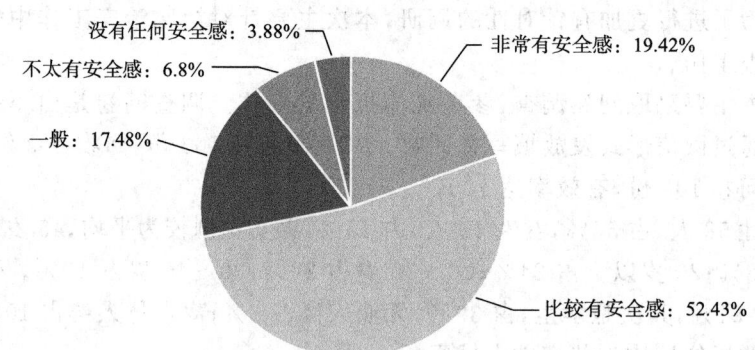

图1 社区居民安全感情况

在调查中,大约一半受访者居住于海淀区,其他几大城区均有覆盖但占比不大。受访者有四成生活在开放式社区及半封闭式社区,只有两成居民生活在全封闭式社区。可见其中必定存在一些安全隐患,需要人们加强关注。

近40%的受访者居住的社区与学校、医院等公共服务单位相近,近20%的受访者居住的社区与商圈、交通枢纽紧邻。人口流动程度比较大,无法确定过往人群身份,社区的安全保障问题需要重视起来。

二、改革开放40年间北京六大城区社区治安保障的改进情况及分析

（一）北京六大城区社区治安情况有所改善

在改革开放的大背景下，北京作为首都、国家中心城市、政治中心、文化中心，自然社会治安情况也会面临空前的复杂局面。随着流动资金和流动人口的增加，贸易活动往来更密切，对外开放新格局的形成带来了一系列的问题，也使各种犯罪活动出现增长趋势。所幸，在认清严峻形势和历史遗留下来的问题之后，我们进行了积极的改革和建设，在党中央决策和全国人大常委会决定的"依法从重从快惩处严重的刑事犯罪活动，坚决打击形形色色的社会丑恶现象"方针指导下，保持了全国社会治安秩序的基本稳定。在北京六大城区，犯罪率的下降有赖于改革开放的推进和深化。从我们调查回收的数据来看，近九成受访者认为社区治安情况自改革开放以来有所改善。

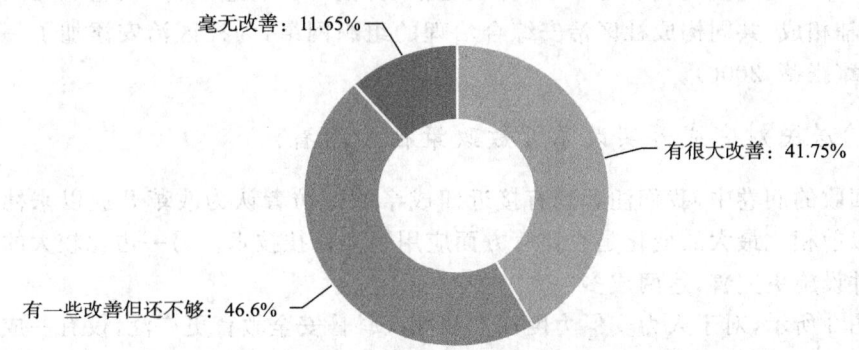

图2 与改革开放初期相比社区治安改善情况

1.社区总体治安改善成效显著

如图2所示，四成的人认为小区的治安自改革开放以来有很大改善，不到五成的人认为改善是有的，但是还不够。只有一成的人认为小区完全没有改善。每位受访者所在的阶层不一样，居住的小区环境也存在很大区别，但综合来看，社区总体的治安相比改革开放之前正在逐渐改善，这个事实是有目共睹的。

2.科技发展为社区治安提供了有力帮助

在"社区治安和以前相比最大的变化是什么"这一项，受访者的回答大部分都集中于应用高科技监管和社区硬件措施的完善上。改革开放40年以来，随着社会的进步，科技飞速发展，如今大部分小区都实施了门禁，都安装了摄像头，实时监控小区发生的特殊紧急情况。保安通过巡逻车交替换岗巡逻，及时进行监督管理，提高警惕，让坏人没有作案的机会，为给业主塑造安全的居住环境起到了很大的作用。

3.社区居民对社区治安改善情况持肯定态度

在问卷的最后，给社区自改革开放以来其治安的改善情况打分这一项目上，全部调

查群体的平均分为 3.66。其中大部分分数都集中于三分、四分之间。可见大家对于小区治安的变化比较认可（满分为 5 分）。

（二）改革开放政策对北京六大城区社区治安保障的影响

改革开放以来，随着北京市工业化、城市化进程加快，大量人口涌入北京，给社区管理者带来一定的挑战。再加上当代中国开始由传统社会向现代社会转型，其特殊性给中国的社会治安、社区发展和社区治安治理带来深远的影响。社区是改革开放以来中国社会转型的新兴产物，清晰地反映了权力多元化、社会多元化、政府与公民关系变迁的轨迹，社区已成为现代城市管理的焦点和核心。在这个过程中，社区逐步分担政府在提供基本治安服务方面的部分职能（张薇，2006）。可见，在社会治安综合治理从传统向现代转变的过程中，治安社会化是一个重要的途径。在社区治安综合治理组织体系和制度体系中，社区警务是主力军，街道办事处等政府管理、指导、服务机构是支撑力，社区治安居民自治组织是落脚点，治安联防队、社区志愿者组织、保安服务公司、社区治安邻里网络等民间力量是发展源，社区党建是推动力。同时，这些部门、组织之间又互相作用、相辅相成，共同构成社区治安综合治理的组织网络，为社区治安添加了一层又一层的保障（张薇，2006）。

（三）居民对完成落实改革开放政策社区的看法

在回收的问卷中，我们注意到有接近四成半的受访者认为改革开放以来社区治安保障和以前相比最大的变化是在监管方面应用了高科技技术。另一占比较大的是社区防护硬件设施更完善，达两成多。

如图 3 所示，对于人力安保力度加大和社区科普安全教育更广泛，仅有一成多或接近一成的受访者对其表示肯定。从我们收集到的数据来看，可以得出大部分受访者对于社区完成落实改革开放政策持肯定的态度。然而仍然有少数受访者对其所在的社区的落实和改进措施并不满意，提出了无人监管和没有改变的看法。

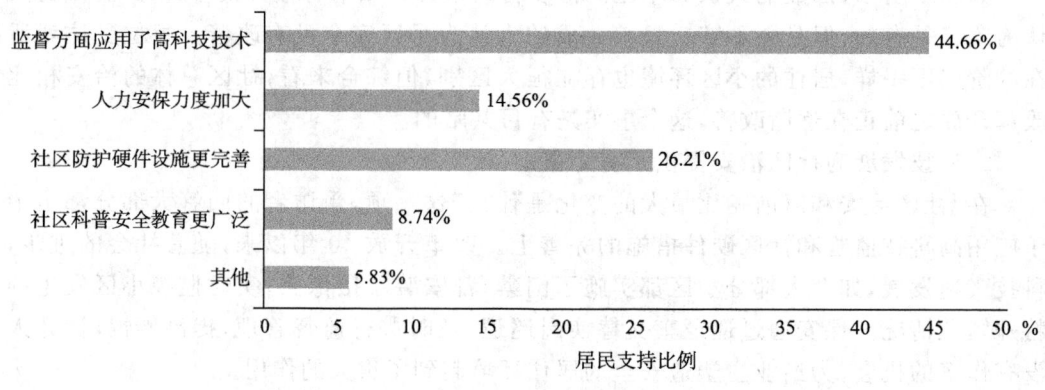

图 3　改革开放以来社区治安保障改进情况

三、对优化北京六大城区社区治安保障的建议

（一）改进过程中产生的问题及分析

在问卷调查的过程中，我们小组发现，尽管大部分人群认同改革开放政策对于治安保障的改进，但同时仍然有一些问题待解决。这些问题是受访者对于社区治安保障的需求，如果能够处理妥当，将会更好地促进和改善社区治安保障的情况。我们对这些问题展开了如下分析。

在回答所居住的小区有哪些方面治安做得不够好时，情况如图4所示。早已在北京高档住宅区率先实行的出入登记措施，在其他普通小区还没做到全面实施，因此受访者更希望小区做到出入登记，时时记录小区来往的陌生非业主们。有二成左右的受访者希望小区的监控摄像和保安巡逻更加完善。深夜是盗窃等行为的高发时段，足够多的保安巡逻，无死角的摄像监控可大大减少此事件的发生的概率。百分之五左右的受访者则认为报警热线的普及，小区围墙铁钩的安放，以及安全教育的传播十分必要。

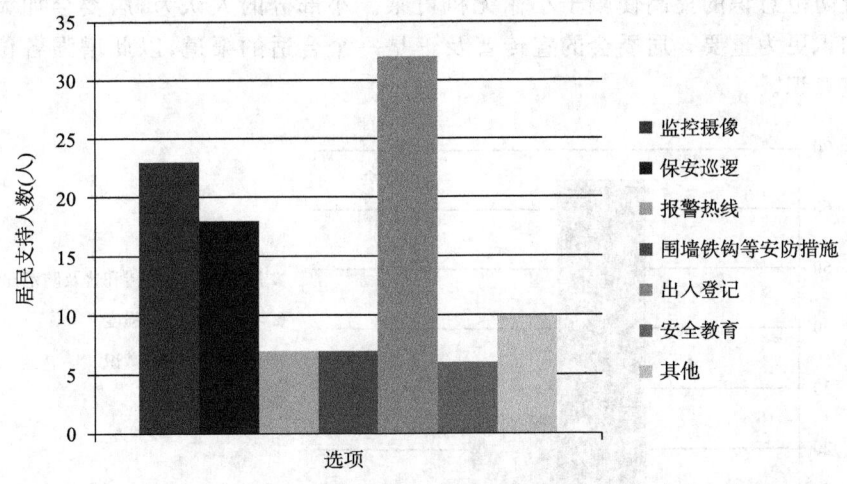

图4 社区治安保障欠缺情况

我们除了调查了做得不够好的方面，还对居民认为在保障社区治安方面作用最大的措施和手段进行了调查。如图5所示，六成受访者认为监控摄像最能使社区治安得到保障，两成左右的受访者比较侧重于保安巡逻，四成左右的受访者则认为，出入登记更为重要，余下人群认为安全教育的作用是最大的。总体来看，大部分的人都主要依靠社区监管者来帮助管理社区治安，如果缺少监管监督，社区可能会成为盗窃事件的高发地点。

绝大部分受访者认为，物业提高安保强度是最有效的治安保障方法。如图6所示，物业在服务业主管理社区中扮演重要角色，同时也是小区治安重要的组成部分。业主对物业给予很高的期望是可以理解的，毕竟北京物业费高昂，在收费的同时物业必须为

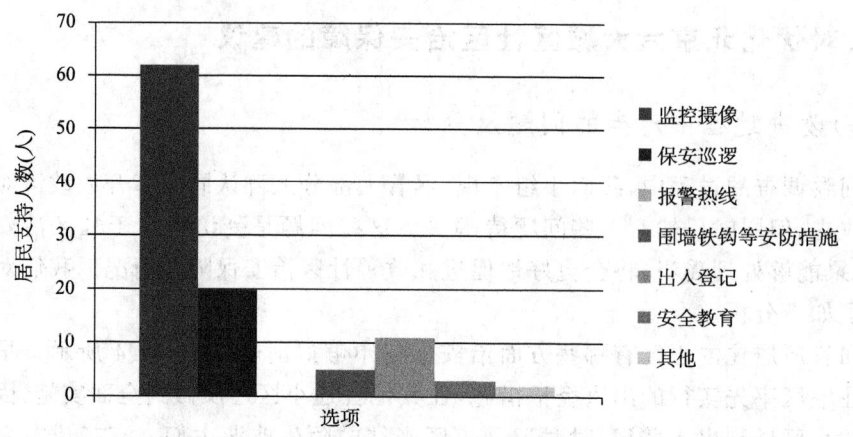

图 5　居民心中最有效的治安保障方式

业主安全负责。剩下三成左右的人认为自身提高防范意识更为重要。防范意识和自我保护意识在如今人员密集且人口流动大的北京十分必要。从自身业主的角度去考虑,业主自身防范意识的提高使骗子小偷无机可乘。小部分的人认为,居委会加大宣传普及防范知识更为重要。居委会的宣传普及正是一个合适的渠道,以此增强各位业主自身的防范意识。

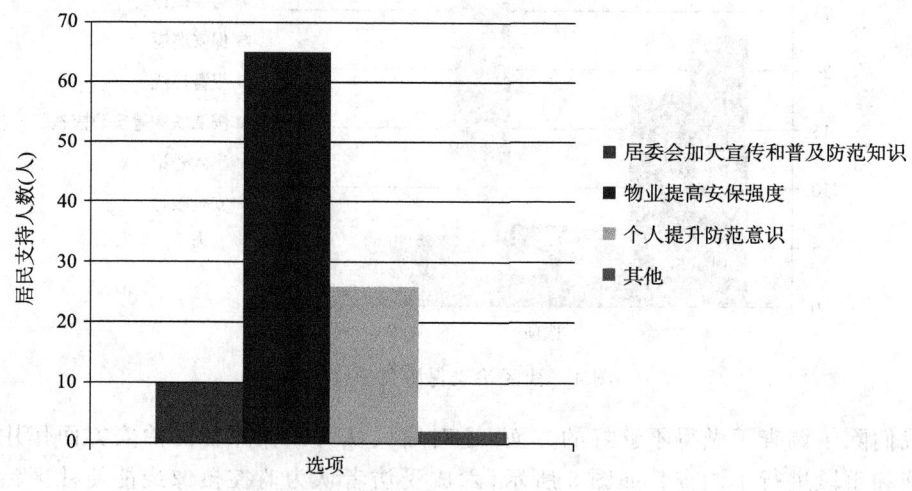

图 6　居民心中最能够改善社区治安的方式

（二）对优化北京六大城区社区治安保障的建议

1. 注重社区治安的源头监管

社区防范工程建设是一项基础的、综合性强的系统工程。在社区治安防范中,应当注意各部门,特别是街道、居委会、派出所、社区民警各自承担的职责分工的不同(曾利平,2009)。住建部门要在社区建设规划之初,就将社区安全防范的各种措施建设纳入规划之中。除此以外，各部门应进一步明确职责，加大合作力度，通力合作，加强监管力度和水平，努力做到从源头上消除各种治安隐患。

2. 落实社区安防安全措施

公安机关要联合社区、街道督促物业部门实施封闭式管理，在充分考虑小区居民车辆及行人进出规律前提下尽量做到夜间少开大门。不仅如此，社区物业部门也可以购买一些高科技产品以帮助监管社区地安全状况，要尽量做到摄像头无死角，再加以配合其他诸如铁钩等常见的安防措施。除此之外，我们还倾向于设立由居委会组织带领的社区志愿者团队，在白天进行定时按区域巡逻或监督，使安保效果更为有效。出入登记也不失为一个可考虑的方法。在我们的采访调查中，受访者在调查中提到了对于出入登记落实的一个需求，但对于流动人口较多的北京，外卖快递等配送人员也需要每天大量进出社区，因此全面实行出入登记是否合理，还有待商榷。我们认为，可以考虑在个别符合条件的社区开展试运行，再回收社区居民的反馈以考虑推广实施的可能性。

3. 提升居民安全防范意识

公安机关要强化对社区治安形势的分析研判，定期与物业部门、社区召开联席会议、警民恳谈会等形式，查找治安防控问题和薄弱环节。公安机关的作用固然重要，但与社区居民距离更近的社区居委会的宣传和倡导工作也是一大重点。通过在社区的宣传栏内张贴宣传安全知识的海报，在治安问题高发时段对社区居民进行更频繁的提醒和警示，使居民逐渐提升防范意识和掌握防范方法也是十分重要的。双管齐下，齐心协力才能进一步有效地减少发生案件的可能。

4. 打击犯罪以确保社区安全

当前，社区居民遇到的治安问题主要是入室盗窃等侵财性案件。改革开放以来的严打政策，对流动人口的调查统计，社区警务和社区自治，在这四十年里对社区犯罪的打击力度有了较大改善（刘恩启，1989）。在社会治安的防控体系中，社区治安处于最基础的地位，公安机关和其管辖范围内的社区单位要联合起来，充分研究分析案件规律特点，在抓住规律之后，做到有效地反映给社区居民并且坚持重拳出击，以打促防，在犯罪发生前发现、预防、消除利于犯罪的因素，使北京六大城区社区治安情况整体更进一步。北京作为我国的一大重要中心城市，其社区治安情况的重要程度不言而喻。只有做好基础防范工作，才能维护社区的安宁，小家维护好了，才能够实现国家的平安建设。

参考文献

刘恩启,1989.论改革开放条件下的社会问题[D].犯罪与改造研究,1.
王淑荣,2005.关于加强社区治安防范的思考[J].社区(2):12-13.
曾利平,2009.加强社区治安防范的对策研究[J].广州市公安管理干部学院学报(2):3-7.
张陶然,2015.治道变革：改革开放后我国社会治安制度变迁[D].北京：中国人民公安大学.
张薇,2006.社会转型时期城市社区治安综合治理研究[D].汕头：汕头大学.

改革开放以来大学生就业渠道的演变与实效调研

杜 凡 吴 琦

【摘 要】 当前大学生的就业问题显得尤为重要和迫切。它不仅需要国家政府的关注和支持，还需要全社会的关心帮助和大学生自身素质不断提高，当然完善科学的就业制度也极为重要。中国大学生就业制度从1985年开始改革，并与经济、社会的改革发展紧密相关。大学生的就业从最初的统包统配为主逐渐演变为如今供需见面、双向选择的自主择业方式。本次调研，通过分析不同年龄层及不同的职业类型对于大学生毕业以后所从事职业的看法，得出改革开放以来大学生就业渠道的演变以及各种就业渠道的实效。

【关键词】 改革开放；大学生就业；渠道演变

改革开放以来，我国大学生的就业问题逐渐凸显出来，并成为新时期就业市场的一大焦点与热点。与社会主义市场经济相适应，总体来说就业体制逐渐发展完善，以市场为导向，从机构化向个体化发展。

改革开放以来随着大学生数量的不断增加，大学毕业生的就业渠道也发生了很大的变化，从早期重政工轻农商到现如今工商并重，被动就业向自主创业转变的人数增多，各种就业渠道的实效也各不相同。

本次调查主要采取问卷调查形式，针对大部分大学及以上学历的毕业生群体及个别非大学生群体进行访问。组员们通过各种渠道将问卷链接有针对性地发给各个年龄层各种职业的网友填写并回收。共发出问卷114份，回收114份，回收率100%，有效问卷100份，采访部分由小组成员分别在北京、甘肃和福建地区通过与不同职业的亲朋好友进行交谈完成。

本次调查中，有效报告填写人群主要以30岁以下为主，占43%；31~40岁的人群占23%；41~50岁的人群占28%；50岁以上占6%。大学以上学历的人群占82%；高中及以下以及其他学历占18%。福建地区人群占28%；北京地区人群占54%；甘肃及其他地区人群占18%。

一、改革开放以来大学生就业情况

（一）改革开放以来大学生群体所占比重的变化

根据有关资料显示，1984年全国大学生毕业生仅有27万人。现在，一个普通的省

---

① 本课题指导教师杜凡（北京工商大学马克思主义学院）；课题组组长吴琦（环境171）；课题组成员：张雨珊（环境171），张宇婷（环境171），康丹（环境171），任佳钰（环境171）。

份以江苏为例,近几年高考生的数量就有三十多万。在本次的调查中,如图1显示,改革开放以来,大学及以上学历所占的比重呈现增长的趋势,50岁以上因为样本较少,数据较为不可靠。在我们所调查的其他人群中,41~50岁的高中及以下学历有31%之多,31~40岁有9%,而30岁以下仅仅只有5%。

改革开放至今,进入大学的门槛已经比改革开放初期要低得多。大学生的增多,一方面,是由于人们的意识有所提高,越来越重视大学教育;另一方面,大学生扩招政策也起到很重要的作用。

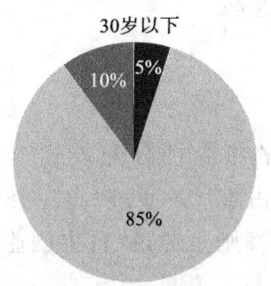
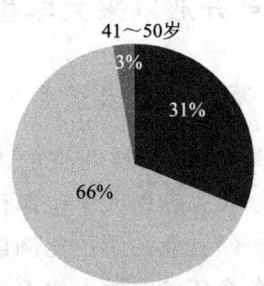
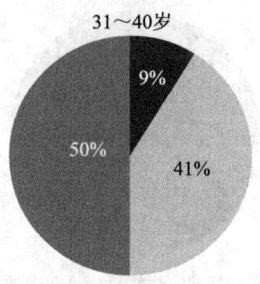
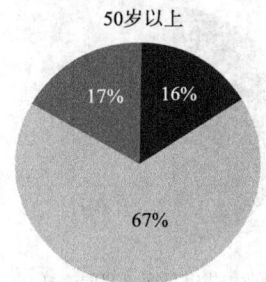

图1 各年龄段调研样本不同学历占比

(二)影响大学生就业的因素

我们调查了大学生毕业以后工作地点的决定因素,调查结果中,工作地点正好也就是家乡所在地的高达49%,与大学所在地相同的占20%,而有17%是两者都不相同。其中,有一部分选择去了经济发展好的地区工作,以得到更高的收入。这其中很大一部分是在外务工人员,没有接受大学教育,未能被政府分配,亦或是因为自主创业相对容易,而选择了经济发达的地区。还有剩下14%工作的地区与大学所就读的地区和家乡所在地均相同,这一部分大多应该是更倾向于在家乡工作而选择了家乡的大学。

分析大学毕业生选择就业的地区,选择上完大学回家乡就业的,分为两部分。其一是家乡在北京,即家乡位于发达地区,回家乡就业无疑就是很好的选择。其二是家乡在较不发达地区的,选择回家乡就业,是因为家乡有更好的人脉,更熟悉的环境,免去毕业初期在外地工作生活的许多不便。即便如此,仍然有一些大学毕业生选择离开家乡在大学所在地就职。为了吸引人才,很多地方政府推出了相应的人才吸引政策。有受访者提到,地区,气候,政府给出的优惠政策,都是就业者考虑的重要因素,更有受访者认为,政策会作为其第一因素,房子补贴,研究生,博士生补贴都会影响人才的就业选择,环境和政策都会主导大学毕业生选择就业。而这些,也正是当下大学毕业生选择离开家乡在大学所在地就职的一个非常重要的原因。

二、改革开放以来大学生就业渠道的演变过程

(一)改革开放以来就业渠道变化

调查结果显示,参与调查的人中,通过"统包统配的指令性分配模式"就业的占23%;通过"学校推荐用人单位择优录取的制度"就业的占25%;通过"自主择业,供需见面,双向选择"就业的所占比例最大,高达64%;还有8%则是通过"自主创业"的方式就业。其中各个年龄段所占比例如图2所示。

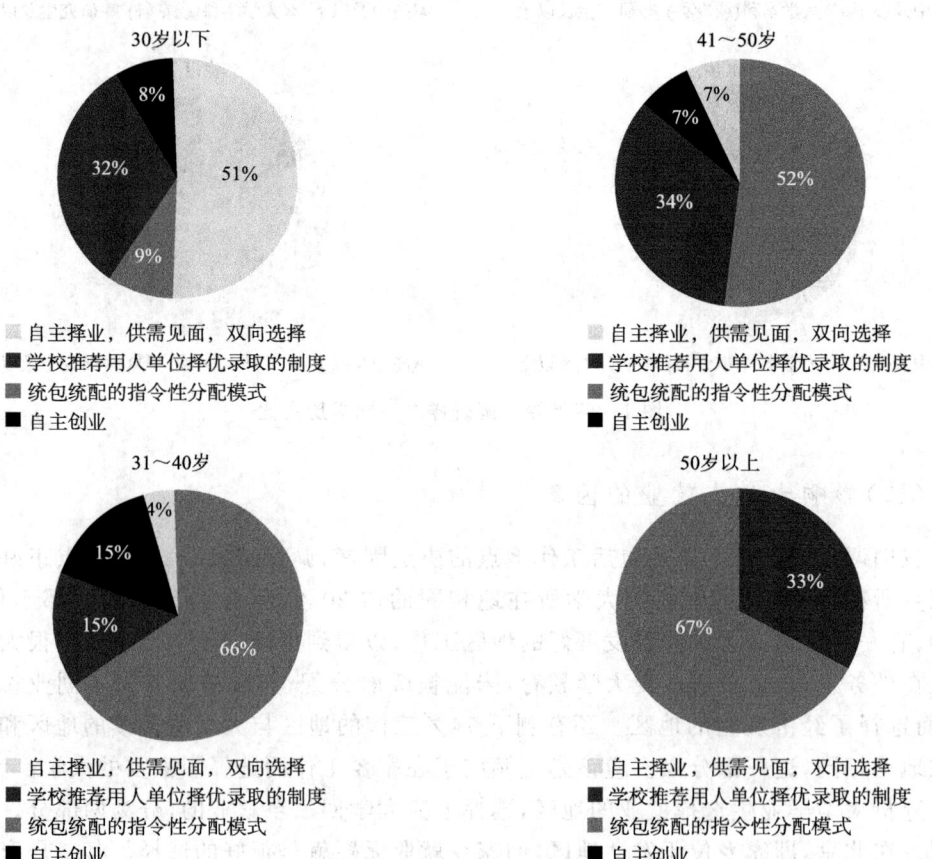

图2 各年龄段调研样本不同类型就业渠道占比

从图2中可以看出,改革开放以来,统包统配就职的比重越来越小,相反,学校推荐用人单位择优录取的制度所占比重逐渐增大,而自主择业的比重虽也有增高的趋势但也一直居高不下。分析其原因,40岁以上的人群普遍学历不够高,无法享受政府分配工作政策,只能选择自主择业或者是自主创业;而40岁以下群体中自主择业则主要是得益于国家就业政策的指导。

根据有关资料显示,改革开放最初,受计划经济体制的影响,就业实行"统包统配"的模式,大学生的工作由国家负责到底。1985—1989年奠定了高校毕业生就业制度改革的基础,慢慢推行少数人国家安排就业多数自主选择就业的方式,待条件成熟后,转变为大多数毕业生自主择业,在2000年基本实现了高校毕业生就业制度的改革。

(二)大学生就业渠道多样性的变化

最初国家统包统配,国家根据需要,对大学毕业生进行分配是主流的就业渠道,越往后发展,随着双向择业的发展,就业方式也不断增加。有受访者认为,就业渠道越来越多样化,譬如公众号和各种软件各种网站,让更多待业的人能更方便地找到工作;更有受访者说,工作岗位增多了,也更加公平、公正、公开。在受访的大多数看来,就业渠道的变化利大于弊,不仅能更贴合自己的兴趣,在福利等方面也有很好的发展。当然,随着学习意识的增强,大学毕业生增多,也增加了就业压力,因为就业不再是统一分配,则更加考验个人的能力。社会的快速发展,就业渠道也要适当地改变,更好地促进经济的发展,进而带动社会的飞跃。

那么,究竟何种就业渠道是现如今更为普遍的方式?针对自主择业这一选项的人群,我们又进行了更深一步的调查。在调查中,50%选择了亲朋好友介绍这一选项,51.6%选择了人才市场,还有37.5%的人选择了各类招聘网站。各种获取信息的渠道旗鼓相当,并且相辅相成。有受访者提及,现在这种就业制度某种程度上更加公平,但同时也存在这一些不透明的地方,对于大学刚毕业需要自主择业的人群来说,有亲朋好友的介绍往往事半功倍,所以改革开放以来这种方式也一直占主导地位。

(三)改革开放以来大学生就业思想的演变

我们通过一道排序题来调查改革开放以来各种职业的人在选择就业的时候考虑的因素的主次关系,再通过加权法得出结果。其中"根据薪酬水平和提升空间来选择工作"得分2.79;"找一份稳定的工作"得分2.61;"根据自己的喜好"得2.17;而"根据社会需要"仅占1.14。

以上数据中除了根据社会需要选择工作,其他各选项所占比重相差较小。大众普遍更加追求稳定的工作或者是有高薪酬的职业。改革开放之初,国家根据社会需要为大学毕业生分配工作,但现在,国家分配比重减小,越来越多年轻人更愿意选择有更高薪酬水平的工作,甚至可以抛开自己的兴趣和更加稳定的收入,这就是现在大学毕业生就业思想改变的趋势。大学毕业生就职已从一次就业向多次就业转变、从固态化向流动化发展,不再一味地遵守政府的安排,而是自主选择有提升空间的工作,并且也更加倾向于市场化择业。

三、大学生不同就业渠道的实效对比

(一)大学毕业生职业选择与所学专业的关系

在调查他们的职业是否与所学专业相符时,有效问卷中有52%选择了基本符合,对口,占了一半;另外23%选择了不符合;19%选择的有一点关联;剩下的6%选择了其他。在采访中有人提到,随着改革开放以来大学生越来越多,择业也越来越趋向自主择业,供需见面,双向选择的模式。很多大学生毕业以后会面临专业不对口的情况,有很多专业的毕业生出现了供大于求的情况,迫使一部分人选择与自己专业不太符合或完全不符的岗位去工作,又或者是大学所学的专业本来就不是自己所喜欢的。目前的考试制度使得部分大学生在选择专业的时候会因为分数问题受到调剂,其中有一些便会在毕业后选择更符合自己兴趣的工作。

(二)大学毕业生对其职业的看法

为了更好地了解大学毕业生对其职业的看法,我们采访了对于他们求得职业的方式及对其职业的满意程度。调查结果有82%都是比较满意的,只有14%和4%的人分别选择了"不太满意"和"不满意"。其中的原因包括"工资低""与自己的兴趣不相符""费时,工作量大"等。改革开放初期政府统包统配,大多只是按照大学生所读专业以及社会需要安排工作,不会过多地询问个人的意愿,会出现部分对所分配的职业不太满意的情况。同样的,近几年大学毕业生虽然有更多的选择性,但很多职业的稳定度无法达到政府分配的水平,同样也会造成部分人对其职业的不满意。

(三)各种就业渠道的实效

综合以上各题的调查数据,改革开放最初的政府统包统配,某种程度上来说让大学毕业生没有就业压力,但弊端就在于可能在薪资和兴趣点不称心如意。现如今越来越趋向于学校向用人单位推荐、择优录取以及自主择业双向选择的方式,更能让大学毕业生在选择职业的时候有所取舍,更能选择到自己满意的职业,但随着高考制度的改革,大学毕业生就业机会增加的同时,就业压力也增大了。归根结底,高考制度改革,使国民平均文化水平上升,但也增加了竞争力。不过,正是这样的竞争压力,迫使当今的大学毕业生不断地提升自己,人才得以不断涌现。

当然,正如受访者所说,目前看似公平、公正、公开的择业制度,还是存在着不透明的机制值得改进。现在,由亲戚朋友介绍工作,一方面可以依靠长辈的经验和人脉,少走一些弯路,但很多时候还是存在着"拼爹"这类问题。因此应该通过不断地改善就业制度,使之更加透明化,让更多的人才不会因为没有足够的背景而得不到赏识。大学生是国家未来实现富强的一股强大的力量,更应该通过改革就业制度来借助大学生的力

量使国家实现复兴的伟大目标。

参考文献

余敏,2009.改革开放以来我国大学生就业制度变迁的历程考察和趋势分析[J].理论观察(1):124-125.
张秋萍,1998.改革开放以来中国大学生就业状况分析[J].上海高教研究(4):62-66.

安岳县农村留守儿童学习适应现状调查①
——基于安岳县石羊镇境内一所小学的观察

孟繁宾　唐韵韬

【摘　要】 制订留守儿童学习适应现状量表,对安岳县石羊镇中心小学五六年级194名学生进行问卷调查。结果表明:留守儿童与非留守儿童在学习兴趣与学习主动性上并无显著差异,留守儿童学习成绩与其留守环境情况(父母外出情况,父母团聚时间,监护类型,监护人教育方式)密切相关,而与性别、年级的关系未达到显著水平。

【关键词】 留守儿童;学习适应状况;留守环境

留守儿童是指因父母双方外出务工或一方外出务工另一方无监护能力、不满十六周岁的未成年人。据民政部最新数据显示,全国共有农村留守儿童697万余人,其中,四川省农村留守儿童规模最大,总人数为76.5万(邱丽芳,2018)。在家庭教育中,这些留守儿童的父母角色严重缺位,使得他们在成长中面临很多教育问题。这些教育问题不仅会弱化留守儿童的生活适应能力,还可能让这些留守儿童在步入社会后进一步引发各种社会问题。能否较好地解决农村留守儿童成长教育问题,不仅关系到未来人口素质和劳动力培育,更关系到农村经济和社会协调发展,关系到社会稳定和可持续发展。党的十九大报告要求"保障妇女儿童合法权益",首次将农村留守儿童工作纳入到党的工作报告中,体现了党和国家在新时期新形势下对农村留守儿童关爱保护工作的高度重视。本次调查就是基于此背景对笔者家乡农村留守儿童的学习适应现状展开深入调研。希望通过我们的努力,让更多的人了解这一需要关注的特殊弱势群体,积极投身到农村留守儿童关爱保护行动中来。

一、调查对象和调查方法

（一）调查对象

安岳县石羊镇中心小学五六年级部分学生,共有194名学生填写问卷,问卷有效率达100%,其中包括140名留守儿童。留守儿童中,女生91名,男生103名;五年级98名,六年级96名。

安岳县是四川传统农业大县,总人口158.49万人,农村人口139.75万人(2018年

---

① 本课题指导教师孟繁宾(北京工商大学马克思主义学院);课题组组长唐韵韬(材料172班);课题组员:程卓(材料172班),贾舒雅(材料172班),陈琛(材料172班),邓赛(材料172班)。

3月28日发布,安岳县统计局),是四川第一人口大县。农村人均耕地不到1亩,解决剩余劳动力压力异常沉重,因而异地劳务输出一直是农村剩余劳动力就业的主要渠道。

安岳县石羊镇中心小学始建于1904年,现有教学班77个,附设幼儿园一所,村小教学点4个,在校学生4786名,其中约有三分之一是留守儿童。

(二)调查方法

本次调查主要采用了问卷调查的方法。编制的问卷由小组成员取得安岳县石羊镇中心小学五、六年级老师许可,在班群发放链接,让学生们填写并收回。利用spss22.0统计软件对数据进行统计分析,具体分析方法包括独立样本t检验,一维组间方差分析,二维组间方差分析,交叉分析。问卷采用五级计分,从学习兴趣程度,学习主动程度,学习成绩自我评价三个方面来了解留守儿童学习适应状况。其中矩阵量表题1、2、3了解留守儿童学习主动程度,题4、5了解留守儿童学习兴趣程度,单选题2学习成绩自评了解留守儿童学习适应结果,单选题3、4、5、6、7、8、9了解留守儿童基本情况,学习适应得分区间为6~30分。

二、调查结果

我们以性别和年级为自变量对留守儿童的学习适应状况做二维组间方差分析(表1),发现性别和年龄对留守儿童学习适应状况不存在显著的交互作用($F=0.74, P>0.05$),并且性别和年级的主效应($F=0.80, P>0.05; F=1.17, P>0.05$)也不显著。因此接下来的分析将把留守儿童作为一个整体,不再单独讨论年级与性别对其学习适应状况的影响。

表1 性别与年级对留守儿童学习适应状况的影响及方差分析结果

自变量	类别	平均数	频数	F
性别	男	23.29±4.25	76	0.8
	女	23.89±3.65	64	
年级	五年级	23.18±4.19	71	1.17
	六年级	23.95±3.76	69	
性别*年级	总计	23.56±3.99	140	0.74

(一)留守儿童与非留守儿童群体比较

表2的分析显示,留守儿童与非留守儿童在学习兴趣程度上($t=1.00, P>0.05$)与学习主动程度上($t=0.64, P>0.05$)均无显著差异。而留守儿童与非留守儿童在学习成绩上却出现了显著差异,从图1可以看出这种差异主要表现为成绩处于中下阶段的留守儿童占比39.3%,远高于非留守儿童的27.8%,而成绩中等偏上的留守儿童占比7.9%,远低于非留守儿童的18.5%。出现这种差异时,我们应注意到留守儿童并非

一个同质性的群体,相反,其内部差异很大,既有我们通常认为的问题儿童,也有适应良好的个体,因此分析留守儿童学习成绩更严谨的做法是按照其内部变量进一步细分。

表2 留守儿童学习兴趣程度,学习主动程度,学习成绩自我评价的描述统计值及独立样本检验结果

类别	学习兴趣程度	学习主动程度	学习成绩自评
留守儿童	12.51±2.22	8.47±1.67	2.59±1.01
非留守儿童	12.39±2.25	8.46±1.73	2.94±1.07
t	0.33	0.03	−2.18*

注:* 表示概率<0.05,* * 表示概率<0.01,* * * 表示概率<0.001,以下各表与此相同,不再加以注明。

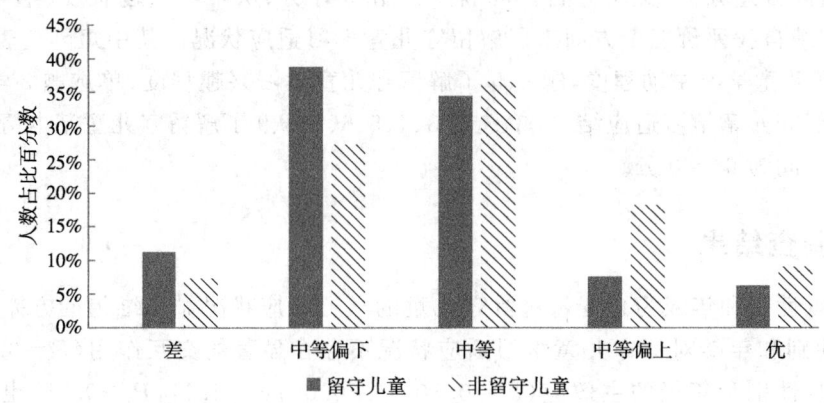

图1 留守儿童与非留守儿童学习成绩自我评价条形图

(二)留守儿童群体内部学习成绩比较

1. 父母外出情况对留守儿童学习成绩的影响

按留守儿童父母外出情况将留守儿童分为父亲外出,母亲外出,双亲外出三组,非留守儿童作为第四组,采用一维组间方差分析(表3)发现,母亲外出对留守儿童的学习成绩有显著负面影响,而父亲外出组与非留守儿童相比差异并不显著。这在一定程度上说明了母亲在对儿童家庭教育的重要性。而父亲外出对留守儿童影响较小可能是由于父亲外出务工所得资源对留守儿童的教育起到一定的补偿作用。但我们也应该看到,这种补偿作用是建立在母亲留家照看孩子的基础之上的。

表3 父母外出情况对留守儿童学习成绩的影响描述统计值及方差分析

外出情况	频数	平均数	F	LSD事后检验
父亲外出①	66	2.84±0.93	4.26**	①,④>②,③
母亲外出②	7	2.43±1.27		
双亲外出③	67	2.34±0.12		
双亲都在④	54	2.94±1.07		

2. 与父母团聚频率对留守儿童学习成绩的影响

按留守儿童父母回家团聚频率高低将留守儿童划分为四组,即数月一次,半年一次,一年一次,两年以上一次,采用一维组间方差分析。结果表明(表4),留守儿童的学习成绩与父母回家时间频率成反比。为什么会出现这种情况? 已有研究指出,留守儿童的心理弹性(心理弹性是指在遭遇逆境时,有助于个体良好适应的保护性因素)随父母团聚频率的降低而降低(李永鑫等,2008)。留守儿童与父母团聚频率过低能够对留守儿童的心理弹性产生显著负面影响,使得留守儿童在学习中出现不良适应,反映在成绩上便是学习成绩的下滑。

表4 与父母团聚频率对留守儿童学习成绩的影响描述统计值及方差分析

外出情况	频数	平均数	F	LSD事后检验
数月一次①	45	3.31±0.85	19.92***	①>②,③>④
半年一次②	49	2.47±0.94		
一年一次③	43	2.07±0.77		
两年以上一次④	3	1.00±0.00		

3. 监护类型对留守儿童学习成绩的影响

监护类型包括单亲监护,隔代监护与上代监护。单亲监护指由没有外出打工的双亲一方对留守儿童进行照看,这种方式中母亲监护占据绝对优势,占比89.56%,;隔代监护指由爷爷奶奶、外公外婆等祖辈照看;上代监护是一种由父母的同辈人,如叔、伯、姑、姨、舅等亲戚或他人抚养的监护方式。由表5可知,监护类型对留守儿童学习成绩有显著影响,其中母亲监护效果最好,其次是父亲监护与隔代监护,而上代监护效果最差。

表5 监护类型对留守儿童学习成绩的影响描述统计值及方差分析

监护类型	频数	平均数	F	LSD事后检验
父亲监护①	7	2.43±0.48	2.97*	②>①,③>④
母亲监护②	67	2.84±0.11		
隔代监护③	61	2.38±0.13		
上代监护④	5	2.00±0.00		

4. 监护人教育方式对留守儿童学习成绩的影响

将监护人的教育方式分为民主型,放任型,强制型,溺爱型,同样采用一维组间方差分析,所得结果见表6。表6很清楚地表明,民主型教育方式相较于其他教育方式的优越性,也使我们看到仍有47.86%的留守儿童没有受到民主型教育方式对待。结合监护类型与监护人教育方式作交叉分析(表7),我们发现非民主型教育方式有72.13%发生在隔代监护类型,上代监护类型的教育方式只出现了放任型一种,而在单亲监护类型中,父亲监护多采取强制型教育方式,占比85.71%,母亲监护多采取民主型教育方式,占比80.64%。

表6 监护人教育方式对留守儿童学习成绩的影响描述统计值及方差分析

教育方式	频数	平均数	F	LSD事后检验
民主型①	73	3.05±0.90	15.24***	①>②,③,④
放任型②	18	2.33±0.97		
强制型③	33	1.91±0.91		
溺爱型④	16	2.12±0.62		

表7 监护类型与教育方式交叉分析表格

类型	母亲监护(人)	父亲监护(人)	隔代监护(人)	上代监护(人)
民主型①	50	1	22	0
放任型②	2	0	11	5
强制型③	2	6	25	0
溺爱型④	8	0	8	0

三、讨论与分析

儿童生活在一个复杂的环境中,这种环境由远和近两种不同的系统组成,即远环境和近环境。留守儿童生活的远环境主要由一些社会结构因素或主要生活事件组成(刘霞等,2008)。本次调查选取父母外出打工情况,与父母团聚频率来探讨远端环境的作用。与之相对应,留守儿童的近环境则是指儿童直接面对和接触的发展环境,由儿童的一些直接日常经历、与他人的互动或关系模式组成(刘霞等,2008)。本次调查选取监护人类型,监护人教育方式来考察近端环境的作用。

(一)远端环境的作用

父母外出情况不同使留守儿童在学习适应上存在显著差异。父亲外出的留守儿童学习适应分数≈非留守儿童学习适应分数＞母亲外出的留守儿童学习适应分数≈双亲外出的留守儿童学习适应分数。在家庭教育方面,父亲母亲常常承担不同的角色,在儿童的成长中,二者缺一不可。但在一些特殊情况下,父亲角色的缺位能够以外出打工所带来的资源来进行补偿,比如,减轻家庭的经济压力,使留守儿童能够专注于学习。但这种补偿不可能完全等价,尤其随着留守儿童年龄的增长开始建立起对周边世界的认知时,缺少与父亲交流机会更容易导致留守儿童人生观、价值观偏离。而母亲在家庭教育中更多的承担关爱者的角色,留守儿童处于成长发育的关键时期,又遭到留守这一不利的远端环境因素的影响,在心理健康,权益保护等方面常常出现很多问题,而这些问题只靠留守儿童自身是难以解决的。这时候母亲的及早发现、及早行动就非常重要了。如果长期缺乏与母亲情感的交流,留守儿童很可能表现出焦虑、自卑、懦弱、胆小、抑郁等心理问题。

与父母团聚频率不同的留守儿童在学习适应上存在极其显著的差异,其学习适应分数随着与父母团聚频率的降低而有降低的趋势。父母团聚频率对学习成绩的影响是以留守儿童的孤独感受为中介的。对于留守儿童而言,与父母交流次数越多,其内心的孤独感越弱,对学习的用心程度越高,学习适应情况越好。有鉴于此,我们认为,外出打工的父母应尽量增加与孩子的沟通频率,当面对面沟通不被客观条件允许时,也应采用微信,QQ等其他方式予以补偿,并且沟通话题不应仅限于吃穿等物质生活方面,适当让孩子分享自己学习与生活的经历将更有利于了解孩子的真实想法。同时,我们也希望老师能增加对留守儿童的关注度。已有研究表明,老师的支持对留守儿童孤独感具有显著的预测作用。尽管父母外出会造成家庭情感交流等功能的弱化,但老师的支持可以在一定程度上补偿这种情感的缺失(刘霞等,2018)。可就我们调查到的情况而言,绝大部分老师对留守儿童出现的问题未引起重视,事实上,在大班制教学背景下,留守儿童很难在学校得到除学习以外的关怀,再加上学校并没有建立起家访制度,老师与留守儿童父母缺乏有效的沟通渠道,家庭与学校对留守儿童的监管存在衔接漏洞。

(二)近端环境的作用

监护类型与监护人教育方式对留守儿童学习适应有显著影响。在监护类型中,留守儿童母亲监护所得学习适应分数＞父亲监护所得学习适应分数≈隔代监护所得学习适应分数＞上代监护所得学习适应分数;在监护人教育方式留守儿童民主型教育所得学习适应分数＞放任型教育留守儿童所得学习适应分数≈溺爱型教育留守儿童所得学习适应分数≈强制型教育留守儿童所得学习适应分数。

隔代监护人多采用溺爱型与放任型教育方式。一是由于血缘和亲缘的关系,隔代监护人较多地给予留守儿童物质、生活上的满足和过多的宽容放任,而对精神、道德上的管束和引导较少;二是由于隔代监护人文化水平很低,不大可能对留守儿童的学习进行指导,再加上年岁大,精力不济,对留守儿童的学习监管不足,容易让其放任自流;三是由于年纪的代沟,祖孙辈沟通交流存在阻碍,留守儿童的真正教育需求往往得不到满足。

上代监护类型是所有监护类型中占比最少的,由于监护对象并非己子,监护人在教育过程中难免有所顾虑,不敢严格管教。在调查中,5个上代监护个例的教育方式均为放任型,严重不利于儿童的健康成长,并且对于那些较为敏感的留守儿童来说,又容易产生寄人篱下的感觉。因此,父母外出打工时,最好不要委托同辈的亲戚或朋友帮忙照看孩子。

单亲监护类型中,父亲多采用强制型教育方式,母亲多采用民主型教育方式。这种差异体现了父亲与母亲在处理留守儿童学习适应问题时所站角度的不同。父亲一般是从留守儿童学习习惯方面对问题进行归因,强调良好学习习惯对留守儿童学习适应的作用,而母亲则更注重留守儿童内心情感因素对其学习适应的影响。当出现问题时,父亲一般会加强对留守儿童的监管,甚至要求留守儿童必须按照自己的要求办事,否则会受到严厉的惩罚;母亲则更加关注留守儿童的情绪,揣摩留守儿童的心理,从中找到问题产生的根源并想出解决问题的办法,设身处地为留守儿童着想,对留守儿童没有进行过多的干预。为何母亲的教育方式在效果上要好于父亲的呢？在对留守儿童与非留守儿童学习适应现状的群间比较分析中(表2),我们已经发现留守儿童与非留守儿童在学习兴趣程度,学习主动程度上并无显著差异。那些留守儿童身上存在的不良学习习惯,非留守儿童中也普遍存在。因此,不良学习习惯并非导致留守儿童学习成绩低于非留守儿童的罪魁祸首。留守儿童由于留守而导致的心理健康水平下降应该才是。这一点已经被诸多留守儿童相关心理研究所证实。

参考文献

国务院办公厅,2016-02-14.国务院关于加强农村留守儿童关爱保护工作的意见[DB/OL].http://www.gov.cn/zhengce/content/2016-02/14/content_5041066.htm.

李永鑫,骆鹏程,谭亚梅,2008.农村留守儿童心理弹性研究[J].河南大学学报(社会科学版)(01):13-18.

刘霞,胡心怡,申继亮,2008.不同来源社会支持对农村留守儿童孤独感的影响[J].河南大学学报(社会科学版)(01):18-22.

邱丽芳,2018-10-30.民政部：全国现有农村留守儿童697万人 两年下降22.7％[EB/OL].http://www.xinhuanet.com/politics/2018-10/30/c_1123634905.htm.

关于改革开放以来大学毕业生就业意向演变的调研

魏海香 孟繁雯

【摘 要】 大学毕业生就业问题一直以来都是社会讨论的焦点,高校毕业生数量逐年增多,大学生就业形势日益严峻。当前大学毕业生以就业为主,与80、90年代相比自主创业占比明显下降;更多大学毕业生加入"教育类""建筑类"行业;"北上广深"的吸引力下降;起薪持续增长,十年来接近翻番。且改革开放以来大学毕业生就业意向发生了很大的转变,根据不同时期分析导致大学毕业生就业意向变化的原因。针对大学毕业生就业的严峻形势,大学生应当多多了解当前的就业形势,加强就业规划;在大学期间培养自身能力,转变就业观念,树立正确的、适应时代的就业观和价值观。

【关键词】 改革开放;大学毕业生;就业意向

就业,是民生之本,是社会治安的稳定器。民以食为天,没有就业,就没有收入,社会稳定就难以实现,或是要付出难以想象的代价。高校毕业生是宝贵的人才资源和现代化建设的重要主力军。中国经济从改革开放以来,进入快速发展时期,社会竞争越来越激烈,剩余劳动力过多,应届毕业生数量整体供过于求,就业形势变得严峻(鲍婷等,2018)。如何解决广大毕业生个人的长远发展这种现实的社会问题是我们所关注的。采取积极有效的措施使其正确地实现自己的人生价值和社会价值,有助于缓解贫富差距和促进社会成员自身的发展,提高社会的整合程度(荣霞等,2016)。在改革开放40周年之际,我们对改革开放以来大学毕业生就业意向进行了调查和研究。

本次小组调查主要采取网上问卷调查和个别采访。调查问卷是由小组成员以网络调研的方式让网友们填写并收回。共发出调查问卷108份,收回108份,回收率达100%;有效问卷108份,有效率达100%。其中男生39位,女生69位。"70""80""90""95"后分别为18、14、22、54人。受访者是来自北京、湖南、山东、海南、河南、贵州、云南、广西、山西、广东等各地的大学毕业生和大学在读生。专科学历占比17.59%,本科生占比73.15%,硕士研究生学历占比3.7%,博士学位学历占比5.56%。通过对"70""80""90""95"后就业意向进行对比,我们发现,改革开放以来大学毕业生就业意向发生了很多转变。

一、改革开放以来大学毕业生就业状况简述

据教育部官网统计,"七五"时期(1986—1990年)大学本科、专科毕业生266.8万

[①] 本课题指导教师魏海香(北京工商大学马克思主义学院);课题组组长孟繁雯(1601020109理学院光电16);课题组成员:王玉琪(1601020221光电16),云霞(1601020422光电16),张红鲜(1601020127光电16),哈文涛(1601020103光电16)。

人,比"六五"时期增长73.8%;1999年,中国普通高等学校毕业生人数在100万左右。自2006年起,中国每年需要就业的大学生超过400万人,而在2009年,这一数字已经突破500万,仅仅十年间,中国大学毕业人数就翻了5倍之多。2006年以来,全国普通高校毕业生人数413万人;2007年,495万人;2008年,559万人;2009年,611万人;2010年,660万人;2012年,680万人;2013年,699万人;2014年,727万人;2015年,749万人;2016年,756万人;2017年,795万人。全国高校毕业生数量逐年增长,每年就业需求都占据全国新增就业岗位的一半以上,2018年毕业生达到820万人,同比增加25万人。8月中旬,全国820万高校毕业生已经离校,求职、就业、择业、创业,迈入人生的新起点。

近年来,我国城镇化建设不断加快,城镇化率大幅提高,农村劳动力向城镇转移的步伐加快,城镇人口快速增加。2017年末,我国城镇常住人口81347万人,比上年末增加2049万人;城镇人口占总人口比重(城镇化率)为58.52%,比上年末提高1.17个百分点。在城镇化进程中,农村的就业压力减轻,但是劳动力转移就业压力增大,可提供的就业岗位少于新增就业人数。虽然新兴产业在迅速发展导致技术技能人才短缺,但科技进步、劳动生产率提高,也使一些企业减少新员工吸纳,甚至排挤出部分劳动力。劳动力供给大于岗位需求,大学毕业生就业空间也必然受到挤压,就业压力加重,岗位也就面临着激烈的竞争。

二、当代大学毕业生就业现状

(一)"北上广深"对大学毕业生的吸引力下降

根据问卷调查结果,"北上广深"等一线城市对70、80年代大学毕业生都有着极大的吸引力,大部分大学毕业生都想要去一线大城市闯一闯,但90年代大学毕业生和在校生大多希望在二线城市工作。据《2014中国大学生城市形象及择业倾向调查报告》显示:"大学毕业生选择在二线城市发展的比例最高,为57.2%,其次是'北上广',占比29.5%,选择三线城市的比例为9.4%,选择国外、港澳台、乡镇和四线城市的比例分别为6.6%、3.1%、1.6%和1.5%。"据调查机构麦可思在北京发布的《2018年中国大学生就业报告》(就业蓝皮书),近5年来,本科毕业生在"北上广深"就业的比例从2013年的28.2%下降到2017年的22.3%。除了应届毕业生之外,毕业半年后曾在"北上广深"就业的本科生在3年后离开的比例从2012年的13.7%上升到了2014年的21.7%。"北上广深"就业本科生3年后离开比例持续攀升,杭州、天津、苏州等城市对外省本科毕业生吸引力不断增强。作为求职群体主体的90后大学毕业生更倾向于选择距离家近的城市工作,希望享受慢节奏的生活,开始从大城市和特大城市向二三线城市分流,从东部发达地区向中西部分流。

(二)当前大学毕业生更多的加入"教育类""建筑类"行业

改革开放以来,初期,农民最多,知识分子很少,国家的改革需要大量的知识分子,国家包分配,大多为国家技术人才,发展各种行业,在农业、重工业、轻工业、服务行业等领域均有涉及(陈薇,2018);20世纪80、90年代大力发展个体经济与集体经济,外企开始进入中国,工作岗位开始多样化,各行各业开始百花待放,电信、能源(石油石化)、金融等为当时"热门";2000年后科技进步,经济发展迅速,外企、财务、事务所、销售、通信行业和IT、互联网行业等行业变热,同时中国本土形形色色、从轻到重的制造业快速崛起,科技中的硬件部分在东北、上海、北京、深圳、西安等地陆续发力后也开始抬头;随着制药、高级机械、环保材料、高科技、证券、自媒体各行各业遍地开花。从就业主要行业来看,2017届本科毕业生半年后就业最多的行业类为"教育类",达到14.7%,其中有六成左右集中在中小学教育机构;2017届高职高专毕业生半年后就业最多的行业类为"建筑类",为12.5%,但就业比例增长最多的是"教育业",较2013届增长了2.8%。调查显示,2017届中国大学毕业生的平均月收入为4317元。其中,本科院校2017届毕业生的月收入为4774元,高职高专院校2017届毕业生的月收入为3860元。报告称,这两个数字均明显高于城镇居民2017年月均可支配收入(3033元)。细分来看,以本科为例,2017届本科毕业生有12.0%月收入在7000元以上。而从具体的就业行业来看,2017届本科毕业生就业半年后月收入较高的行业前五名分别是,软件开发业(6252元)、航空运输服务业(6145元)、互联网运营与网络搜索引擎业(5845元)、通信设备制造业(5779元)、无线电信运营业(5649元)。自主创业者平均月收入5785元。

(三)当代毕业生的就业意向以就业为主,创业风险不容忽视

根据问卷统计结果分析,56.48%的大学毕业生选择就业,37.04%的人选择出国留学或者考研,2.78%的人选择创业,还有3.7%的人有其他考虑。虽然当前的就业趋势不好,但是半数以上首选就业,创业热和出国热持续。根据智联"2018年应届毕业生就业力市场调研"结果,2018年应届毕业生的就业意向仍然以就业为主,占比79.89%,同比上升6.39%。此外,6.99%的应届毕业生选择慢就业,4.98%选择国内继续学习,4.78%选择创业,2.63%选择出国继续学习。大学毕业生去向未出现明显变化,深造比例略升,未就业人群中近半数仍在求职。和2017年数据结果相比,选择创业人群占比降低1.32%,说明在经济环境更加趋于复杂多变的大背景下,高校毕业生们对于未来的职业规划趋于谨慎。此外,选择慢就业的毕业生比例同比降低2.81%,说明随着大学生们对就业难度认知的降低,求职的心态更加积极主动。

2017届大学毕业生半年后自主创业的比例为2.9%,与2016届、2015届基本持平。报告称,根据国家统计局估算,2017届大学生中约有21.3万人选择了创业。从收入来看,2017届本科生毕业半年后自主创业人群的平均月收入为5785元,比2017届本科生毕业半年后收入(4774元)高1011元。数据显示,毕业半年后自主创业的2014届本科毕业生中有46.9%的人三年后还在继续自主创业。这意味着,3年内,超过一半创业人群退出创业市场,创业失败风险不容忽视。

(四)应届毕业生起薪持续增长,10年来接近翻番

2017届大学毕业生的月收入为4317元。其中,本科院校2017届毕业生的月收入为4774元,高职高专院校2017届毕业生的月收入为3860元,均明显高于城镇居民2017年月均可支配收入(3033元)。2008—2017届本科毕业生的平均月收入从2133元增长到4774元,增幅为124%。考虑到通货膨胀,在根据CPI(即居民消费价格指数,衡量通货膨胀程度的重要指标之一)进行调整后,2008—2017届本科毕业生的平均月收入从2133元增长到3914元,增幅为83%。2008—2017届高职高专毕业生的平均月收入从1647元增长到3860元,增幅为134%。在根据CPI进行调整后,2008—2017届高职高专毕业生的平均月收入从1647元增长到3164元,增幅为92%。2014届大学生毕业3年后(即2017年时)平均月收入与其毕业时相比涨幅为82%。其中本科涨幅为87%,高职高专涨幅为76%。

三、改革开放以来大学毕业生就业意向的演变及分析

自从我国实施改革开放政策之后,大学生就业观念随着时代的变迁也发生了变化,从恢复高考之后的包分配制度,到20世纪90年代的自主择业,到现如今的自主创业成为潮流思想,而这些观念的变化与中国的市场经济制度和高等教育方案是息息相关的(桑华月,2018)。

(一)改革开放之初,社会价值观念占主导地位

改革开放之初,大学毕业生只是被动的、单一的就业意愿。当时实行的是哪里需要就到哪里去工作的包分配制度。对于当时的国情来说,大学生对于工作是没得选择的,毕业生不到30万,而工作单位方面需要引进新型人才,所以用人单位也没得选择,只能先接受然后再进行人才培养,这是当时社会发展需要的必然趋势。因此,当时大多数大学毕业生的择业观是被动的。那个年代虽然有少部分毕业生有自主择业意识,但是那时候他们找工作是有社会地位的要求的。他们认为应把国家的利益与集体的利益放在首要位置,学出来就应该为祖国的发展做出努力,以此回报祖国,而且就业选择上是"重工轻商"的观念,大学生就业意向也偏向于重工业方面。

(二)20世纪80年代中期,出现自主择业观念

到了20世纪80年代中期,大学生就业观出现了自主择业的意愿。当时我国开始进行大学毕业生就业制度的改革,包分配制度出现了变化,出现了"双向选择"制度,可以接受分配也可以自己选择就业,而且大学毕业生就业跟普通劳动者就业一样慢慢出现了市场化的趋势,多数人开始有自主择业的就业意识,希望从事自己感兴趣的工作,并且最好是能发挥自己特长的工作。大学生就业意愿开始变成向着追求工作稳定,工资高,发展前景好等方向演变。虽然当时包分配制度还是存在的,但他们的就业方向是

可以有所选择了,不再是当初的被动单一地接受,职业种类也慢慢拓展起来了。

(三)20世纪90年代中期,自主创业观念深入人心

20世纪90年代中期,自主创业的意愿开始深入人心。我国的劳动力市场逐渐形成,并随着时间的增长日渐成熟,包分配制度逐渐解体,社会主义市场经济制度逐渐确立起来。被动式就业人员减少,自主择业人员增多,而且出现创业即是就业的观念,自主创业的意愿开始深入人心。工作的政治化性质逐渐淡化,就业选择变为"工商并重",这也使得第三产业兴起,社会上有许多人开始下海经商,这也为大学毕业生的就业选择提供了更多的可能和发展机会,人们也不再一味盲目追求不符合自己的工作,并且更加渴望从事自己感兴趣的职业或者大胆地选择创业,在工作上将自己的精神追求与物质需求相互结合起来,并慢慢打破了事业、国企、私企的等级观念。大学毕业生选择找工作或者选择创业的同时,也注重是否能发挥自己的个人能力,对于自己的前途也是有所追求的,在个人发展与社会需求上同时注重起来,在其中找到一个均衡,并愿意为之努力。

(四)21世纪后,择业观呈现多元化的发展趋势

21世纪后,中国的社会发展速度飞快,我国的社会形势也发生了变化,呈现出了一个飞跃式的进步,出现了多方面多才能的高素质人才,他们为祖国的伟大复兴做出了巨大的贡献。而大学生关于就业的思想也随着时代的进步而向另外一种方向演变着,他们的择业观基本上是由自己的生活经历和所追求的梦想所确立的,呈现着多元化的发展趋势,而且更加务实、稳重了,个人主体观念增强,并且出现了"考研热""出国热""考证热"的现象,出现"创业即是就业"的思想潮流。而这些现象的出现表明了当代大学生为就业为发展自身而顺应时代的进步举动,也说明了大学生就业观念向着自主化和多元化的方向发展。

(五)近几年,应届毕业生自主创业意识薄弱

近年来,大学生选择自主创业人数逐渐减少,选择深造的人数比例占比大。在我们的调查中,我们发现有37.04%的大学生选择考研或出国,56.48%的学生选择就业,仅有2.78%的学生选择创业。虽然在最近10年中,考研出国和创业人数占比在不断增长,"自主创业"成为大多数毕业生接收的观念。在党的"十七大"之后,提出了创业带动就业的政策,鼓励大学生进行创业,发展创新精神,而这也成了当代大学生毕业后的一个发展行为趋势。但是,创业风险很大,有人自主创业的同时,也有不少毕业生退出创业行列。如今我国高校实行扩招,每年高校毕业生人数都在不断增长,但是现在大学生的就业形势不容乐观。因为劳动力市场供求关系变化,世界经济危机,科技的迅猛发展等因素造成现在所需劳动力减少,很多工作都在向着智能化和机械化的方面发展,这也就造成一些单位人员下岗的情况。

(六)改革开放以来,大学毕业生择业首要标准从未改变

根据我们的调查可知,在大学生的择业标准中,84.26%的人把工作发展前景放在首要位置,82.41%的人把工资薪酬福利放在了第二的位置,而且在对于工作地区的选择上,选择一线和二线城市的人都接近一半,只有极少部分的大学生愿意去发展相对落后的城市。这一现象导致了有些毕业生眼高手低,希望拿到更高的工资而不愿从基础开始做起,一心想提高工资而不是提高自身综合素质,使大量毕业生找不到心仪的工作或者不愿就业,也导致了毕业生频繁换工作,而不是固定在一个岗位。由此可见:大多数学生在就业观念上都是比较注重发展前景的,在职业选择上倾向于自己所熟悉并有兴趣的,但是随着高等教育大众化的发展,大学生就业观念也在个人化的基础上出现了大众化的趋势。大学毕业生也是一名普通的工作者,为了实现就业创造价值,他们也应该向其他劳动者一样努力工作创造社会价值。在调查中我们发现,有50%的大学生愿意去基层工作,他们选择的理由是,去基层工作更能体验到就业的不容易,学习到的工作技能也会更多,对于自己的发展前景也会更好。

对就业难问题的热议居高不下。每年毕业生数量不断增加,科技不断进步,许多岗位减少用人数量,劳动力供给大于岗位需求,大学毕业生就业空间也必然受到挤压,适合他们的岗位也就面临着激烈的竞争,就业形势越来越严峻。在改革开放至今的40年中,社会经济体制不断成熟,高等教育体制也一直在不断改革,中国社会的现代化建设也越来越成功。大学生就业观念的变迁是顺应时代的变化的,而这个变化是促进社会发展的重要因素。

四、对当代大学毕业生就业方面的建议

(一)深入了解当前的就业形势,加强就业规划

毕业生在校期间,学校对于在校生的就业教育仅限于职业发展和生涯规划。而大多数的学生对未来工作的想法有些是源于学校的职业生涯课、自己身边的人的想法,还有就是父母的安排,他们本身经验欠缺,又对自己专业及社会的了解极少,基本上都是通过书本和网络去了解的,但这些了解都是很官方片面的,所以很难对自己未来的职业生涯有合理的规划。近年来大学生"就业难"问题一直困扰着大学毕业生,其中供需矛盾突出是公认的一个直接原因。时代的迅速发展,大学毕业生的增加远远超过了用人单位的需求,而大学生对就业形势不甚了解,仍然"随大流"考各种"证"。所以,当代毕业生应在毕业之前能够更好地了解自身专业的社会位置,自己对工作的需求。同时了解社会职业的分工,结合自身的兴趣爱好和社会需求,顺应时代要求,合理地调整就业方向。

(二)在大学期间培养自身能力

现今大部分企业需要的不仅是专业知识扎实的学生,而更需要的是一些综合素质

过关的综合型人才。所以,我们应在大学期间更多地充实自身能力,才能在未来的就业之中取得更好的发展。根据调查数据显示,随着年代的不断更新,学历水平不断增高,随着本科毕业生的数量逐年增加,就业将会变得更加艰难。随着时代的不断发展,历届毕业生对就业待遇的要求不断提高。而待遇高的公司招聘,相对于应届毕业生更加倾向于有经验,有能力的综合性人才。所以,当代大学毕业生需要有更加深厚的专业素质,才能适应这个飞速发展的时代。大学生踏上工作岗位,不是学习的结束,而是新学习的开始。大学生应做到不断学习新的专业知识、提高职业操作技能、掌握职业生活技巧。

(三)转变就业观念

许多人认为上了大学就是"鲤鱼跳龙门",身份改变了,一定要找个好工作才算就业;很多家长认为,大学毕业生干具体工作就不算体面就业等,导致相当一部分大学毕业生就业预期较高,一味追求稳定和高收入,不能适应就业市场的需要,不愿从基层做起,但其人际沟通能力差,缺乏团队合作能力,做事眼高手低。所以,大学生应该转变就业观念,降低要求,踏踏实实做事,认认真真做人,积累实践经验,在基础的工作岗位上,学习最基本的工作技能和社会生存之道,并不断摸索发掘自身的潜能,让自己变得更加优秀。

(四)选择自主创业

在2015年的十二届全国人大三次会议之中,李克强总理在政府报告之中提出"打造大众创业、万众创新和增加公共产品、公共服务'双引擎'。"现在国家正支持创业创新,形成了"大众创业,万众创新"的局面,相应的创客空间纷纷成立。现在国家对创业的支持也越来越多。虽然自主创业存在风险,但是年轻人就应该"拼一下",大学毕业生应该更多地投入到创业中去。

总而言之,现在毕业生处于一个大浪潮之下,应该对内提高自身的心理素质以及处理事务能力;对外不要仅仅将视线锁定在大城市、高待遇之上,而应该不断地积累经验,达到自身及思想上的不断成长和提高。

参考资料

鲍婷,方争勇,2018.新时代下大学生就业问题探析[J].农村经济与科技,29(24):228-229.
荣霞,徐少博,2016.我国大学生就业问题研究[J].内蒙古科技与经济(24):3-5.
佚名,2014 中国大学生择业倾向调查报告[J].新媒体与社会(2).
陈薇,2018.改革开放40年大学生择业观的变迁[J].高校辅导员学刊,10(06):6-10.
桑华月,2018.改革开放40年来就业形势变化与高校思想政治教育的微观转型[J].长春大学学报,28(12):115-118+122.

改革开放 40 年来北京市公共交通建设和管理变迁调研

陈凤芝　高　雅

【摘　要】 改革开放 40 年来,随着我国社会经济的发展以及城市化进程的加快,大中型城市公共交通的建设规模逐渐扩大,管理模式也在不断改进。城市公共交通的建设与管理是国家改善民生的重要举措,在改革开放至今的 40 年里,我国的公共交通建设取得了重大成就,海、路、空等各领域运输发展迅速,交通工具的种类呈现多样化,极大地方便了人民的生活。但在城市公共交通系统高速发展的同时,交通建设中的问题也日益凸显,亟待解决。本文以北京市为例,通过调查、分析不同人群对改革开放 40 年来城市公共交通的建设与管理方面取得的成就和存在的问题的看法,总结出公共交通系统现存的问题及一些可行的解决措施。

【关键词】 改革开放;公共交通;建设和管理变迁

改革开放 40 年来,我国的社会经济发展日新月异,公共交通也随着时代的变迁发生了翻天覆地的变化。"要想富,先修路",改革开放波澜壮阔的 40 年,也是中国交通大发展的 40 年。

公共交通是城市基础建设的重要组成部分,是国计民生的重要保障。公共交通的变迁能反映出一个城市的文明程度与发展水平。北京市作为我国政治文化的中心,公共交通栉风沐雨 40 载,见证了北京市的发展,也从一个侧面反映了我国在社会经济发展上取得的巨大成就。

本次调查主要采取非定向问卷调查的形式。调查问卷是由小组成员借助朋友圈等其他社交媒体发放并收回。共发出调查问卷 315 份,收回 315 份,回收率达 100%;有效问卷 308 份,有效率达 97.8%。

本次调查报告基本覆盖了各个年龄段的人群,参与问卷调查的人主要居住在城区,占比 43%;城区近郊占比 23%;偏远郊区占比 24%;还有 10% 居住在附近郊区。

一、改革开放 40 年来北京市公共交通建设和管理变迁状况

（一）北京市公共交通建设的变迁状况

改革开放以前,中国交通线路非常落后,公路等级低,通达里程短,深度十分有限,

---

① 本课题指导老师陈凤芝(北京工商大学马克思主义学院);课题组组长高雅(会计 163);课题组成员:陈一帆(会计 163),解颖奇(会计 163),王宇凡(会计 163),于冰颜(会计 163)。

并且没有高速公路。

20世纪80年代,北京市经济的复苏与繁荣带来了出行需求的迅速增加,北京第一次出现了交通拥堵现象。与此同时,国外先进的交通规划理论受到重视,北京市的公共交通开始发展。20世纪80年代初,公交车开始全国普及,渐渐成为城市的主要交通工具。

1981年9月15日,北京地铁正式对外运营。其线路沿北京内城城墙自建国门至复兴门,呈倒U字形,设12座车站及太平湖车辆段,线路长度为17.2千米。

1983年完成《北京城市建设总体规划方案》,扩展旧道路,并开辟新道路。建设了二环路、三环路、十几座立体交叉路桥以及行人过街立交设施。

1984年9月20日,这条马蹄形的线路自复兴门至建国门,长16.1千米,有16座车站,即2号线。

1986年的全市居民出行调查显示,当时北京居民出行,48%依赖自行车,32%依赖公共交通,13.8%选择步行,私家车出行占5%,出租汽车仅占1.2%。

1987年底民用汽车达到26.8万辆,比1981年增加1倍多;自行车达到670.5万辆,比1981年增长了104%;公共交通客运量达33亿多人次,比1981年增长了25.2%。

2003年1月28日,地铁13号线全线通车试运营。同年12月27日,地铁八通线试运营。

2007年10月7日,地铁5号线开通运营。

2007年末,城市轨道交通客运量6.5亿人次,在建轨道交通分别为4号线、6号线一期、8号线二期、9号线、10号线二期大兴线和亦庄线。

2008年7月19日,北京地铁10号线一期、奥运支线和机场线三条轨道新线通车试运营,这使北京轨道通运里程达到200千米,运营线路达到8条。

2017年末,公路里程477万千米,比1978年末增长4.4倍。

(二)北京市公共交通管理的变迁状况

在20世纪80年代以前,北京的公交归公共交通局管制。在此期间,政府部门对公交行业实行全面管制。从严格意义上讲,这不是真正意义上的政府规制,是基于计划经济的一种制度安排。

20世纪90年代,推出"交通需求二重性与双向控制模式",首次提出交通需求管理的思路,强调了城市交通与系统外部环境的协调发展,纠正了以前公共交通发展不平衡的历史遗留问题,例如:对公共汽车场站和轨道交通线做出了详细的规划,完成了机动车公共停车场。

2002年成立了"北京交通发展研究中心"。

2004年北京市政府落实了普惠票价政策,发挥公交车专用道作用,大力发展快速公交,不断更新车辆配置,营造舒适的乘车环境。政府逐步建成4条BRT,打通"堵点"。

在近10年中,地铁公司启动了内部管理体制和运行机制的改革调整。在地铁公司内部设立各单独部门,分工合作,权责分明。地铁公司推行了全面预算管理,建立健全了绩效考核体系,调动员工积极性。地铁公司治理在人员、车辆设备、环境和管理四个方面的隐患。以市场为中心,以乘客需求为导向,为乘客提供满意的服务。在调度方面,集中设置各线的行车、电力、环控和防灾调度,实现行车调度员、司机两级调度的指挥模式;在票务方面,实行自动售检票系统,实行 IC 一卡通,多元维修管理模式。

(三)改革开放 40 年来群众对北京市公共交通建设和管理变迁的满意度

我们以网上发放问卷的形式调查了改革开放 40 年来群众对北京市公共交通建设和管理变迁的满意度,结果如图 1 所示:

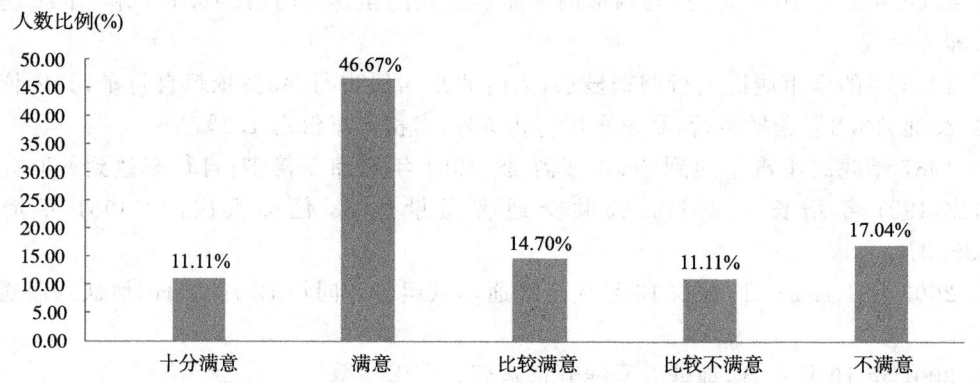

图 1　改革开放 40 年来群众对北京市公共交通建设和管理变迁的满意度

由图 1 可以看出,持十分满意、满意、比较满意态度的人数占比 72.48%,说明改革开放 40 年来北京市公共交通建设和管理的确取得很大的成就,方便了人们的生活;与此同时,不难看出,仍有接近 30% 的群众对改革开放 40 年来北京市公共交通建设和管理变迁不太满意。

二、北京市公共交通建设与管理存在的问题及分析

改革开放 40 年来,尽管我国在公共交通领域取得了重大成就,但依然存在诸多问题,仍存在很大的改进空间。

小组问卷调查的结果显示,拥挤成为目前公共交通最突出的问题,占 81.48%;其次是车次间隔时间长,占 57.78%;此外车速较慢(29.63%),公交车站间隔远(23.7%)和价格高(21.48%)也是公共交通发展的阻碍。

为此,我们调研小组从公共交通建设和管理两个方面进行了更加详细的调查,并对存在的问题展开了以下分析。

(一)北京市公共交通建设方面存在的问题及分析

经过调查问卷,我们了解到公众对公共交通建设方面存在问题的看法。

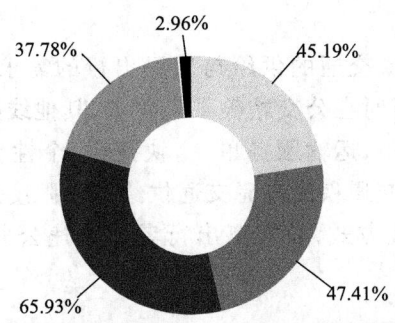

图 2 公共交通建设方面存在问题

65.93%的人们认为,公共交通建设方面问题是区域性差异比较明显(市区和郊区);47.41%的人们认为公共交通建设方面问题是公共交通网络规划不合理,公共交通站点分布不均匀;45.19%的人们认为公共交通建设方面问题是结构不合理,缺乏中长距离出行的快速公交;37.78%的人们认为公共交通建设方面问题是供求不匹配;2.96%的人们认为公共交通建设有其他的问题。公共交通建设主要围绕交通网络的构建、交通基础设施配置、公共交通发展模式等方面展开。

1. 区域性差异明显

当前市区和郊区发展存在一定的差距。以房山区良乡镇为例,在北京工商大学附近只有两条公交线路,一条地铁线路。在日常出行去市区开车本只需 40 分钟的路程,在公交或地铁上却需要一个半小时,是一种时间的浪费。而市区的公交网密集,有些地方几乎几百米就有一个公交站点,每个公交站点有很多公交车通过。

2. 网络规划不合理

很长时间以来,我国很多的城市公共交通基础设施及网络规划不合理,这给城市居民的出行带来了诸多不便。有的公交线路太长,绕弯太大,不能提高行车速度,行车时间也太长,大大减小了对居民的吸引力。以公交车和地铁为例(表1)。

表 1 公交车和地铁规划方面存在的问题

公交车	
站名与其地理位置不吻合,易误导行人	昌平区阳坊镇政府附近有个白虎涧站,白虎涧是个村名,但是这个村距离该站点 6 里地以外,不符合实际地理位置。
实时路况监管不当,随意变动车次	S2 线车次变动频繁,不断减少发车车次,随意变换时刻表,给广大出行上班的市民造成极大不便。
地铁	
停车站位置设置不合理,没有考虑到市民的出行需求	黑庄户的公共交通不方便,而黑庄户地区却没有设置地铁站,影响附近居民出行。
安全建设不完善	1号线的某些车站(如东单站)的安全护栏高度偏低,不能起到很好的保护作用。

3. 供求不匹配

当前存在的一大问题是公共交通的供给与居民出行的需求没有得到很好的对接。相信大家都有这样的经历,出行时在公交站等某一路车,其他线路的车都过去很多辆而自己要坐的车却迟迟不来。另外,运输服务单一,快捷化、个性化的客运服务供给缺口大;交通效率不高,内部衔接与交通秩序有碍交通供给最大限度发挥。在轨道交通严重缺位的情况下,没有相应的替代方式,长距离出行者对快速公共交通的需要没有得到满足。

(二)北京市公共交通管理方面存在的问题及分析

经过问卷调查,我们了解到公众对公共交通管理方面存在问题的看法(图3)。

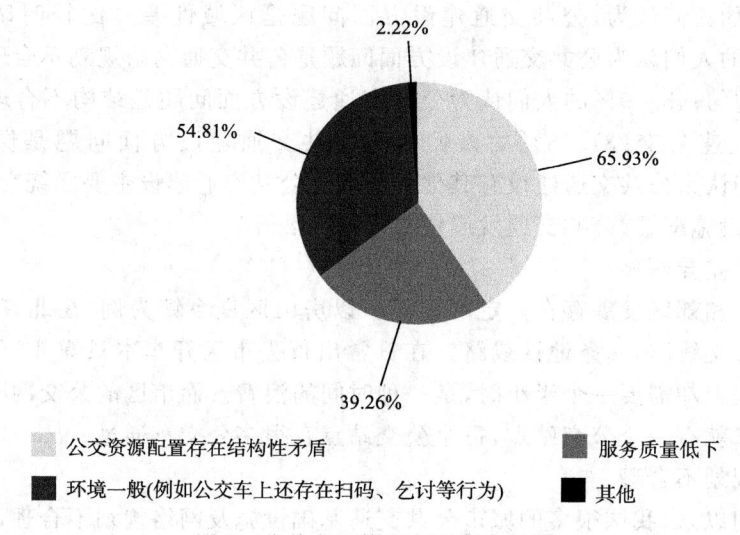

图3 公共交通管理方面存在问题

65.93%的人们认为,公共交通管理问题是公交资源配置存在结构性矛盾;54.81%的人们认为公共交通管理问题是环境一般;39.26%的人们认为公共交通的管理问题是服务质量低下;2.22%的人们认为公共交通管理问题是其他问题。

公共交通管理主要围绕政策规定、运营管理等方面展开。

1. 优先发展公共交通的政策不完善

虽然国家已经出台了种种对公共交通的补贴政策,但是在执行的过程中,还时常会出现补贴不能及时到位的情况,或者是有些城市即使得到了国家的补贴资金,也仅仅把资金投入与路面建设、拓宽马路等,并未对症下药,这样也是治标不治本。

2. 不文明现象没有得到有效治理

如今在公交、地铁上仍然存在乞讨、卖艺、微信扫码和吃东西等不良行为,严重影响了居民的出行体验。而这些行为没有得到有效的治理,因此公共交通的乘车环境需要很大改善。

3.服务质量偏低

公交司机、乘务员骂人现象屡见不鲜,工作人员的服务态度亟待提高。要提高公交服务质量,必须坚持创新、协调、绿色、开放、共享和公交优先的发展理念;坚持方便群众、综合衔接、因地制宜、服务为先的发展原则;坚持公共交通的公益性,落实城市人民政府的主体责任,紧抓提升服务品质的关键环节。以乘客为本,将公共交通服务放在公交发展的首要位置,凸显行业品牌,推进公交供给侧结构性改革,为人民群众提供多种出行方式,全面提升公交行业服务的品质和效率。

(三)与其他发达城市的差距

通过差距分析,我们认为北京市公共交通在以上四个方面仍有较大的改进空间。

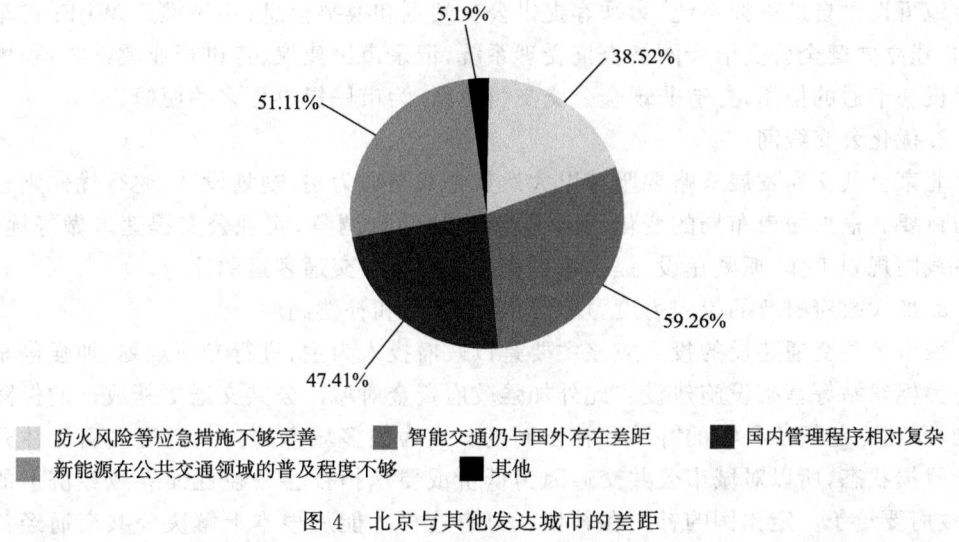

图 4　北京与其他发达城市的差距

经查阅相关资料,我们认为,香港、新加坡所开展的中长期研究和总蓝图均值得北京借鉴。在线路设计上,一是快线,即设置一些能够在高速路、快速路行驶的线路,能够有效提高旅行速度。以香港新市镇东涌为例,距离九龙、新界等已发展市区超过 20 千米,除地铁外往来于市区的日间公交线路就有 20 余条。而长距离在高速路上行驶用时与地铁差异不大,有利于城市公共交通的运行、免于依靠单一交通而造成意外的运输瘫痪。二是根据地铁覆盖率和客流量来调整公交线路,这并不是说公交线路要完全避开地铁通达区域,只是不完全重复地铁走向。地铁沿线是大客流路段,香港有不少长距离公交线路在走向上不仅连接了客流热点,而且弥补了地铁多次换乘的不便,同样有很好的客流量。

另外,在运营方面,应该借鉴有效的监管方式,存在的问题应该吸取教训并加以改进。例如,向运输行政管理部门提交详细的数据,为了满足客流需要,主管部门可以指令企业增加班次,还可以通过互联网技术将线路班次、实际行走、乘客刷卡等数据联合验证,避免出现蒙蔽乘客和管理部门的现象。

三、完善北京市公共交通建设与管理的建议

针对以上问题及分析,我们在调查问卷的基础上提出了一些建议以推动公共交通更好地发展。

(一)完善北京市公共交通建设的建议

1. 加快智能交通建设

推进智能信息化技术在公共交通方面的广泛应用,推进互联网+城市公交的发展,实现互联网与城市公交的深度融合。

建立完善的出行信息化系统,为公众提供及时、准确、全方位的信息服务。例如在换乘地可设立自助查询系统,为乘客提供公交站点和换乘信息;积极推广 Wi-Fi 进车厢活动;建立并健全公交语音网络查询受理系统,记录市民建议、宣讲行业政策等;积极推进手机一卡通的使用,打造非现金公交支付体系,为市民提供更多的便捷。

2. 优化公交线网

北京公共交通发展战略要坚持以大运量公共交通为主,规划设计、通行优先则显得更为重要。根据城市布局的变化,加快公共交通结构调整,实现公交提速。做好地铁、轻轨线网规划工作,抓紧建设,提高轨道交通所占公共交通客运的比重。

3. 加大政府财政的投入力度,规范科学的补贴和补偿制度

城市公共交通建设的投入应该主要是以政府投入为主,进行专项规划,加强停车站及各类枢纽站等基础设施建设。此外加强政府资金对城市公共交通更新改造的保障和援助,要建立起规范科学的补贴和补偿制度。因为很多城市的公共交通经营主体开始处于亏损状态,所以对城市公共交通因为低价或要承担社会公益性而导致经济上的损失,政府要给予一定比例的补贴和补偿。只有这样才能从根本上解决公共交通经营压力过于沉重的问题。

4. 大力发展大运量快速公共交通

为有效解决结构不合理,中长距离出行的快速交通工具以及拥挤严重的问题,应发展大运量快速公共交通,以提高居民出行效率,同时对缓解交通运输的压力也起到一定的作用。

(二)完善北京市公共交通管理的建议

1. 发展绿色交通,倡导绿色出行

改革开放40年来,人们的生活不断进步,出行也更为方便。党的十九大报告中多次出现的绿色、低碳、环保等词语,国家也明确提出了绿色交通发展的一系列目标,发展绿色交通,倡导绿色出行不再只是一句口号,而是体现在百姓生活的方方面面。绿色交通的提出是公共交通建设和管理的进一步发展,适应了国家交通建设的要求,有效支撑国家生态环境的根本好转,是建成美丽北京的需要,也是建成美丽中国的需要。

2. 加强行业管理,提高服务水平

城市公交从业人员在运营生产中起决定作用,也是交通安全系统中人、车、路、环境和管理的重要因素。公交企业和行业管理部门要全力提高从业人员素质,做到持证上岗、定期培训和继续教育。可利用公交协会和公交企业组织开展学习培训和知识竞赛,重点要学习和宣传国家行业标准服务操作,通过标准的贯彻学习,规范从业人员的言行。对照标准规定的要求一项一项找差距,整改达标,实现服务标准化和流程化。

3. 优化公共交通运营结构,优先发展公共交通

要努力提高对优先发展城市公共交通的重要性的认识,要认识到城市公共交通建设是一项能直接为广大城市市民服务的重要基础设施,带有明显的社会公益性质。要把城市公共交通建设当成一项关系到国计民生的重要工程,要积极采取有效措施来优先发展城市公共交通建设。这样通过优先发展城市公共交通建设就可以有效缓解城市交通拥堵的状况,促进城市的可持续发展。

4. 加强宣传提高公民素质

要加大宣传力度,正确引导居民爱护公共设施,共同抵制乞讨卖艺等行为,营造"人人为我,我为人人"的良好氛围。

提高国民素质,不断加强对广大城市居民的宣传力度,不断提升广大市民的公共交通文明意识,最好是能成立城市公共交通建设专门领导小组来对城市公共交通建设进行统一的规划、建设和领导。

近年来,北京市公共交通发展迅速,如何解决好海量人口的出行问题是个大难题。我们应该把解决交通拥堵问题放在北京市公共交通发展的重要位置。轨道交通特别是地铁,安全保障制度不断严密,安全运行工作不断严谨,加快形成安全、便捷、高效、绿色、经济的公共交通体系,构建更加美丽的北京。

参考文献

北京公共交通控股(集团)有限公司,2017.我们携手走过"2016"——北京公交集团2016年改革发展综述[J].人民公交(02):45-49.
韩韫喆,2018.百年公交其命维新——北京公交集团深化改革发展纪实[J].城市公共交通(07):8-11.
徐静,2008.浅谈城市公共交通场站的规划[J].科技创新导报(29):16.
徐铭勋,2018."互联网+"背景下城市地面公共交通管理法规研究——以北京为例[J].中国政法大学学报,000(004):37-46.

改革开放以来大中城市公共交通建设与管理变迁研究[①]

姚洪越　侯梦宇

【摘　要】 公共交通是百姓日常出行必不可少的一部分。改革开放40年来,城市公共交通已经产生了翻天覆地的变化。此次研究着眼于全国大中城市,以北京市为主,探讨了40年来的公共交通发展过程和如今的优势劣势,以及对未来的愿景和建议。

【关键词】 公共交通;出行;规划

改革开放40年,随着城市与经济发展的日新月异,城市公共交通在促进社会健康发展,保障城市各功能平稳运行等方面起到了不可忽视的作用。本文以全国大中城市为例,分析40年来公共交通的发展历程和重要变革,对未来提出美好期望和建议。

此次调查采取的是网上问卷的方式。有效填写人数60人,学生占83%,上班族14%,自由职业3%。其中18岁以下受访者占6.7%,18～25岁的受访者占78.3%,26～40岁的受访者占5%,41～60岁受访者占10%。月收入5000元以下的受访者占40%,5000～10000元的受访者占38.3%,10000～20000元的受访者占15%,20000元上的受访者占6.67%。

一、改革开放以来我国大中城市公共交通建设与管理变迁

(一)改革开放初期——城市交通规划凭借经验

1.基础设施建设

中华人民共和国成立以来,一些重点城市进行了大规模的基础设施建设,道路条件得到了显著改善。1949—1957年期间,全国城市道路长度和面积分别增长64%和71%。而在随后的20年里,道路交通发展缓慢,且在有些城市出现了交通拥挤现象。当时人们出行以步行和自行车为主。除了北京开始建造地铁之外,公共汽车就是各大城市客运的唯一方式了。

2.交通建设缺乏规划

建设虽然迅速,但是这一时期的交通规划主要以凭经验进行,对客观需求和城市交通运行规律并未多做了解,后来逐渐出现的一些问题也没有得到有效解决。比如北京

[①] 本次课题指导教师为姚洪越(北京工商大学马克思主义学院);课题组长侯梦宇(工商166);课题成员:尹子鑫(工商165),武宇飞(会计163),石尹茹(工商165)

当时对道路岔口的拥堵问题也只是不断地拓宽以求缓解,还有加大公交车数量缓解"乘车难"的问题,终究是治标不治本。

由于缺乏对道路网络的系统分析,交通管理机制的弊病未除,道路状况恶化。

(二)20世纪80—90年代——学习西方现代城市交通规划先进理念

进入20世纪80年代,以北京为首的大城市开始机动化,拥堵和事故等弊病逐渐显露出来,交通问题得到了重视。这一时期在学习西方国家现代城市交通规划先进理念的基础之上,国家科委及各地交通规划主管部门着手组织开展了一系列有关城市交通规划理论与方法研究和实践工作。由此,我国现代交通规划体系的建设进入了一个崭新的阶段。

1. 需求调查

若要建设,首先规划,而规划的一步就是调查、了解需求,从而找出供给和需求的缺口。1985年,以天津为首,北京、上海等十几个城市先后进行了以"居民一日出行调查"为核心的多项调查,确定了城市居们出行的真正需求,为后续交通建设工作奠定了坚实基础。

2. 注重交通规划

此前,交通规划里面还没有"系统""整体"相关的概念,直到1985年的《北京市城市交通综合体系规划研究》,第一次提出了整体布局的思路。城市交通是彼此关联的,是由不同的子系统组成的大的系统结构。只有重视每一个子系统和他们组合的功能和彼此间的关系,才能把城市交通的作用发挥到最大。不单重视空间容量的适应性,更要考虑功能结构相对应。

(三)21世纪以来——城市与交通协调发展

进入21世纪,随着经济的高速发展,交通发展速度也有了很大提高,尤其是"北上广"等特大城市和沈阳、济南等中心城市。经济发展加大了人与物的流动范围和距离,对速度也提出了更高的要求,公共交通的需求大幅增加。

1. 广泛采用"一体化"结构

2002年上海提出"一体化"交通发展理念,着力于建立区域—城市一体化的公共交通系统。2004年北京进一步扩展了其内涵,提出"新北京交通体系",在交通规划、建设、运营、管理和服务的基础上,实现城市交通、城际交通以及各类交通方式一体化协调运行。

2. 信息化发展

全方位信息化是公共交通发展的主要技术支持,从根本上改善了公共交通运行系统的稳定性和有效性,保证百姓出行便利的同时,节约交通运行成本,使之更高效。

3. 人性化宗旨

公共交通惠及民生,规划布局从百姓日常生活的角度出发,以"便利为民"为宗旨。在公共交通线路规划时充分体察民意,根据居民的实际生活需要调整路线。比如北京地铁的规划布局和多条公交线路的制定,都是为了方便周边居民出行和对人流密集的重点区域做特殊、重点安排。

(四)展望

1. 与城市发展相结合

交通发展应该与城市发展相协调、相适应。交通发展落后于城市发展,就会拖累城市的日常运作和后续发展;交通发展超前于城市发展,就是浪费资源,空置无用。因此,公共交通的设计和建设应该恰当满足城市需要,紧跟城市发展的脚步,步调一致,共同发展,相得益彰。

2. 出行结构优化调整

部分城市有中心区功能重叠,超强开发等问题。摆脱这些困境就应该注意公共交通,也需要因地制宜。结合当地的自然环境、人口结构和经济发展等要素,合理把握城市出行结构,明确基本要素,从而制定出适合每个城市自己的交通方案。

3. 信息化发展

信息时代,交通发展应与信息技术有机结合,通过网络技术,网络通信,带来一场新的技术革命,让城市公共交通发展进入新时代。

二、改革开放以来大中城市公共交通建设和管理变迁中体现出来的规律,问题及其解决实践

(一)规律(影响公共交通服务发展与管理的因素)

1. 城市规模

(1)人口

人口是影响公共交通的发展与管理的一个重要影响因素,由表1可以看出:在大于100万人的大城市,主要的交通方式是轨道交通、公共汽车与电车;在中等城市中,50万~100万人的城市,主要的交通方式是公共汽车和电车;20万~50万人的城市,主要的交通方式是公共汽车;小城市不在我们论文的讨论范围之内。所以说,人口数量的多少会影响公共交通方式的选择,各个城市会根据自己城市的人口情况来选择适合自己城市运行的主要公共交通方式,并据此进行规划与发展。

表1 不同规模城市的最大出行时耗和主要公共交通方式

城市规模		最大出行时耗(分钟)	主要公共交通方式
大	>200万人	60	大中适量快速轨道交通、公共汽车、电车
	>100万人	50	中适量快速轨道交通、公共汽车、电车
	50万~100万人	40	公共汽车、电车
中	20万~50万人	35	公共汽车
小	<20万人	25	公共汽车

(2) 城市土地规模

从交通规划的角度来说,不同的土地利用形态决定了不同的交通发生量、交通吸引量和交通分布形态。土地利用形态的不合理或者土地开发强度过高,将会导致交通容量无法满足交通需求。由于历史原因,我国一些城市在城市规划建设中缺乏交通意识,使得土地利用规划与交通规划持续分离,加之未能深刻认识交通发展与土地利用相互联系、相互影响、相互促进的关系,结果未能合理组织城市交通,避免不必要的交通量,进一步增大了原本薄弱的交通基础设施的压力。

(3) 经济规模

经济规模对于城市交通的发展与管理也起到了至关重要的作用。因为经济规模会影响到以下三个方面:

① 更多的资金投入。城市的经济越发达,在公共交通建设上的投入也会相应地增加,例如在规划公共交通路线、提供交通服务、提高公共交通服务人员待遇等方面的投入增加,这样就可以保障公共交通稳定的发展。

② 更多的服务需求。城市的经济繁荣,使得城市人们的生活水平提高,人们不再仅仅停留在追求每日吃饱穿暖的阶段,而是在闲暇时走出家门,无论是去商场书店或是到郊区出游都会使得公共交通的需求增多,这也推动着公共交通的建设与管理。

③ 更多的精神追求。随着经济的发展,人们在物质方面追求逐渐满足的同时,更加注重自己的精神追求,这不仅仅体现在出行上,也体现在人们对于环保的重视上。资源节约、环境友好更加深入人心。相应的公共交通也朝着这些方面发展,轨道交通的飞速发展、前段时间发展火热的共享单车、城市中已经开始逐步使用的公共电汽车,都使得公共交通朝着更加健康的方向发展。

2. 居民出行

(1) 出行方式的选择

表 2 城市中的公共交通服务方式

选项	小计(人)	比例(%)
公交车	57	95
轨道交通	33	55
共享单车	36	60
出租车	40	66.67
私家车	15	25
自行车	15	25
步行	23	38.33
本题有效填写人次	60	

根据我们的调查,由表2可以显示各城市居民出行的方式主要有以上几种:公交车、轨道交通、共享单车、出租车、私家车、自行车与步行。其中公共汽车占比最大,高达95%;其次是出租车和共享单车两者都在60%~70%之间;再次是轨道交通也达到了一半以上。

表3 人们最愿意选择的公共交通出行方式

选项	小计(人)	比例(%)
公交车	20	33.33
轨道交通	22	36.67
共享单车	2	3.33
出租车	0	0
私家车	5	8.33
自行车	7	11.67
步行	4	6.67
本题有效填写人次	60	

由表3可以看出,虽然轨道交通在各城市居民的出行方式中占比与公交车相差很多,但是占比更多的人愿意选择轨道交通出行。这使得一些大中城市近些年在发展公共交通时,着力发展轨道交通。在十几年前,地铁只有在"北上广"等少数大城市才有,但20世纪90年代后,中国许多城市在轨道交通建设上迅速发展。《2015—2020年中国城市轨道交通行业市场前瞻与投资前景分析报告》显示:2013年末,中国累计有19个城市87条城轨线路,运营里程2539千米。由表4可以看出,截至2016年9月,全国已有25个城市拥有了城市轨道交通运营服务,已开通运营线路110条,运营总里程约3225千米,车站2032站,从2013年到2016年开通轨道交通的城市、总线路和运营里程数均有所增加。另有14个城市已获批准正在开工建设,还有更多城市正在规划发展城市轨道交通项目。

表4 各大中城市轨道交通的发展与占比

区域	运营城市	运营线路	占比(%)	运营里程(千米)	占比(%)	车站数量	占比(%)
华北	北京、天津	22	20	656.492	20.35	415	20.42
华东	上海、南京、苏州、无锡、杭州、宁波	23	20.91	985.877	30.57	516	25.39
华南	广州、佛山、深圳	20	18.18	486.281	15.08	343	16.88
华中	武汉、郑州	4	3.64	121.01	3.75	115	5.66
西北	西安	2	1.82	52.2	1.62	40	1.97
西南	重庆、成都、昆明、长沙	10	9.09	351.972	10.91	222	10.93
东北	哈尔滨、沈阳、大连、长春	7	6.36	195.01	6.05	137	6.74
台港澳地区	香港、高雄、台北	22	20	376.5	11.67	244	12.01
合计	25座城市	110		3225.342		2032	

(2)出行需求

以北京的公共交通建设为例,可知城市居民的出行需求与城市公共交通建设的关系。北京市的早高峰起点大多分布在四环之外,分布密集且多集中于天通苑、西二旗、大兴、通州、四惠这几个区域;而早高峰的终点多集中在四环之内;热门终点分布偏城市东南;城市早高峰整体出行空间趋势由北往南。北京市公交规划线路的分布中,三环路上的特8路、四环路上的740路、特9路及二环路上的特12路这几条路上的公交规划热度居高不下,并且由于下半年暑假及"十一"长假的到来,人们对于出行游玩的需求增加,通往十三陵、蟒山森林公园等北部休闲度假区的345路快车规划增多,首批中国红新公交投入使用,1路公交首次跻身公交规划热度排行榜。由此我们可以知道,城市公共交通建设与人们出行需求有着密不可分的关系,城市依据大量居民的出行路线、出行时间来科学具体地进行公共交通建设规划与管理。

3. 政府投入

政府投入资金与城市公共交通服务发展与管理有着必然的联系。政府投入在公共交通建设方面投入的资金越多,公共交通服务的发展与管理自然会得到更多的支持。在近些年许多城市对于老年人、残障人士、学生的交通补贴越来越多,补贴越来越完善,这使得许多居民出行都选择公共交通方式,居民的选择促进着公共交通服务业的发展,导致政府对于公共交通服务业的补贴越来越多。《国务院关于城市优先发展公共交通的指导意见》中表示城市人民政府要将公共交通发展资金纳入公共财政体系,重点增加大容量公共交通、综合交通枢纽、场站建设以及车辆设备购置和更新的投入。"十二五"期间,免征城市公共交通企业新购置的公共汽(电)车的车辆购置税;依法减征或者免征公共交通车船的车船税;落实对城市公共交通行业的成品油价格补贴政策,确保补贴及时足额到位。对城市轨道交通运营企业实施电价优惠。这都促进了公共交通服务在城市中的发展。

(二)公共交通存在的问题

1. 投入不足

(1)财政收入少

城市公共交通建设资金来源单一且不稳定,大中城市中缺乏稳定的资金投入渠道和统一扶持政策,投入的不足对城市公共交通发展形成很大障碍。城市公共交通运营通常采取政府设立国有运营公司、垄断经营、财政补贴的方式,这种政企不分的"父子关系"体制引发成本失控、服务质量差和经营模式僵化等一系列问题,加重了政府财政补贴负担。

(2)补贴不到位

① 补贴对象模糊

公益性交通补贴与经营性交通补贴很难区分,使政府的补贴不能准确落实到确切的对象上,投入的越多反而浪费的越大,对于整体的公共交通发展没有起到促进作用,反而限制了发展。

② 补贴方式单一

目前针对公共交通的补贴通常是对于各个企业的直接的财政补贴,并没有非常细致的补贴计划,所以造成很大程度上的浪费,政府投入了很多资金而公共交通的问题却并没有实质上的解决。

③ 补贴金额难以计算

公共交通服务的成本计算困难,燃料、人工、车辆在每一个线路中都很容易有交叉重叠的地方,难以审核,有一些甚至会虚报成本,这使得城市公共交通的盈利难以计算,从而政府的补贴也不能很好地确定。近些年来,政府的补贴投入逐年上升,然而却并没有达到预计的效果。

2. 管理混乱

(1) 规划缺乏合理性与科学性

通过调查我们发现,表示自己看到机动车与非机动车混行的居民非常多。选择多与较多的人数占到了63.33%(表5),充分说明现在的城市中存在着大量的机动车辆与非机动车辆混行的现象。这种现象使得道路更加混乱,使原本就不宽裕的道路更加紧张,并且降低了公共交通车辆的运行速度,影响了公共交通车道的使用效率,没有体现出公共交通优先的政策。不仅如此,公共交通的路网也不够密集,部分地区、路线存在盲点,由表6我们可以看到,有75%的居民认为,在自己的城市中乘坐公共交通运输工具存在车内过于拥挤的问题;有将近一半的居民认为候车时间过长,所以说在城市中"乘车难""等车漫长""车内过于拥挤""交通运力不足"等问题依然存在(表6)。

表5 机动车与非机动车混行情况

选项	小计(人)	比例(%)
多	17	28.33
较多	21	35
一般	19	31.67
少	3	5
本题有效填写人次	60	

表6 居民所反映的公共交通服务所存在的问题统计

选项	小计(人)	比例(%)
公共交通补贴少	20	33.33
私家车不遵守道路交通规则	21	35
公交或地铁线路设计不合理	16	26.67
候车时间太长	29	48.33
车内过于拥挤	45	75
票价过高	19	31.67
尾气过度排放带来的环境污染问题	15	25
本题有效填写人次	60	

(2)缺乏对小汽车的合理引导

① 数量多。据统计,1997年我国私家车拥有量占社会车辆总拥有量的比例为35%,然而仅仅在10年之后的2007年,该比例急速上升为62%。仅北京市平均每天就有1000多辆新车上牌。以武汉为例,近20年公交出行的承担量仅上升了3%,而机动车出行的比例却提高了115%。与其他地方相比,香港目前每千人拥有私家车50辆,远低于北京每千人拥有私家车90辆。

② 停车难。特别是对原有的那些老旧住宅小区和公共建筑。老旧住宅小区方面,因为对小汽车进入家庭的速度、规模考虑不够,带来停车位数量的不足。据我们调查,停车位明显不足的小区在全国来讲大概占1/6,肯定带来了停车难的问题。公建方面,也没有充分考虑包括停车场在内的交通基础设施的承载能力,停车场建设与开发强度不匹配,配建停车不足,一定程度上造成了停车难的问题。

③ 小汽车使用率过高造成道路拥堵。由高德公司的交通大数据监测的361个城市报告可知,有15%的城市受高峰拥堵威胁,59%的城市通勤高峰处于缓行,仅有26%的城市不受拥堵威胁。与2017年相比,有38%的城市拥堵出现同比上涨。

3. 行业法律滞后

公共交通法律体系不健全。我国现行《中华人民共和国治安管理处罚条例》是我国公共交通管理仅有的法律依据,其中篇幅大部分都是数量庞大的部门规章和内部规范性文件,而涉及公共交通管理的内容仅有两条。除此之外,其余均为国务院行政法规,效力不足,难以起到法律的调节和规范作用。美国早在1970年颁布的《城市公共交通扶助法》就对公交专用道作出规定。美国总统1991年签发的《地面交通法》就优先发展公交从资金投入、道路建设、规划、管理与服务等方面都做了详细规定。法国总统1982年颁布的《城市交通法》体现了城市公共交通优先的特点,颁布政策鼓励人们采用公交方式出行,对小汽车实行有节制的限制。

4. 道路容量不足

通过调查,我们发现63.33%的人表示自己看到机动车与非机动车混行的情况多或较多(表5),这充分说明现在的城市中道路容量不足,导致存在着大量的机动车辆与非机动车辆混行的现象,使城市交通面临严重的压力。

5. 汽车增长速度过快

2010年末,全国公共交通运营总数为38.3万辆,相较于2000年的22.6万辆增加了69.47%。我国私人拥有汽车量总计从2000年的625.33万辆到2011年的7872万辆,增长了1158.86%。我国城市人均拥有道路面积从2000年的6.1平方米增加到2010年的13.2平方米,而发达国家的城市人均道路面积约为25平方米以上,我国城市人均拥有道路面积处于低下水平,且人均道路面积的年增长率远远低于汽车的增长速度。

6. 公共交通萎缩

从目前大城市公共交通的发展现状来看,公交投入不足、公共交通基础设施建设相对滞后以及公共汽车路权优先没有充分保障等问题依然突出,公交出行比例仍然较低,公共交通在城市交通体系中的主体地位尚未真正确立,这间接刺激了机动车的增长。此外,我国公共交通投入显著落后于道路交通基础设施投入,公共汽车路权缺乏保障。

(三)解决策略

1. 政府主导

(1)科学规划城市道路公共交通

从宏观上对智能交通体系的进行合理规划,制定可行的战略方案,为智能交通体系的实施提供重要指导。其次,在对智能交通系统进行规划中要以先进的理念进行指导,主要是以以人为本、针对性强等理念为重要的指导理念,从而使智能交通系统更加满足城市居民的出行要求,并能够从深层规划智能交通系统,更加方便地对智能交通系统的管理。再次,在规划中要让城市民众参与其中,这也是使规划更加科学合理的根本需要,在规划前要及时了解社会各阶层对出行的需求,同时可以让各领域专家学者参与其中,从而使规划更加合理更符合人们的需求,才能够使人们更加自觉地遵守。最后,保证规划内容的可实施性,要使规划内容能有效实施,不仅需要规划内容科学合理,而且要处理好软性指导以及硬性约束的关系,才能保证规划的正常实施,另外按照规划性质的不同可以采取不同的约束手段,比如说经济、法律甚至行政手段,为各类规划的实施提供保障。

(2)完善优先发展公共交通的政策

① 合理引导小汽车

近年来,我国大多数城市小汽车拥有量增长速度过快,既消耗了资源,又对环境造成了污染,也给交通事业带来深层次的影响。结合城市发展实际,在大力发展公共交通的同时,还应主张限制小汽车的使用,如限制停车场地、控制驶入时间、控制小汽车总流量。促使居民出行更多地选择公共交通,缓解给交通、环境、能源、土地带来的压力。

② 加大补贴力度

要继续实行城市公共交通低票价政策。城市公共交通是公益性事业,是城市交通的主要载体,必须实行低票价政策,以最大限度吸引客流,提高城市公共交通工具的利用效率。各种城市公共交通方式之间也要建立合理比价关系,实现优势互补,提高整个城市公共交通系统的运行效率。

要按照《价格法》等有关法律、法规的规定,建立健全城市公共交通票价管理机制。要在兼顾城市公共交通企业的经济效益和社会效益的同时,充分考虑城市公共交通企业经营成本和居民承受能力,科学核定城市公共交通票价。要进一步完善城市公共交通票价听证制度,提高票价制定的科学性和透明度,加强社会监督。

对于实行低票价以及月票,老年人、残疾人、伤残军人等减免票政策形成的城市公共交通企业政策性亏损,城市人民政府应给予补贴。补贴应按月或季度定期及时拨付到位。不得拖欠或挪用。

③ 发展轨道交通

发展快速轨道交通,可以提高中心城区的可达性,促进城市人口、产业的疏散,并且有利于形成新的集中点,加速城市网络化结构的形成。

2. 完善投融资模式

逐步健全融资体系,加大对交通产业的扶持力度,政府部门要逐步健全投融资体系,推动城市智能交通产业的发展,可以由政府部门引导、民间机构广泛参与的投融资体系。政府部门要区别社会公益项目以及可经营项目,根据不同的项目制定不同的投资项目方案、主体以及规划战略等,对于经营性质的项目可以确定多元化主体,可由市场进行选择。对于重点项目政府部门要给予必要的资金以及政策支持。

3. 加强法制建设

及时修编道路公共交通规范并立法保障,规范交通道路法则,完善法律制度,在敦促人民遵守法律的同时也要让执法者有健全的法律依据。

4. 增强路网密度,道路建设与城市规划相协调

道路容量不足及设计水平不高是限制城市交通的一个瓶颈,建设城市现代化的交通系需要大量的基础性工作。第一,大力加强道路硬件设施建设,优化交通线网覆盖体系。建设具有与城市规划相结合的网络体系;第二,合理规划快、慢道、立体车道以及专用车道等;第三,完善立体交通网络;第四,发展微循环道路系统。

5. 疏散中心区人口

城市公交车的数量远少于居民需求量,随着人口的增加,居民对公交车的需求量也相应增加。由于大城市交通矛盾集中在中心区域,因此要结合城市总体规划,从交通总量上寻找新的平衡。

6. 采取交通限制措施

中心区限速:通过限速,强制削减小汽车相对其他交通方式的优势,增加公共交通的吸引力;中心区限制停车位数量并征收高额停车费;通过限制中心区停车位的数量来限制通过中心区的交通量。

7. 提高全民交通意识

第一,严格执行驾驶员技能培训;第二,加大交通违法的执法力度;第三,加强媒体宣传安全的力度。将交通教育融合到日常教育体系当中,加强对市民的交通知识和节能减排宣传教育,实施对高能效公共汽车的扶持和激励政策,鼓励市民选择公共交通。捷克政府为了引导更多居民乘坐地铁和有轨电车,为公交公司提供了大量的财政补贴,公交公司无需考虑运营的盈亏问题,只需以为大众提供廉价的公共交通服务为基本宗旨,政府通过经济杠杆引导人们利用污染小、容量大的公共交通,限制私家车驶入市区,实现缓解交通压力、保护环境、节约能源的多重目的。

三、总结、预测

(一)"东西之争"——城市交通建设地区发展不均衡

常言道:要想富先修路。可见一个地区的繁荣程度和此处的交通建设状况密不可

分。中国东西部经济发展不均衡也映射了东西部城市交建完善程度的差距。改革开放以来,先富带动后富的政策让东部沿海地区城市交通建设飞速发展,与此同时,中西部内陆地区似乎没有什么起色。

中西部地区的城市交通完善度远不及东部地区。此外,像北京、上海、广州这样的特大城市与其周边的大中城市也存在着差距。就以北京附近的石家庄为例,截至2018年2月,其地铁运营里程只有30.2千米,而截至2017年,北京地铁的营运里程已经到达574千米,是石家庄的19倍!再以上海经济圈中的南京为例,截至2018年3月,南京地铁总运营里程378千米,而上海地铁总营运里程673千米,是南京的1.7倍。

当然这些仅仅是轨道交通的数据,地上交通我们还没有统计进来。由此得知,中国城市交通东南部优势为最,其他东部沿海地区紧随其后,而中西部地区还有很大的发展空间。与此同时,中国的城市交通建设也处于不断向上发展的过程中。以轨道交通为例,早在1978年,中国建成轨道交通的城市只有1个,正在建设轨道交通的城市有23个;到2010年,中国建成轨道交通的城市增至12个,正在建设轨道交通的城市有28个;2016年中国建成轨道交通的城市已多到30个,正在建设轨道交通的城市有39个;截至2016年底,在国务院已批复轨道交通建设规划的43个城市中,除包头、南通、绍兴、洛阳、东莞等5个城市外,已经全部开始建设或建成轨道交通路线。

让我们把视线从地下轨道交通转到地上交通来。1978年,中国城市道路总长度26966千米;改革开放30年后,时间来到了2008年,中国城市道路总长度增至259740千米;截至2016年底,我国城市道路总长度已达到382454千米。这些数字或许还无法拥有震撼人心的力量,但当数学跃出纸面,变为我们身边的一点一滴的变化,相信大家都是有目共睹的。在我们收到的调查问卷中,有80%的人表示自改革开放以来,现居城市公共交通是改变了的,并且有78.33%的人表示现居城市交通发展的速度基本满足了大众需求。

我国政府正在努力打破城市交通发展不均衡的尴尬局面,东部地区的成功经验也可以推广、移植到中西部地区的建设中,少走一些弯路,相信在不远的将来,大众出行会更加方便。

(二)老城沉浮——冲破桎梏还是物极必反?

事物的发展遵循着一个自然法则:物极必反、盛极必衰。这当然是我们最不愿看到的,希望能在一切转向下坡路时另辟蹊径,转变发展的方式,重获新生。如何冲破桎梏,更好地完善现有交通设施,正是我国东部发达城市和部分文化古城的目标。

作为集经济繁荣和文化昌盛为一体的古都,北京的城市交通建设下一步该怎么走?每一天,两万七千多辆公共汽车、电车、地铁,六万八千多辆出租车,再加以百万来计的私家车载着人们东奔西跑,如此庞大的城市交通系统,满满当当地塞在北京城之中,成为北京繁荣景象的一大助力,但其弊病也开始显现。

首先,运营效率问题。北京的早晚高峰是北京人出行的一大难题,单双号、限行、公交车道、潮汐车道这些方法成效是有结果的,但在下午五六点钟的西北二环,其拥堵情况还是触目惊心的。为什么北京实行了这么多的疏解方法,最后的结果还是有些不尽人意呢?我们认为这和北京的道路、线路规划有很大的问题。例如自行车道与机动车道有频繁的交叉,这就造成了行人与机动车抢道的现象。虽然这样设计的初衷可能是为了缓解前方十字路口处的交通压力,但也是治标不治本。

高峰时段地铁的运营效率已经得到了很大幅度提升,但是在城市CBD还是会出现拥堵、运营效率低下的问题。针对这个现象,我们可以通过合理的交通工具组合来实现,首先要做的就是将CBD人群通过多种不同的交通工具分流,之后再选择乘坐合适的交通工具,减少对地铁、公汽和私家车的压力。

其次,安全问题。我们时常能够看到地面塌陷或是大型的交通事故,而在这些事故发生之后,必定会对城市的交通造成更大的压力,所以城市交通安全也是城市交通建设过程中要考虑的问题,如果发生了严重的交通事故,我们的相关部门应该如何快速应对,这需要一套严谨可行的办法。同时,面对事故,当事人更应该配合处理相关工作,这需要加大对群众应急能力的培养。

最后,我们以小映大,讨论老城市交通建设的再设计问题。老城区原有的交通建设面临着布局规划不合理的现象,越来越大的城区,越来越多新兴的功能区,造成原来不能疏散如此多人流量的道路瘫痪,这个时候重新规划城市交通显得尤为重要,一些人流量已经降低的地区,可以适当减少公交数量和地铁的到站间隔;相反,一些新开发的功能区,也应相应地增加交通设施。

(三)后起之秀——展望未来、新的开始

对于"北上广"这些发达城市的交通建设,已经基本定型了,政府也只能在城区局部不合理的地方进行再设计,不论如何更改,始终是有一个大的框架束缚,但对于一些新兴城市来说,束缚的框架并不是很大,此时合理规划布局就显得尤为重要了。现代科技的发展给了城市交通建设很多灵感。"互联网+"在交通行业的应用也给我们创造了很多便利条件,从共享汽车到共享单车,虽然一路上磕磕绊绊,但也是未来交通出行的一种全新方式,它们也慢慢地被大众认可接受。北京地铁中施行的"易通行"也大大缩短了人们买票排队的时间,如果这些新兴城市能够合理融合这些元素,肯定能有更好的结果。

改革开放以来北京市轨道交通发展对居民出行方式变革的影响[①]

张彦琛　张蒲永

【摘　要】 北京城市轨道交通包括有轨电车、市郊铁路、地铁等交通工具。改革开放40年来,北京城市轨道交通发展取得了令人瞩目的成就,并已深刻影响着城市居民的出行方式。本文以问卷调查和走访为核心,结合其他辅助资料,在展现改革开放以来北京市轨道交通发展过程的基础上,深入分析轨道交通发展对居民出行产生影响的内因和外因,并在此基础上,从出行的角度为北京市轨道交通发展提供建议。本文先简要介绍北京轨道交通的发展历程与宏观影响,接着由问卷和访谈提供的信息,针对居民出行的变革就轨道交通的内因和外因分析现象、原因和本质。

【关键词】 轨道交通;出行;居民

一、北京轨道交通发展历程与宏观影响

北京轨道交通的布局发展可以分为三个阶段。

首先是修建试验期。在改革开放前,北京人口较少,生活节奏较慢,公交车、步行和自行车是居民主要出行交通方式。北京地铁一号线在改革开放前曾经为战备而建,当其建成后,其不仅起到了应有的战备作用,也使北京西部地区人们的出行多了一种选择,虽然线路不长,但一号线初步使人们认识到轨道交通的便利性。改革开放的到来有效地推进了环线的建设,随着北京各方面加快发展,地面交通压力不断增加,更多人把地铁作为稳定的通勤方式。由于环线基本满足中心城区人们出行需求,北京地铁在十年多的时间内维持同一布局,直到20世纪末复八线开通,一号线的功能更完善,使北京各城区联系更紧密。

然后是总体规划期。20世纪末,因为北部城区功能的专有化,13号线开始被规划。其以倒U型线路的设计将北部城区和北部近郊区有效联结,激活了相关区域经济,促进了北部地区高科技园区的发展,使专业人员的出行更便捷。2001年7月北京申奥成功是北京轨道交通发展的重要节点,结合北京整体发展目标,北京未来的地铁布局方案也很快出炉。北京市进行了详细的规划,并把交通建设的重点转移到轨道交通上来,这有力地推动了轨道交通的建设。规划已久的八通线迅速建成,使通州区与核心城区形成半小时通勤圈,间接地丰富了人们居住地的选择,起到了一定的疏解作用。由此北京地铁四条线的准对称格局形成,北京地铁以此为骨架开始了如火如荼的建设。

[①] 本课题指导教师张彦琛(北京工商大学马克思主义学院);课题组组长张蒲永(营销16);课题组成员:张佩霖(人力162),王美芝(人力161),孙楠(营销16),赵熙睿(人力161),贾蕊源(人力162)。

最后是线路完善期。在奥运前夕,5号线、8号线一期和10号线一期先后开通前,其中5号线形成纵贯北京南北的大动脉,有效拉近了北京南部与北部城区的时空距离。随着21世纪以来北京经济高速发展,地面交通已经趋近饱和,很多市民改由地铁出行以躲避公路拥堵,提高便利度和出行效率。10号线和8号线则有效地为奥运会服务,同时丰富了路网布局。从此以后,21世纪初规划的各线路逐步建成。尤其是2010年底四条郊区地铁线路的同步开通,标志着北京郊区也进入了轨道交通时代。至此,北京城区的主要地区都可以通过轨道交通的换乘抵达。北京轨道交通开始由单一的通勤功能转化为疏解人口、缓解地面交通压力的功能,甚至与北京城市形象紧密联系,逐渐成为北京城市文化的一部分。近年来北京也尝试市郊铁路和有轨电车的发展,市郊铁路加大了中心城区和远郊区的联系,有轨电车也对传统交通方式起到了辅助作用。

二、问卷与走访客观分析

本次调研我们将由获得的信息着重分析北京市轨道交通发展对市民出行方式变革的影响。北京轨道交通对市民出行的影响可以归纳为内因和外因。其中,内因指轨道交通本身发展的指标,外因指轨道交通配套设施发展和有关出行人员的指标。我们将依据问卷和走访中获取的信息深入分析。

本次调查主要采取非定向问卷调查,共发出调查问卷74份,收回74份,走访工作由小组成员按照不同年龄段、不同职业的居民为对象展开。

本次问卷调查的主要回答者中,20~30岁的较年轻群体比例较高,这与问卷发布的形式与局限性有关系,造成调研覆盖人口结构方面的缺陷。为解决这一问题,针对年龄因素对结果影响较大的题目,我们会考虑到结果的误差,将以推断等方式纠正误差,做出比较客观的分析和结论。

(一)内因:北京轨道交通本身发展分析

1.通达度

改革开放以来,随着我国经济水平的提升和城市化的发展,居民的出行方式也有了更多选择,乘车便利性便是居民出行考虑的重要因素之一。调研结果如图1所示,受访者中47.3%的居民住处与最近的轨道交通站点的距离在0.5~2千米,14.86%的居民住处距离站点小于0.5千米。大部分居民住处离站点距离较近,出行快捷方便,乘车便利度较高,这是由于轨道交通可以有效缩短居民出行时间。调查结果也显示有18.9%的居民住处与站点距离大于5千米,乘坐轨道交通并不方便。八成以上的居民的住处附近有轨道交通站点,其中一半以上的居民住处离站点很近,可以看出轨道交通通达度较高,站点设置较合理。对于不到两成

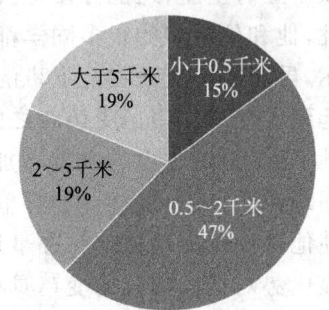

图1 受访者住处到最近的轨道交通站点距离分布

的居民来说,他们的居住位置可能远离核心城区,由于人口并不密集,交通需求和压力不大,轨道交通通达的必要性不大。他们可以用私家车和公交车等方式出行,这对于他们所在的地理位置可能更便利。可见,轨道交通的通达度还是令人满意的。

2. 普及度

区别于通达度,普及度一定程度上是轨道交通在某区域是否发展成熟、是否成为当地一部分居民的主要出行方式的指标。此指标与轨道交通的建成时间有关。调研结果显示,86.49%居民离住处最近的轨道交通站点在10年以内建成,约41.9%居民离住处最近的轨道交通站点建成未满3年。此结果基本符合北京轨道交通在线路完善期迅速增加轨道交通线路的特点,大部分居民离住处最近的轨道交通站点都是在线路完善期建设的。对于大部分居民可能需要时间适应如何将轨道交通与已有的交通方式相互协调来便利自己的出行,适应时间的长与短是多种因素共同作用的结果。有些地区地面交通压力很大,迫切需要轨道交通分流压力,有些地区轨道交通却显得比较多余。新建轨道交通线路都经过长期调研、详细论证,对客流等问题都有很好的信息判断,多数地区的居民是轨道交通的受益者。综上所述,虽然大部分地区轨道交通都是新生事物,但只要轨道交通融入当地交通结构的一部分,轨道交通将开始占有其应有的地位,很快在当地普及。

3. 相比其他出行方式优势

如图2所示,与其他出行方式比较,39.19%的居民认为轨道交通准点率高,29.73%的居民认为轨道交通快速,28.38%的居民认为乘坐方便,2.7%的居民认为轨道交通乘车环境好。综合来看,与私人小汽车、出租车、常规公交等出行方式相比,轨道交通具有准点率高、速度快、乘坐方便的优势。与早晚高峰相比,虽然轨道交通比较拥挤,这些明显优势给居民的出行提供了新的选择。这一点对学生和上班族非常重要,出行过程中很少出现交通拥堵以致迟到的现象。在访谈过程中,有受访者曾表示,其周末回家曾尝试坐895路公交,虽然有公交车道,但是可以查到,此线路设计复杂,且停站较多,而且郊区私家车占用公交车道的情况很多,车行速度很受影响。因此其在出行时,进入核心城区很有可能赶上晚高峰拥堵。改乘地铁以后,速度更快,停站更少,很多时候车上有空座,还能方便地接驳到城里的轨道交通网,价格也并不比公交高出多少。因此,他和他认识的很多同学都选择轨道交通进城回家。在对上班族的走访过程中,他表示,虽然轨道交通在上下班的交通方式中没有太大影响,但他在工作期间外出办事时却起到了变革作用。受访者之前常常乘坐公交车往返于工作地与办事地之间,虽然工作地不远,但是中途的换乘增加了时间。换乘时还要考虑到非高峰期较长的发车间隔。而地铁7号线建成后,尽管单程需要十几分钟的步行接驳,但较快的速度和稳定的时间使他很快选择地铁前往办事地,这使他的工作效率明显提升。可见轨道交通的三点明显优势对居民出行的变革具有重要推动作用。

4. 价格

目前位于北京市轨道交通主导地位的地铁自2014年底实行分段计价,整体价格明显上浮。问卷结果表明,只有5.41%的居民不接受地铁分段计价,表明乘坐轨道交通的需求弹性较小;对于以通勤为主的上班族和学生,价格并不是影响出行方式的主要因素。一定程度上轨道交通相对于其他出行方式的三大明显优势促使居民忽略了价格的提高。

5. 基础硬件、软件指标

如图 3 所示,居民中认为轨道交通近年变化最大的是通达度,占了受访者的 45.95%,这一点和北京轨道交通的发展历程相符合;认为速度和服务质量变化的比例也很大。对于行车速度来说,有数据表明,占北京市轨道交通主导地位的地铁的运营最高速度是 100 千米/时,平均速度 30 至 40 千米/时。实际上运营的最高速度并没有变化,正是因为地面传统交通压力的增大,其平均速度的降低而凸显出北京地铁的速度优势,这是导致很多居民出行变革的原因。对于服务质量来说,购票方式多样化、卫生间设置增多与休息区的完善、安保措施的实行、列车进站时间预告的增加都是服务质量进步的明显体现,另外,站内工作人员的服务态度、站内引导标志的清晰度、对老幼病残乘客的照顾程度都是可圈可点的,服务质量虽然不是居民选择地铁出行的主要原因,但是起到了一定的推动作用。在走访过程中,受访者表示,他会不时在下班后坐地铁去商场闲逛,选择轨道交通前往商场的一个原因是,他下车站的其中一个出口可以直接通向商场入口,因此很方便就能进入商场内部。在较繁华地区,北京地铁部分站点将地上地下空间一并利用,形成无缝联通的站点综合体。轨道交通的这一因素我们在问卷设计中没考虑到,但这一信息可以间接印证问卷中的通达度和车站环境的选择人数。

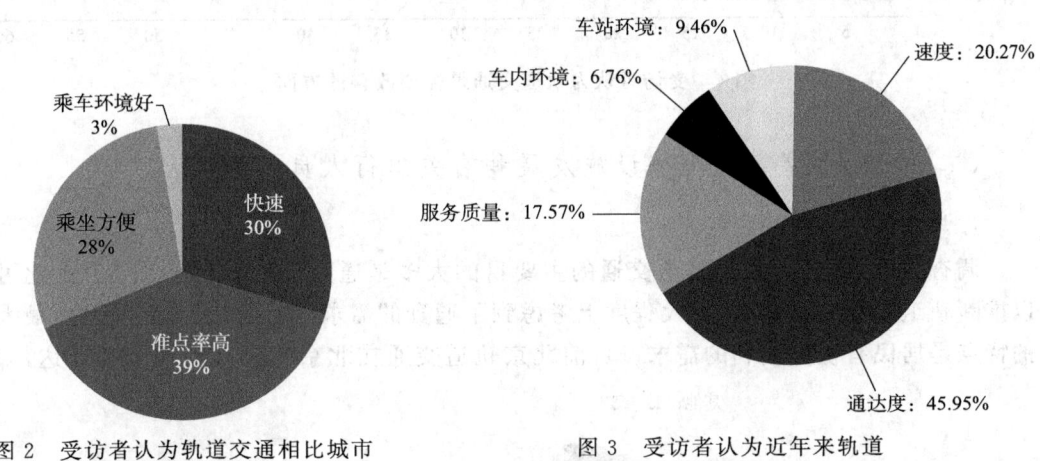

图 2　受访者认为轨道交通相比城市
其他交通方式的优势

图 3　受访者认为近年来轨道
交通发生的最大变化

如图 4 所示,居民中认为轨道交通最需要改善的地方,比例最大的是发车密度、换乘便利度和进站便利度,分别占 54.05%、51.35% 和 36.49%。对于发车密度问题,其实在地面公交系统和轨道交通都存在,并不是影响出行方式的主要因素。如果轨道交通调度能在早晚高峰期间挖掘线路潜力,使发车间隔更接近极限,在多种交通方式并存的情况下,更多居民会选择地铁通勤。对于换乘便利度问题,总体规划不协调和车站地质特殊都是导致换乘不便的原因。在这一点上,地面公交系统的换乘便利度要明显优于轨道交通。居民的通勤路线如果乘坐轨道交通要换乘多次,对于同样的换乘次数,这些居民很可能会选择地面公交系统。因此对于这些居民,轨道交通不是他们出行的最优选择。走访过程中,受访者都大致表明了换乘的问题,认为换乘便利度还有提升的空间。尤其是退休老人说,腿脚不好不能接受长距离步行的换乘,还说,换乘通道内无障碍设施不健全。由此推断,换乘的不便是很多居民放弃轨道交通出行的原因一个影响因素。对于进站便利度问题,在早晚高峰期间,很多居民的进出站时间因为人流密度大而变长,尤其是在一些枢纽站,进站安检的队伍要排很久,轨道交通快速的优势因此被削弱,致使一些不能忍受进站繁琐过程的居民放弃轨道交通出行。

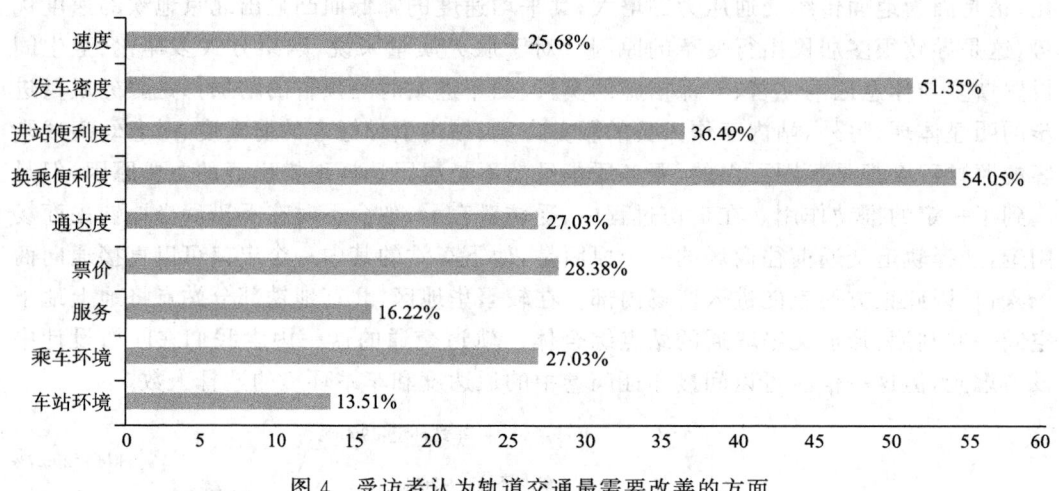

图4　受访者认为轨道交通最需要改善的方面

(二)外因:轨道交通配套设施发展和有关出行人员的指标

1. 与居民出行目的的联系

调查显示,居民中乘坐轨道交通的主要目的大多是通勤,占55.41%图5。由此可以推断轨道交通在建设时,很大程度上考虑到了通勤的需求。通勤如上部分所述,最大的特点是居民有快捷便利的需求。目前北京轨道交通在北京郊区已实现基本通达,郊

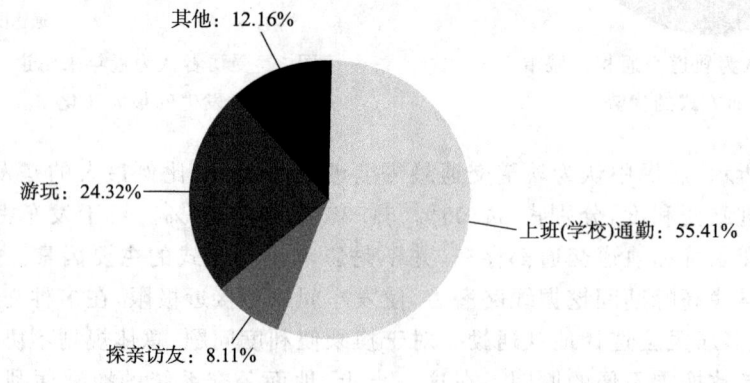

图5　受访者乘坐轨道交通的主要目的

区的人们多数能通过星状辐射的路网直达核心城区。轨道交通线路的布局特点和三大优势与居民的通勤需求相契合,致使更多通勤人员选择轨道交通出行。对于以游玩为主要出行目的的居民,轨道交通站各出口附近的地标在出口通道上标识得很明显,在各电子地图上也容易被查到,即使居民对该线路较陌生也能很快进出站,这吸引了很多以游玩为目的的居民乘坐轨道交通。

2. 在城市交通中的地位

图 6 展示了受访者对公共交通与轨道交通关系的认识,更多(60.81%)居民选择了互补占优,也有部分(27.03%)居民选择互替占优,总之认为两者关系密切的居民占多数。目前在北京核心城区,传统交通路网和轨道交通路网都很密集,而每到早晚高峰时由电子地图可以看出地面交通仍不通畅。不可否认,轨道交通对传统地面交通有一定的分流效果,但在核心城区工作的人群密集,且数据显示有增加趋势,这些居民了解公交车和轨道交通在早晚高峰都是拥挤的,他们并不愿意花一些时间走通道进站、再通过排长队的安检入口,如果有其他交通方式,完全可以因此放弃轨道交通。这导致轨道交通的分流效果并不明显。虽然以前的交通方式可能对这些居民更适应,但如果一些因素导致地面交通不顺畅,轨道交通的优势就能吸引一部分居民前往乘坐,结果就是给居民提供了新的出行选择。因此,在交通流量极高的地区和时间,轨道交通的优势并不明显,对出行没有很强的替代作用,互补作用占主导地位。当然,如果居民错峰通勤,轨道交通的优势会变得非常明显,替代作用也会变强。比如之前提及的走访学生的例子,该学生每周末进城回家,每周日出城去学校,在这种情况下轨道交通的三大优势尤为明显,能节省其很多时间。

3. 居民在其中的费用

图 7 展示了受访者每月在轨道交通上的花费情况:41.89%的受访者在轨道交通的

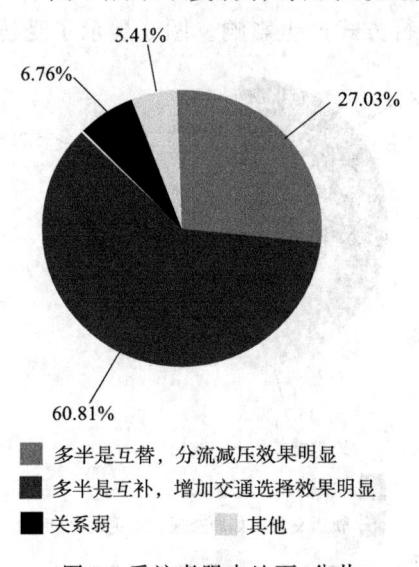

图 6 受访者眼中地面、公共交通与轨道交通关系

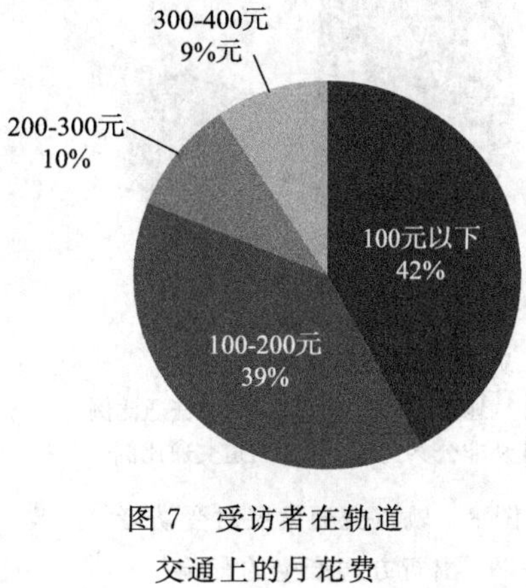

图 7 受访者在轨道交通上的月花费

月花费在100元以下,39.19%的受访者在轨道交通的月花费在100～200元,9.46%受访者的月花费在200～300元,9.46%的受访者的月花费在300～400元。由问卷第一题年龄分析可知,调查者大部分是学生,这一群体的比例与此题中选择100元以下的比例近似,可知大学生往返学校通勤的费用较低,这与大学生平均每周一次通勤的频率有很大关系。若除去学生群体,由第一题调查结果可推断,一般上班族在轨道交通的花费分布在100～400元,推测原因是工作地距离居住地的距离不同和每月工作的天数不同,其中,200～300元和300～400元的选择人数近似。可以看出,随着月花费的增加,选择的人数并没有递减的趋势。由于通勤距离和相应乘坐轨道交通的花费呈正相关,可以推断出距离的变化并没有给居民的出行选择带来明显变化,即使通勤距离远,居民仍然愿意花费更多的钱选择轨道交通出行。

4. 与现有交通方式的联系

调研数据显示,81.08%的居民认为轨道交通发展对自己的生活带来了变革。图8展示了轨道交通对受访者出行方式变化的影响,这其中71.67%的受访居民变革的过程是从地面公共交通到增大轨道交通的比例,表明很多人都体会到了轨道交通相比地面公共交通的明显优势,同时这也反映出虽然轨道交通的建设大多分布在传统公共交通已相对完备的区域,但轨道交通因其明显优势还是能吸引不少当地居民,给居民更多出行选择,表现出与传统公共交通较强的互补作用。走访中,一位居民搬家的考虑因素之一是轨道交通。他搬家前主要由地面公共交通通勤,现居住地管庄附近也有经京通快速直达城里的公交车,而他选择轨道交通作为稳定通勤方式,正是互补作用的明显表现;6.67%的居民因为轨道交通比例的增大而选择公共交通出行,说明,虽然轨道交通相比传统公共交通有明显优势,但相对私家车等非公共交通出行的居民来说没有足够的吸引力,这说明轨道交通目前还缺少与非公共交通出行的互补作用。

19%的居民认为轨道交通发展并未对自己的出行方式产生影响。图9展示了受访

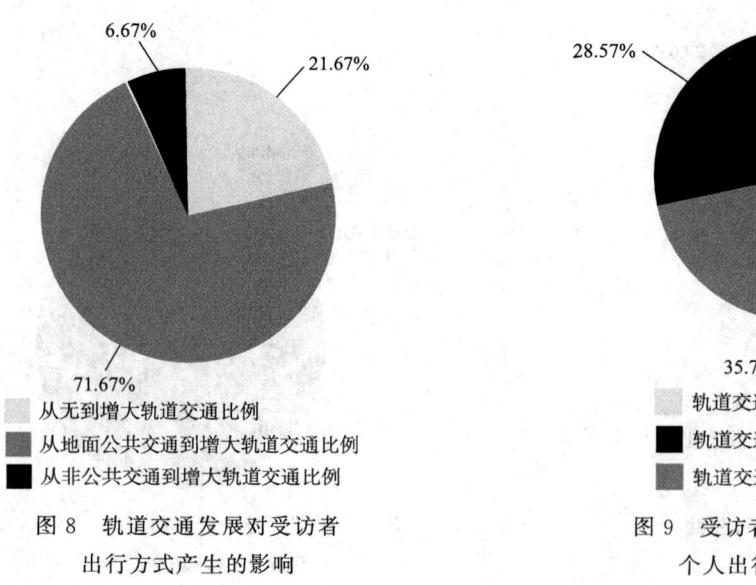

图8 轨道交通发展对受访者
出行方式产生的影响

图9 受访者认为轨道交通发展对
个人出行带来变革的原因

者认为轨道交通未能深刻影响个人出行方式的原因。其中,35.7%的居民认为轨道交通的站点距离远,35.7%的居民认为轨道交通的自身不足多,28.6%的居民认为轨道交通不如原来的交通方式更适合自己,表明有少部分居民由于轨道交通站点布局和其他方面的不足并不经常选择此种出行方式。站点距离和自身不足这些内因之前已有分析,对于一些郊区居民,他们周边可能有轨道交通,但这些地区地面往往没有大的交通压力,这些居民开私家车出行可能更便利,若工作地远离核心城区,私家车的优势更加明显,这可能是轨道交通不适合这些居民的原因。

5. 站点接驳

当某居民某次出行以轨道交通为主时,用在此次出行中到达和离开轨道交通站的时间分别定义为首接驳时间和尾接驳时间。从调查结果看,居民的总接驳时间通常较长,仅有13.51%的居民的首尾接驳时间都能控制在15分钟以内,这说明虽然轨道交通具有速度快与时间准的特点,但因为接驳时间普遍过长,致使轨道交通的这些优势没有那么突出。站点离出发地和目的地的距离当属影响接驳时间的主要原因,但这与轨道交通的通达度有很大关系,属于内因的范畴。而对于外因,主要原因就转为接驳交通方式的问题了。图10展示了受访者在解决从起点至轨道交通站和从轨道交通站至目的地的交通问题时的选择,从调查结果看,步行、共享单车、地面公交系统的选择比例基本相等且都较大,可以认为居民的接驳方式以这三种交通方式为主。

影响步行时间的因素有横穿马路的时间、寻找轨道交通站的时间等。对于经常乘坐同一轨道交通线通勤的居民来说,后者可以基本忽略。对于前者,在早晚高峰路上可能车流较大,但人行横道按键后绿灯通过的方式又使这一因素的重要性降低。因此步行时间基本与站点距离成正比。

影响共享单车时间的最大因素是共享单车的数量和种类。对于以通勤为目的出行的居民来说,如果共享单车数量少,那么在早晚高峰期间热点接驳路线上的共享单车将会供不应求,居民需要早离开住处和早离开工作地才能用上共享单车,一旦因主观因素晚离开住处和工作地,居民可能会花时间寻找共享单车,在无法找到的情况下只能以步行或叫出租车等方式接驳。前者浪费时间,后者多花费不必要的钱。对于共享单车的品种,目前多数习惯共享单车接驳的居民都只在手机中下载几个热门共享单车公司的app,因此如果共享单车品种不常见,即使其数量再多居民也不愿意再办一系列手续使用,这迫使居民改为其他交通方式接驳,便利性大大降低。在接驳时间较长的居民中,选择首接驳时间更长的居民比选择尾接驳时间的居民高了5.41%(35.14%~29.73%),4(26~22)人次,排除调查对象中占比最高的通常为错峰出行的大学生后,推测4人次选择差异出现在往返工作地通勤的居民中选择共享单车作为轨道交通接驳方式的居民,这4人次在这一群体中的比例已经很大了。造成这一结果的原因是共享单车在首接驳中是一个由分到聚的过程,共享单车由散布的投放点中前往几个轨道交通站。而尾接驳正好相反。出行高峰期时,散布的投放点供不应求,从而导致居民在寻找共享单车的时间上花费更多。

影响地面公交系统时间的因素有车站停靠时间、路面交通状况和等车时间。前两者都与出行高峰有密切关系,对于车站停靠时间,上下车的人越多,车站停靠时间越长。对于路面交通状况,目前仍有一些较繁华地带交通秩序欠妥,公交车道标画不清,被私家车占用情况普遍等,因此路面交通状况有一定影响。等车时间与公交系统发车密度密切相关。若发车间隔较大,则地面公交系统时间的不确定性就大,平均接驳时间就长。

总之,站点接驳方式主要由接驳时间决定,只要居民认准轨道交通出行,就会趋利避害,综合考虑影响接驳方式的各种因素,选择合适的接驳方式。从轨道交通角度看,其明显的优势值得居民付出各种接驳的代价去乘坐它。另一方面,出现不到两年的共享单车是推动轨道交通接驳出行变革的重要交通方式,也间接使更多居民选择轨道交通出行,但共享单车自身还存在着很多问题,导致接驳过程中很多不必要的时间浪费。共享单车的整体优化,势必会从接驳角度进一步将轨道交通出行深入人心。

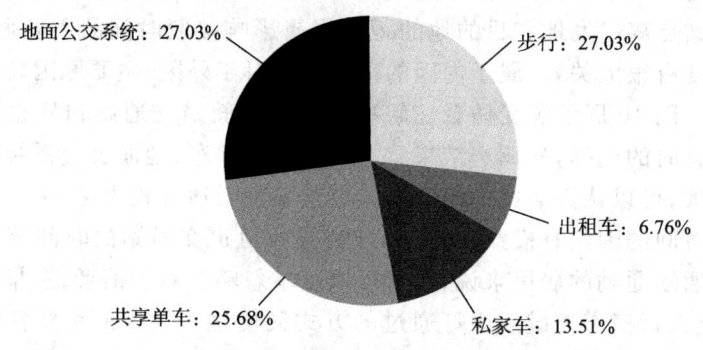

图10 受访者如何解决从起点至轨道交通站和从轨道交通站至目的地的交通问题

三、建议

(一)针对轨道交通本身的建议

问卷结果显示民众对通达度比较满意。当前北京市正在规划和论证更多轨道交通线,这些轨道交通线将会使核心城区的轨道交通路网更加密集,必然会使通达度进一步提升,核心城区居民点距离轨道交通站的平均距离还有减小的空间。因此建议加快落实这些新的轨道交通线。

对于普及度,由问卷结果可知,与轨道交通沿线居民的需求有较大关系。比如我们所在的良乡大学城高等教育地位的确立、通州地区城市副中心地位的确立使得当地的交通需求日益增加。前面已经分析,已有的交通方式是影响轨道交通需求的重要因素,因此在外部,轨道交通应充分发挥其互补作用,管理者应处理好与北京公交集团等公司的关系,减少因各公司争抢客流给居民出行带来的不便。

对于基础硬件、软件设施,由问卷结果可知,最需要改善的地方是发车密度和换乘便利度。提高发车密度,需要运营方合理调度车辆运行,充分发挥线路潜能,在早高峰客流密集区段采取长短交路结合运行。比如,六号线在早高峰时段将以潞城为起点的长交路和以草房为起点的短交路结合运行,有效地缓解了草房站周边的交通压力。同时提高相关人员待遇,以保证足够的人力来适应高发车密度。提高换乘便利度,对于类似同台换乘的车站,比如走访一和走访五提到的四惠(东)站和郭公庄站的换乘,相关轨道交通公司应该打破管理界限,重新组织管理结构,尝试将由此车站衔接的两线路联通运行,减小此类不必要的换乘。对于传统立体换乘的车站,指望换乘路线缩短是不切实际的,应把研究重点转为现有换乘通道的通过效率问题。建议在轨道交通站内增设明显的换乘路线标识,同时提高换乘速度,具体可以是在换乘通道内安装多级快速传送带,增加无障碍设施。还可以尝试在两个客流集中点开行跨线车。比如北京站和北京西站间就可以尝试开行少量经由9号线、1号线、2号线的跨线车,跨线时经由换乘站联络线运行。如果开行车次不多,不会对现有线路运行图造成明显影响。

对于服务导向,由问卷结果知,乘坐轨道交通比例最大的目的是通勤,通勤的核心要素是效率,影响其要素的指标很多。对于发车密度和换乘便利度等已有分析,除此之外还应提升进站便利度。在客流高峰期间,居民往往需要很长时间才能通过安检设备进站,因此应该在客流较大的车站增加安检设备和引导通道,同时在客流高峰期间适当增加人力资源,保证安检的正常进行,以此缩短进站时间,提升效率。

(二)针对外部交通环境的建议

对于站点接驳,由问卷结果可知,步行、共享单车、地面公交系统是当前居民的主要接驳方式。在后两者还不完善的接驳路径中,很多私家车便充当了接驳的角色。这些私家车的安全性得不到保障,在早晚高峰期,这些车辆的聚集还会增加原本已经很大的地面交通压力。在这些地区后两者就是重点完善的对象。对于共享单车,同一公司应当合理预测每个区域的需求量,适当安排人员在早晚高峰期间调度共享单车,并对不同区域进行分类和精细化管理。不同公司应使共享单车产品更差异化,以品牌竞争的方式促进共享单车各项指标的提升,从而间接创造更便利的接驳条件。对于地面公交系统,公司应该根据客流量使站点布置更加合理,在客流高峰期提升发车密度,完善经过轨道交通站的接驳线路。交管部门应当治理私家车占用公交车道的违法行为,保证公交车道的通畅,减少接驳时间。

四、总结

此次调研问卷设计的总体思路是,调查时由宏观到微观,在分析时从微观推断至宏观。虽然源分析信息具有单一性并且缺乏深度,但我们将各题体现的源分析信息互相联系,以及将源分析信息和已有知识和经验互相联系,使做出的分析更有深度和客观性。针对问卷调查对象年龄不均衡的问题我们在分析中相应做出了调整。此问卷最大的缺点是调查样本不充足,但在结果中可以看出同一题目各选项的选择差异已经比较明晰，调查效果较好，一定程度上可以弥补这一缺点。在访谈方面，访谈对于问卷结果分析起到了良好的辅助作用，虽然访谈对象的回答大多并不全面，但是这些回答中很多能够印证问卷分析的初步结论，体现出较高的价值。

事实上，北京市轨道交通发展主要集中在近十几年，使研究时间范围扩为改革开放后，只是希望使研究体系更完整。改革开放对于我国具有转折性的意义，对民生的影响遍及于日常生活的各方面，在纵向上，发展是承上启下的。在横向上，发展是紧密联系的。对于北京市轨道交通来说，正是因为改革开放推动北京市经济发展，才促成轨道交通基本框架的形成。而这一框架的形成，又改善了出行环境，反过来促进了经济发展。北京市轨道交通发展与城市的整体发展相符，轨道交通在城市交通中的作用因此变得不可或缺。虽说轨道交通仍有亟待改善之处，但就很高的通达度和普及度、三大明显的优势、持续改进的软硬件设施和接驳环境，可以说轨道交通对于民生的惠及是难以用数据形容的，对于出行的变革是颠覆性的。

希望这次的研究不仅能对北京市轨道交通发展对出行的变革做出细致的梳理，还可以凭借其中以出行角度提出的建议为北京市轨道交通未来的发展方向提供参考。

改革开放以来计算机专业的毕业生的就业情况调研[①]

陆丽琼　乌笑琪

【摘　要】 自改革开放以来,计算机技术已渗透到社会的各行各业,不断改变着传统的工作、学习和生活方式,推动着社会的发展。本文通过实地调查的方式了解了计算机专业大学毕业生的就业情况,深入调查改革开放以来计算机专业大学毕业生的就业渠道及就业满意度等情况。同时,对计算机专业的毕业生的发展方向,就业领域等进行分析和预测。希望能够通过此次调研,让计算机专业的大学生对于现在以及未来的就业形势更加清晰,对未来有更加明确的规划。

【关键词】 计算机专业;就业渠道;就业满意度;提高就业质量

本次调查采取的是网上调查,调查问卷以及调研访谈三种形式。调查问卷是小组成员在网上发布寻找各个年龄段的计算机专业的大学生填写的,有效填写问卷164份。调研访谈的小组成员来到清华大学、北京大学、北京科技大学、北京航空航天大学、北京邮电大学、北京理工大学、北京交通大学、北京工商大学八所北京高校以及走进中关村与计算机专业的技术人员访谈,共向被调查者调查了三方面的问题,即影响计算机专业毕业生就业的因素,计算机专业毕业生的就业渠道,以及计算机专业毕业生就业后的职业满意度。同时,我们为了了解计算机专业毕业生选择就业时的基本情况并对计算机专业的大学生提出一些参考性的意见;小组成员在计算机专业在校生中发布问卷,调查他们对于就业的期望和看法。

一、改革开放以来计算机专业毕业生就业情况及其分析

(一)就业渠道的演变和发展

1956年7月,正值第三次工业革命时期,清华大学作为我国的"领路者"筹办了我国第一个计算机专业;1957年4月17日,教育部批准西安交通大学增设电子计算机专业。1966年,国防科技大学成立全国第一个计算机系——国防科技大学计算机学院。计算机专业就这样逐渐走进大学,逐渐走入中国的发展潮流中。改革开放以后,计算机专业发展迅速,浙江大学、中国科技大学、南京大学等许多大学逐渐设立了计算机专业学院,计算机专业也成了大学生入学报考专业时热门的专业之一。

就业渠道对于大学生就业而言至关重要。就业渠道的变化是反映就业的情况和职

[①] 本课题指导教师陆丽琼(北京工商大学马克思主义学院);课题组组长乌笑琪(计算机17);课题组成员:罗志颖(计算机17),刘美玲(信管172),张露元(计算机17),张凯露(信管172)。

业满意度的一个重要依据。调研中我们发现,计算机专业大学生就业渠道随着改革开放的不断推进渐渐发生变化,呈现由单一到多元的变化趋势。现在45岁以上的计算机专业毕业生,在面临就业时,主要由导师推荐、通过关系以及国家相关政策三种途径。73%的毕业生会选择根据国家政策就业,14%的毕业生选择通过"关系"就业,11%的毕业生根据导师的推荐就业,仅有2%的毕业生选择自主就业或通过其他途径就业。30岁到45岁的毕业生群体了解工作信息的渠道就变得丰富了许多,出现了网上申请以及招聘会就业等新途径。在这部分群体中,13%的毕业生会选择网上投递简历申请工作,39%选择通过招聘会了解工作信息以及自己心仪的企业和工作单位,31%的毕业生会通过导师推荐这一渠道就业,仅有9%的人通过关系和国家政策就业。而30岁以下的毕业生,57%会选择网上申请,选择招聘会和导师推荐的达到了41%。通过调研结果,可以明确地看到改革开放以来,各个时期的毕业生获取就业信息的途径逐渐由被动变得主动,由非自主逐渐转为自主选择(见图1)。

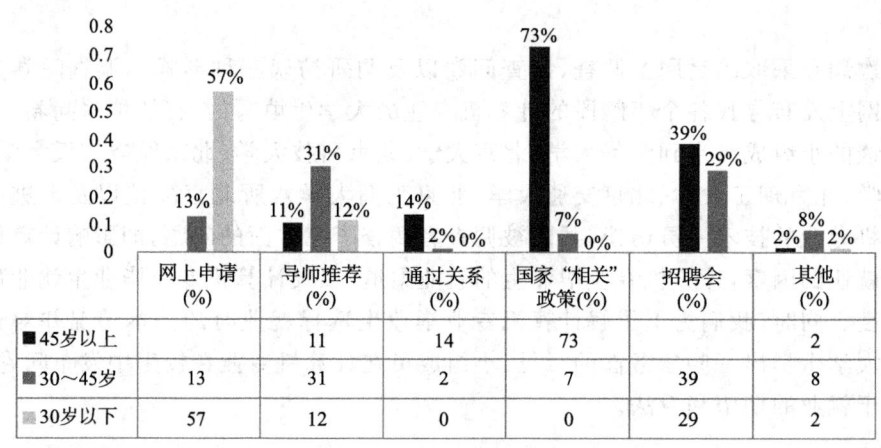

图1　计算机专业毕业生的就业渠道演变情况

我们在与各个年龄段的计算机毕业生交流中了解到,1996年以前,毕业生就业主要是"毕业分配"制度,即在计划经济体制下,大学或中专毕业生就业按国家下拨的计划指标进行统一安排。毕业分配制度强调的是"服从国家",对个体的兴趣、爱好、能力、特长及就业要求等不太重视。在改革开放初期,就将消除这种现象列为重点目标,在党的十一届三中全会上就提出要使大学生择业更加自主。因此,在1996年到2000年间,我国以消除毕业分配为目标不断完善教育体系。"毕业分配"期间,毕业生大多受旧观念影响,选择就业职业时并不能完全考虑到自己的兴趣和专业,了解到的就业信息也是少之又少。2000年后,各大高校成立了就业指导中心,在大学开设职业规划课,更尊重学生兴趣和爱好,自己选择,而毕业生在大学期间也有很多的机会可以了解自己喜欢的职业和喜欢的企业的文化和用人标准,从而在毕业选择工作时更加明确。

就业渠道的演变,从一开始相对单一的渠道到现在的多元渠道,出现的问题在改革开放中逐渐被解决。从改革开放前的毕业生盲目进入工作单位,到现在通过网络、招聘会完全了解工作信息再进行选择,这种方式的转变使更多的人才得到重用,也使更多的人才在适合自己的岗位上实现自己的价值。随着科技发展,网上申请会成为大家首选的就业渠道,选择就业的方式也会更加自主。

(二)改革开放以来计算机专业毕业生的专业与就业匹配情况

在随机调查的计算机专业的大学生就业情况的调查问卷中,164个有效问卷中,将近61%的毕业生在就业选择时从事了计算机行业或计算机相关职业,说明大部分计算机专业的毕业生工作与专业相关;有32.93%的毕业生专业和就业方向不相关,可见就业不对口问题依然是存在且不可忽视的(见图2)。

选项	小计(人次)	比例(%)
对口	58	35.37
不对口	54	32.93
基本对口	42	25.61
没概念	10	6.1
本题有效填写人次	164	

图2 改革开放以来计算机专业毕业生与就业相关情况

从调查中可以看出,专业与就业不匹配的原因主要有以下原因:

1. 性别年龄

调查数据显示,有32%的大学生因为性别和年龄的原因选择了其他行业。根据走访调查,现在北京高校计算机专业大学生的男女比例基本接近1:1,然而在中关村的访谈中却发现计算机工作者中的女性少之又少。小组同学整合了高校访谈以及中关村访谈内容,总结其原因基本如下:改革开放初期,由于封建思想的影响,女性接受的教育比男性少,因此35岁以上的计算机相关专业就业群体大多为男性,而女性则选择了银行等其他工作。2000年以后,计算机相关工作对于技术要求提高,工作特点是工作时间长、加班多、工作量大,长时间使用计算机可能会引起各种身体上的疾病,大多数体质较弱的女性是吃不消的。程序员等技术人才招聘基本面向应届毕业生,导致一些并非应届毕业生的人选择其他职业,随着年龄增大,部分人也会选择转向其他行业。

2. 专业技能和个人兴趣

调查数据显示,25%的毕业生因为专业技能选择了其他行业。而网上调查显示:随着改革开放以及计算机技术的不断完善,公司对员工的职业技能要求也不断提高,毕业大学生要有过硬的专业技能,就此导致技术不合格的毕业生不得不选择其他职业。20%的毕业生因为个人兴趣选择了其他行业。据访谈得知部分毕业生在大学逐渐失去了对计算机的兴趣,在择业时就会避免计算机相关职业(见图3)。

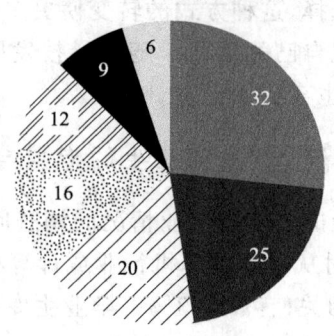

图 3 导致专业与就业不相关的原因分析

(三)改革开放以来影响计算机专业毕业生就业满意度情况

职业满意度可以直接反映出计算机专业毕业生就业的质量。经过实地调研和问卷发放,我们发现,计算机专业毕业生对薪资、职业发展空间和工作环境的满意度(见图4)评分仅仅超过 5(10 分制),就数字来看,满意度并不是很高。

1. 薪资

计算机类毕业生对薪资的满意度集中在 5~7,25~30 岁毕业生对薪资的满意度为 4.933,45 岁以上毕业生对于薪资的满意度相比其他年龄段为最高,达到了 7.735。在与各个年龄段的毕业生访谈中了解到,改革开放以来计算机的发展是十分迅速的。在改革开放初,计算机专业的毕业生相比于其他专业对于自己的薪资是较为满意的。但是随改革开放的推进,尤其到了 2010 年以后,随着毕业生年龄的增长、个人能力与待遇的提高,他们对薪资的满意度却不是很高。也就是说,随着人们生活水平的提高,计算机专业毕业生对于薪资方面的期望也在日益提高。

2. 职业发展空间

随着改革开放的逐步完成,各个年龄段的毕业生对于职业发展空间的满意度却逐步下降。针对这一现象,调研访谈组详细探究了原因,45 岁以上计算机毕业生表示,虽然改革开放初期的计算机体系还不成熟,在计算机的发展方面还存在一些未解决的问题,但是在大学期间学习的计算机相关知识足以满足就业的需求。他们相信计算机专业的光明前景。然而在调研中,35 岁以下的毕业生群体中的大多数认为,计算机专业的发展已经足够成熟,但是计算机专业对于技术的要求过高,工作压力大,相比于在电脑前敲代码,不如选择一些安逸的工作,因此并不看好计算机专业的未来发展。

3. 工作环境

在访谈中,毕业生都表示工作环境是相较舒适的,有的还配有各种休闲娱乐设施。对工作环境的满意度评分在各年龄段均超过了 6,而且 35~40 和 45 岁以上毕业生分别达到了 8.5 和 8.375(见图 4)。据调研小组访谈得出,由于人们对美好生活需要的日益提高,一个人对于相同的工作环境满意度会有所降低。

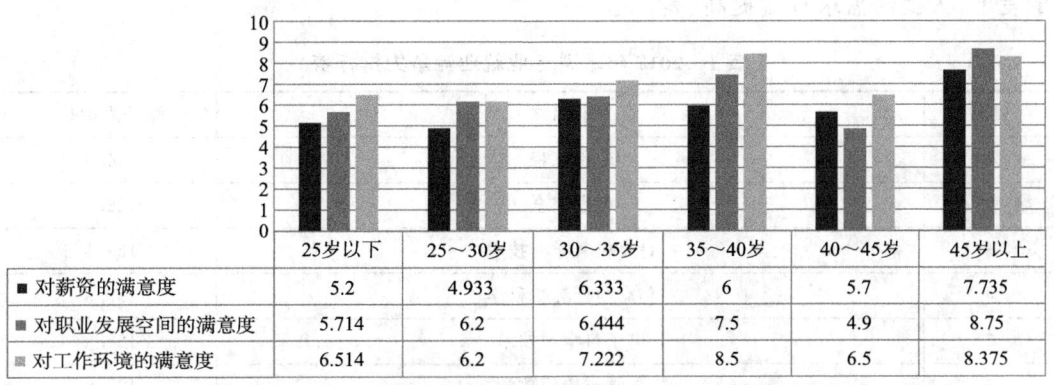

	25岁以下	25～30岁	30～35岁	35～40岁	40～45岁	45岁以上
■对薪资的满意度	5.2	4.933	6.333	6	5.7	7.735
■对职业发展空间的满意度	5.714	6.2	6.444	7.5	4.9	8.75
■对工作环境的满意度	6.514	6.2	7.222	8.5	6.5	8.375

图 4 计算机专业毕业生就业满意度(平均值,十分制)

4. 工作压力

对计算机专业毕业生来说,各个年龄段普遍认为工作压力较大。调研中,45 岁以上群体表示,随着新生力量的不断加入和计算机的快速变革,自己的专业知识就显得越发欠缺。即使是改革开放之初"铁饭碗"分配的毕业生,也因计算机科技的高速发展感到工作压力大。而 30 岁以下具备新专业技能的全能型毕业生群体,选择计算机行业也在一定程度上提高了计算机专业的竞争力(如图 5)。

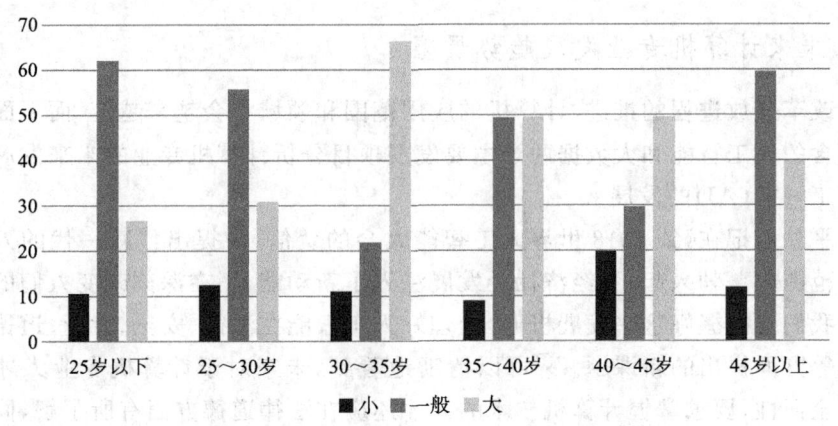

图 5 改革开放以来计算机专业毕业生工作压力

根据调研,计算机专业毕业生的就业相比于其他同时期的职业竞争更加激烈。从改革开放最初,我国的计算机体系尚未完善,到改革开放 40 年后的现在我国拥有高端完善的计算机技术。计算机专业毕业生对于薪资、职业发展空间、工作环境的满意度也逐渐发生了变化,但是整体上满意度却呈下降趋势。根据调研结果显示,满意度的变化体现了改革开放以来我国主要矛盾的转化:由人民日益增长的物质文化需求同落后的生产力之间的矛盾转化为人民日益增长的美好生活需要和不平衡不充分的发展之间的矛盾。满意度的降低并非完全由计算机专业工作本身导致的,而是随着改革开放社会的发展,人民的需求日益提高(表1)。

表1　2017年本科专业就业竞争力排行榜

排名	专业名称	竞争力指数
1	软件工程	134.8
2	信息安全	132.8
3	计算机科学与技术	129.1
4	信息与计算机科学	127.8
5	电子科学与技术	127.8
6	数学与应用数学	127.6
7	计算机应用技术	127.5
8	应用物理学	126.7
9	网络工程	126.6
10	电子与通信工程	126.2

说明:数据来源于BOSS直聘网站。

二、计算机专业的未来发展趋势与促进大学生高质量就业的建议

(一)未来计算机专业发展趋势展望

随着改革开放进程的推进,计算机的应用范围和领域将会越来越广,而下面将从计算机中包含的人工智能和大数据两个主要发展项目分析计算机专业的未来发展趋势。

1.人工智能(AI)的发展

习近平总书记在《致2018世界人工智能大会的贺信》中提出:"新一代的人工智能正在全球范围内蓬勃兴起,为经济社会发展注入了新动能,正在深刻改变人们的生产生活方式。我们要把握好这一发展机遇,处理好人工智能在法律、安全、就业、道德伦理和政府政治等方面提出的新课题。"[①]可以清晰地看到,未来对于计算机专业人才的需求更加强调全面性,要求掌握计算机技术的人才还应在法律道德方面有所了解,同时在信息安全方面也要有所加强,甚至在政府政治方面也要有所涉及。未来计算机专业将不再是单纯的工科专业,而更加趋向于综合性。因此,对于计算机专业的大学生来说,未来人工智能的发展方向将会为女性提供更多的机会。女性则可以在学习法律,安全管理等基础上学习计算机相关知识,从事倾向于法律,安全等工作。同时,习近平总书记

---

① 引自新华社上海2018年9月17日《习近平致2018世界人工智能大会的贺信》。

提出:"我国正致力于实现高质量发展,人工智能发展应用将有力提高经济社会发展智能化水平,有效增强公共服务和城市管理能力。"因此,计算机专业的学生应在学习钻研计算机技术的同时了解我国公共服务以及城市管理方面的内容,不断完善。而作为并非纯工科的项目,女性参与的机会也会更多,也可以解决性别比例不均衡的问题。

2.大数据的应用与发展

习近平总书记在2018年的中共中央政治局第二次集体学习时强调:应该在以下三方面进一步加强大数据的使用和推广:推动大数据技术产业创新发展;构建以数据为关键要素的数字经济;运用大数据提升治理现代化水平;提倡创立大型的全国大数据平台,因此将会给计算机专业的毕业生提供更多的工作岗位和就业机会。同时,大数据平台的建立将会加强计算机专业与其他各个行业的联系,也对于沟通协调能力提出了更高的要求。

(二)促进计算机专业大学生高质量就业的建议

随着计算机在生活中被广泛应用,对于计算机专业的人才要求也会提高,要提升就业满意度,需要结合专业和社会发展的趋势来培养人才。经过我们的调研,对于如何促进大学生就业并提高其就业质量,给出以下几点建议。

1.计算机专业的教育更应该注重人的全面发展

据调查结果显示(如图6),仅有35%的人认为大学课程较好地培养了他们的实际操作能力,52.5%的人认为大学课程基本培养了他们的实际操作能力,而剩下的12.5%的人认为大学课程根本满足不了他们工作的需求。且在调查中我们发现,已就业的大学生有32.93%的人因专业技能不过关而选择不对口择业,未就业的大学生有15%决定选择不从事计算机相关类工作,在这些人中有50%的人是因为觉得自己专业技能不足。由此可见,由于我国高等教育重知识灌输、轻能力的培养,高校毕业生缺乏工作经验和实际操作能力的现象依然十分严重。学校要鼓励教师积极带领学生参与各类实践活动,以提高教学实效,减少不对口择业的概率。

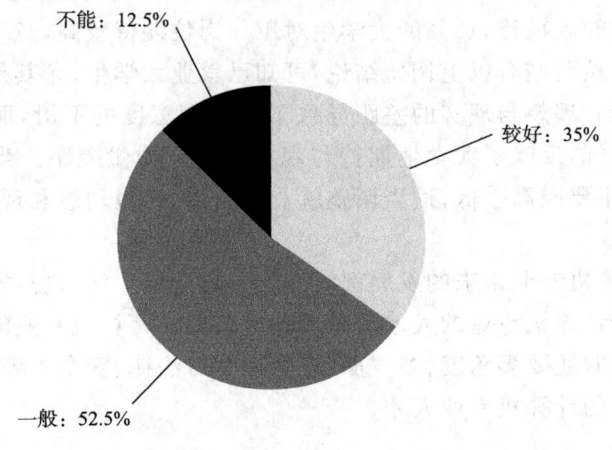

图6 大学课程能否培养大学生们的实际操作能力

2. 大学生树立积极的就业观和择业观

在就业体制市场化的形势下,一定要摒弃"等""靠"观念,树立积极的就业观,勇于挑战、不怕吃苦。觉得计算机行业竞争压力不小的人群维持在90%以上,且有14.63%的人因此选择了不对口专业。但是压力也是动力,建议大学生勇于接受挑战,在激烈的竞争中不断完善发展自己。其次,据问卷调查显示,60%的大学生期待留在"北上广"等一线城市,37.5%的大学生计划留在一些较发达城市,仅有2.5%的人愿意到一些较落后的城市发展,几乎没有人愿意到西部偏远地区发展,这导致一二线城市竞争激烈,人才闲置,不利于人才分配利用,不利于促进大学生就业。大学生们应主动到中西部地区、二三线城市就业,树立理性择业观,提升就业率(图7)。

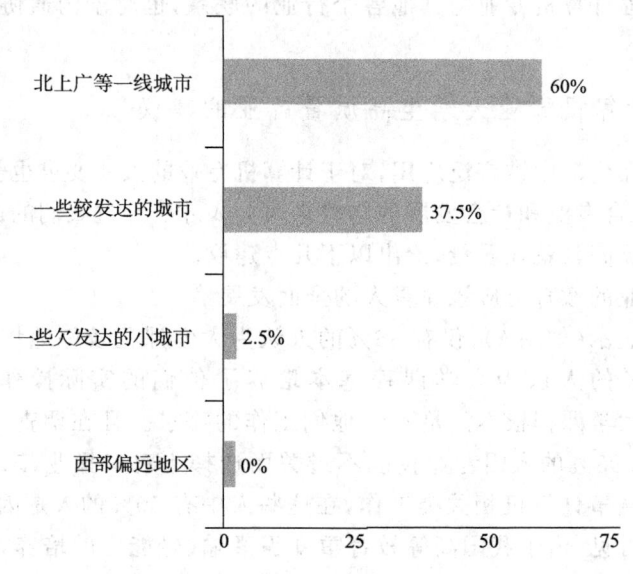

图7 未毕业大学生期待就业城市

大学生要正确认识自己,适当调整自己的就业期望。由调查可知(如图8),80%的大学生对薪资抱有较高期待,15%的大学生对工作岗位期待较高,67.5%的大学生对发展空间期待过大。然而结合以上调研结论,可知已就业大学生,尤其是刚就业大学生对薪酬等满意度较低。理想与现实的差距导致了就业满意度的下滑,而就业满意度作为就业质量的重要指标,反映了大学生期待与现实的就业质量差距。当代大学生应进行准确的自我定位,不要眼高手低,适当调整就业期望值,缩短理想和现实之间的差距,提升就业满意度。

综上所述,计算机专业未来的发展都将更加贴近人民生活,包括安全、医学、交通等等方面。因此对于计算机专业的人才的要求也更严格。计算机专业的大学生在学习计算机专业课程的同时还要多角度、多方面、多渠道学习法律、安全等等方面的相关知识,将自己武装成全面的计算机专业人才。

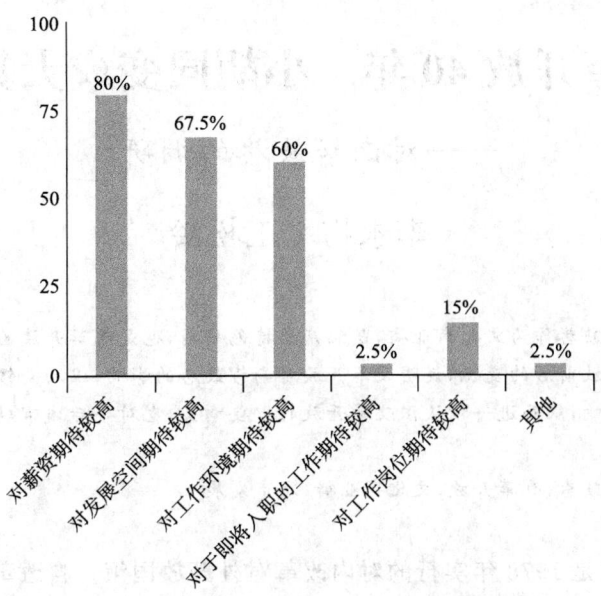

图 8 未毕业大学生对就业的期待情况

参考文献

李晓明,2004.关于计算机人才需求的调研报告[J].计算机教育,000(008):11-18.

改革开放40年 小胡同变成大舞台
——对南锣鼓巷的调研[①]

李永梅 王松龄

【摘　要】 南锣鼓巷作为文化商业街,是北京的特色胡同,也是改革开放的受益者。我们通过调研南锣鼓巷在改革开放前后的变化,说明改革开放对南锣鼓巷的影响,以及南锣鼓巷的变化对其本身和北京城市发展的影响,从而进一步认识改革开放的重要意义,也对今后城市规划发展特别是胡同建设提供借鉴。

【关键词】 南锣鼓巷;改革开放;文化商业街;城市发展

改革开放政策是1978年实行的对内改革对外开放国策。自改革开放后,我国民生建设领域各方面发生了翻天覆地的大变化。这些变化提高了人们的生活质量,促进了中国经济的蓬勃发展,增强了国力。为了研究改革开放的影响,我们小组决定通过调研南锣鼓巷来认识改革开放这一伟大国策的意义。

本次调研活动采用了问卷调查、对市民进行街访和搜集整理文献资料等形式。调查问卷分为两种,一种是由小组成员在朋友圈发送链接的方式让网友们填写并回收。另外一种是去南锣鼓巷当地,调查当地的居民和商户。总共收回电子调查问卷263份,纸质调查问卷30份,均为有效问卷。本次调查报告填写人群主要以18~25岁的为主,大致分为游客,商户和居民三个部分。不同身份的群体使报告更加具有层次感。

一、改革开放前的南锣鼓巷:养在深闺人未识

(一)一条普普通通的居民胡同

根据调查结果我们发现,40年前的南锣鼓巷在56%人们的心中是一条普通的居民胡同,也有3%的人认为是首长与国家机关的宿舍,47%的人对40年前的南锣鼓巷的最深的印象是古色古香的建筑,但是31%的人认为40年前的南锣鼓巷没有什么吸引人的地方。因为改革开放前的南锣鼓巷几乎不具备商业功能,胡同里的名人故居也没有开放,所以作为居民胡同的南锣鼓巷就更谈不上旅游地了。

我们也访问了南锣鼓巷中的一些原住民(图1)。改革开放前的南锣鼓巷在他们的

---

① 本课题指导教师李永梅(北京工商大学/马克思主义学院);课题组组长王松龄(广告172);课题组成员:张硕(广告172),杜薇(广告172),王冉冉(广告172),孙逸涵(广告172),陈家闽(广告172),陈铭暄(广告172)。

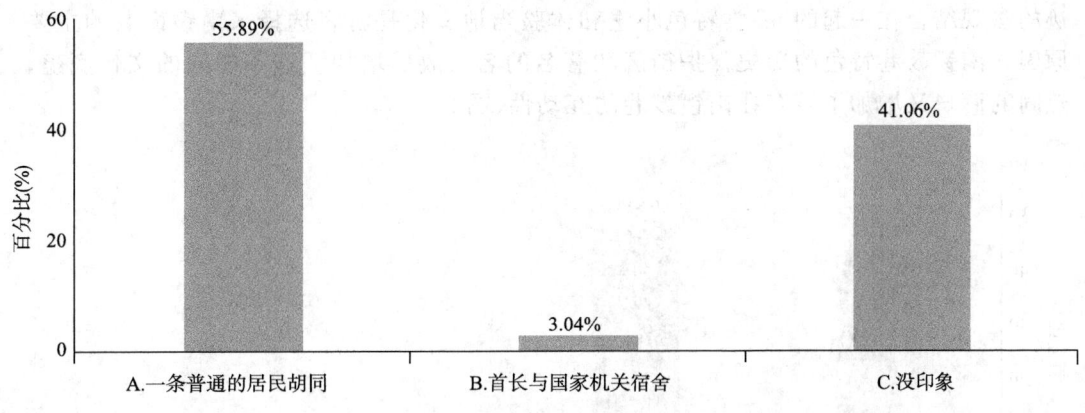

图1 40年前的南锣鼓巷在大家心中是什么样子

心目中是一条普通的居民胡同。他们印象最深的是南锣鼓巷中古色古香的建筑和优美的风景。居民们说,以前的巷子人不多车也少,稍微宽一点的胡同街道都能踢足球。因为当时没有发展商业和旅游业,所以巷子很安静,没有如今的车水马龙、繁华喧嚣,也没有这么多店面,更没有这么多的游客。在他们的印象中,原来的巷子就是生活的地界,一座座院子里聚集着各阶层的人们。

（二）待修整的居民区

改革开放前的南锣鼓巷自然环境较好,空气清新、风景优美,但是居住的街道规划还不太完整,基础设施建设也不完善。因为没有系统的修整规划,有些胡同的路交叉纵横,有些路段十分狭窄,这就造成了一些胡同的杂乱和不整齐。巷子内的公共卫生间数量少,而且卫生环境较差。胡同也没有供居民休闲娱乐的场所,如凉亭、活动中心等等。

这里的居民对名人故居都比较了解,尤其是一些年岁较高的老人,能够细数曾经的历史。他们说以前有很多名人住在这里,邻里邻居都是文人雅士。胡同里的人大多数也都爱街里街外的串门儿,大家都热情好客,在私密宽敞的四合院里,大家的生活惬意舒适。

二、改革开放后的南锣鼓巷：文化商街成地标

改革开放给南锣鼓巷带来了翻天覆地的变化,促进了南锣鼓巷经济的发展,成了一条著名的文化商业街。

（一）北京的旅游胜地

一谈到北京就绕不开胡同,作为文化商业街的南锣鼓巷是北京非常具有吸引力的胡同,又有好吃的还有好玩的,还有很多的名人故居：雨儿胡同的值年旗衙门旧址、齐白石旧居纪念馆,帽儿胡同的婉容故居,后圆恩寺胡同的蒋介石行辕、茅盾故居……一句话来说,来北京参观南锣鼓巷是必不可少的。

我们的问卷结果也显示大部分来北京旅游的游客也都是将南锣鼓巷和其他名胜古

迹的参观结合在一起的,品尝特色小吃和体验当地文化是游客选择来南锣鼓巷的主要原因。南锣鼓巷特色的历史保护街区和著名的名人故居增加了这条胡同的文化底蕴,热闹的商户又增加了游客在南锣鼓巷的互动性(图2)。

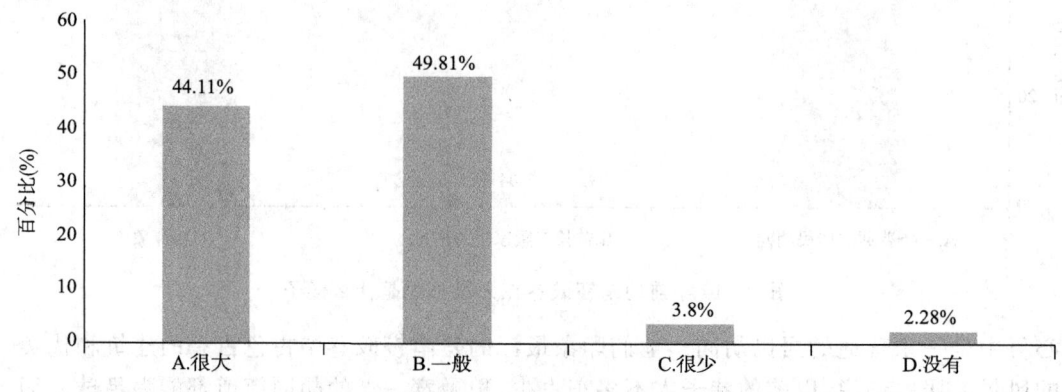

图2 政府的行动对南锣鼓巷经济的繁荣帮助程度调查结果

除了游客们的对南锣鼓巷的主要印象,交通作为必不可少的客观条件也推动着南锣鼓巷旅游业的发展。为了配合旅游业的发展,地铁也修建了南锣鼓巷站。一出地铁左拐便能直接进入南锣鼓巷的街道。在地铁站的出口,我们可以看见不少中外游客,兴高采烈风风火火地走出地铁口,看着简简单单的游览地图后便开始了参观。地铁的便捷性推动了其发展。所以南锣鼓巷便成了北京的旅游胜地。

在我们调查当日,气温高达37摄氏度,但是炎热的夏日仍然抵挡不了游客前往南锣鼓巷游玩的热情。街道上游客来来往往,每家商户都有许多人,走在大街上,俨然一派繁荣热闹的旅游区的景象。

(二)热闹非凡的小商圈

从对商家的调查结果中可以发现,这些商铺的开店时间从2010到2018,它们的开张都在近10年以内,都十分"年轻"。本次实地调查中,17位商家全部选择租赁店面经营。

位于南锣鼓巷商户所有的商标,主要为自创品牌或是较大的连锁商店,也有一些小型的无商标品牌的小店。位于南锣鼓巷的商户自创品牌多为一些创意性的文化小店,是一些有关北京胡同文化的东西,富有新意(赵文婕等,2010)。较大的连锁商店多为食品类,售卖饮料或是食品,在南锣鼓巷中,生意算是非常红火;也有售卖其他物品的大品牌连锁店,此类店铺主要就是因为与文化沾边,所以在南锣鼓巷开店,收入也较为可观,迎合了来此旅游参观游客们的胃口。

有些文创店铺售卖的产品很有北京特色。比如京扇子店,卖的是精致的扇子,首先店铺的装修就很独特,店铺大门的左边是大大的落地陈列窗,里面有着各式各样的扇子。店铺的产品也很精致。有的扇面是刺绣的图案,有的扇面是彩绘的图案,扇骨扇坠的设计也很精美,扇子的价格高低不一,但是也是比普通扇子贵一些。店中的顾客络绎不绝,甚至出现拥堵状况。

因为我们调查的时间正处于旅游旺季,穿行在熙熙攘攘的人群中,我们发现每家店铺的客流量都很大,店里的顾客操着不同的口音,大多数都是游客。在不同的店里,大家都认真地浏览商品,每家店铺的经营状况看起来都很红火。

(三)整洁优美的居住地

改革开放后,作为老北京部分居民的居住地,南锣鼓巷在住宅方面进行了不断地修正完善。从房屋、环境、街道治理等多方面入手,如今已使南锣鼓巷的居民住宅区有了很大的改变。

我们对居住在南锣鼓巷的老住民们也进行了部分采访。一个九十几岁的老奶奶边在小亭乘凉,边扇着小扇,向我们娓娓道来她的居住感受。奶奶提到,她是在2000年以后才住进来的,50多平方米的房子原本是儿子的。儿子一家搬走后,考虑到老人年纪尚大且独居,便从外地接到了身边。奶奶说,改革开放以来南锣鼓巷的变化很大,街道被修缮治理了,也建了小亭子供居民们休息娱乐,还修整了一条河道,让他们的生活质量越来越高。

接着,我们又采访了一位从小就住在此地的老大爷。大爷说,作为这里的住民,南锣鼓巷在他眼里的变化还是非常大的。很久以前,这里给他的印象就一个字,静。没有这么多绿植,没有这么多商业化入驻,家家户户,认认真真生活,此为静。风静静地吹,日子静静地过。随着改革的到来,南锣鼓巷的绿植增加了许多,多到如今一出门就能看到漫天飘着的槐花,多到家门口随意挑选一地坐着便可乘凉聊天。住所外的一条条街道也是修了又改,来来回回折腾了许多次。总体来说对于南锣鼓巷的变化还是很满意的。

我们还采访了一些居民。整体来说,他们认为都改革开放确实让这里变得更加富裕,自己的生活质量也提高很多,基础设施也完善了,对于传统建筑也是一种保护,破旧的房屋街道焕然一新,他们心里也十分开心,也都认为南锣鼓巷对于北京经济的推动是有作用的。

(四)在发展中求生存的理念

南锣鼓巷作为一条文化商业街也在发展中改进。2016年10月底,南锣鼓巷主街地面重新铺装,街上的200余家商铺紧跟着自行整改。"一照一店一门一牌匾",门脸外貌也统一成了青砖灰瓦。统一的门面看上去清清爽爽干干净净,在北京的蓝天白云下简直让人误以为回到了北平。

原先的小吃一条街不见了,而展示鼻烟壶、面塑、泥塑、剪纸、扇子等民俗文化与传统技艺的小店多了,还有那些年轻人开的文创店。在这次的走访中,我们可喜地看到,在南锣鼓巷中遇见了老牌国货骄傲谢馥香、京扇子、谭木匠、手工银饰品博物馆、非洲鼓、美术馆……各种充满文化气息的店铺,或是传统或是创新,或是北京特色或是异域风情。虽然还存在一些没有特色的店铺,但是大部分店铺都比较有特色,他们在这条街上和谐相处着,共同成就了这美丽的风景。

改造后的南锣鼓巷更加符合文化商业街的定位。有老北京特色的胡同,有历史悠久的名人故居,有民间工艺大师制作的各种精美艺术品,有美味卫生的特色小吃。一家家商铺青砖灰瓦,整齐地排列在蓝天下,吸引了来自世界各地的游客(龙露,2010)。

根据我们调查问卷的结果,31%的人认为南锣鼓巷对北京的城市发展有很大的推动作用;60.64%的人认为南锣鼓巷对北京的城市发展有一定的推动作用。整体来说,大部分人都认为南锣鼓巷有利于北京的城市发展(图3)。

在当地政府的帮助和商户及居民的积极配合下,南锣鼓巷在保护历史文化古迹的前提下,发展了旅游业,带动了当地的经济发展,提高了当地人民的收入水平和生活质量,增加了北京作为首都另一城市功能,在自身发展的同时促进了北京旅游业的发展,吸引来自全世界的游客,增加了北京的影响力,带动北京的城市建设和经济发展。

除此之外,南锣鼓巷的文化作用也是不可小觑。南锣鼓巷已经成了北京的标志之一,不仅是国内,在国外也是声名远扬,这增强了中国文化的影响力,增强了我国的文化软实力,越来越多的年轻人将他们的热情投入于这一条条青砖灰瓦古香古色的小胡同,将时代精神与传统艺术相结合,不仅带动着创业经济发展更是推动了文化创新,让南锣鼓巷讲述着新时代的中国故事,让北京这座城市越来越美丽。

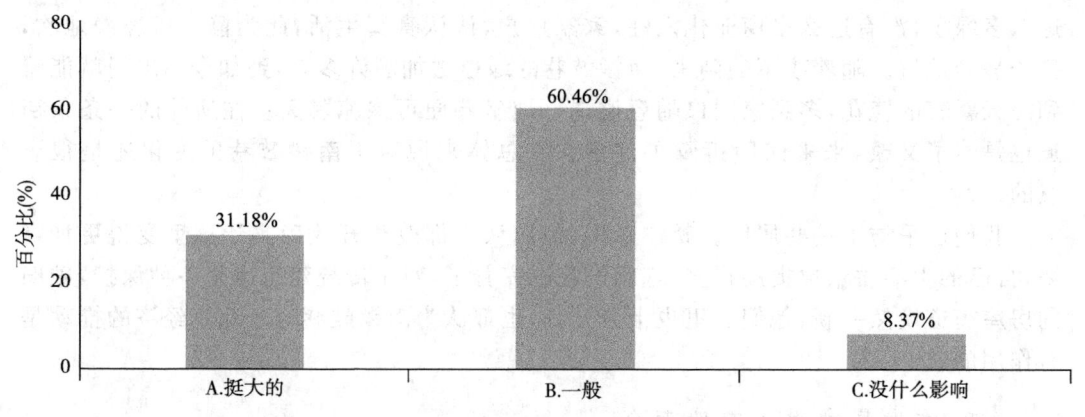

图3 改革开放后南锣鼓巷的发展对北京城市发展的推动调查结果

三、目前的南锣鼓巷:美中不足问题多

南锣鼓巷作为历史文化商业街,既是旅游景点,也是小商圈,还是居民区,多重职能相互叠加难免有有待发展的地方。

(一)文化商街的定位

我们通过对调查问卷结果的分析以及对游客的走访,得出以下结论:70.34%的游客认为南锣鼓巷的消费处于中档水平,26.62%的游客认为其消费水平处于高档水平,3.04%的游客认为其消费水平处于低档水平。由以上结果得出南锣鼓巷的商品基本可以被大众接受。另外,通过我们的走访发现,游客的数量较多,即使35℃的高温天气仍挡不住游客们对南锣鼓巷的热情,其受欢迎程度可见一斑。

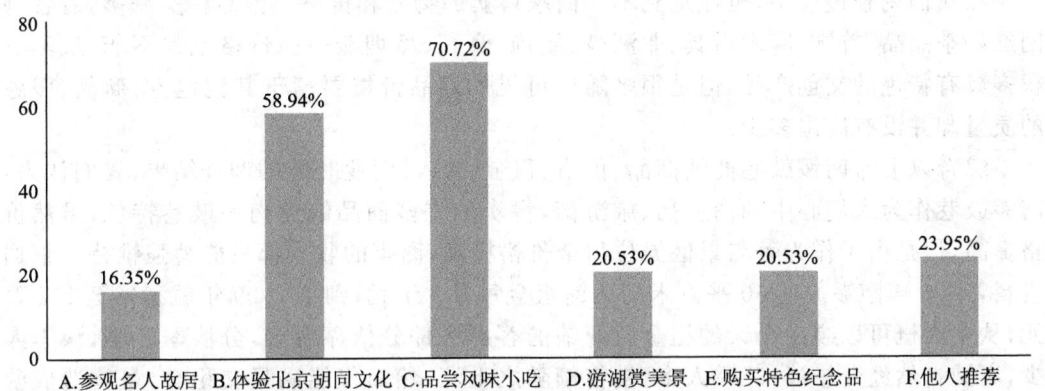

图4 游客来南锣鼓巷目的调查结果

根据问卷中的结果,我们发现大家来南锣鼓巷的目的有很多(图4)。70.72%的游客是为了品尝风味小吃,58.94%的游客是为了体验北京胡同文化,其余游湖欣赏美景、购买特色纪念品、被推荐来参观以及为了参观名人故居,均占比20%左右。根据我们实地考察发现,南锣鼓巷的商品主要以餐饮类为主,服饰类为辅,其余的特色文化商品较少,这也可能是影响游客选择的重要原因之一。

在结合问卷结果和对游客的访问之后我们发现,仅仅因为南锣鼓巷而来北京的游客少之又少;小部分游客甚至认为南锣鼓巷并不值得单独进行参观;大部分游客都是将南锣鼓巷与其他名胜古迹相结合起来参观。

由以上结果我们不难发现:南锣鼓巷在其商品吸引力上做的还是不错的,但是其内容形式却过于单一,缺乏南锣鼓巷的特色,特色文化商品数量极其有限,与其"商业文化街"的定位尚有一段距离。游客们也认为,南锣鼓巷的文化建筑应尽量多地保留胡同或者老北京特色,而不是用大量的现代商业元素替代这些老北京文化元素,使南锣鼓巷成为真正意义上的商业文化街。

街道治理上,虽然安保人员有很多,但是当人们向他们问路的时候,态度冷淡甚至还有一些不耐烦。对于一些外国游客的提问,回应起来也较显吃力。

(二)焦虑不满的商户

处于南锣鼓巷的商户们,店铺大多都不是自家本来所有的房屋,多数为租赁店铺。因此,商户们需要支付较大一部分的店铺租赁费用。在调查中发现,约有30%~40%左右的店铺能勉强担负起租金甚至无法负担租金,此种现象多出现在小型独资的店家。且此类商户和售卖品主要分为两种:极具文化特色,导致普通人不是很了解该商品的商户和不具南锣鼓巷或是传统北京文化特色商品的商户。在南锣店家面临着租金高昂的问题的同时，店主们也并没有受到任何关于国家给予的补贴，均为自主负担租赁费用。

这些店铺的经营时间从早上的八、九点到晚上的九、十点。由于客源大多是旅游者，南锣鼓巷作为景区，客流量分淡季旺季，旺季如寒暑假期人流较多，淡季则非常少。

在我们调查过程中，也注意到不少商家售卖的物品和价格。商品种类繁多，有各种网红奶茶甜品、首饰、魔术道具、非洲鼓、旗袍、膏药、鼻烟壶……价格也都不菲，虽然有很多具有特色的文创产品，但是很多随处可见的商品价格要高于其他地方，商品、服务的质量却并没有高出多少。

综合以上对南锣鼓巷商铺商品、价格、租金、收入、营业时间的调查结果，我们认为：南锣鼓巷作为人们心中的商业街、旅游街，售卖的许多商品缺乏南锣鼓巷特色，虽然价格虚高，但是由于作为著名景区摊位租金价格极高，商家的收入都只能勉强维持。根据资料，2005年南锣鼓巷50平方米的店铺租金每月5千元，到了2009年就猛增至1.2万元，从中大概可以窥出今天的租金。商铺的客源大部分依靠游客，分淡季旺季，淡季人少，商铺自然经营惨淡；旺季人多，销售额随之上涨，然而仅能满足交租金，最终造成游客认为商品缺乏特色、价格过高，商家却认为挣不到钱的境地。其实，这些光顾的游客们都冲着"南锣鼓巷"这个名号来，在南锣鼓巷买到的大部分却是随处可见却又价格奇高的商品，南锣鼓巷对于他们来说只能算万千个到过的景点中的一个，并没有留下什么深刻印象，大部分人都不会再来第二次。

作为北京人，笔者曾经在几年前去过南锣鼓巷，而两相对比，南锣鼓巷内店铺已经换了一批，这也印证了我们调查的商铺开张年份都很近，而相比之下南锣鼓巷作为商业街的时间却远超于此。

越来越多的连锁店进驻到南锣鼓巷，这意味着南锣鼓巷将和其他地区的商业街相比更加难以区分。至于原因，从以上的调查结果可以窥得一二。日益增长的租金迫使有特色的店铺离开，随之而来的是能够承受高租金的连锁店，它们售卖的商品千篇一律，向毫无当地特色的奶茶饮品、零食小吃靠拢；又因为过高租金抬高了商品价格，一些商铺不堪重负关门，有一批新的商户搬进来，形成循环。就这样南锣鼓巷成为一个平凡的商业街，它所承载的本地文化早已在人们追求的高额利润下丧失。

改革开放后，我们迎来了市场经济，回顾过往的40年，人民收入增加，商品的种类也在增多，市场一片繁荣景象，但是也有一些问题出现，从小处着眼看大局，南锣鼓巷是一个缩影。在我国有千千万万个像南锣鼓巷的商业街，商铺的经营状况令人担忧，它背后隐藏着消费主义对于当代中国的危害，消费使人们只在乎利益和物质享受，于是一波又一波的循环后，无数个特色商铺倒闭了，带有南锣鼓巷特色的印记一点点被抹去（孙宏阳，2018）。

可喜的是，2016年4月，南锣鼓巷景区申请取消3A景区资质。人们开始意识到，金钱的利益不能代表一切。南锣鼓巷负荷过多，人流仅仅是取消资质的其中一个原因，更深处的原因也有南锣鼓巷景区主动"泼冷水"，给过热的南锣鼓巷降温的意思。3A景区资质的取消，降低了南锣鼓巷的热度，从抑制租金过快上涨入手，还南锣鼓巷一个清静,更是给南锣鼓巷商铺们一条发展之路。

(三)居民百姓的心声

南锣鼓巷这条有上百年历史的街道,这些年来一直住着很多的居民,他们是巷子蜕变的见证者。

我们小组成员实地调研,采访了当地居民对于这条街道的真实看法和感受。受访者年龄一半在60岁以上,所有受访者年龄均在30岁以上。我们可以发现,其实多数生活在南锣鼓巷的居民是中老年人。男女比例一比一,其中只有一位土生土长的阿姨对于40年前的南锣鼓巷还有印象,其余的受访者多数是由于各种原因在十几年二十多年前搬来到南锣鼓巷。不同于普通游客对于这里繁华商业街、古色古香建筑、名人故居文化底蕴的理解,住在这里的人们对于南锣鼓巷的变化赞叹褒奖之外有着作为居民的"小不满"。几乎所有受访者都表示,商业街或多或少是影响自己的生活的,物价上涨,噪音较大,经常有游客半夜从自己门前或唱或闹地开启夜生活。老人们表示,门口超市的菜要贵很多,但是腿脚不方便了,他们也就无暇算计这些了。一位老奶奶有些心疼地跟我们说,自己买了一根黄瓜竟然已经三元钱了。还有一点令大家不满意的就是卫生问题,尤其是公厕,虽然胡同中有很多公厕并且保洁人员勤劳打理,无奈南锣鼓巷游客太多,卫生实在难以保证。作为老住民,也有被调查者表示,他对南锣鼓巷的改造并不是特别满意,这体现在文化气息不够。虽然说表面上一些文化类商家入驻了,但是真正的文化却是被藏起来的。南锣鼓巷的文化气息还不够浓郁。如婉容故居等地,其实是不开放的。游客看不到那些真正的文化,却很容易被现在文化中夹杂的商业成分带偏。大爷希望这些文化能够更好地带到人们身边。如果南锣鼓巷的文化氛围纯度更高,或许会更加受欢迎。

除此之外,问卷中有居民反映,不时会有游客走进住宅中,将居民住宅当成旅游景点参观,严重地影响了当地居民的生活,而保安却对此无过多作为,这很有可能造成居民对改造南锣鼓巷的行动产生抵触甚至于不配合,不利于建造"商业文化街"。

虽然有一些问题,但是老人们也都表示,改革开放后的南锣鼓巷确实改善了自己的生活。同时对于更好地打造可持续文化型商业街道,居民们也积极响应,提出对策,作为居民,他们表示,应该加强治安管理,维护卫生,调控物价,同时也希望可以控制人流量。

总结下来,居民体验基本为:变富了,但是同时也变乱了,希望可以维护治理。

四、打造可持续发展的南锣鼓巷:北京的新名片

通过这次调研我们发现,南锣鼓巷作为一条文化商业街,著名的旅游景点,目前的发展状况还是不错的。胡同的古建筑风貌得以保留,名人故居得以很好地修缮保护,街道治理得干净整洁,石砖石墩都具有胡同特色。商业街经过几次整理后,也越发注重创新和文化特色,也在朝着好的方向发展。每到旅游旺季,前往南锣鼓巷的游客不计其数,是火爆的游玩地。但是南锣鼓巷还是存在一些问题。

根据调查结果显示,大家对南锣鼓巷的街道环境治理、店铺商品质量价格、街道治安治理、当地文化特色的表现和历史文化宣传的表现状况还不是很满意。南锣鼓巷在旅游地、商业圈和居民区的三个身份上,还需要更好地进行协调发展(图5)。

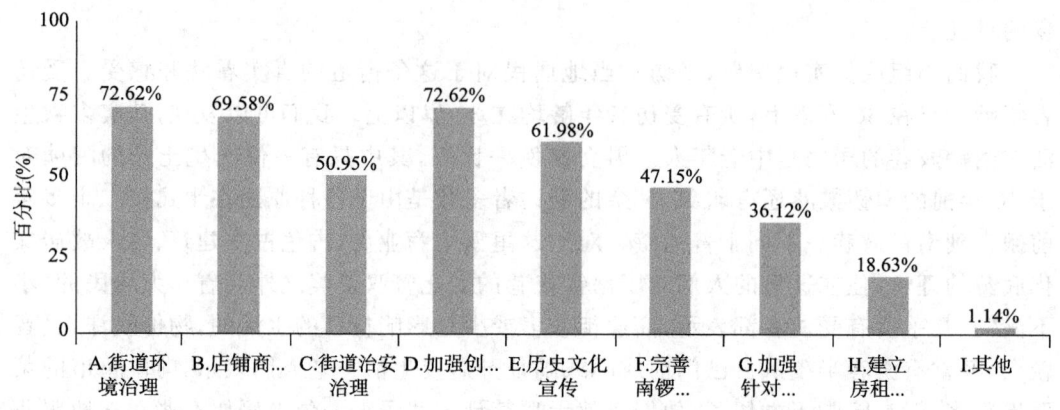

图5　要打造可持续发展的文化型商业街的建议调查结果

（一）继续发展的旅游地

通过调查我们发现,"南锣鼓巷"这一品牌并未打响,也没有类似于故宫、北海等特色文化古迹的强大吸引力,因此南锣鼓巷在其文化特色与知名度上仍需加强。通过问卷结果我们发现,游客们提出"修旧如旧"的建议,希望在南锣鼓巷的文化建设中尽量多多保留一些胡同文化或者老北京特色。

而在街道治理方面存在的问题中,虽然每一段胡同便有保安进行执勤,但其素质仍需提高。对于大多数保安无法满足外国游客的需求及提问,并且态度不是很好的现状,南锣鼓巷可以考虑培训安保人员和设立旅游区志愿者。这些志愿者可以是学生,也可以是社会人员。通过自愿报名和考试选拔的方式筛选出高素质的志愿者,以便满足不同游客的需求,进而增加南锣鼓巷整体的吸引力。

（二）走特色发展的商户

整改后的南锣鼓巷虽然有了很大的改观,但是当我们漫步在南锣鼓巷中,还是发现有许多出售毫无特色的纪念品店。这些店里的纪念品在各个地区几乎都随处可见,并且包装随意,质量一般,没有什么特色。所以我们认为,南锣鼓巷的商业街如果要立住,那么必须走特色道路,这个特色指的是老北京特色,老北京文化特色。只有结合了当地文化的店铺,才有只属于南锣鼓巷的独一无二性,这样才能吸引更多的游客。

对于较高的租金来讲,因为南锣鼓巷是热闹的商业街区,根据市场的原理,租金高是必然的,但是南锣鼓巷也是政府重点发展的商业街。政府可以对此进行一些租房补贴,从而支持商户们更好地发展文创事业,促进景区发展。

(三)协调文化商业街与居民区关系

文化商业街的繁荣促进了当地的发展,但是同时也带来了巨大的人流量。人多自然而然就会出现很多问题。比如公共厕所来不及经常打扫,有人会偷窥自己的院子等等,这些事情对当地居民已经成了烦恼。对于这些,居委会可以出面,跟居民们进行讲座,毕竟这些事情是难免会有的;可以在居民多的区域的墙上贴一些居民区保持安静、禁止偷窥的牌子。加强居民区的监控力度,在有可疑分子时,可以及时行动盘问。

对于当地物价上涨的问题,我们认为,因为使南锣鼓巷成为文化商业街不是当地居民的选择而是政府的规划,政府可以每个月给当地居民一些经济补贴,从而缓解大家对于物价上涨的无奈,更好地促进居民与游客的和谐共处。

总体来说,南锣鼓巷发展至今,其总体发展方向是越来越好的。我们也相信,在发展中进步的南锣鼓巷会成为北京的新名片。

参考文献

孙宏阳,2018-02-24.南锣鼓巷的新生[N].北京日报(006).
龙露,2010-07-12.北京南锣鼓巷蜕变四部曲[N].北京晚报.
赵文婕,卢璐,2010.从老北京胡同到京城"创意空间"——南锣鼓巷特色店调研报告[J].北京印刷学院学报,18(05):6-11.

改革开放以来就医行为选择的演变[①]

袁 雷 贾凌杰

【摘 要】 为了提高对于改革开放影响的认识,我们选择了就医行为选择这一话题进行了深入调查和研究。为了便于调查我们选择了使用调查问卷和采访笔录的方法,以中年人为对象得出演变过程。进而我们分析出了就医行为在改革开放的影响下所受制约因素的变化。我们最后得出在各种福利政策和医保的推行下,现在就医基本上已不受经济因素的制约,更多的是追求高质量的健康保证。在生活水平愈来愈好的状况下,健康显然逐渐成为各个阶级家庭更加关注的话题。

【关键词】 改革开放;选择;变化;原因

我国的改革开放是20世纪后半叶世界历史上最重要的事件之一,医疗卫生改革是改革开放的重要组成部分。医改政策,左右着医院发展的走向,决定千家万户的切身利益和人民群众的健康福祉是否能够得到满足。

2006年初,国务院颁布《关于发展城市社区卫生服务的指导意见》,提出要坚持社区卫生服务的公益性质,注重卫生服务的公平、效率和可及性,坚持政府主导,鼓励社会参与。2006年,党的十六届六中全会明确提出要"坚持公共医疗卫生的公益性质,建设覆盖城乡居民的基本卫生保健制度,为群众提供安全、有效、方便和廉价的公共卫生和基本医疗服务。"新的医改方案开始孕育。

虽然在很多方面,医改政策促进了行业的发展,但是也突出了一些弊端,有些问题仍然没有得到解决。当前,医疗最突出的问题就是医患关系,在有些医患之间失去了最基本的理解与信任。造成这一矛盾的根本原因,是医疗费用和就诊时间等问题。我国医改面临的挑战是空前的,机遇也是空前的,总结我国医改的经验和教训,借鉴国际经验,我们希望探索出适合我国的发展模式,为人类做出应有的贡献。

关于改革开放前后就医情况的调查

调查时间:2018年8月29日

调查地点:贵州省惠水县

调查人:杨秀琴

记录人:杨秀琴

被调查人:白瑶昌

杨:爷爷您好!我是小杨,请问您今年高寿了?

[①] 本课题指导教师袁雷(北京工商大学马克思主义学院);课题组组长贾凌杰(电子161);课题组成员:黄正阳(电子161),黄小倩(电子161),张文博(电子161),杨秀琴(电子161)

白：九十一了，呵呵……

杨：爷爷，我想了解一下改革开放前后的就医状况，您能大概给我讲一讲吗？

白：当然可以。以前乡镇没有卫生院，也就是现在的医院，只是区有，不过区里会派卫生员到乡镇驻足，一个乡镇有一个卫生员，哪家有人生病了，他们便会来请卫生员到家里去看病。

杨：爷爷，那时候收费和现在一样吗？有没有什么优惠政策？

白：那时候都是自费，没有现在医疗保险这样的说法，所以说不到万不得已，很少有人会到医院去看病。

杨：这样的情况维持了多久呢？什么时候开始有大的变化？

白：60年代开始有比较大的变化，开始有了医疗证，入会（定期缴纳费用，有医疗证）的人定期缴纳会费，就可以凭医疗证免费看病，拿药。改革开放后啊，乡镇才有了卫生院。

杨：有了卫生院和医疗证以后，是不是有更多人愿意到医院看病了？让老百姓觉得最困难的是什么呢？

白：有了医疗证以后，更多人愿意去卫生院看病了。但是，那时候的路不好走啊，都是山路，哪有现在这么方便呐。那时候一般人家离镇里都远，所以看病也就难咯！不过相比于之前还是好了许多。

杨：那时候入会（定期缴纳费用，有医疗证）的情况大概是怎样的呢？

白：也就是家里比较有钱的入会（定期缴纳费用，有医疗证）。一般家庭人少，贫苦的家庭就不必说了，更少。这样的家庭还是像以前一样，在家用土方法治疗，到万不得已才到医院去。

杨：爷爷，您觉得医疗证和现在的合作医疗有什么不同和相同之处呢？

白：医疗证看病拿药是全部免费，现在的合作医疗是报销一部分，但是也减轻了老百姓看病的压力。

杨：爷爷，谢谢您告诉我这么多，愿您福如东海，寿比南山！

分析

以下为改革开放前精益行为选择的分析。由于当时人们大多数都劳作，身体健康方面自然有保证就不特意分析。

(1) 医院体制

根据这位杨爷爷所说，在那时医院还没有普及，在乡镇没有，只有大区里才有，整个社会医疗水平很是欠缺，而且每个乡镇只有卫生员做客式行医。作为一个卫生员，他能掌握的各方面专业知识必然不会很高，顶多就是开一些药，给点建议，可以推断，当时碰上疑难杂症康复率不会高。但是相对来说，那时候的人们，请医也少，生些小病一般用土方子自行治愈。可以看出，经济因素和观念因素的制约相当深刻，也可以看出当时科学思想没有深入人心。

(2) 消费形式

那时采用了医疗证的定期缴费方法，有医疗证就可以到卫生院治病。但是这个方法有个很大弊端,不论重病时的手术费等,在国家不富裕的那个年代,衣食住行每一项都需要人们去辛苦劳作才能维持生计,但是定期缴费就意味着会在日常花去不必要的钱,带来不小的开销。这也是小病选择土方子的重要原因之一吧。

(3)交通方式

那个时候不仅没有车,就连自行车也不普及,一旦得了重病需要去区医院,一般都是需要背着病人走上很远的路。由此可见,交通因素深深影响着就医行为,劳累不必说,病人多一份耽搁便多一分危险,更何况道路开发也不好,没有什么大路,全是土路山路,危险性对于病人来说都会大大增加。因此我们现在称为的大病,在那时还不一定会去医院,出行方式可以说是主要制约人们去医院的因素。

一、家庭因素

家庭因素包含面相对较多,我们主要讨论学历、家庭结构和收入(总和为家庭生活压力)这三个方面。

(一)学历

谈到学历,最直接的影响应该是就医的观念。一般来说,进入学校不同,会引起对于健康科学的教育程度不同,也就是对于科学的重视。相对于高中及以下的人员来说,一般都是一些农民工小家庭或是教育程度不高,或者说对于教育并没有那么重视的家庭,这样的家庭往往比较遵循旧时的"野路子",比如"不干不净,吃了没病""凉白开就是最好的药"等没有科学根据的方法。这就使他们可能会选择一些小医院甚至是不去。当然这是以前人的思想,现在时代变了,文化水平再低的家长也有了去医院看病的意识。根据一些数据的统计,多数人还是选择了大型三甲医院,并且公立医院看病居多。这说明在医保盛行的福利政策和媒体的大力宣传下,即使是中低文化水平的家庭也越来越重视自身健康,对于保健知识有一定的了解。本科以及大专学历或是硕士及以上的人,对于健康也有一定的认识。由数据可知,这样的家庭对于病症大部分会选择去大型医院。

(二)家庭生活压力

家庭结构是指一个家庭的成员构成。我们先不讨论老年成员(大部分有退休金,对于家庭就医经济影响不大),主要考虑的是子女数量以及是否工作。首先谈到有多子女但是已经工作的情况。因为已经有了工作情况。家庭月收入肯定已经有5000元之多,家庭生活质量有了一定的保障。所以,大多数人更倾向于医疗质量,经济成了很少数人的制约因素,说明,除去子女的抚养费后,就医基本上不受家庭状况的制约了。再看有多个子女但是未工作的经济压力状况。由数据可知,经济因素不再是那么无关紧要,可以说是比较重要的考虑方面。即使是在有医保等福利政策的帮助下,还是对于就医有一定的压力。而独生子女家庭,压力很小甚至完全没压力,对于就医也是比较关注,经济上也没什么压力。再相较以前(父母年轻时),因为当时推崇优生的思想且计划生育没有实行,使得当时的家庭结构更多是一家多子女,这就造成以前生活压力确实比较大。相对的经济问题自然而然地成了首选,尽管当时医药费不是很贵,但是在没有福利政策的辅助下,都有一定压力的他们,还是选择那些自身难以解决的病才去大医院,平常能不去就不去或是去一些小医务室。由此可见,家庭生活的压力随着改革开放,已经不是很影响就医行为因素了。

二、医保

医疗保险是为了补偿劳动者因疾病风险造成的经济损失而建立的一项社会保险制度。通过用人单位与个人缴费,建立医疗保险基金,参保人员患病就诊发生医疗费用后,由医疗保险机构对其给予一定的经济补偿。

1998年,中国政府颁布了《关于建立城镇职工基本医疗保险制度的决定》,开始在全国建立城镇职工基本医疗保险制度。

基本医疗保险制度的建立和实施集聚了单位和社会成员的经济力量,再加上政府的资助,可以使患病的社会成员从社会获得必要的物资帮助,减轻医疗费用负担,防止患病的社会成员"因病致贫"。

为了检验医疗保险是否真的能帮助广大人民减轻就医的经济负担,我们调查了还没有实施医疗保险制度的时期,也就是1998年以前和现在影响人们就医选择的因素。

由图1和图2可以发现,未实施医疗保险制度时,经济因素占了34.23%,排在所有因素中的第三位。而当实施医疗保险制度后,经济因素占比下降到了只有20.72%,排在所有因素中的第五位。通过对比图1和图2,我们不难得出一个结论:经济因素虽然仍很重要,但已不再像以前那样深深地影响着人们的就医选择。其中不排除工资收入提高、生活水平提高等因素,但实施了医疗保险制度是非常重要的因素之一。

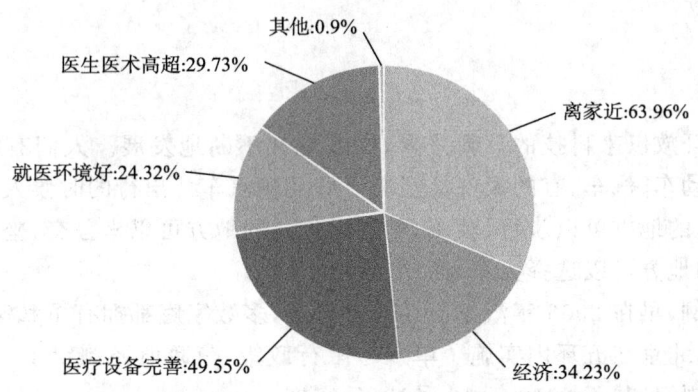

图1 未实施医疗保险制度时影响人们就医选择的因素

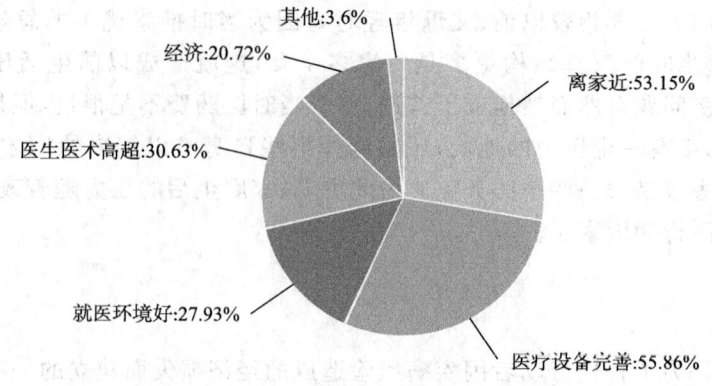

图 2　实施医疗保险制度后影响人们就医选择的因素

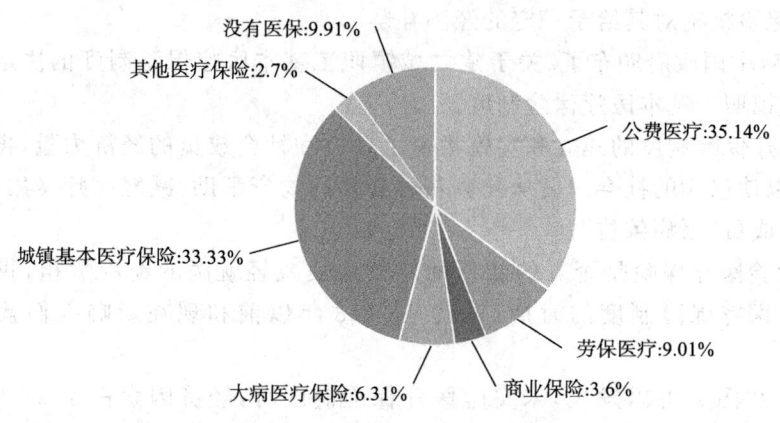

图 3　人们参加的医疗保险类型

所以,医疗保险明显地减轻了人们就医的经济负担,极大程度上地防止了患病人员"因病致贫"。而且从图 3 可以看出,绝大多数的人都参加了医疗保险,没参加医保的人只有不到 10%。虽然医疗保险的种类不同,但是目的都是一样的,就是来减轻就医的经济负担(图 3)。

三、交通

随着改革开放以来科技的日新月异,交通也在不断地发展。人们有了自己的自行车、摩托车、电动车、汽车,有的家庭甚至有了好几辆汽车。出行的时候人们也有了越来越多的选择,近的地方可以步行、骑车,稍微远点儿的地方可以坐公交、坐地铁、开车、乘出租车,更远的地方可以选择火车、高铁、轮船、飞机。

以北京为例,早在 2006 年汽车已经非常普遍,多数家庭都拥有了私家车,为了缓解交通拥堵状况,北京在五环内实施了单双号限行政策,市政府还制定了《北京市小客车数量调控暂行规定》并于 2010 年 12 月 23 日实施。

这些政策和规定的实施从侧面说明了交通的发达。随着汽车行业的飞速发展,汽车数量也飞速增长,这也促进了公路的发展。中国的高速公路已经非常发达,总里程在世界上可以排进前二。现在,高速公路已经贯穿了东西南北,你可以在高速路上从黑龙江开到广州,也可以从江苏开到新疆。

为了防止时间过长人们记不清的情况,我们选取了20年的时间差来作为交通变化对人们就医选择的变化的前提。对比图4和图5可知,20年来,人们从家到医院的所需时间越来越短。如今,大多数人可以在半小时内到达医院,确保了将因在路上耽误过多时间而对就医产生的影响降到了最低。图4、图5不仅仅能说明交通工具越来越发达,还能反映出医院的数量也在增加。缩短人们到医院的时间,发展交通工具是一方面,增加医院的数量也可以缩短人们的出行时间。增加医院的数量就是减少了人们从家到医院的路程,从根本上缩短了人们的出行时间。改革开放以来,医院的数量也在飞速增加,而且分布也越来越均匀,让人们就医也越来越方便。

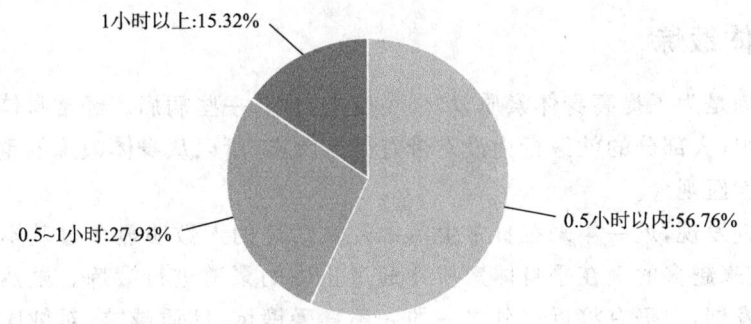

图4　20年前人们从家到医院所需的时间

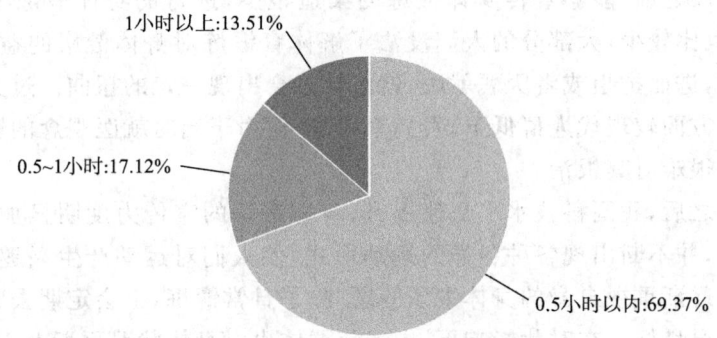

图5　现在人们从家到医院所需的时间

从图6可以看出,现在人们去就医的方式也是多种多样。随着生活水平的提高,有将近半数的家庭可以开着私家车去就医,极大地缩短了路上的时间。即便是乘坐公共交通工具,如今也是十分的方便,基本能到达各大医疗机构的门口,而且价格也很实惠。在9.91%的其他选项中,步行占了绝大多数,说明医院数量的增加对人们就医有很大帮助,家周围新建了医院,人们就医越来越方便,人们的健康也得到了更好的保障。

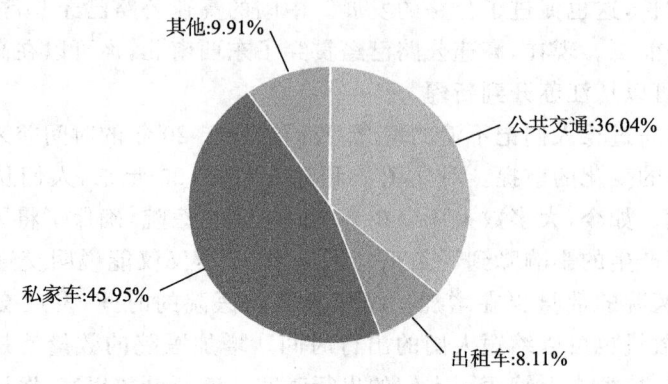

图 6　现在人们去医院选择的出行方式

四、身体锻炼

坚持锻炼是为了提高身体素质,增强免疫力,预防一些病痛。经常身体锻炼的人对健康十分重视,大部分的就医行为没有带有偏见因素,所以从身体锻炼的重视程度可以侧面体现出就医观念。

通过调查发现,近一年来在日常生活中经常锻炼的人数明显多过基本不锻炼的人数,这表明越来越多的人在乎身体素质并通过正确的渠道进行锻炼。虽然整体趋势是往好的方向发展,但仍有将近三分之一的人不喜爱锻炼,体质越差,对健康的认识和就医观念越欠缺。

在改革开放之前,能够宣传身体锻炼的渠道很少,进行的身体锻炼项目也十分单一,运动场所也比较少,大部分的人们没法了解体育锻炼对身体健康的益处,对身体只有表面的认识,进而抗拒或者厌恶就医,就医观念会出现一定的扭曲。过少的运动量使人们免疫力等方面较现代人群低下,发病率较高,但由于当时就医观念的影响和医疗水平的限制可能很难对其根治。

改革开放之后,我国科技水平快速提升,身体锻炼的宣传力度明显加强,运动场所在居民区增多,并不断出现各种各样的运动形式,使人们对运动产生兴趣,所以大部分新一代的人们逐渐重视自身的身体素质问题,除了日常锻炼,也会定期去医院进行体检以保证身体状况良好。在时代影响下,中老年群体也对身体状况逐渐上心,整体身体素质得到提升,在医疗水平不断发展的背景下,某些病的发病率也得到了抑制。例如少数患有慢性疾病的人群,因为身体原因去医院的频率较健康人群高,就医观念比较端正,虽不推荐进行激烈的运动,但舒缓的有氧运动更有助于慢性疾病人群加强体质,使发病率比改革开放前降低许多。

但是仍然会出现错误认识。一是由于经济、地理位置等原因,仍有对自身身体不重视并对医院不信任的人,缺失健康认识和就医观念使这类人群普遍体质较差。二是因为过度运动的现象出现,可能会引发一些偏激或消极的就医观念,例如只要运动就会身体健康,不需要去医院"遭罪"等。

由上述可知,在改革开放后年轻一代的就医观念得到了很大的扭转,而在中老年群体因为年纪等因素,身体容易出现不良状况,可能会不得不去就医。在这种半强制行为的驱动下,中老年群体的就医观念也得到了一定的提高。但是在过度理解和不够理解的背景下,都可能会出现很多不端正的就医思想,说明锻炼身体对群众就医观念的影响还不积极。

为了将这种好的趋势延续下去,人们需要加强健康教育,减弱错误思想对群众的影响,引导人们学习正确的就医观念,养成经常锻炼的好习惯,提高全民身体素质。

五、就医选择

在我们的调查中,对于当自己不适时会去哪里就医,在改革开放前与改革开放后选择去三甲医院的人数都是相差不多的,均有三分之二的人会选择去三甲医院就医,只是在改革开放前不去三甲医院的人会有比较多的人去社区诊所看病,而不是去其他的大医院。在改革开放前,人们对疾病的重视程度还不够,认为小灾小病不值得重视,去大医院反而会浪费钱,而得了大病,一般的大型医院也很少会被选择,所以就会在一些社区医院看完病或者就在家养着。在改革开放后,居民更加重视自己的身体健康,当自己不舒服基本上都会选择更加稳妥地去医院看病,也会去选择一些更有医疗实力的医院。

在我们调查的去医院的这些人中,改革开放前大约只有一成的人会去专科医院看病,更多的是去综合医院。在改革开放后,大约会有两成的人去专科医院看病。其中的一部分原因可能就是在改革开放前,大家对自己身体的了解十分有限,不是很清楚自己的问题具体在哪,只能是进行比较全面地检查来确定自己具体的病症,或者是并不重视进行专项的治疗,觉得无所谓。而在改革开放后,对人体的各种知识逐渐普及,居民对自己的身体问题更加清楚,专科医院的数量也有所增加。专科医院在自己的科目上的能力逐渐强于综合医院,针对性的就医更加受到人们的青睐。

在我们的调查中,改革开放前有八成的人会去选择公立医院看病;在改革开放后选择去公立医院看病的人则是增长到了九成。一般来说,去公立医院可以有更好的医疗条件,但会有相对来说更为昂贵的费用,有些步骤上也比较麻烦。在改革开放前没有医保,看病带来的经济上的压力会比较大。另外,有些私人医院可能会有些熟人,可以对看病的步骤上有一些帮助。在改革开放后,城镇居民对自身的健康更加的看重,就医的知识得到了充分的提高,会去选择更加正规、医疗条件更好的医院。

之后对居民的选择原因进行调查。在改革开放前,居民更注意的首先是距离自己家的路程,其次是医疗设备是否完善,然后是经济问题。在改革开放后,居民最为关心的问题就变成了医疗设备是否完善,其次才是距离问题,而经济问题则变成了所有原因中的最后一位,甚至不如就医环境对居民的影响。造成这种情况的原因是,在改革开放前,比较糟糕的交通以及普遍比较微薄的收入。改革开放后,交通快速发展,四通八达的轨道交通和逐渐提高的发车频率让交通对居民的就医影响逐渐降低,而在之后出现的医保社保等保险则是大大降低了居民在医疗看病方面的经济压力,从而让居民们更多地去考虑自己的病情,然后选择更适合的医院。

六、就医意识

在改革开放前后,人们对自己的健康没有非常重视,这与他们的生活水平有关,也与医疗条件和其他的因素有关。在那个时候,听诊器,血压计,温度计已是很先进的看病设备,有些人甚至未曾听闻有这样的东西存在。在那个时候,只要不是特别严重的,几乎要命的病,他们不会到医院看病。平时的感冒,头痛等都是在家用土方法治疗,就连我们现在极为重视的生孩子都是在家完成,这大大增加了孩子的死亡率,同时也对大人的健康造成了威胁。

改革开放后,随着人们生活质量的提高,许多先进的医疗设备也相继出现,党和国家对人民的就医问题也越来越重视。从20世纪80年代开始,国务院相继下发了许多关于就医问题的文件。例如,1985年国务院批转了原卫生部1984年8月起草的《关于卫生工作改革若干政策问题的报告》;1992年9月,国务院下发了《关于深化卫生改革的几点意见》等。人们越来越关注自己以及家人的健康状况,特别是有了未雨绸缪的意识。根据我们对老年人的调查报告,随着他们年龄的增长,越来越多的人选择定期到医院检查自己的身体状况。在他们年轻的时候,仅有30.63%的人会定期到医院做检查,而在今天,相同的人群,定期到医院检查身体的人数占到了41.44%,可见改革开放后人们的就医意识有了很大的提高。这个现象的出现反映了我国在改革后各方面发生了很大的变化:首先,人们的生活有了保障,至少在这样的条件下才有暇顾及感觉无恙的身体;其次,生产水平的提高,医疗条件的改善等。

调查结果显示,人们首先关心的是健康保健类,达到了68.475,这印证了上文提到的问题,即人们越来越懂得提前预防疾病,确保自己的身体处于健康状态。其次是疾病医疗类,占了48.65%,医患纠纷类也占了相当高的比例。由此可见,人们的就医意识相比于过去得到了特别大的提高,人们主要是关注自身的保健方面,不再是等到生病了才会到医院就医,甚至在家用土方法治疗。

改革前后,交通通信都不发达,写信传递信息成了主要的通信方式。居于山中的人甚至无法获得外界的消息,也许一辈子都没有机会出山,更不必说获得相应的保健知识。现在,交通和网络都很发达,足不出户便可知外面得世界如何。调查报告显示,从网络上获取保健知识的人占到了80.08%,其次是电视,再次是从医生那里获得。

从改革开放至今,整整40年,人们的就医意识有了很大的提高,这有赖于改革开放带来的高质量的生活水平,发达的交通,飞速发展的科技。

七、结语

说实话,现在的我们经验过少,对于研究项目的操作方向还不太明确。我们对于调查对象的寻找有些困难,但经过长时间的努力还是有一定的实效。我们在统计数据后基本得到了基本的期望结果。在家庭、交通、就医意识、锻炼、医院选择这四个方面,无疑变化都非常大。我们也根据其时代背景深刻分析出这些因素目前只有就医意识和医院选择最能影响选择。当然这只是数据的结论,然而这次活动给我们最主要的收获是见识,平时听起来很简单的事,从来没有想过在操作起来会需要考虑这么多,更没有想到在具体执行时人脉方面也会成为一个不小的障碍。不管是他人的不配合、合作的矛盾和操作上的误解都有可能引起坎坷的产生。这也是我们步入社会的第一步。今后我们会更多进行社会实践,不管是打工,志愿活动还是论文报告,都能锻炼我们的与人共事、交往能力,为以后工作相处做积累。

参考文献

李江,李翔坤,戴万津,2014.改革开放以来我国公立医院改革政策取向的伦理思考[J].医学与哲学,23:71-72.

李玲,江宇,陈秋霖,2008.改革开放背景下的我国医改30年[J].中国卫生经济(2):5-9.

高强,2009.认清形势 坚定信心 全力推进医药卫生体制改革——在2009年全国卫生工作会议上的讲话[J].中华医院管理杂志,25(005):289-295.

尹鸿林,2016.浅谈对深化医改的一些建议[J].黑龙江医学,040(021):36-37.

食品药品安全问题的演变和当下热点问题[①]

王 东 鲍 玺

【摘 要】 改革开放以来,伴随着经济的高速发展,餐饮行业、药品行业如雨后春笋般不断兴起,随之而来的各种食品药品安全问题也演变得愈发激烈。民以食为天,食品药品质量安全与人们的日常生活,身体健康息息相关。我们小组以此为研究课题,旨在探寻改革开放以来食品药品安全问题的演变规律,发现其潜在的一些有效治理方法,并进行重点研究;对当下热点问题进行商讨,以期能对热点问题的改善献出绵薄之力。本文通过查阅资料,分析群众对于食品药品安全问题的看法,得出保障食品药品安全问题的意义,保护人民群众的根本利益和健康安全,践行食品人的中国梦。

【关键词】 食品药品;安全问题;改革开放

改革开放以来,食品药品安全问题越来越被人们所重视。国以民为本,民以食为天,食以安为先。党的十九大以来,党中央提出要"实施食品安全战略,让人民吃得放心。使人民获得感、幸福感、安全感更加充实、更有保障、更可持续"[②]。按照习近平总书记食品安全工作"四个最严"的要求,针对当前食品药品安全面临的风险挑战,各地各部门从制度建设等多个方面持续发力,确保人民群众"舌尖上的安全",为更好地实现中国梦打下良好的基础!

食药安全是人民日益增长美好生活需要的基本要求。身为食品人,我们要认真贯彻落实党的十九大精神,切实增强"四个意识",以习近平新时代中国特色社会主义思想为指导,发扬钉钉子精神,深入实施食药安全战略,让人民吃得安全、吃得放心。为此,我们开展此次调研,以期通过我们的分析更好地为食药安全服务,为人民服务!

本次调查主要采取问卷调查,兼有对市民进行相关问题的街访、参考报告的形式。调查问卷是由小组成员在朋友圈发送链接的方式让网友们填写并收回。共发出调查问卷 144 份,收回 144 份,回收率达 100%;有效问卷 144 份,有效率达 100%。街访工作由调研小组成员于北京工商大学内及随机路人交谈采访,了解现状。

本次调查报告填写人群主要以 25 岁以下的学生群体为主,占 55.5%;26~50 岁的人群占 23%;50 岁以上人群占 21.5%。其中女性占 59%,男性占 41%。对于调查群体的职业,学生占很大比例,为 51.3%;从事食品药品类相关工作的,占 5%,从事非食品

---

① 本课题指导教师王东(北京工商大学法学院/马克思主义学院);课题组组长鲍玺(食品163);课题组成员:李晓宇(食品161)、王天宇(食品161)、周旭(食品163)、张志远(食品162)。
② 引自中国共产党第十九次全国代表大会中习近平代表第十八面中央委员会向大会作报告中的第八点。

药品类工作的,占43.7%。调查群体的教育水平大多受过高等教育,大学本(专)科及以上学历占到68.6%,初、高中学历占29.7%。参加问卷调查的人群居住地大多为北京,占到了75%,而居住地不是北京的群体占25%。

一、食品药品安全问题的受重视程度

(一)群众对食品药品安全问题的认知

对于当今社会群众对食品药品安全的关注程度,调查显示(表1),有35.42%的受调查者表示对食品药品安全问题是重点关注,其关注程度并未过半,可见自改革开放至今,食品药品的安全问题还未能在广大消费者人群中引起足够的重视。最近在食药领域发生的诸多安全事故,例如假疫苗事件等,此类事件应为我们对食药安全的重视态度在一定程度上敲响警钟。58.33%的受调查者表示对食药安全有所关注,占了绝大部分,其关注点主要来自于日常生活。在药店、商场等购买医药食品时对产品的关注,其热度应该是随着新闻等媒体导向变化的,食药安全事情发生则关注,事情结束告一段落后则不再关注此类食药问题。毫无关注在调查中占6.25%应属个例。

表1 您是否关注食品药品安全问题?

选项	小计(人)	比例(%)
A.重点关注	51	35.42
B.有所关注	84	58.33
C.毫无关注	9	6.25
本题有效填写人次	144	

食品药品安全标志的识别对于群众是否关注食品药品安全问题来说是一个重要的依据。由表2可知,对于食品药品安全标志的了解程度,76.39%的受调查者表示是有所了解,其了解层面主要来自于日常的消费活动,如在商场购买食品时查看是否清楚表明其厂家品牌,食品包装是否属于可回收等。此项调查中,毫无了解占20.14%,虽然占比不算多,但还是存在着一定的数量,国家在食品药品安全标志宣传方面还应加强教育力度。多数年轻人以及从事非食药专业的人和缺乏购买消费经验的人在社会中也占一定数量,对食药安全标示的无知可能导致其购买错误的产品,进而引发安全事故,或者在购买时产生消费误区,如患有糖尿病人误购了含糖食品等。对食药安全标志掌握熟悉非常了解占比为3.47%,这部分所占人数较少,加强食药安全观念,熟悉了解食药安全标志是重要的组成部分,宣传知识面应加大。

表2 您对于食品药品安全标志是否了解?

选项	小计(人)	比例(%)
A.非常了解	5	3.47

续表

选项	小计(人)	比例(%)
B.有所了解	110	76.39
C.毫无了解	29	20.14
本题有效填写人次	144	

调查表明(表3):受调查者中近95.83%,在购买食品药品时会注意产品的成分、保质期。4.17%的受调查者不太在意食品药品的成分、保质期。关注食品安全是保证我们健康生活的一部分,对于食品药品的成分、保质期,我们应当给予一定的关注,以避免服用产品后给身体带来不适,或是使用过期产品,产生安全隐患。

表3 您购买食品药品是否关注成分、保质期?

选项	小计(人)	比例(%)
A.是	138	95.83
B.否	6	4.17
本题有效填写人次	144	

对于患病时服用药品的选择上,调查人群中73.61%的人遵从医嘱服用,有25.69%的人按照说明书服用,还有0.69%的人听从他人意见服用。由此看出,大部分人已经有了一定的安全意识。最安全的吃药方式是听医嘱吃药,因为医生是专业的人,他能在安全的前提下对症下药。所以听医嘱吃药一定是最安全的。其次是看说明书,说明书是科学的,简洁的,是经过长时间反复检查得到的,但每个人的情况是不同的,有可能出现问题。最不安全的是听从他人意见服用,因为他人意见只是根据自己或别人的经历验证,不准确,应该按照说明书或医嘱服用。

表4 您患病期间服用药物的选择?

选项	小计(人)	比例(%)
A.遵从医嘱服用	106	73.61
B.按说明书服用	37	25.69
C.听取他人意见服用	1	0.69
本题有效填写人次	144	

(二)群众对食品药品安全问题的重视程度

对于了解食品药品安全知识的途径,调查人群中超过一半都表示通过网上宣传来学习食品药品安全知识,占比56.94%;而调查人群中仅有不及十分之一表示通过线下知识讲座来学习食品药品安全知识,占比9.03%。由此可以得出,对于食品药品安全知识的学习,网络宣传渠道的受众比起其他方式的受众更多,应该借此优势加大宣传力度,在网络上多多宣传一些更加专业的食品药品安全知识,提高所学知识的含金量。但是调查人群中仅有 21.53% 的人大于 50 岁,可能调查数据不全面。考虑到年长的老人可能接触网络知识少,可以建议社区多多开展食品药品安全知识的讲座,保证老年人学习食品药品安全知识渠道的畅通。

关于食品安全方面,调查人群中表示关心食品安全风险监测和评估是否全面,占比 65.97%;表示关心食品安全标准是否符合科学合理、安全可靠,占比 72.22%;表示关心食品生产经营过程中是否符合标准,占比 81.25%;表示关心食品检验方法是否先进,占比 54.17%;表示关心食品安全事故处置力度,占比 65.28%;表示关心食品安全问题投诉渠道是否畅通,占比 60.42%。由此可以得出,关于食品安全,调查人群中均超过一半以上对以上六方面表示关心,其中最关心的是食品生产经营过程中是否符合标准。近些年来食品问题层出不止,新闻的曝光也让大家看到了食品生产经营过程中所出现的问题以及所带来的负面影响,越来越多的人开始关注食品生产经营这一过程应该提高食品生产经营过程的透明度,加大民众与专业部门的监管力度,让食品生产经营过程严格按照标准进行。

二、食品药品安全问题给群众带来的影响

重视食品药品安全的举措可以就两个方面影响我们的日常生活,一是对于普通大众的心理上。根据调查,当食品药品监管不力时,或者出现一些食品药品问题对大众造成伤害后,人们在购买使用时,会极度的不安。其次就是对于大众安全健康的影响,食品安全问题关系到人们的营养、摄取、吸收等诸多与生活息息相关的方面,药品安全甚至达到了性命攸关的程度。关注这些问题可以促进相关领域的进步,也可提高自身生活质量。希望我们国家要高度重视食品药品安全问题,加强立法,严格制止问题药品食品的出现。药品食品不安全,直接危害百姓的身体健康。必须抵制农药食品、化学食品、问题食品和各种有害健康的药品。

三、改革开放以来食品药品安全问题的演变

追溯中国食品安全变化的历程,在改革开放初期,由于经济落后,能不能吃饱饭这个问题是人民群众考虑的第一要素。随着经济的快速增长,群众温饱问题得到了解决,整个社会消费层次和水平也在逐年提高,大家开始关注食品和药品的质量、安全、营养等问题。这是随着国家发展所必然经历的一个过程。

经过查阅资料并加以分析,我们组发现:改革开放初期,大规模食品产业刚刚起步,在原料种植、加工处理、成品运输到最后上市销售,消费者们还没有意识到食品安全问题的重要性;在监管方面,中国政府初步提出了:在保障食物充足,解决温饱问题的基础上,"保障食品的质量安全"。1990 年,我国提出了将生态效益、经济效益、社会效益三者统一的农业发展模式,这也标志着国家开始重视食品安全这一方面。这时候,人们对食品药品质量安全有了初步认识和需求,大家渐渐开始意识到保障食品药品质量安全的重要性。随后成立的中国绿色食品发展中心提出了"加速三个推进"的发展方针,其

主要目的是促进农业可持续发展、提高食品安全水平。从保护和改善农业生态环境入手,在种植、养殖、加工过程中执行规定的技术标准和操作规程,限制或禁止使用化学合成物及其他有毒有害生产资料,实施"从农田到餐桌"全过程质量控制,这一阶段绿色食品从无到有,成为保障食品安全的有效手段之一。

2001年,农业部推行"无公害食品行动计划",开始了中国食品安全的全面发展,2006年的"食品安全法"出台使中国食品安全进入快速发展时期。国家开始大力推行保障食品药品安全问题的相关政策,颁布并实施了《食品生产加工企业质量安全监督办法》。此类法案的出台是为了保证食品安全,维护公众健康,促进经济正常发展。这期间政府还采取一系列食品安全相关项目,加大对于食品安全有关的科技力量的投入,使食品行业的生产、加工、研发的速度加快。由于当时国内"瘦肉精""三聚氰胺"等重大食品安全事件的爆发,国民开始真正意识到了食品安全问题给大家带来的危害。我国食品安全发展的最终目标是:"通过健全食品安全体系,完善制度,对食品安全实施全过程的监管,有效改善和提高我国食品安全水平,实现农产品无公害生产,保障消费安全,食药质量安全指标达到发达国家或地区的中等水平,有条件的地方和企业,应积极发展绿色食品和有机食品。"

2009年,《食品安全法》的诞生与国务院食品安全委员会的成立,标志着我国的食品安全进入了一个崭新的时期。食品安全重大事件有所减少、食品安全社会关注程度得到高度重视、食品安全法律、法规更加健全,食品安全监管体制更加完善。此时食品药品安全问题的保障制度已经趋于完善,优质、安全品牌食品市场占有率提高,建立了"从农田到餐桌"全过程的全国统一的食品认证体系。无公害、绿色、有机等品牌农产品已成为出口农产品的主体。据我们所查找的新闻资料统计,近5年来,绿色食品出口逐年增长,全国食品国家监督抽查合格率达稳步上升态势,食品中毒报告数量变化基本呈现下降趋势。相关调查研究发现,无论是广大农户、食品生产、加工、经营企业在生产食品过程中,还是广大消费者在购买、消费农产品和食品,其安全意识都较过去有较大的提升。

四、改革开放以来引发食品药品安全的主要问题

(一)引发食品药品质量安全的主要问题

目前我国对于食品安全的监管力度还有待提高,无法做到科学有效地监管整个食品市场;食品安全风险监测和评估技术没能跟上国际主流;食品安全标准仍然和国际标准存在一定差距;食品安全事故处置力度不够,导致非法企业为求暴利铤而走险;食品安全问题投诉渠道对于农村等欠发达地区不够畅通。整体来看,我国对于食品行业的管理还有很多提升空间。

一是从事食品药品行业的人们安全意识有待改变。中国从一个"面朝黄土背朝天"的落后农业大国,经历了历史的重重考验,转变为了推行市场经济和工业化大规模建设

的现代化国家。中国的发展之迅速震惊了世界,但也不可避免地留有弊端,小规模分散种养殖模式与农户及食品药品生产加工业者依然保留着过去较落后的安全生产意识,跟不上行业主流发展速度,就会产生一些食品安全问题。

二是许多消费者依然保留着传统的消费习惯,对于食品安全消费的意识有所欠缺。就目前来看,我国总体上食品消费水平较低、安全意识不强。在一些相对欠发达地区尤其是在广大农村地区,由于经济发展没有发达地区的水平高,城市与乡村生活质量差距较大,首要受到经济限制,食品消费水平普遍低于其他地区消费水平,反而为假冒伪劣食品提供了一定的消费市场。大多数假冒伪劣产品中的名称和知名产品的名称有着惊人的相似度,例如"康师傅"与"康帅傅",通过名称细微的改变去诱导食品安全意识弱的消费者购买毫无保障的食品。特别是农民等低文化水平低收入群体往往会因为较低价格的诱惑而选择购买假冒伪劣食品,对假冒伪劣食品上的信息更是不予关注,吃亏了也不知道如何去维护自身权益。

三是媒体舆论在食品药品安全问题上给受众们所带来的引导作用。媒体舆论一直以来都是一把不可忽视的双刃剑。有的媒体通过舆论来科学地监督食药安全,帮助政府更合理地整治食药安全问题,有效地保障了其健康发展;而有的媒体仅仅为了自身利益通过利用消费者对于食药安全问题的认识不足,过分强调某一方面的问题却不顾大局,很可能导致政府在决策时期于民众所愿而调动有限的管理资源去整治消费者更加关注的问题上。在这一过程中可能并不能使管理资源利用率达到最高,其他问题也可能会因为管理资源的不足得不到及时治理而问题恶化,使消费者受到利益损害。

(二)当下热点食品药品质量安全问题的分析

外卖是一种新型的就餐方式,如今越来越多的人加入了订外卖的行列。因此我们特地调查了大家对于外卖卫生所看重的方面。由表5可知,被调查人群中,有70.83%的人看重原料食材的选取,有65.97%的人看重食材加工处理的方式,有78.86%的人看重店面设备的卫生情况,有38.19%的人看重外卖送达的过程,还有18.75%的人看重其他方面。从调查结果可以看出,人们更看重于原料食材的选取,食材加工处理的方式,以及店面设备的卫生情况。而这些都是近些年常犯的事。比如辣卖苏,别看线上的店铺光鲜亮丽,可是连一张食品经营许可证都没有,在平台的食品安全档案里,仅有一份营业执照的证件。再比如,2016年在上海曾有过因为吃了外卖而上吐下泻,事后发现,这家店墙壁漆黑,满是油污,门口旁的下水沟散发着阵阵恶臭,墙上有蟑螂飞快爬行,地上污水直流。引发这些问题,一是因为不法商家为了赚钱故意偷工减料,二是因为社会上缺乏对外卖行业的监督,导致各种食品安全问题的发生。

表5 您对于外卖卫生所看重哪些方面?

选项	小计(人)	比例(%)
A.原料食材的选取	102	70.83
B.食材加工处理的方式	95	65.97

续表

选项	小计(人)	比例(%)
C.店面设备的卫生情况	115	79.86
D.外卖送达的过程	55	38.19
E.其他	27	18.75
本题有效填写人次	144	

  2018年7月长春"长生"公司在冻干人用狂犬病疫苗生产过程中存在记录造假等严重违反《药品生产质量管理规范》行为,之后在山东省的"百白破"疫苗也出现问题。而且长春"长生"公司屡罚屡犯,卷入多起商业贿赂案。有报道称,自2010年以来,长春"长生"公司销售人员已涉多起向地方医院、疾病防疫部门负责人行贿案。据中国裁判文书网公示,涉及长春"长生"公司的司法裁定书中,10余起是通过回扣方式行贿,所涉及的疫苗则包括狂犬、水痘、乙肝、流感等;其中,72元/支的冻干狂犬病疫苗回扣额高达20元/支。发生了此事除了因为"长生"公司利欲熏心之外,更多的还是监管不够、和处罚过轻。在看似如此严谨、环环相扣的管理体系下,为什么还会频频出事?首要问题是重审批、轻监管,一个简单逻辑是,即使事前的资质审批专业有效,即使这层层审批中没有权力导致的蒙混过关,也无法保证事后生产销售的产品质量。实际上,企业在拿到生产批文后,确保疫苗安全有效几乎可以说仅有的一道关口,就剩下出厂上市前的强制性检验审核,即批签发,但对有效性检验是随机抽样,大部分疫苗抽检比例为5%。而对企业所谓日常监管多流于形式,这次"长生"公司生产记录造假,如果没有内部人举报,相关监管部门仍未发现问题。因此应该改善现有的体系,加大监察力度。而如果能在第一次处罚中重罚,也不会出现一次又一次的违规。因此还应该加大对违规的企业或个人处罚力度。

五、解决食品药品安全问题的建议

  对于改革开放以来食品药品安全问题的改变,从调查中得知,人们普遍认为监管力度不够,体制有疏漏,但是在多年的经济建设之后,国家越来越重视这件事。由调查表明人们希望加大监管力度,加大处罚力度,完善食品药品安全体系。

  对于如何才能有效控制食品药品安全问题,主要有三点:一是健全监管食品药品安全法律法规和有效的惩罚方式;二是提高生产时的安全水平,从根本抓起,管理好中间环节和过程,提升科学的检测手段;三是加强教育和宣传,国家关注,让企业和人民对于食品药品安全问题有基础的认知,做到企业守法、人民懂法。

(一)确保食药安全

  我们要保证原料的质量是安全可靠的,以正规的通道进入市场,约束生产者的种植养殖过程,严格按照法律规定、按照标准生产,确保食品源头的安全性。加强食品药品生产、加工环节的安全监管,强化食品在市场的监管。重视对最底层食品药品安全的监管,特别要加大农村市场监管力度,加大对分布分散在社区、城乡结合部和村镇的各类食品批发市场、个体商贩、小加工作坊、小餐馆等的监管力度。

(二)加强食药安全相应的制度体系建设

建立一套完整的食品药品安全标准体系,对食品药品的各类安全问题能够有与其一一对应的标准制度。消除认证杂乱无章的混乱景象,完善已有的食品监测制度。逐步扩大安全例行监测范围,推动例行监测工作向省级、市级延伸,监管范围覆盖全国大中城市、重点地区的主要生产基地、加工企业、批发市场、农贸市场和超市。定期向社会发布监测结果,加强正面宣传和社会监督的作用。建立食品安全评价体系,其范围应覆盖全国主要城市。探索大宗食品的安全评价,充分了解不同地区食品安全发展状况、存在的问题。力争做到对症下药,建立惩罚性赔偿制度,严格行政执法责任制,在一定程度上加大惩治力度。建立监管机构与生产者、消费者的信息沟通制度,为人民群众提供多方面的发言建议渠道。只有让公众及时而又充分地了解食品药品安全风险的相关信息,才可能使其避免危害。

(三)促进并完善食药安全机制改革

确立食品药品安全监管的公开透明、科学,使得国家的食品安全管理系统具有较高的公众信任度,进而获得消费者、生产厂商等相关群体的积极合作。深化食品安全监管体制的改革,完善食品安全法的完整性、科学性、可行性。只有执法部门真正做到依法执行并且实行公开、公正,才能真正达到食品药品安全完全的法制化监管。加大宣传力度,提高每个人对食药安全的正确认识、责任意识、道德意识。

通过此次对"改革开放以来食品药品安全问题的演变和当下热点问题"的讨论分析,我们得出了以下结论:

食品药品安全问题是基本的民生问题,关系着人民群众身体健康和生命安全等切身利益,是关系到社会和谐稳定的头等大事。随着我国逐渐强大,经济稳步提升,在社会各界的持续关注下,食品药品安全法制体系日益健全,监管体制机制逐步完善,食品药品安全形势总体稳步平稳。但是由于食品药品行业点多面广,产业基础条件相对薄弱,生产方式有待提高,从业人员素质参差不齐,诚信意识不强等原因,我国的食品药品安全整体情况仍有很大的上升空间。我们不仅要在制度方面做到公正公开,让群众吃着放心,更要在宣传力度上下功夫,提升群众的整体安全意识,并且全民重视食品药品安全问题,共创美好家园!食品药品安全问题任重而道远,我们不能有丝毫松懈,共同努力为美好的明天加油!

参考文献

韩杨,李成贵,2011.中国食品安全的过去、现在与未来[J].经济研究参考,000(045):2-12,21.

十八大以来北京农村医疗卫生体系的改革及成效调查

张宏伟　谢　莹

【摘　要】随着农村经济体制改革的不断深入,构筑健全完善的农村医疗卫生体系已经成为改革开放以来关注的重点。十八大以来,国家以农村为重点,开始推进县级公立医院综合改革,健全农村三级医疗卫生服务网络。改革的核心机制是以药养医,药品实行零差率销售,开展新型农村合作医疗,以大病统筹为主的农民医疗互助共济制度,并将此次改革定位为缓解群众"看病难,看病贵"问题的关键环节。新型农村合作医疗(以下简称新农合)制度作为农村医疗卫生体制的重要部分,是一项复杂的社会系统,对试点地区的农村就医状况有所改善,但是在推广过程中由于制度本身的缺陷,使新农合与医院之间矛盾重重,不能满足农民需要,城乡医疗资源分配不均问题也影响了新农合的实施。

【关键词】新型农村合作医疗;农村基础医疗设施;城乡医疗资源分配

党的十八大以来,以习近平同志为核心的党中央,提出"基本公共服务均等化总体实现","社会保障全民覆盖,人人享有基本医疗卫生服务",以农村为重点,重点推进医疗保障,医疗服务,公共卫生和基本医疗服务,要健全农村三级医疗卫生服务网络,深化公立医院改革,鼓励社会办医。十八大的报告中,对农村医疗卫生体系的重点关注为农村医疗工作指明了方向。党的十八大以来,我国建立起统一的城乡居民基本养老保险制度,整合后的城乡居民医保使农村人和城里人一样看病报销。十九大也提出要将医疗商业补充保险覆盖全部农村贫困人口,推进医养结合政策。

由此我们明白,农村医疗体系改革成为医疗卫生事业发展的关键,但是新型农村合作医疗、农村医疗资源分配作为医疗体系的重点,现在依旧存在问题。我们本着"从老百姓口中听实话,切实为农民考虑"的目标,以农村医疗体系改革成效为研究方向进行调查,并综合被访谈人的意见提出建议。

自2018年7月10日至8月25日,我们小组成员4人利用暑假时间对北京市延庆区张山营镇(重点是水峪村)医疗卫生体系进行了调查。本次调查将农村医疗体系建设分为两个部分:新型农村合作医疗保险和农村医疗资源配置,主要调查新型农村合作医疗保险制度的运行情况和基础医疗设施分配情况。

本次调查主要采取非定向问卷调查,兼有对村民进行相关问题的街访、参考媒体报道的形式。调查问卷是由小组成员在朋友圈发送链接的方式让符合农户条件的网友们

---

① 本课题指导老师张宏伟(北京工商大学马克思主义学院),课题组组长谢莹(会计163);课题组成员:郭洋溢(会计163),标之豪(会计161),阮苏琦(会计163)。

填写并收回以及实地调查填写问卷。共发出调查问卷160份,收回160份,其中网上问卷收回120份,实地问卷收回40份,街访在10户人家展开;问卷回收率达100%;有效问卷100份,有效率达100%。

本次调查报告填写人群全部为农村户口,主要以30~50岁群体为主,占52%;20~30岁的人群占30%;其余年龄段人群占18%。其中女性占68%,男性占32%。对于调查群体的职业,务工人员占很大比例,为36.63%;学生为25.74%;无业人员为6.93%;其他人群占30.69%。

一、新型农村合作医疗制度的改革

（一）新型农村合作医疗制度介绍

新农合即新型农村合作医疗的简称,是指由政府组织、引导、支持,农民自愿参加,个人、集体和政府多方筹资,以大病统筹为主的农民医疗互助共济制度。新农合采取个人缴费、集体扶持和政府资助的方式凑集资金,大致包括门诊补偿、住院补偿以及大病补偿三部分,它是由我国农民自己创造的互助共济的医疗保障制度,在保障农民获得基本卫生服务、缓解农民因病致贫和因病返贫方面发挥了重要作用。

（二）医疗报销制度的演变

1. 新农合过去与现在的对比

新农合作为中国内地公共医疗制度标志始于2002年10月19日《中共中央国务院关于进一步加强农村卫生工作的决定》,2003年各省(市)自治区开始试点。初期每人(受益对象)自费10元,政府财政10元;自2008年开始大幅提高出资比例,2009年每人财政出资达到80元,到2012年达到240元,报销范围大大拓宽。与此同时,以乡镇卫生院为主体的医疗设施获得极大改善。到2011年,新农合参保人数达到8.32亿,参合率超过96%。

以下是我们以时间为线索整理的新农合从2004至2016年总体演变。

2004年,开展新农合试点。

2005年,主要稳步进行新农合试点,探索建立医疗救助制度;新农合试点已扩大到671个县,惠及1.77亿农民。

2006年,中央和地方财政对参加合作医疗农民的补助标准由20元提高到40元,中央财政为此将增加支出42亿元;新农合试点范围扩大到1,451个县(市、区),占全国总数的50.7%,有4.1亿农民参加;中央财政支出42.7亿元,地方财政也相应增加支出,较大幅度提高参加合作医疗农民的补助标准。

2010年,财政补助标准提高到120元,比上年增长50%,并适当提高个人缴费标准。

2011年,新农合参保人数达到8.32亿,参合率超过96%。新农合和城镇居民医保财政补助标准提高到200元。

2012年,新农合和城镇居民医保财政补助标准提高到240元。

2016年,国务院下发文件指示年底前执行各省内各地就医报销,2017年底前达到全国各地就医报销。

2. 各级医院报销制度对比

为了更好地了解新农合在农村的实施总体效果,我们根据北京市卫生局的统计结果对各级医院报销制度及住院、大病、门诊报销进行了对比。

按照新政策的调整,乡镇指定医院,农民花销100元以上的报销比例可达到85%,县级医院按照400元以上可报销,比例达到75%,市级医院需达到1000元以上才可报销,报销比例为65%。

(1)门诊报销比例

如果是在村卫生室及村中心卫生室就诊,报销60%;镇卫生院就诊报销40%,每次就诊各项检查费及手术费限额50元,处方药费限额100元;二级医院报销30%,每次就诊各项检查费及手术费限额50元,处方药费限额200元;三级医院报销20%,每次就诊各项检查费及手术费限额50元,处方药费限额200元。

(2)住院报销比例

镇卫生院报销60%;二级医院报销40%;三级医院报销30%。

(3)大病医疗报销比例

凡参加合作医疗的住院病人一次性或全年累计应报医疗费超过5000元以上分段补偿,即5001~10000元补偿65%,10001~18000元补偿70%。只要是在镇级合作医疗住院及尿毒症门诊血透、肿瘤门诊放疗和化疗,每年还可限额补偿1.1万元。此外,门诊统筹乡、村补助比例分别提高到65%、75%;一级医疗机构住院费用在400元以下者,不设起付线;二级医疗机构补助比例提高到75%~80%;三级医疗机构补助比例提高到55%~60%;省三级医疗机构补助比例提高到55%;儿童先心病等8种大病新农合补助病种定额的70%,肺癌等12种大病,新农合补助病种定额力争达到70%。

(三)新型农村合作医疗保险制度运行现状

为了了解新农合在农村运行的现状,我们调查了新农合在农村推广的概况。

被调查人中有131人表示新农合已经推广,有6人表示没有推广,2人认为没有完全推广,其他人并不清楚推广情况。在参与调查的村民中,有131人参合,29人未参合(图1)。

经过我们的调查和访问,参合的原因主要是生病可以报销,而未参合的原因主要是认为报销比例太小,有些贫困的村民没有缴纳参合费。新农合是为了解决农民"看病难、看病贵"的方法,然而对于新农合的实施还有很多现实因素的限制,比如参保费、报销比例、报销上限、起付线及报销手续,这些都是农民最关心的现实问题。

在此次调查之前,我们小组对新农合的情况做了一个系统的了解。根据北京市卫生和计划生育委员会统计,北

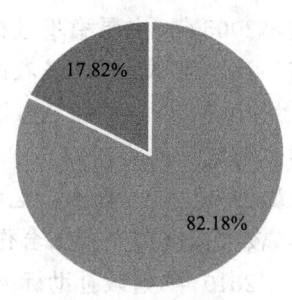

图1 新农合在农村推广的概论

京市新农合参合率自2006年来逐步上升,具体可见表1。

表1 2006—2015北京新农合参合情况

年份	农业人口参合率(%)	筹资总额(亿元)	人均筹资(元)
2006	86.86	3.48	133.3
2010	96.7	14.86	520
2013	98.07	17.72亿元(其中政府补助14.64亿元)	697
2015	99.3	不少于26.9亿元	不低于1200(个人缴费不低于160元,财政补助不低于1040元)

以上数据根据北京市卫生和计划生育委员会统计结果进行整理。

我们以2012年为分水岭,对比2012年之前和之后的数据,发现新农合参合率及筹资的变化主要有两个飞跃。第一个飞跃,从2006年到2010年参保率和筹资总额急剧上升,原因是2008年奥运会时期的医疗保障是北京市医疗卫生体系演变的巅峰;第二个飞跃是在十八大之后,国家重点关注农村医疗,政府补助增加,参合率接近全面覆盖。

但在我们小组实地考察的过程中发现,由于2012年以来报销比例上升,参合费也增加到每人160元。对于大多数农民来说参合费没有问题,但仍有贫困群体交不起参合费。这表明我国的新农合制度在各乡镇、各家庭之间都有相应的差距,可看出我国在推广此项制度的关键问题在于推广的速度以及推广的主要方向上还存在许多的制度不平衡,我国制度的发展不平衡也是我国的城乡发展不平衡、区域发展不平衡所导致的。

二、农村医疗资源的分配

我国经济发展迅速,生活水平有了很大的改善,但在农村的医疗资源来说还是非常紧缺,看病难的问题还普遍存在。根据我们对北京市延庆区张山营镇水峪村农村医疗情况的调查,当地村民认为,所在乡镇医院设备比较差占比为69.31%,比较齐全占30.69%,综合来看,北京农村医疗资源普遍存在的问题有农民收入低、农村各方面的基础设施配置低,尤其在医疗资源的配置方面更为凸显。

(一)北京农村医疗资源配备情况

2003年6月北京市人民政府就建立新型农村合作医疗制度提出实施意见,指出建立新型农村合作医疗制度是帮助农民抵御重大疾病风险的有效措施,是新时期农村卫生工作的重要内容,是实践"三个代表"重要思想的具体体现,对提高农民健康水平,促进农村经济发展,维护社会稳定具有重大意义。

1.关于农民大病医疗统筹实施方案

(1)合理确定在市、区县、乡镇医疗机构就医的不同报销比例,鼓励农民到居住地乡镇卫生院就医。

(2)参加农民大病医疗统筹的人员,在年度内未报销医药费用的,由新型农村合作医疗经办机构安排进行常规性体检。60岁以上(含60岁)人员每年体检一次,60岁以下人员每两年体检一次。体检的基本项目包括:心肺听诊、肝脾触诊,测量身高、体重、血压,X光胸透,40岁以上者增加血糖、血脂检查和心电图,25岁以上女性增加乳腺触诊,已婚妇女增加宫颈检查,学龄儿童增加视力检测,6岁以下儿童及孕产妇已纳入妇儿保健系统管理范围内的,不再进行重复检查。

(3)村集体按照村经济组织利润额2%左右对农民大病医疗统筹出资。

2. 关于农村医疗资源配置

针对问卷,我们发现乡镇级卫生院建设的现状存在以下问题(图2)。

(1)基础设施差

主要体现在医疗用房严重不足和医疗设备陈旧简陋;队伍人员结构不合理,整体素质低。

(2)业务发展不平衡

由于卫生院队伍结构差别很大,卫生院之间业务发展极不平衡。

(3)部分卫生院管理水平不高,管理机制滞后,不能适应新形势的需要。

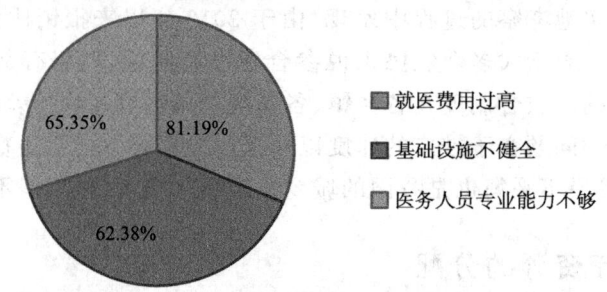

图2 农村医疗资源配置存在问题的调查

(二)北京农村地区医务人员现状

根据我们的调查,发现在北京农村地区乡镇医院的医生多数为1~5位,其中年轻医生占16.83%,中年年龄医生占43.56%,年长医生占20.79%;通过对北京地区农民认为应该如何解决农村医疗问题的调查中,占比最高的则是需要多分配一些优秀的医生到各乡镇,可见乡镇地区的医务人员的专业能力还需要进一步地提升。

(三)北京农村医疗的基本条件

为学习贯彻党的十九大精神,落实北京市第十二次党代会要求,坚持首善标准,着力践行以人民为中心的发展思想,更加突出改善和保障民生,实现城乡居民公平享有医疗保险权益,北京市政府于2018年1月1日制定出台《北京市城乡居民基本医疗保险办法》,城乡居民制度统一,增加了财政补贴,由原来的1000元、1043元提升到1430元,提升了近40%;新制度实施后,城乡居民的医保待遇全面提升,门诊最高报销比例达到了55%,比原来提高了5个百分点,门诊年度封顶线统一为3000元;住院最高报销比例达80%,比原来提高了5~10个百分点,住院年度封顶线统一提高到20万元。

根据这一政策,我们在网络上对北京市各区新农合推广程度进行了更深一步的调查,想要更清楚地了解当前农村医疗的现状及基本情况,调查结果如下。

1. 新农合医疗制度的推广情况

通过调查我们可以看出,新农合在北京农村地区得到了普遍的推广及实施,82.18%的人都了解新农合,并且对新农合制度的推行加以肯定。可见新农合在北京农村地区已经得到广泛的推广及实施(图3)。

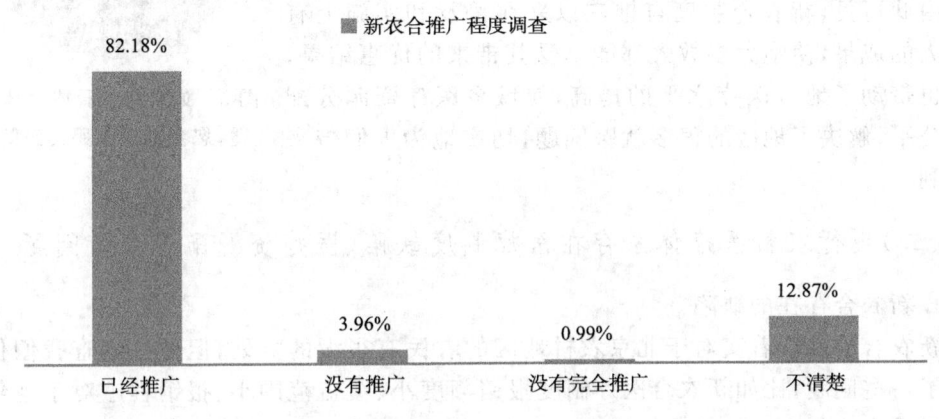

图3 新农合推广程度调查

2. 医院报销制度

根据对北京农村地区的调查,受访者认为,在报销方面,社区医院相对于大医院报销比例相差不多,认为两者相差不多比例高达46.53%。可见在新政策的支持下,医疗制度改革充分做到城乡平衡,保证了城乡居民公平享有社会保障权益(图4)。

图4 城乡报销比例调查

三、农村现行医疗体系的"优"与"缺"

本次调查针对被调查人对于新型农村合作医疗制度及城乡医疗资源分配两大方面。我们从当事人的角度提取了有关信息资料并采集归纳,以下是相关数据信息。

(一)现行医疗体系提高了农村医疗水平,减轻经济负担

数据显示,人们在小病发作时更倾向于选择县级及社区医院进行诊治,说明了区域中小型医院在该类病症的医疗水平上得到了较为普遍的认可和社区医院从收费上更为惠民,也体现了新农合制度为地区医疗水平提高和消费压力的减轻带来的正面作用(图5)。

由此可见,新农合制度自推广以来在普及和实施上有了很大的成果,使绝大多数人都能享受其带来的优惠结果,同时也带动了地方医疗水平的提高,使城乡医疗资源分配相对公平,解决了地区的很多就医问题,切实地为人们带来了福利。

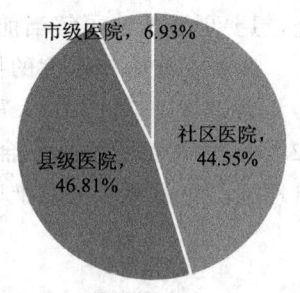

图5 如果您感冒或身体不适,您会选择去哪类医院?

(二)现行农村医疗体系存在医疗制度缺陷、医疗资源配置失衡问题

1.新农合存在的缺陷

新农合的推广着实对于北京农村地区的农民有很大的益处,但通过调查我们仍然发现了一些问题,比如新农合医疗制度报销额度小、覆盖范围小、报销程序对于老年人而言还是有些复杂。可见在报销制度上仍要加大报销额度,扩大报销范围。由于农村地区受教育程度有限,所以在报销程序上可以更简化。

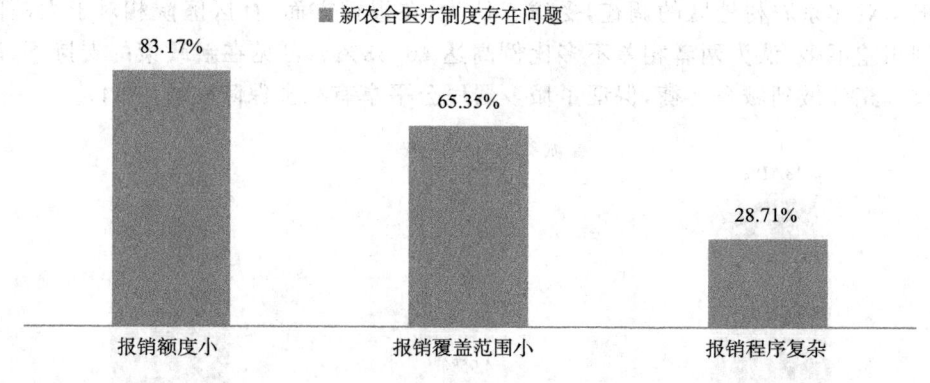

图6 新农合医疗制度存在问题

2.农村医疗资源配置不达标(主要是基础医疗设备)

通过网上与实地调查,我们发现农村医院的设备并不是很齐全。69.31%的人认为乡镇医院的设备比较差,而且医务人员态度较差,导致治疗效果无法达到理想效果;仅有30.69%的人认为乡镇医院的设备比较齐全,可见我国还是要加大在医疗设备上的投入并且提高医护人员的专业能力,使治疗达到最理想的效果(图7)。

通过问卷调查我们发现,国家在不断地努力提高百姓的生活水平,生活质量,在医疗方面也在不断探索更便民、利民的方式方法。基于对北京农村地区医疗状况的调查

可以看出,我国在医疗制度方面还需要进一步地提升,尽最大的努力为人们做好事,做实事,让人民有病可医,有病能医。

（三）农民对新农合及医疗资源不满意原因分析

在我们的调查中,村民们对新农合及医疗资源的满意度高达72.28%,但还是存在着不满意的地方。从后期的实地调查中,我们搜集了农民对医疗体系不满意的具体意见。

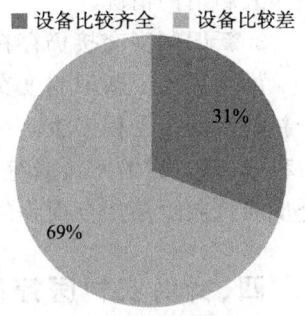

图7 社区、乡镇医院的设备调查

(1)报销比例较低,范围较小,乡镇医院医生专业能力不足,不能准确医治,延误最佳治疗时间;

(2)药物价格贵,且农村医院医疗条件差,设备不足;

(3)医药费的封顶线较低,3000元不足以满足需求;

(4)医务人员素质有待提高。

从人们的反馈中可以看出,虽然新制度在一定程度上减轻了人们的经济负担,但还没有完全符合人们的期望,尤其是从药品的种类、药费封顶等方面还没有达到人们的预期,因此,人们的满意度还不够高。而不满意的方面主要集中于对于相关费用的额度定额、报销覆盖范围、基础医疗设备以及医疗水平。

我们将问题和原因归集为以下几点。

(1)医疗费用较高,报销额度不够

这是人们最普遍关心的一大问题。医疗体制的改革根本目的就是解决看病难看病贵的问题。显然新制度改制以来,虽然较之以往的降低医药价格和报销力度有所增大,但对于很多人来说,医药费用仍是一大负担,如何协调二者之间的关系,调整额度,是目前面临的一大难题。一方面,报销额度不够,在某些高价药品和常用药品上最能体现,特别是在区域收入水平不平衡的前提下,部分地区对于相同力度的报销额度承受力较大而部分地区较小,造成了此类问题。另一方面,由于药品制造成本、运送储存成本的耗费,导致药品本身价格较高,而一些新药的出现让人们还未能完全接受,也造成了需求与供给的不匹配。

(2)药品种类不够,医疗设备及水平亟待提高

药品种类的不足主要由于部分地区特别是偏远地区运输不便,求药困难,还有一方面就是在新制度的改革下部分新药替代了旧药,人们对新药的认知程度不够高,因此认为药品种类不足。而设备条件不足则是具有普遍性的问题,医疗器械成本普遍较高并且属性专一、体积较大,地区医疗服务机构往往并无能力支付或无场地承担医疗设备,诸如输液室、急诊病床等,经常造成人满为患的现象。其主要原因就是地区医疗服务机构的承受能力和医疗需求的不匹配,造成了不良后果。而医疗技术水平的不足也是许多地区存在的现象。从调查中可以看出,虽然每个地区都拥有一定数量的医疗人员,但其从医经验和医疗能力有限,对于很多病症无法诊治,只能转移去高级医院,会造成耽

误病人病情的情况。

3.新旧制度交接仍存在很多问题

如今正处于新旧制度交替的磨合期,许多新制度还无法完全贯彻落实,同时人们对于新制度的接受程度也不一致,导致二者之间产生了很多矛盾,如,对于药品的不熟悉,新程序、新方案的不接受等,在这一时期产生矛盾是很正常的。如何及时处理,建立健全反馈机制也是如今面临的一大难题。

四、针对农村医疗体系存在的问题所提出的建议

针对以上调查整理的问题和原因,我们有以下建议:

1.建立健全反馈机制,及时反馈新制度的实行情况

通过在各地的医疗机构、居委会等地建立反馈机构,让人们对于所在地医疗情况能够及时反馈,针对制度实施不当、出现问题等进行收集,便于及时做出调整,使新制度得以顺利实行,特别是对于部分特殊地区、偏远地区尤为重要。同时,积极进行实地访查,深入各地区进行调查,把工作落到实处,通过登门访查、事中询问、事后反馈,详细了解群众需求,并进行相关的调整,提高新制度的适应性。

2.因地制宜,适当调整制度结构,适应各地区不同的实际情况

本着具体问题具体分析的工作方法,应针对不同地区的不同要求和实际情况对制度进行相关调整,如偏远穷困地区可适当加大优惠力度,减轻人民负担;就医量大的地区扩大医疗服务机构职能,增派相关人员,提高承载力;对于偏远地区加强药物运输和储存,保障药物供给等。通过与反馈机构相互配合,取得相关资料,进一步适应各地区的实际情况,便于制度实施。

3.加强新制度宣传,提高人们的接受程度

一方面通过海报等形式对新制度进行传播,另一方面通过村委会等自治组织对新制度进行讲解宣传,尤其是新药品的宣传,加快新老制度的相互磨合,提高其可接受程度,从而提高新制度的可实施性。

4.提高整体医疗服务水平,建立健全完整的医疗服务体系

提供干净卫生的医疗服务场所,提高医疗服务人员的专业水平,使用品质良好的医疗设备,提供优质的医疗服务。真正建立从乡镇到城镇,由点至面,全方位一体化的医疗服务体系,划分各地区医疗服务机构的相关职能,加强之间联系,提供良好的交流通道,使小病得治,大病及时治。

通过本次"十八大以来农村医疗体系的演变及成效调查",我们的结论如下:

对于新型农村合作医疗,十八大以来从参合、报销比例、报销手续方面都进行了优化。农民对新农合也是持有比较满意的态度,但由于农民之间的经济差距等因素,新农合还是存在着封顶线低、药类少、报销比例低的缺陷。

对于城乡医疗资源分配,由于新农合的实施,农民敢于去县医院看病,能得到更好的医疗服务。但是对于农村医院的医疗资源,农民们认为城乡资源分配不均衡,在基础

医疗设施、医疗人员、医药种类方面远远不及城市。

  综上所述,农村医疗体系关注的重点问题是新型农村合作医疗保险制度和医疗资源、条件。医疗制度的实施所带来的改善农民医疗经济、提高农民医疗条件在当今时代尤为重要且及时,农村医疗资源及条件同样应该受到重点关注和改善。在医疗制度和医疗资源实现均衡优化时才能更好地改善农村生活条件,为农民提供更好的服务。

参考文献

毕天云,2008.新型农村合作医疗制度中农民参与的组织模式探析[J].贵州社会科学(12):27-31.
杨卫军,2007.新型农村合作医疗应该降低交易费用——以陕西省 H 县为例[J].调研世界(01):38-40.

改革开放以来农村环境卫生整治问题调查[①]

王鲁娜　白怡晨

【摘　要】 改革开放40年以,来农村经济水平有了很大的提高,环境卫生有了改善。但调查发现,存在环境发展缓慢,垃圾处理问题解决不彻底,地方政府对环境保护政策的宣传力度不够,村民环保意识不强等问题。我们小组进行了农村环境卫生整治的调查,分析了改革开放以来的农村环境卫生整治的状况和整治效果,进行了问题的思考和分析,并提出了具体意见以及实施方案:包括推广农村环保技术与培训指导,提高农民环保意识;加大生活垃圾收运力度,增设垃圾回收点;关于农村道路环境卫生的建议;群众从自身做起,保护环境是环境问题解决的基础;解决一些地区农村水土流失问题;农村环境卫生资金筹措问题等。

【关键词】 改革开放;新农村;环境卫生整治

中国特色社会主义进入新时代,我国社会主要矛盾已经转化为人民日益增长的美好生活需要和不平衡不充分的发展之间的矛盾。人民美好生活需求日益广泛,不仅对物质文化生活提出了更高要求,而且在环境等方面的要求日益增多。第六次人口普查显示,居住在城镇的人口为665575306人,占总人口的49.68%;居住在乡村的人口为674149546人,占50.32%。农村人口占比超过50%。乡村建设一直是我国社会主义现代化建设的一部分。2018年政府工作报告提出:"推动农村各项事业全面发展。完善农村医疗、教育、文化等公共服务。改善供水、供电、信息等基础设施,新建改建农村公路20万公里。稳步开展农村人居环境整治三年行动,推进"厕所革命"和垃圾收集处理。促进农村移风易俗。健全自治、法治、德治相结合的乡村治理体系。大力培育乡村振兴人才。"[②]坚持走中国特色社会主义乡村振兴道路,农村环境卫生建设是其中的一部分,关于农村环境卫生整治的调查显然很有必要。

本次调查主要采取网络调查方式,调查问卷是由小组成员在朋友圈以及微信群发送问卷链接的方式让网友们填写并收回,共发出调查问卷151份,收回151份,回收率100%;有效问卷151份,有效率达100%,其中小于25岁的占80.79%,25～35岁的占3.31%,36～60岁的占13.91%,60岁以上的占1.99%。据数据统计,经常前往或者居住在农村的占66.23%,其中学历在高中及以下的占15.23%,82.12%是大学本科生,

---

[①] 本课题指导老师王鲁娜(北京工商大学马克思主义学院);课题组组长白怡晨(材料162);课题组成员:魏思淼(材料162),孙佳慧(材料162),路佳慧(材料162),化璟琳(材料162),凯比·努尔(材料162),郝雪媛(材料162)、徐鹏飞(材料162)、朱敏(材料161)。

[②] 引自人民日报2018年3月23日第1版《政府工作报告——二〇一八年三月五日在第十三届全国人民代表大会第一次会议上》

2.65%的是研究生及以上学历。调查显示,72.85%的受访者是学生,15.23%的是普通上班族,3.31%的是农民,3.31%的是政府工作人员,2.65%的是农村个体经营户,其他职业占2.65%。71.52%的受访者经常前往或者居住的农村经济水平中等,经济水平低下的占22.52%,经济水平很好的占5.96%。

一、改革开放前20年环境卫生问题及治理措施

(一)改革开放前20年农村环境卫生问题及治理措施

改革开放以来,随着经济发展,农民的生活水平有了很大的提高,生活环境质量也有了显著的改善。但是由于自然地理因素和经济发展条件的差异,农村环境卫生状况也有较大的差异。

根据采访农村居民以及查找资料发现,20世纪80、90年代的经济相对差的农村人们所居住的建筑多为由树的枝干、土坯、瓦片所搭建的房屋,屋外是坑洼的道路、成片的农作物。对于当时大部分村落而言,牲畜、家禽的粪便处理,道路不平是最主要的问题。另一方面,改革开放之初,国家处在从计划经济向市场经济转轨的关键时期,中央政府的主要精力放在经济转型上,对环境卫生问题关注不够,只为城市提供了最基本的卫生服务,无暇顾及农村。农村地方政府在"以GDP为中心"的思想指导下,也将大部分精力放在发展经济上,不重视环境卫生问题,不重视环境卫生的投入。所以在提供农村环境卫生服务过程中,存在政府职能长期缺失问题。比如,养殖业的发展的确给村民们带来了丰厚的经济收益,但与此同时,也加剧了对当地环境的污染。在当时以养殖牲畜和种植农作物为生的农民,尚且没有意识到环境保护的重要性,农药、化肥的滥用,牲畜禽类粪便和生活垃圾的不正确处理使得污水横流、人们的饮用水也被污染,严重地影响了村民的生活和可持续性发展。

对于当时存在的问题政府采取了一系列措施,包括改善饮水卫生条件,粪便无害化处理来预防农村肠道传染病及寄生虫病流行,把环境卫生建设纳入村镇规划和建设等。各种卫生厕所,如沼气厕所、双瓮厕所、节水型水冲厕所等因地制宜地逐步推广,努力实现粪便无害化。在20世纪90年代末,经济发达地区乡镇和新村规划与建设已初见成效,使城市和乡村融为一体。但由于发展水平的限制,即便是经济发达地区,在乡镇和新村建设方面也出现了新的环境卫生问题,因此,加强农村环境卫生工作是当时环境卫生工作者的重要任务。

(二)21世纪初期农村环境卫生问题及治理措施

经过近30年的建设,社会主义市场经济已经形成,政府职能发生了巨大转变。2006年2月,国务院发布《关于推进社会主义新农村建设的若干意见》,明确提出:随着生活水平提高和全面建设小康社会的推进,农民迫切要求改善农村生活环境和村容村貌。各级政府要切实加强村庄规划工作,安排资金支持编制村庄规划和开展村庄治理

试点;可从各地实际出发制定村庄建设和人居环境治理的指导性目录,重点解决农民在饮水、行路、用电和燃料等方面的困难,凡符合目录的项目,可给予资金、实物等方面的引导和扶持。新农村建设政策的出台,为彻底解决农村环境卫生问题提供了契机。但是,农村环境卫生问题长期受到忽视,相关研究少,缺乏可以借鉴的成功经验,治理起来困难重重,而且农村的社会服务功能一直欠缺,退出经济领域之后的社会影响力明显下降,加上农村财政收入能力有限,对于解决环境卫生问题显得能力不足。当时对大部分农村而言,固体垃圾、粪便和污水是危害农村卫生的最主要因素。

二、农村环境卫生整治的现状

(一)存在的问题

问卷第12题"您觉得目前农村比较严重的环境卫生问题有哪些"中,在我们列出的选项中,84.11%的选择生活垃圾以及垃圾处理问题,60.26%的选择牲畜、家禽的粪便处理,68.87%的选择水污染以及土壤污染问题,58.94%的选择道路等基础设施建设不够完善,62.25%的选择村民环保意识不够高(图1)。

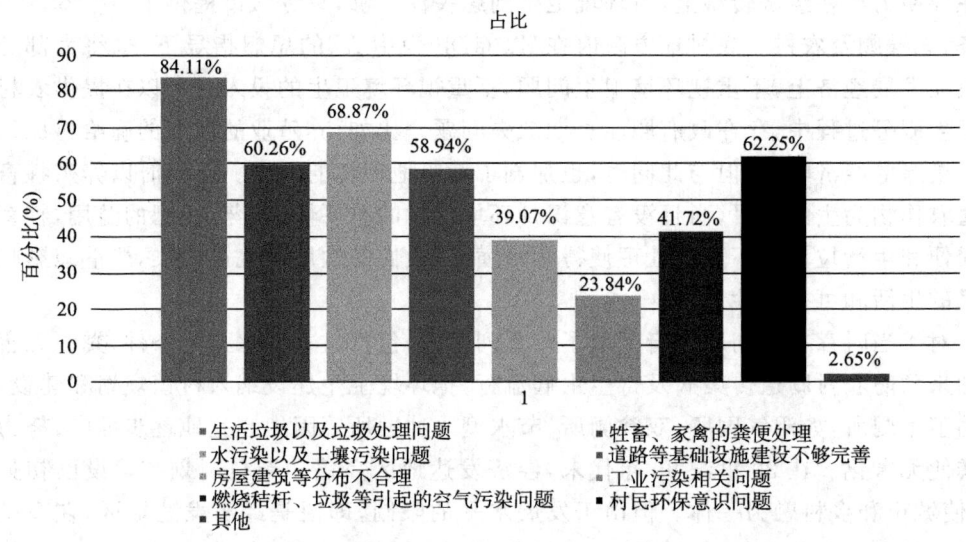

图1 您觉得目前农村比较严重的环境卫生问题有哪些

结合问卷第16题"您认为农村环境整治问题中最需要解决的问题是什么"中,有74.83%的受访者选择"加大生活垃圾收运力度,增设垃圾回收站点",71.52%的受访者选择"建设排水沟渠和下水管,改善生活污水排放问题并且将污水集中处理",有65.56%的受访者选择"推广农村与培训指导,提高农民环保意识"。不难看出,群众认为现在农村环境问题主要集中在垃圾处理、污水集中处理、村民环保意识、水污染和土壤污染方面,这些问题群众期望得到解决。

（二）政府的整治措施

问卷的第15题"根据您的了解,近几年来政府采取了怎样的措施对农村环境卫生问题进行整治?"45.03%的受访者选择建立和完善农村环保工作体系和制度,63.58%受访者选择进行环境基础设施建设(修路,合理规划厕所,增加垃圾中转站等),43.05%受访者选择饮用水源保护工作,43.71%受访者选择加强宣传工作,普及农村生态环保知识(图2)。

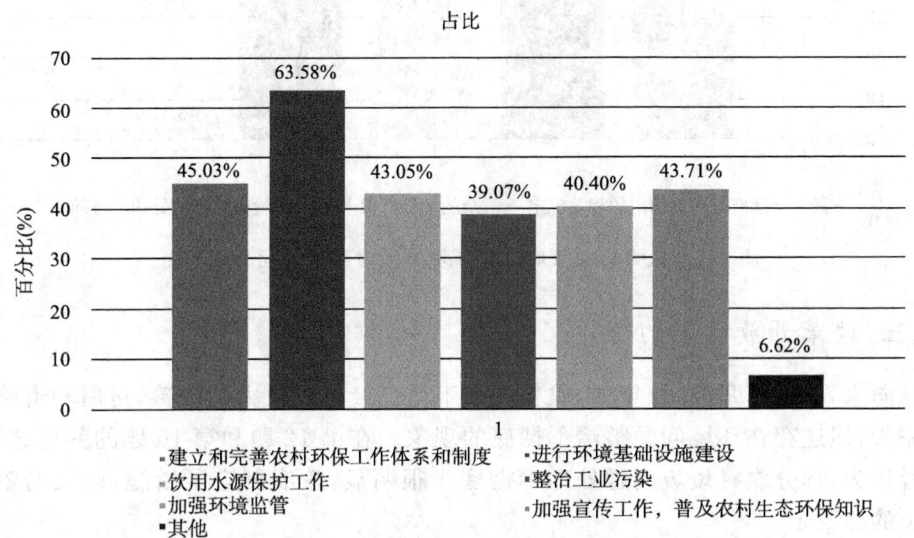

图2 近几年来政府采取了怎样的措施对农村环境卫生问题进行整治

不难看出,政府在道路建设上成效显著。据交通运输部部长介绍,截至2018年全国农村公路总里程已经达到369万千米,超过99%的乡镇通了沥青路、水泥路。最近5年来,中国新建农村公路超过127万千米。在农村公路快速推进的过程中,也存在管理养护和运营不到位、部分道路建设质量不高等问题,下一步完善规划,强化技术指导,建立管护资金保障机制等方式,进一步加强对农村公路的管理。结合问卷第16题的分析,道路建设工作还需要走很长的路,部分山区道路建设问题复杂,需要投入大量的人力,物力和资金。"要想富,先修路",无论工作有多难,要想发展起来,就必须把道路修起来,让村与村,村与城镇,连接互通起来,促进城乡一体化发展。

问卷的第14题"您认为相关政府进行环境整治时哪些方面力度不足?"调查结果如图3。在我们列出的选项中,78.15%的选择村民环保意识不强,64.34%选择对于环境破坏者的处罚力度不够,59.6%选择政府对环保部门的相关规定。大致可以得出,政府需要加大对村民环保意识的宣传教育,加大对环境破坏者的惩罚力度,相关政策进一步完善落实落实。政府环境保护工作复杂,还有很大的工作量,环境整治有很长的路要走。

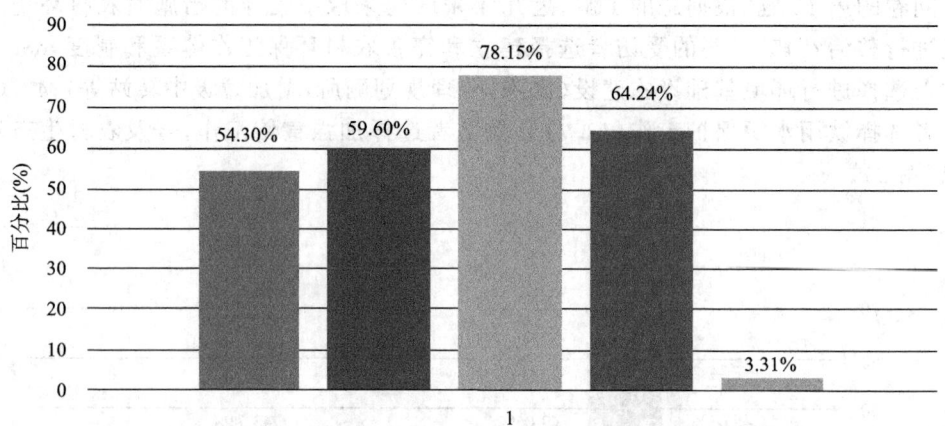

图3 您认为相关政府进行环境整治时哪些方面力度不足

(三)改革开放以来的变化

纵向来看,改革开放40年来,农村环境卫生已经有了较大的改善,房屋和道路建设基本完善,但还存在环境问题整治不彻底的现象。在第12题和第16题的其他选项中,受访者认为,部分农村垃圾问题处理不彻底。很明显,政府制定了措施,政策的落实还有很长的路要走。

在问卷第17题"您认为改革开放以来农村环境卫生的整治变化程度如何"中,31.79%的受访者认为有很大变化,47.68%的受访者认为有变化,但收效甚微。可以看出,大部分群众认为农村环境整治有变化,但一部分地区的环境整治效果不明显。综合以上分析,政府可以在农村环境卫生的宣传上和对村民的环保意识提高加大一定的投入,让政府和农村居民相联系,紧密合作,相互配合。相信团结一致整顿农村环境卫生,经过长期努力,将相关政策一步一步落实下去,问题终会得到更好的解决。另一方面,有超过一半的调查者认为,为对于环境破坏者的处罚还有不足,环境卫生关乎我们的健康和幸福指数,政府可以对不遵守环境卫生相关规定的人进行相应力度的惩罚,还可以提高村民的环保意识,一举两得。另外,法律是约束人们行为的规范,是巩固政权,维护社会秩序的必要手段。环境问题的解决需要相关政府部门的监管和支持。完善法律法规,让人们意识到环境保护的重要性,是解决环境问题的重要保障。总之,建立起一套关于环境问题完整的法律法规,政府部门加大监管力度,落实政策,群众自觉提高环保意识,环境问题的解决不再是不可能。

三、具体问题分析和解决方案的探索

（一）推广农村环保技术与培训指导，提高农民环保意识

问卷第12题"您觉得目前农村比较严重的环境卫生问题有哪些"中，62.25%的受访者选择"村民环保意识问题"。问卷第14题"您认为有关部门进行环境整治时哪些方面力度不足"，78.15%的受访者选择"群众的环保意识"。大概可以看出，若想提高农村环境卫生的处理效果，其根本就是要唤醒村民们的环境保护意识。所以，宣传教育要首先到位，从而引导农民自觉维护环境卫生。对农村干部进行培训。农村干部是农村发展的领头人，部分干部将发展重心全部放在经济建设上，忽视了农村的环境卫生治理。因此，首先要对干部进行培训，让他们意识到环境卫生建设是促进经济发展、改善村民生活环境的重要基础。把保护环境卫生放在日常宣传的重要部分。要时常向村民们宣传环境保护的重要性。向农民介绍环境保护法律法规及政策，从自身做起爱护环境。让村民们多多学习保护环境的基本常识，增强村民的忧患意识和环保意识。在农村宣传栏上张贴环境保护宣传语，将环境保护真正渗透到每个村民心中。环境保护要从娃娃抓起，可在当地中小学开展环保教育课程，开展一系列环保手抄报、环保知识竞赛等活动，教育下一代提高环保意识，为农村环保注入新活力。将环境保护宣传落到实处。环境保护的宣传工作切忌说空话，要能真正地解决村民们的问题。必须要边宣传边解决村民们身边的难事，如建立垃圾集中处理站、建立沼气池对秸秆动物粪便进行统一处理、改水改厕、进行绿色农业、倡导绿色消费等，当村民们确切感受到环境治理带来的好处，那么宣传工作自然会受到村民们的支持，得到较好的效果。

（二）加大生活垃圾收运力度，增设垃圾回收点

问卷第12题"您觉得目前农村比较严重的环境卫生问题有哪些"中，84.11%的受访者选择"生活垃圾以及垃圾处理问题"。同时，问卷第16题"您认为农村环境整治中最需要解决的问题"中，74.83%的受访者选择"加大生活垃圾收运力度，增设垃圾回收站点"。基本可以得出，加大生活垃圾收运力度，增设垃圾回收点是一个需要尽快完善的部分。我们都知道，垃圾桶以及它周围的环境才是最脏的地方，也才是最需要着手整改的问题。所以我们应尽可能减少垃圾桶的使用，不要家家户户门口摆放一个小型垃圾桶，三五家共用一个大型垃圾桶，垃圾桶周围环境由各家轮流打扫看管是可以实施推广的，再由清洁工统一固定时间收拾集中垃圾运去垃圾场。垃圾场环境卫生不应该恶臭扑鼻，蝇虫乱飞。卫生问题也不仅仅涉及清洁工的问题。需要村民大家共同出力实行的具体整改方案及步骤：村领导应做好先前准备工作，开展活动讨论，讨论实施方案，做好准备。在村领导的规划带领下，因地制宜减少本村户外垃圾桶数量，再合理安排几家村民共用一个大型垃圾桶的工作，安排好清洁工及相对应人员的打扫问题。要对于业务不熟悉清洁人员的及时学习管理。如果村民不理解可以先进行相关的卫生讲座教

育,以通俗易懂的道理去说服村民。顺利开展行动后,要成立督察小组定时安排检查,如果有什么问题及时反馈并合理解决,可以相应地开展评比活动。对于卫生情况按时记录问题,并公示给村民,做到公事透明化,既可以让村民安心也可以从源头处杜绝一些不必要的问题。

(三)关于农村道路环境卫生的建议

问卷第12题"您觉得目前农村比较严重的环境卫生问题有哪些"中,58.94%的受访者认为是"道路等基础设施建设不够完善"。农村道路问题上还有很长的路要走,工作量大。其中不仅包括基础道路建设,还有其美化工作。可以将整体的工作零碎化,将工作下放到个人

1. 按村中常住人口数量、居住区域划分,实行分区承包制

例如:可以将居住地邻近的几条街道设为一个大队,将村中的村民均分成几个大队。然后使其中工作认真、有能力的人担任分队的队长,再由其进行工作的监督和指派任务。村委会每天轮流指定专人去负责所划分区域的公共道路和绿化带卫生,然后按月以分队为单位进行环境卫生评比,每个季度结算一次实行相应的奖励资金。之后一旦哪个地方出现问题,村委会可以去找相关地区的小队长,再由小队长按照排班表找到相应日期相应工作的人员问责。部分权力下放给村民,由村民自己治理、自己监督,相比起所有工作都由村委会指派,更有效率且因地制宜,可行性更强。

2. 招募志愿者

一般的中小学在寒暑假期间都会有一些社会实践活动需要完成,村委会可以指派相关人员和村内的中小学进行对接,将打扫村中的环境卫生工作作为学生社会实践活动中的一部分。假期时,由学生自发组织到村委会接收需要完成的工作,同时也可以不定期向社会招募一些义工和大学生志愿者,将工作时间计入志愿时长,给予志愿者证明。

(四)群众从自身做起保护环境是问题解决的基础。

问卷第13题"对于这些环境卫生问题,您的态度是什么"中,31.79%的受访者选择"既然问题存在,就从自身做起,培养爱护环境的习惯"。群众的环境保护意识不足是最大的绊脚石。为提高群众的环境保护意识,政府相关部门可采取一系列措施。如进行关于环境保护的宣传,比如大字报,电子宣传等。政府可以聘请在环境整治方面的专家到各地进行宣讲活动并和当地群众交流。宣讲可以分为三部分:第一部分为环境现状,可以先让当地居民发表自己对当前环境现状的看法,最后由专家总结并讨论群众还未意识到或潜在的环境问题,讲述这些问题可能对人身体或其他方面造成的危害。第二部分为环境问题的原因,让当地居民在自身和社会两方面分析造成问题的原因,剖析自己平时的做法,最后由专家进行分析未被群众意识到的问题根源。比如农药化肥使用程度不当可能导致的问题。第三部分为解决这些问题如何做。首先居民要表态自己以后为改变现状如何做,希望政府如何帮助解决问题,在解决问题上有何困难。最后对积极参加讨论发表意见的群众进行适当奖励,呼吁群众都参与到环境保护中来,共建美好

新农村。

（五）解决一些地区农村水土流失问题

问卷第12题"您觉得目前农村比较严重的环境卫生问题有哪些"中，68.87%的受访者选择"水污染以及土壤污染问题"，结合问卷第16题"您认为农村环境整治中最需要解决的问题是什么"中，54.3%的选择"植树造林，杜绝乱砍滥伐，减少水土流失"。自改革开放以来，有些地区因为发展经济等原因而大量砍伐农村及其周边树林树木。由于可持续发展政策禁止滥砍滥伐，但是水土流失问题仍旧没有得到解决。为了整顿农村环境问题，政府应该提出以村镇为单位，进行一年一次或者一年多次植树造林活动。在固定时间，以乡镇为单位，将农村及其周边划分为不同区域，对区域进行实地考察，规划，然后通过考察结果选择最适合此区域的植被进行种植。种植时也要规划好树木间距，数目多少等问题，确保能整齐地种植树木。种植时，可以种植不同品种的植被，确保种植多元化。种植完成后，乡镇也要确保有人看守，以防新种植的树林被破坏。在一定时间后，再次进行二次考察，发现、解决问题，使树木存活。另外，在一年中除植树节以外的特定时间内也要集体进行多次此类活动，例如，树木幼苗除虫打药，对已被破坏的林木修复等。除了以乡镇为单位进行植树造林活动以外，政府也要提供相应的帮助。首先号召个人主动积极参加此类活动，让植树造林活动深入到个人和集体中去，让人人能做到自身拒绝乱砍滥伐，破坏植被，人人能爱木护林，积极参与到植木造林减少水土流失行动中去。其次，政府要资金投入，购入存活率高的树苗，请关于植树造林的专家来向农民们讲解如何能成功地种植树木。

（六）农村环境卫生资金筹措问题

问卷第10题"农村环境卫生建设和维护离不开相关政府资金的投入，根据您的了解，相关政府部门对环境整治的资金投入合理程度如何"中，11.26%的选择特别合理，27.15%的选择比较合理，42.38%的选择一般合理，19.21%的选择不合理。可以看出，多数群众认为农村环境整治资金投入合理性不高。两会新农村政策指出，要与农村扶贫政策结合，争取扶贫资金支持。在农村环境保护中资金的合理投入是必不可少的，当环境保护的意识深入人心时，政府的资金扶持是能正常开展环境保护工作的重要前提。国家制定相关资金投入计划，使农村企业将防治污染所需资金纳入固定资产投资计划，部分列入国家重点污染防治和生态保护的项目应给予资金支持。农村政府可将农村维护费用于环境保护设施建设，农村地方部门征收的排污费用于污染防治，使资金最大程度地用于环境保护建设。国家实行税收优惠政策，对利用废水，废气，废渣等废弃物作为原料进行生产的，在一定年数内减征或免征所得税。建设污水处理厂，资源综合利用等项目可采取投资方向零税率。对于退耕还林而产出的农业产品其收入在一定年数内免征农业产品税。在建设污染源治理项目时，可施行优惠贷款政策同时该项目免除建筑税。政府应鼓励广大人民群众自发组织环境保护基金会，向百姓开展募捐活动，使得人人都为环境保护贡献自己的力量，实现广泛募集，取之于民，用之于民，保护环境，造福人类。所募资金和物资,可用于表彰对环境保护事业做出突出贡献的组织和个人,支持和开展与环境保护相关的各类公益活动及项目,促进中国农村环境保护的发展。

（七）注重土地合理分配

问卷第16题中有47.02%的人选择了植树造林,杜绝乱砍滥伐,减少水土流失这一项。有31.79%的人选择了种植多元化,避免单一农作物种植这一选项。可见,除了生活垃圾,水土污染,空气污染以外,注重可持续发展,土地合理分配也是需要重视的问题。还有4.64%的人提出环保部门应该真正做到紧抓环境问题,而不是说空话,做面子工作。也就是说,将环境整治问题从政府到个人每一环节都落实到行动中。对农村环境卫生的整治工作不仅要依靠政府的硬性规定,更需要人民群众进行严格的自我约束,一个好的环境是由各方共同努力决定的。好的环境不仅有利于自身的身心健康,还能够提高农村的经济发展。

四、农村环境卫生其他建设性整治措施

问卷第9题"根据您的了解,农村关于环境保护以及卫生问题的宣传力度如何"中,11.26%的选择经常有,38.41%的选择偶尔有,28.48%的选择听说过但还没自己经历过,21.85%的表示没听说过。结合问卷第11题"改革开放以来,我国越来越重视环境卫生问题,坚持科学发展观,您对于相关政府加大环境卫生整治力度的态度如何"中,6.29%的受访者非常支持,29.8%的选择比较支持,11.26%的认为一般支持,2.65%的选择不支持。大概可以看出,群众对农村环境卫生整治问题有相当高的支持度。政府可以将工作与群众结合起来。对于环境卫生问题的整治,政府扮演着重要的角色,但并不意味着政府是环境建设工作的唯一参与者。可以开展一些活动,让村民们尽可能多地参与到这些活动中。比如,开展农村环境卫生评比活动。

（一）采用计分制在县与县之间的乡下农村开展评比活动

对垃圾处理,垃圾中转站,道路卫生,土壤保护,烟花爆竹燃放,秸秆燃烧,厕所建设,房屋排布,污水处理等现状进行分数的具体规定。设置不同分数档次的奖项,对分数良好的村民给予适当的奖励,对于分数中等的农村进行鼓励,对于分数较差的进行更进一步的原因调查。也可以请治理水平良好的环境治理相关人员帮助治理水平差的农村,或者派后者的相关人员进行学习,相互竞争,互相帮助中改善环境。规定每年不定时进行检查评分,评分裁判可以包括县政府相关负责人、村主任、不同县农村的村民代表等,使评分尽可能公平公正。

（二）借助媒体推进工作

据不完全数据统计,到2017年底,我国网民中农村网民占比达27%,农村网民规模达2.09亿,农村互联网普及率上升至35.4%。据中商产业研究院预测,2018年

中国农村网民规模将达 2.21 亿人。目前网络发展迅速,可以将其运用到农村环境建设中。例如,可以建立每个乡村的官网,定期拍摄一些农村日常的小视频发布在官博中,将环境卫生整顿与村民生活相结合。拍摄内容可以包括农村基础设施的建设进度和村民看法和意见,既可以记录农村的成长,又可以起到监督作用,可能起到一举多得的效果。

关于"改革开放以来北京市养老政策变迁"的调研

杨春花 李世卿

【摘　要】中国是老龄人口过亿的国家,并且进入老龄化社会的速度极快。由此可见,人口老龄化已然成为中国改革开放以来不得不面对的问题。基于此,本文通过分析不同人群对于改革开以来北京市养老政策的变迁的态度,得出养老政策的不断改进对我国缓解人口老龄化有着深远意义。

【关键词】改革开放;北京市;人口老龄化;养老政策变迁

党的十九大开启了新时代国家发展新征程,以人民为中心的发展取向构成了推进社会保障体系建设新的时代背景,它决定了社会保障不仅是关乎基本民生的保障,更是满足城乡居民对美好生活的需要和维系全体人民走向共同富裕的重大制度安排。

当前我国城乡居民对美好生活的向往相对集中地表现在对发展社会保障的诉求上,而社会保障领域的不平衡不充分发展是一个客观事实。自 20 世纪 80 年代启动的社会保障改革是一场全面而深刻的制度变革,它改变了原有的社会保障格局以及与之相关的利益分配关系。主要体现在:1982 年,向独生子女家庭 60 岁以上老人每人发一定的补助来解决养老问题;1997 年到 2003 年,养老政策的城镇统一;2005 年,中国养老保障体系初步建成,"双轨制"质疑声伴随着的制度建设;2013 年,"以房养老"及双轨制并;2014 年新农保和城居保制度合并实施;2015 年,并轨实现,延迟退休政策拟渐进。

本次调查以北京市为例,主要采取非定向问卷调查,兼有对相关人员进行相关问题的采访、参考媒体报道的形式。调查问卷是由小组成员在朋友圈发送链接的方式让网友们填写并收回。共发出调查问卷 100 份,收回 94 份,回收率达 94%;有效问卷 94 份,有效率达 100%。

本次调查报告填写人群主要以 35~70 岁的群体为主,其中工作性质为国有企业占比最高,约 60%。对于调查群体的从业状况,未就业占比为 23%;就业中占比为 60%;已退休占比为 17%。

一、改革开放 40 年来北京市的养老政策与群众对应认知

(一)20 年前,北京市养老政策及群众认知

我们调查了受访者(或其家中老人)40 年来居住地附近是否有养老院或社区养老护

---

① 本课题指导教师杨春花(北京工商大学法学院/马克思主义学院);课题组组长李世卿(化学 16);课题组组员:于尉玲(化学 16),曲星星(化学 16),赵奕雯(应用统计 162)。

理中心,结果表明:20年前二者都没有的比例为70%;而20年前,相对有保障的养老金来源规划为社保养老金(46%)和子女奉养(30%);且91%的人群20年前的退休金额在4000元/月以下,其中63%的人群20年前养老金能够基本满足一个月的花费(图2)。

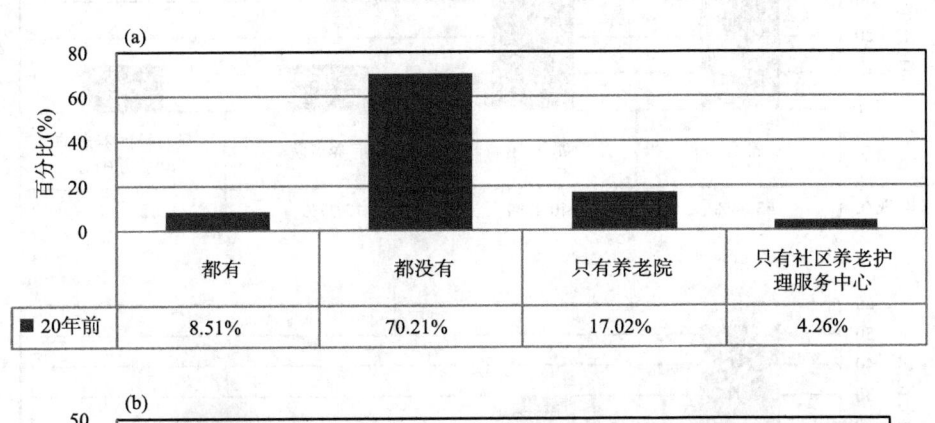

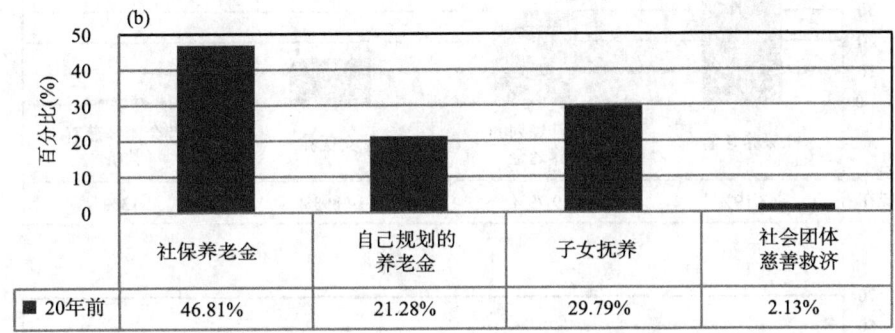

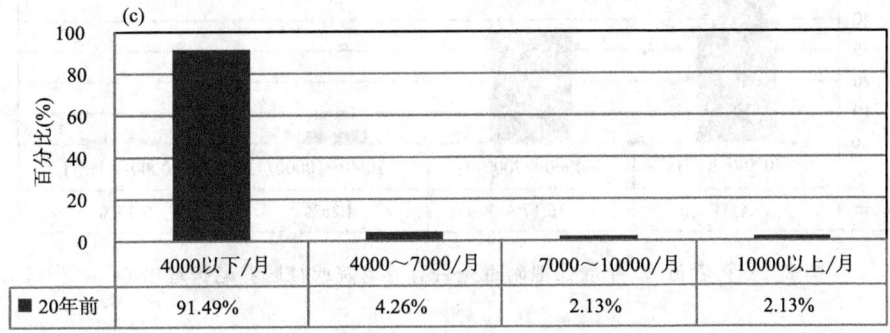

图1 受访者20年前居住地附近是否有养老院或社区养老护理中心

(二)近20年,北京市养老政策及群众认知

我们调查了受访者(或其家中老人)40年来居住地附近是否有养老院或社区养老护理中心,结果表明:现在二者都没有的比例降为40%;而认为相对有保障的养老金来源变成了社保养老金(51%)和自己规划的养老金(30%);另外,退休金额在4000元/月以下的人群比例降为57%,但养老金基本满足一个月的花费的比例却降

为38%(图2)。

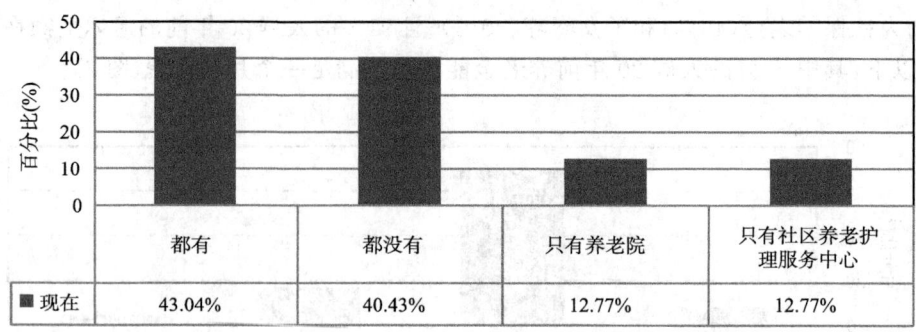

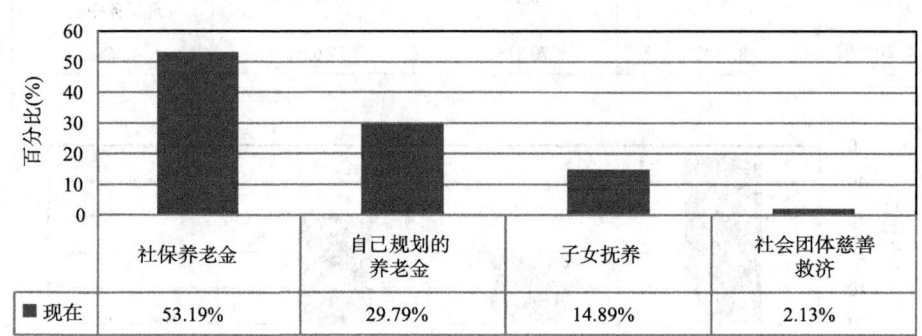

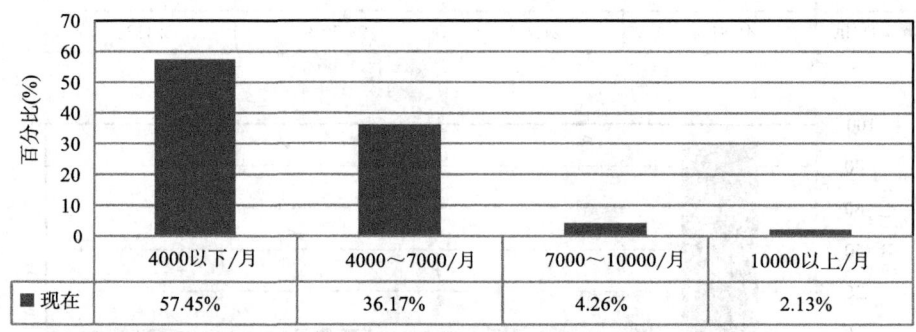

图2 受访者近20年居住地附近是否有养老院或社区养老护理中心

(三)未来,北京市养老政策及群众认知

结果表明,70%的人群仍偏向于城市养老。其中,对于城市养老政策变迁持积极态度的为34%,中立态度49%(图3)。

二、对改革开放以来北京养老政策的辩证分析

影响养老政策变迁中的因素,有利有弊。北京市政尽管基本解决普惠性问题,但还未解决好公平性问题。社会保障水平虽然在不断提高,但缺乏统筹考虑与正常增长的

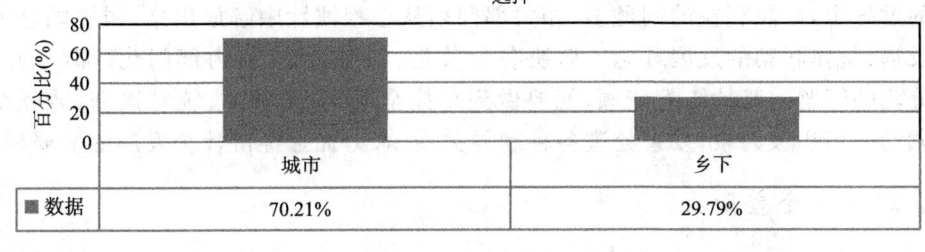

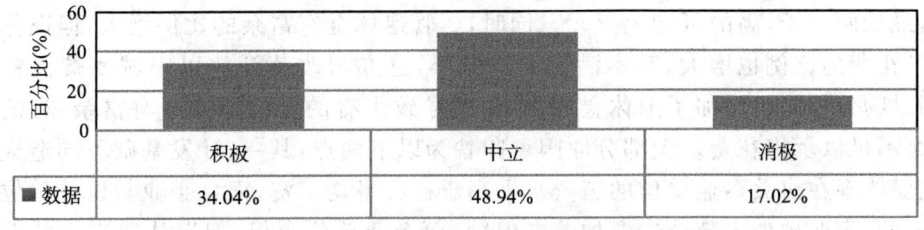

图 3 未来北京市养老政策及群众认知

机制,养老金、医保、低保、救灾、各项福利服务等基本上处于各行其是状态,亦缺乏与物价、工资等以及不同社保项目之间的挂钩,这使社会保障待遇的提高缺乏可预期性。社会老龄化状况日益突出,而养老、助残等方面的基本公共服务发展不足,养老服务机构和设施利用率低等问题,既影响了老年人、残疾人的生活质量,也构成了家庭成员的沉重负担。

通过问卷调查以及采访的形式,我们小组发现,改革开放 40 年来,随着人口老龄化的进程不断加快,养老政策在不断完善的同时,也产生了相应的问题。这些问题不但会影响老人们的日常生活和精神状态,甚至会引发不必要的冲突,对社会大众产生不良影响。我们对这些问题展开了如下分析。

(一)思想观念保守

通过调查问卷我们发现,尽管未来人们期待机构养老(养老院)和社区居家养老(社区养老护理服务中心)的比例有所增加,但是,20 年前乃至现在家中老人的养老方式更加倾向于家庭养老,不愿意"走出去"。

这与老人们的思想观念保守密不可分,觉得在哪里养老,都不如家庭养老合适。长此以往,社区养老护理服务中心和养老院等养老机构将难以发挥其作用。我们认为造成此现象的原因有以下三点。其一,思想观念的保守来源于日常生活中的耳濡目染。20 年前,生活条件有限、政策扶持力度不够,导致家中老人不得不选择家庭养老,这很有可能误导下一代。家庭养老是最好的选择,以至于这一观念一代代传承了下来。其二,思想观念的保守很大程度上影响了社会的进步和经济的发展。固有的思想观念使得老人们难以跟上社会前进的步伐。倘若老人们坚持家庭养老,这不利于老人之间的相互交流,相互帮助,不利于老人的身心健康,也不利于养老政策的推行与实施,甚至影响经济发展。其三,导致老人们的思想观念保守与有关部门职能缺失有关。养老政策变迁的过程中,涉及利益的问题多,相关部门须从思维惯性中解放出来,树立顾全大局、着眼长远、整体联动的发展理念。解决各行其是、各自为政,权力部门化、部门利益化,相互分割的问题。坚持统筹兼顾,就要做到总揽全局、协调各方、统筹谋划、兼顾全面,充分调动一切积极因素,妥善处理各种利益关系,着力加强经济社会发展的薄弱环节。

(二)退休金差距大

通过调研,我们发现受访者(或其家中老人)退休金呈上升趋势,但退休金差距依旧较大,最低两三千,高的可能上万元。同时,尽管退休金有富余的比例增大,但退休金不能满足花费的比例也增大,基本满足比例减小,这亦与改革开放以来城乡贫富差距有关,同时物价提高也增加了退休金的花费,这导致了有的人的退休金有富余,有的人的退休金不足以承担花费。大部分原因可归咎为以下两点:其一,计发基础不同造成的差异,主要体现在机关事业单位的工资水平高于社会平均工资,而且企业与机关单位退休待遇不同,事业单位大部分未参加养老保险,而企业单位参保,但退休后享受的退休金比事业单位要少的多。其二,养老制度与薪资结构的不匹配,企业之间的收入差距很大,有的垄断企业员工收入远远高于机关事业单位工作人员,有的中小企业员工收入则低于社会平均工资水平。也就是工作时交的养老保险不一样,挣的越多,交的越多,退休后拿到的退休金也就越多。因此,我们认为,企业与事业单位退休应缩短差距,例如在提高退休金的时候可以低的长快一点,高的长慢一点。

(三)政策和实际落实有差距

养老政策变迁过程中,社区养老院或社区养老护理中心的比例有所增加,这说明了一个重大的变化。改革开放以来,国家对居民养老越来越重视,积极发布养老政策,重视社区居家养老,按就近方便、小型多样、功能配套要求加强发展社区居家养老。但是,养老院并没有覆盖很广,政策和实际落实是有差距的。以行政化手段推动专业服务,往往容易导致管理和服务不够人性化,大部分服务人员专业性不够,文化水平一般,综合素质不高,导致老年人获得感不足;此外,社区养老推广力度不够,周围居民并不知道社区养老的具体操作和流程,使得社区养老机构形同虚设,浪费国家资源。

针对上述问题,我国制定出相关政策并加以解决。党的十九大报告做出了我国社会基本矛盾已经转化为人民日益增长的美好生活需要与不平衡不充分的发展之间的矛盾的重大政治判断,使社会保障体系建设的发展方向更加明确。通过对受访者的调查,我们发现影响北京市养老政策变迁的因素,主要是消费水平的提高和生活条件的改善。

(四)社保采取渐进方式

当前我国城乡居民对美好生活的向往相对集中地表现在对发展社会保障的诉求上,而社会保障领域的不平衡、不充分发展则是一个客观事实。自20世纪80年代启动的社会保障改革是一场全面而深刻的制度变革,它改变了原有的社会保障格局以及与之相关的利益分配关系,不可避免地要受到国内经济、社会、政治、文化等因素与全球化进程的影响。为了避免激烈变革导致社会矛盾,同时为经济增长服务,我国的社会保障改革采取了与经济改革相似的渐进方式,在不同阶段经历了从被动变革到主动变革、从自下而上到自上而下、从试点先行与逐渐推进到中央政府顶层设计与全面推进、从作为治理措施并服从于经济改革到独成体系地维系和促进经济社会发展的转变过程。

（五）丰富精神层面的养老措施

消费水平的提高和生活条件的改善,在影响改革开放40年来的北京市养老政策中的作用是相辅相成的。两者影响着老年人的消费心理。从20年前追求吃饱穿暖的生活,到如今享受吃好穿好的生活,人们收入逐步增加,刺激了经济发展和社会发展,改变了老人的生活习惯和思维想法。生活条件的改善,使老人家不仅追求物质上的养老,更追求精神上的养老。中国社会保障改革的成就是巨大的,它不仅使我国人民的福利水平与民生质量得到了大幅度提升,也对世界社会保障发展做出了重要贡献。如果不算中国,全世界社保覆盖面只有50%,算上中国则达到了61%。可见,我国对于老年人生活条件的改善是多么重视。在物质上,老人们不用早出晚归,为了生计打拼;在精神上,老人们可以享受到丰富的娱乐设施和娱乐活动带来的乐趣。例如,老年人可免费乘车、社区承接老人饭桌等。

三、对未来北京市养老政策的建议

（一）做好城市养老保险政策的宣传工作

通过调查,76.70%受访者(或其家中老人)通过新闻了解相关内容,途径有限(图4)。这是由于大部分地区没有切实进行对养老政策的"扫盲"行动,致使许多老人对养老政策"一头雾水",所以加强对养老保险政策的宣传工作很重要。一是要制定宣传的内容,让人们知道养老保险政策里面讲了什么,以社区为单位,定期举行养老政策的宣讲,让老人们了解国家最新的养老政策,或者专门为老人制作养老政策的宣传手册,做到人手一份,养老政策一变,就立即宣传并告知老人们,让老人们心中有数。二是要拓展宣传途径,并加大宣传力度。现在媒体力量很大,可以借助媒体、社交网络等平台,除了养老政策的宣讲和手册,还可以在社区广告栏中张贴宣传海报、组织专业人士或相关志愿者来为老人们答疑解惑等等。北京市拥有较多的高等院校,人才储备相对丰厚,我们可利用这一点,鼓励在校大学生或应届毕业生等社会力量,积极投身于养老政策宣传,与社区居委会联合举办志愿活动,组织讲座等形式传播新思想,以此全面开放社区居家养老服务市场。

（二）完善养老保险制度,缩小贫富差距

通过调查和采访,48.94%的受访者(或其家中老人)的养老金不能满足其一个月的

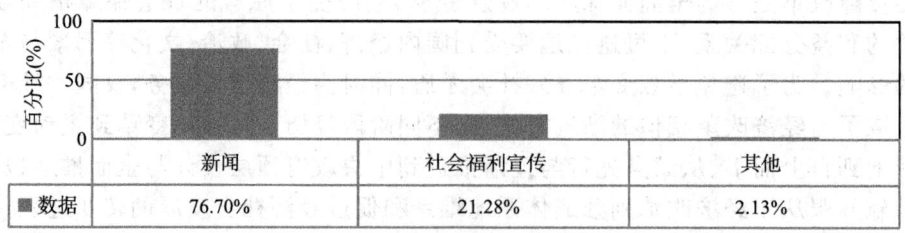

图 4　了解养老政策变迁的途径

花费(图 5)。这是因为目前大部分退休职工只领取基本养老金,机关事业单位退休人员则领取全额养老金,造成了企业退休职工与机关事业单位退休人员养老金替代率的巨大差异。随着老年人身体机能的退化,老年人选择北京市等大城市的就医人数增加,医疗花费也随之增加。针对这一现象,我们认为,相关部门应加快机关事业单位养老保险改革,构建全民统一的基本养老保险制度,优化企业退休人员基本养老金补助政策,逐步增加养老金,简化异地就医流程。在时代前进的同时,北京市的物价水平也在上涨,养老金亦要随之而上,单位人事部门可根据老人的家庭经济状况和社会发展状况,额外增加适当的补贴,不可一概而论。

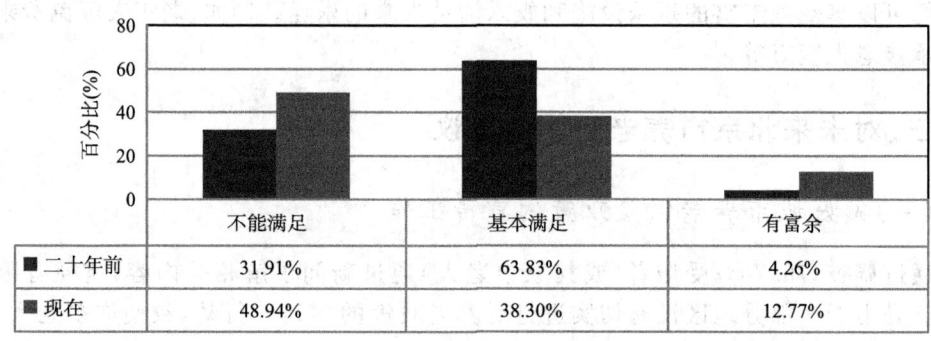

图 5　养老金能否满足您一个月的花费

(三)进一步完善养老设施,加强社会监管力度

通过采访和讨论,我们认为,北京市已进入老龄化时代,应该坚持以人为本,推进改革惠民。调查结果表明,越来越多的受访者选择机构养老或社区居家养老(图 6),因此,进一步完善养老措施迫在眉睫。例如,政府可以与相关高等院校合作,鼓励护理院校、职业技术学院的学生参与到社区居家养老机构中去,加强对老人的呵护力度,并利用相关专业知识,为老人答疑解惑,以此增加社会各阶层人士,特别是青年人,对老人的关怀。此外,社区居委会应进一步完善社会养老设施,如养老院,社区养老服务中心,并根据生活习惯或身体状况等条件进行筛选,安排情况相似的老人一起居住,方便照料。在保证物质建设的同时,还需提高文化软实力的建设。譬如组织社区中的老人进行手工、花艺等方面的学习,或组织图书交流会、音乐会等活动,这有利于老人陶冶情操,身

心健康,更可以为老人构建良好的精神家园。

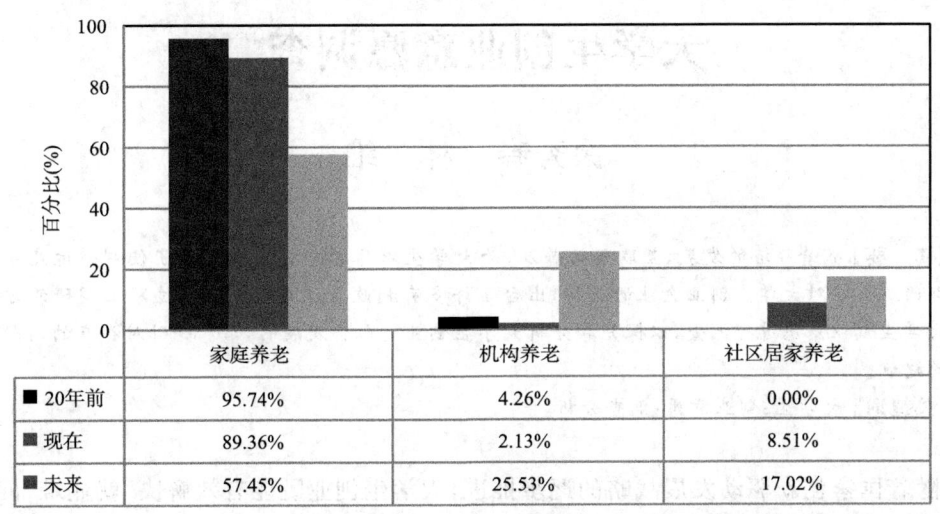

图 6 您(或家中老人)的养老方式

良好的运营环境,离不开社会力量的监督,尤其是北京这样的一线城市,如果没有社会监管,会滋生腐败,甚至造成危害。加强制度监督,尤其是对养老保险基金的监督是必不可少的。对擅自挪用基金的人进行严厉的惩治,对举报者进行表彰,赏罚分明,并及时通过网络或街道等渠道公开相关信息,增加透明度,鼓励人人参与、人人监督,增加市民对于政府工作的信心。

参考文献

习近平,2017.决胜全面建成小康社会,夺取新时代中国特色社会主义伟大胜利——在中国共产党第十九次全国代表大会上的报告[M].北京:人民出版社:10.

民政部,2017-08-03.2016 年社会服务发展统计公报[EB/OL].民政部门户网站.http://www.gov.cn/xinwen/2017-08/03/content_5215805.htm

张振东,2010-09-09.在科学发展上进一步解放思想[N].江城日报.

郑功成,2017.全面理解党的十九大报告与中国特色社会保障体系建设[J].国家行政学院学报(6).

大学生创业意愿调查

徐秀春　林　维

【摘　要】 随着经济的发展,互联网的普及,为大学生群体的创业实践提供了便利。近几年国家相关部门加大了对大学生创业企业的扶持,出台了许多有利政策。本项目组通过网上调研的方式对高校大学生创业意愿进行调查,以探究和分析大学生创业对社会发展的作用,并针对存在的问题提出适当的建议。

【关键词】 大学生;创业意愿;调查分析

随着国家创新驱动发展战略的逐步推进,大学生创业既能有效解决"就业难"问题,也在推动国家经济可持续发展上占有重要地位。为了了解大学生的创业意愿,本课题组在7、8月份进行了广泛的问卷调查,涉及多所高校的多个专业,以探究和分析大学生创业对社会发展的作用,并针对存在的问题提出适当的建议。

一、大学生创业意愿的现状分析

本次调查主要采取的是网上调查的方式。共填写有效调查问卷110份,收回110份;此次参与调查人数男女比例约为1∶2,经管专业、理工专业、其他专业的比例为1∶1∶1。本次主要调查影响大学生自主创业的主要因素及大学生对相关创业政策、知识的了解程度,目的在于了解大学生的创业意愿,对政府创业政策及高校的创业教育提出改进意见。

（一）绝大多数学生都有创业意愿,支持大学生创业的调查者超过半数

对于大学生是否愿意创业的问题,通过问卷第3题的调查,我们发现,对创业很有想法的大学生占调查总数的14.55%,有点想法的大学生占42.7%,还在观望的大学生占18.2%,对创业没有一点想法的大学生只有24.55%（见图1）,从以上数据可以看出,绝大多数学生都有创业意愿。

大学生选择创业之路,离不开周边亲戚朋友的支持。通过问卷第4题的调查,我们可以看到,不支持大学生创业的调查者仅有8人,仅占调查总数的7.27%;40%的调查者持中立态度,既不赞成也不反对大学生创业;而支持大学生创业的调查者达到52.73%。

---

[1] 本课题指导教师徐秀春（北京工商大学马克思主义学院）;课题组组长林维（注会173）;课题组成员:马宗艺（注会173）、陈雯玉（注会173）。

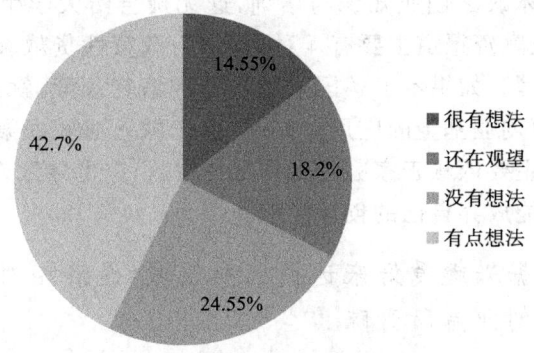

图 1 大学生创业意愿调查

尽管有超过半数以上的人们支持大学生创业,但是我们也要看到对大学生创业持观望态度和反对的声音也占了调查总数的 47.27%。通过调查我们了解到,这些人之所以对大学生创业持怀疑和否定态度,是因为他们认为大学生没有工作经历、没有人脉资源、没有资金支持,仅仅靠自己的一腔热血很难取得成功。虽然他们的想法有一定的合理之处,但这无疑会影响到大学生对于创业之路的判断。因此,如果能够解决大学生创业过程中遇到的一些实际问题,可以带动更多的大学生进入创业领域。

(二)大学生整体缺乏创业知识和创业培训,个人能力欠缺

对于大学生是否关注和了解政府鼓励大学生创业的政策,通过调查问卷第 5 题"您是否了解政府鼓励大学生创业的具体政策"可以看出,有 56.36% 选择"不主动关注;有 15.46% 的人选择"一点也不知道"。也就是说,有 71.82% 的大学生并不主动关注相关政策,缺乏应有的创业知识(图 2)。

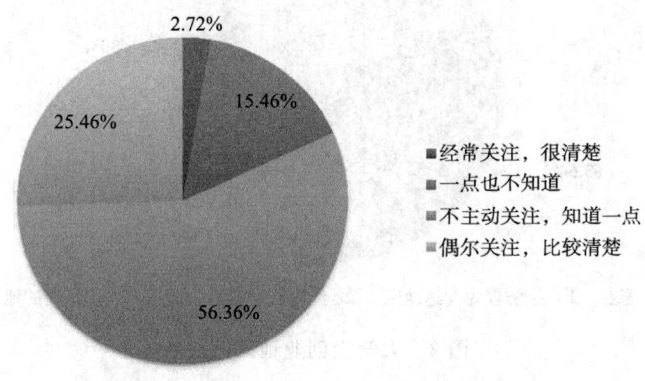

图 2 创业政策了解度调查

为了进一步了解大学生所掌握的创业知识储备情况,在问卷第 17 题对大学生是否了解注册公司的基本流程,相关的税务法律知识进行调查。数据显示,只有 8.18% 的大学生参与过相关培训,91.82% 的大学生并不了解注册公司的基本流程和相关的税务

法律知识。大学生整体缺乏创业知识与培训,这无疑会给大学生创业带来种种问题。例如,当前大学生创业融资渠道主要有4种,即银行政策性贷款、政府创业专项基金资助、创业风险投资、自筹。如果不了解国家的融资和信贷政策,就会大大影响创业资金的获取,也会影响政府创业基金的应用。同时,由于缺乏对融资渠道的了解,使得大部分人获得的创业资金主要依赖于家庭资助和银行贷款,这也导致许多有创业意愿的人,由于缺乏资金支持只能放弃自己的创业意愿。

（三）大学生根据兴趣爱好来选择创业领域,经济相对落后,正在高速发展的地区被大多数创业者所青睐

为了了解大学生创业的意向领域,在问卷第7题中做了有关创业领域的调查。调查发现,占调查总数的38.1%的人是根据兴趣爱好来选择创业领域,22.22%的大学生选择的创业领域是启动资金少且风险较小的领域,20.63%的人选择了所学专业相关领域,19.05%的人选择了社会热点领域。我们看到,除了兴趣爱好选项更受大学生青睐外,其余三个选项基本是旗鼓相当,差距相差不大。

对于创业地区,我们看到,有63.64%的调查者选择在经济相对落后,正在高速发展的地区进行创业;其次是经济较为发达地区,占30%;选择在家乡创业的人最少,只有6.36%(见图3)。经济相对落后,正在高速发展的地区被大部分创业者看好。创业者带去的项目、创意,带动了当地就业、弥补了一些产业差距,对当地的经济、文化发展起到一定的推动作用,从而对全国各地区均衡发展起到促进作用。

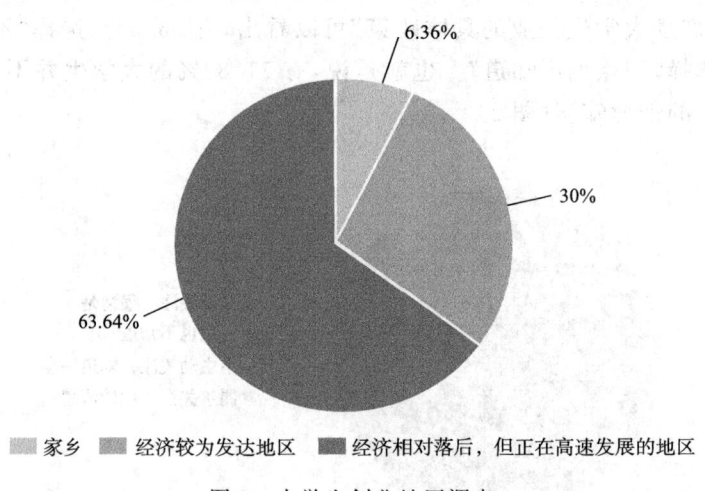

图3　大学生创业地区调查

（四）经验、能力、资金、创业指导是大学生创业亟须解决的问题

针对大学生创业可能遇到的困难,我们通过问卷第12题调查发现,当代大学生遇到的最大的创业难题是缺乏创业经验,占调查总数的73.64%;其次是70%的大学生感到个人能力不足,有68.18%调查者缺乏创业基金;33.64%的调查者需要创业指导。

大学生遇到的创业困难还有缺乏创业伙伴(15.45%)、缺乏创业项目(11.82%)、缺乏创业场地(10%)、行政审批手续繁琐(5.45%)、家庭不支持(4.55%)(见图4)等,可以说,经验、能力、资金、创业指导是大学生创业最需要解决的问题。

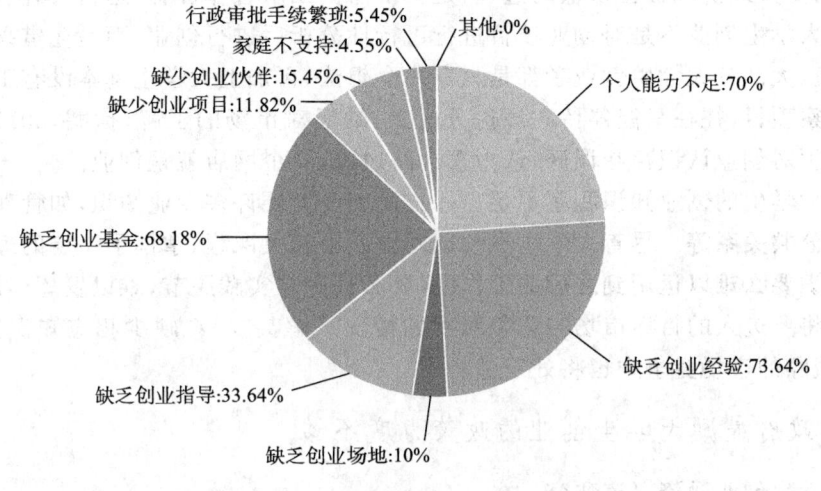

图4　大学生创业困难调查

同时,通过第15题"您的学校提供的创业帮助有以下哪些"的调查,目前各高校主要采用的创业帮助方式是开设相关课程、校企合作、设立基金和建设创业实践基地,只有少部分高校进行促进创新与转化技术、席位捐赠和设立创业导师。在问卷第16题的调查数据中,有66%的大学生认为学校的创业服务只有一般的实用性和针对性,这要求各高校了解大学生创业的需求,具有针对性地解决创业知识不足的问题,培养创新型人才。

二、大学生创业面临的困难分析

2017麦克思研究院联合中国社科院日前发布的《2017年中国大学生就业报告》数据显示,近5年来,大学生毕业即创业连续从2011届的1.6%上升到2017届的3.0%,接近翻了一番,但是大学生创业成功率平均只有5%(王红茹,2017)。大学生创业为什么成功率这么低呢?通过调查,我们发现,大学生创业主要遇到了以下问题,导致他们创业困难重重。

(一)大学生自身创业能力不足

相较于就业,创业活动对于大学生的综合能力具有比较高的要求。大学生要创业需要具备过硬的心理素质,风险分析能力和决策能力,娴熟的沟通技巧,丰富的组织管理和协调能力、团队合作意识等等。通过问卷第11题和第12题的调查,我们发现,64.55%的大学生都认识到个人魄力和创业头脑是创业途中不可或缺的要素,但同时70%的大学生也清醒地看到,自身创业能力不足是大学生创业过程中存在的一大困难。

大学生自身创业能力不足主要表现在两个方面：

一是大学生创业思想认识不足。创业实质上是创业者通过对资源进行优化和整合，创造出更大经济和社会价值的过程，是一个需要团队合作、团队运营、团队营销的过程。许多大学生创业不是对创业项目进行可行性分析后进行创业，而是凭借兴趣爱好，一腔热血。大部分大学生创业者都是只有一个想法，再加上大学生基本没有工作经验，他们在考察项目，往往只能停留在理论分析上，缺乏对市场的了解（徐鹏，2011）。还有很多大学生对创业认识存在误区，认为摆个路边摊，开个网店就是创业。

二是大学生的创业知识积累不足。一方面创业需要许多专业知识，如管理、市场营销、法律、公共关系等。尽管大学生在校期间学习了相关课程，掌握了一定的理论知识，但这些知识要么难以运用到之后的工作中，要么理论与实践脱节，难以发挥作用。许多大学生对将要进入的目标市场与竞争对手的情况了解甚少，在缺少相应知识储备的情况下，在残酷的市场竞争中也将处于劣势。

(二) 政府鼓励大学生创业的政策力度不够

1. 大学生创业融资渠道狭窄

目前，大学生创业的融资途径主要有3条：一是政府基金，二是亲情融资，三是银行贷款。可这几条融资道路都不好走。政府提供的创业基金一般都是免费的，降低或免除了筹资成本。但申请创业基金有严格的申报要求；同时，政府每年的投入毕竟有限，能申请到政府基金的大学生人数寥寥。亲情融资是个人筹集创业启动资金最常见、最简单、最有效的途径，这种特殊融资方式不需要抵押就能获得资金，但是由于大学生缺乏经验和对项目风险判断能力，使其创业失败率极高，而失败所带来的压力也是创业者本身及其家里难以承受的。向金融机构贷款，银行一般要求创业的大学生除了要有实体店，还要具有一定的还本付息能力。大学生一般很难具备这两个条件，所以往往贷不到款项。资金问题，是大学生创业的最大难题，没有资金运转，创业寸步难行（李月球，2017）。

2. 政府政策可操作性不强、扶持不到位

为了解决目前的就业难题，提高我国科技转化率，近几年来，为了吸引大学生自主创业，中央及地方各级政府出台了许多优惠政策，涉及融资、开业、税收、创业培训、创业指导等诸多方面，为大学生自主创业提供了强大的政策保障。然而，尽管各级政府和教育行政部门纷纷为大学生自主创业制定了许多扶持政策（杨颖，2012），但这些政策还不够系统、完善，且操作难度大，实际实施起来较为困难。

(三) 创业教育重视不够、投入不足。

创业教育，即对大学生进行创业课程的培训、创业心理的训练、创业技能的养成。创业教育对于将来走向自主创业的大学生而言，具有十分重要的意义。虽然教育部要求高校必须开设创业基础必修课，但是国内不少高校对创业教育的重视程度不高，创业教育资源严重匮乏(杨颖,2012)。在大学校园里,有创业想法的大学生越来越多,然而,接受创业信息的渠道太少,多数大学生对国家出台的扶持政策及优惠内容都不太了解,消息来源较为闭塞,仅仅只有通过互联网查阅相关政策文件才略知一点。根据统计可知,81%的大学生从未在学校参加过相关的创业培训。

三、应对方法

（一）丰富社会经验,提升个人的创业能力

1.大学生自身要培养过硬的创业素质

有创业意愿的大学生自己要有针对性地、全面系统地提升自己的创业素质,包括自身修养、市场能力、领导能力、社会经验等等方面。比如大学生可以利用寒暑假到公司企业中实习,以丰富自己的社会经验;在平时则多参加学校组织的社团活动、志愿者活动,锻炼自己的社交能力、团体合作能力。利用业余时间多读书,多学习,对各个专业都有所涉猎,培养自己的综合素质,只有自己主动努力,才能使得创业的成功率不断提高。此外,大学生也应当有所准备,以健康积极的心态迎接可能出现的失败,不气馁、不放弃,积极进取,以获取成功,实现理想。

2.提高大学生自身的心理素质

良好的心理素质是大学生就业的一个必要条件。促进大学生创业发展,首要的任务是努力强化大学生的创业心理,提高大学生的心理素质。大多数大学生明白创业道路的艰辛,因此,创业选择要具有理性,在选择创业之路之前,大学生就应该做好承受挫折和失败、挑战自我的心理准备。拥有一个良好的创业心态,才能提高创业成功的概率。

（二）加大政策宣传与支持力度

1.加大政府创业政策宣传力度

从问卷上看,仅有2.72%的人对国家鼓励创业的政策十分清楚。尽管这从一方面说明大学生对政策了解的主观动力不足,另一方面也说明了国家的创业政策没有得到足够的宣传与推广,因而也没能充分发挥其刺激创业意愿与创业动力的作用。因此,建议政府能通过学校,媒体,互联网等渠道来加大宣传力度。具体来讲:第一,充分利用学校的创业社团,举办对创业政策解读的讲座,让有意愿的学生能够获得系统的创业政策。第二,开设专门的创业栏目进行宣传。应该通过媒体大量宣传,大学邀请创业成功校友到学校演讲的方式,来营造一种鼓励创业,创业光荣的社会氛围。第三,搭建创业政策网站。笔者在收集相关材料时,在数个搜索引擎查询过创业政策,但得到的结果却是五花八门,夹杂着众多创业广告,仅有的两个词条也只大致涉及了税收优惠及贷款额度,而对具体申请方法、条件等语焉不详。因此,政府应该通过网络平台,统一各个地区、城市的创业政策。

2. 加大政策支持力度

如前所述，我国政策对大学生创业的支持局限于税收优惠和提供小额贷款，且贷款手续较为复杂，在校学生需提供学生证、成绩单（毕业生提供毕业证及学位证），身份证明，常用银行卡对账清单，其他资信证明，个人或家庭收入及财产状况等还款能力证明文件等等，手续繁琐。而在此方面发达国家的一些做法，值得中国政府参考借鉴。例如，英国大学生创业，不用抵押物，凭借一份好的商业计划书就可能得到贷款。法国政府则为创业大学生发放创业的失业补贴，解决大学生创业的后顾之忧（卢亮等，2014）中国政府可以借鉴发达国家的一些做法，加大对大学生创业的政策的支持力度。

（三）推动创业教育改革

调查中，虽然有显示大学开设相关课程、高校与企业合作、设立创业基金的比例分别为 70%、53.64%、52.73%，但 66% 的大学生认为学校的创业服务只有一般的实用性和针对性，且 91.82% 的人不了解注册公司的基本流程、相关税务知识。基于此，我们建议：

第一，学校要开设更多具有实用性的创业教育课程，并把它纳入通识教育课程，而不仅仅是以公共选修课的形式覆盖少数学生，最大程度上的帮助学生掌握创业的基本知识与基本技能。

第二，推动创业教育与专业教育融合（黄兆信等，2013）。在本次调查中经管专业、理工专业、其他专业的比例为 1∶1∶1。经管专业的市场分析能力较好，而理工科专业的创业想法较丰富，因而这两类专业的学生的创业意愿较强。若能推动专业教育与创业教育结合，或许能打破其他专业学生对于创业的心理障碍，并调动他们的积极性。

第三，加强高校企业的合作。比如特聘企业精英作为老师来学校上课，从而加深学生对创业精神和自主创业的理解，对真实创业环境的把握，克服由于专业教师对于创业教育内涵缺乏深度的理解所带来的局限性。

参考文献

黄兆信,王志强,2013.论高校创业教育与专业教育的融合[J].教育研究(12):59-67.
李月球,2017.浅析当代大学生的创业问题[J].智富时代(7):94-95.
卢亮,胡若痴,但彬,2014.发达国家大学生创业措施及对中国的借鉴[J].中国高教研究(8):55-60.
王红茹,2017.中国大学毕业生创业率升至3%但成功率不足5%[J].中国经济周刊(39):60-61.
徐鹏,2011.大学生创业难点分析[J].南昌高专学报(4):84-85.
杨颖,2012.大学生创业难:困境与对策探析[J].人民论坛旬刊(10):140-141.

改革开放以来北京市民养老观念的转变及其影响因素的研究[①]

江燕　宋雨佳

【摘　要】 改革开放 40 年以来,养老问题一直是我国民生建设的重要问题。随着我国民生建设的完善,居民的养老观念也随之发生了转变。不同年龄段的人们的养老观念的异同正体现了随着改革开放的开展人们对于养老的有了不同的态度。基于问卷调查,养老观念的变化情况主要分为三点：对养老保险制度的认可、自己养老和政府养老成为主流以及不愿去养老院面对的自尊问题。对于养老观念转变的因素大致可分为两点：养老政策的完善以及居民自身能力的提高。除此之外,基于本次调查,我们还发现了子女的养老压力大、老年人对养老院或其他养老机构的抵触心理等问题。

【关键词】 养老问题；养老观念；民生建设

由于改革开放的推进,民生建设的不断发展,市场经济的完善以及教育观念的改变,中国人的养老观念和养老方式开始发生变化。为了解养老政策的普及和落实情况,全面建小康过程中人民的需求改变情况,北京市民不同年龄段的养老观念的改变方向以及影响因素。本实践小组以调查问卷的方式,向不同年龄,不同职业,不同区县的北京市民了解其对养老问题的看法与态度。

一、调研背景和方法

不同年龄段的居民所产生的养老观念有所不同。为了更全面、更准确地了解不同人群养老观念和影响代际养老观念差异的因素,本文主要采取问卷调查和文献调查两种研究方法。

（一）问卷调查

问卷调查主要是为了实际考察北京市民的养老民意。

1. 制作问卷

经过参考其他文献资料和讨论,将本次问卷分为基本信息、养老的主体、养老的模式和养老内容四个方面共 30 道题。问卷内容见附录 1。

调查对象主要是北京市 18 岁以上的非学生人口,主要原因是学生尚未进入社会,还没有工作获得报酬,经济独立性差,还属于被家人养育的阶段,因此调查对象不涉及学生。

[①] 本课题指导教师江燕(北京工商大学马克思主义学院)；课题组组长宋雨佳(金融 171)；课题组成员：夏宇鑫(金融 171),夏梦(金融工程 17),岳佳音(金融工程 17),刘思璐(金融工程 17)。

将其他年龄段分为 18～30 岁,31～40 岁,41～50 岁,51～60 岁以及 60 岁以上,以便通过调查和数据分析能够更清晰更直接地看出不同年龄段养老观念的变化和差异。

2. 深入人群采访

作为区域性研究,我们深入到街心公园、学校、医院、公司等地进行问卷发行调查以保证数据样本的多样性和准确性。经过统计和整理,有效数据样本共 170 份。

3. 收集数据并制作图表

利用 IBM SPSS Statistics 经济统计软件进行信息的录入并交叉制作成养老观念与年龄的数据与比例表格以及条形统计图。

4. 归纳结果

通过表格与条形统计图进行分析,在本文将以文字形式体现。

(二) 文献调查

通过调查相关文献充分了解养老现状,结合所做不同年龄段北京市民养老观念的变化得出影响养老观念差异的因素以及在未来应该如何健全养老体系的结论。

二、改革开放以来的民生建设

改革开放近 40 周年,是我们党不断重视、保障、改善民生的过程,也是民生建设不断完善的历程。改革开放以来我国民生建设的实践与小康社会的发展历程具有历史与逻辑的统一性。

(一) 改革开放以来民生建设的历程

回顾 40 年,可大致将我国的民生建设的发展历程分成以下四个阶段:

1. 生存型的民生建设

生存型的民生建设是从十一届三中全会开始到 20 世纪 80 年代末。也就是 1981 年到 1990 年实现国民生产总值比 1980 年翻一番。

2. 发展型的民生建设

发展型的民生建设是从 20 世纪 80 年代末到 21 世纪初,目标是让人民的生活达到小康水平。在这一阶段,民生建设更多关注的是促进就业、生态与环境保护、社会包容、促进人权、防止两极分化、促进人的全面发展等内容。

3. 和谐型的民生建设

和谐型的民生建设主要指的是 21 世纪最初 10 年,即:21 世纪第一个 10 年实现国民生产总值比 2000 年翻一番,使人民的小康生活更加宽裕,形成比较完善的社会主义市场经济体制。

4. 新时代民生

全面型的民生建设主要是指党的十八大以来,在全面建设小康社会的基础上,进一步提出了全面建成小康社会的目标要求。这一阶段的民生建设具有明显的全面性和法治性特点。

(二)在建设过程中存在的民生问题

1. 人口老龄化

"2016年60岁以上老年人口已超过2.3亿,占总人口比例达到16.7%。到2020年,全国60岁以上老年人口将增加到2.55亿人左右,占总人口比重提升到17.8%左右。"①据预计,到21世纪中叶老年人口将达到4.8亿左右,在这一过程中,我国老年人口数量始终居于世界第一位,我国还属于老龄化速度最快国家之一。

2. 老龄化引发的"临终关怀"问题

在今年主题为"老龄化与健康"的世界卫生日,因社会人口老龄化引发的老年人临终阶段生活照料问题,再次引起社会热议。中国生命关怀协会、生命关怀研究中心常务副主任施永兴表示,在老龄化的背景下,老年人终末期疾病、老年癌症发病率和高龄老衰临终者的数量已经越来越多,所占比率越来越大,但老年人面临的临终关怀问题,还远未得到彻底解决。

(三)改革开放以来我国应对养老问题的政策有待完善

1. 城镇与农村之间的失衡

在居家养老方面,"上门服务"是主要形式。但大部分农村地区由于未形成能够提供生活照料,家政服务等业务,而且存在地理环境,交通条件等不利因素,上门服务基本上难以实现。

2. 公办与民办机构之间的失衡

公办养老服务机构在资源配置上有政府财政支持,因此拥有较成熟的管理模式和较高的社会公信力。而民办养老机构在市场准入,税收标准,投资融资等方面受限制。因而使得资金要素市场成本比公办机构高得多。

3. 在一般化服务建设与服务优化之间的失衡

改革开放以来,我国的养老服务公共政策比较重视资金投入等一般化的物质建设,而忽略了养老服务的优化。这不仅会使一些物质建设流于形式甚至沦为摆设,而且会使养老服务的供给难以满足现实的市场需求。

三、改革开放以来北京市民养老观念的变化

(一)养老观念的变化情况

1. 从养老保险角度观察,近90年北京常住居民几乎都认可养老保险政策

我们调研发现,在多种因素的影响之下,"养老保险能让养老得到保障"这种观念在时

---

① 马爱平.搜狐财经_搜狐网 2017年3月29日-科技日报

间的长河当中没有动摇。大部分的北京常住居民认可养老保险政策对养老生活的帮助（表1）。

表1 养老保险保障度统计表

	18～30岁	31～40岁	41～50岁	51～60岁	60岁以上
养老保险能让以后养老有保障	18	37	46	10	16
养老保险不能让以后养老有保障	4	15	18	1	5
比例	81.82％	71.15％	71.88％	90.91％	76.19％

如表1所示，各年龄阶段（由满18岁，具有独立思考能力的个体组成）总体超过71.15％认为养老保险能让以后的养老有所保障，尤其51～60岁的群体超过90％支持养老保险政策的实施。

2.从对养老方式倾向角度观察，近些年来自己养老和政府养老已是主流，并不断扩大范围

我们采集信息绘制如图1～4。

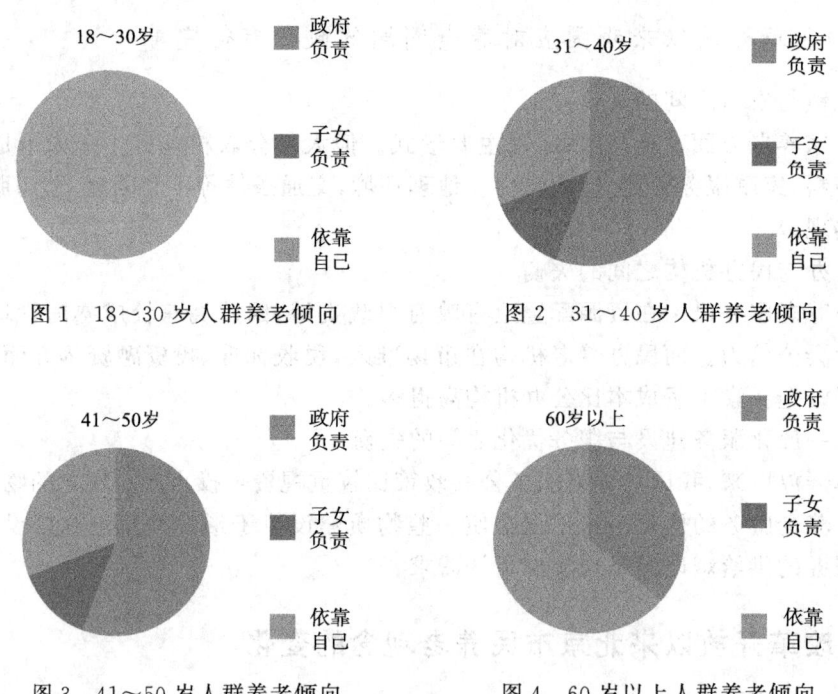

图1 18～30岁人群养老倾向　　图2 31～40岁人群养老倾向

图3 41～50岁人群养老倾向　　图4 60岁以上人群养老倾向

由图可见，随着时代变迁，北京常住居民子女负责养老的倾向从33％降至13％甚至有2％（详见图3、图2、图1），"养儿防老"的观念不攻自破，越来越多的百姓相信政策会给养老带来帮助，越来越多的百姓依靠自己的能力防老。

3.从对养老院的认识的角度分析，北京常住居民减少去养老院养老面对的自尊问题

对于问题"如果您年纪大了,需要人照顾生活起居,孩子们都有自己的工作和小家庭,是否愿意去养老院养老"调研结果如表1。

表 2 去养老院养老倾向统计表

	18～30岁	31～40岁	41～50岁	51～60岁	60岁以上
肯定会	4	18	20	8	5
可能会	8	19	27	2	5
说不好	5	8	9	1	5
可能不会	2	5	4	0	4
肯定不会	3	2	4	0	2
意愿倾向比	0.77	0.87	0.875	1	0.71

表2显示,超过71%的北京常住居民会从自身和子女两个角度考虑,从而愿意到养老院进行养老。并且越来越多的人接受到养老院进行养老。

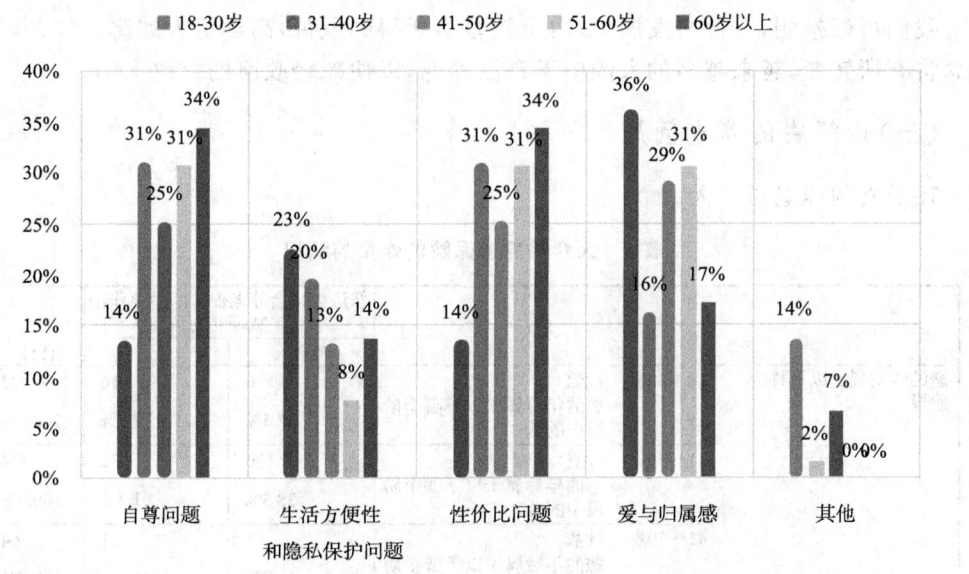

图 5 北京常住居民面对养老院养老产生的顾虑

为了更加直观地判断不同年龄段的北京常住居民对于"去养老院养老"观念的变化,特别制作图5。

分析如下:

对于"去养老院养老"的排斥性,在大趋势下逐渐减少,但是,出现了一些新增问题有待解决,如:"在养老院养老缺乏生活方便性和隐私保护"。有些问题依然没有有效解决,如:"在养老院养老缺乏爱与归属感"。

（二）北京市养老观念转变的因素

我们归结北京市居民养老观念转变的因素有以下两点，"养老政策——养老保险制度的逐步完善"和"学历"。

1. 北京市养老观念转变的因素——养老政策的完善

随着养老政策不断地更新，养老建设逐步完善，北京常住居民表示，愿意自己养老并且依靠政府养老，如表1中所示。改革开放以后，近50年左右北京常住居民认可养老保险制度所给他们带来的养老保障。取得这份认可，需要一套趋近于完善的养老政策。

2. 北京市养老观念转变的因素——学历层次越高，自我养老观念越强

在我们调查的北京常住居民中，初中学历人数约占6.5%，中专学历人数约占7.0%，高中学历人数约占7.0%。大专学历人数约占25.2%，本科学历人数约占47.6%，硕士学历人数约占5.9%，博士学历约占0.6%。

对于表2中的"养老方式"问题，我们发现无论什么学历，倾向于政府养老的人数占50%以上。学历越高，愿意自己养老的人数也相对上升。

我们可以推测，在社会发展中，由于教育不断得到重视，高学历人数比重攀升，养老观念将有所转变，越来越多的人倾向于自己养老，以便减轻政府的财政支出。

（三）待解决的养老问题

1. 子女的养老压力大

表3　大众对养老保险的作用的认识

			您认为社会养老保险的主要作用有_减轻儿女负担		合计
			有	无	
您的年龄属于以下哪个阶段	18~30岁	计数	6	16	22
		您的年龄属于以下哪个阶段中的%	27.3%	72.7%	100.0%
	31~40岁	计数	20	32	52
		您的年龄属于以下哪个阶段中的%	38.5%	61.5%	100.0%
	41~50岁	计数	43	21	64
		您的年龄属于以下哪个阶段中的%	67.2%	32.8%	100.0%
	51~60岁	计数	3	8	11
		您的年龄属于以下哪个阶段中的%	27.3%	72.7%	100.0%
	60岁以上	计数	11	10	21
		您的年龄属于以下哪个阶段中的%	52.4%	47.6%	100.0%
合计		计数	83	87	170
		您的年龄属于以下哪个阶段中的%	48.8%	51.2%	100.0%

我们就"大众对养老保险的作用的认识"这一问题进行了调查（表3），统计结果表

明:其中,在"18～30岁"和"31～40岁"以及"51～60岁"这三个年龄阶段都有大部分人认为社会养老保险对减轻儿女的负担无作用,而且,在总体数据结果上,社会养老保险对减轻儿女的负担无作用的认可度也偏高。而在这之中,"18～30岁"和"31～40岁"这两个年龄段对无作用的认可度总体偏高。18～40岁这个年龄群体属于社会群体中较年轻的子女一代,他们中的大多数人认为社会养老保险对减轻儿女负担无作用,可想而知,子女在承担对老人的赡养义务时是承担着较大压力的。

但是大众普遍打破了"养儿防老"的思维惯式,认为政府才是承担养老问题的主体,说明政府对攻克养老难关是有很大成效的,但已有的成果还不足以解决子女在承担对老人的赡养义务时的较大压力。因此,子女的压力大也是一个关键的问题。

2.老年人对养老院或其他养老机构的抵触心理

表4 不愿去养老院的原因

	自尊问题 (人数,占比)	性价比问题 (人数,占比)	生活的方便性和隐私的保护问题 (人数,占比)	爱与归属感的问题 (人数,占比)	其他 (人数,占比)	合计 (%)
18～30岁	1人,4.5%	4人,18.2%	5人,22.7%	8人,36.4%	4人,18.2%	100
31～40岁	5人,9.8%	19人,37.3%	12人,23.5%	11人,21.6%	4人,7.8%	100
41～50岁	6人,9.4%	22人,34.4%	10人,15.6%	23人,35.9%	3人,4.7%	100
51～60岁	2人,18.2%	4人,36.4%	1人,9.1%	4人,36.4%	0人,0%	100
60岁以上	2人,9.5%	10人,47.6%	4人,19.0%	5人,23.8%	0人,0%	100
合计	16人,9.5%	59人,35.9%	32人,18.9%	51人,30.2%	0人,0%	100

根据表4不难看出,在不愿意去养老院的原因当中,"性价比问题"和"爱与归属感问题"占较大比重。因此,我们在人们对养老院等养老机构的抵触细化扩展成以下两方面主要问题:

(1)养老院的建设有待完善;

(2)老年人的爱与归属感问题。

在相关论文中也有此类有关问题的阐释。在"社区空巢老人养老观念及倾向的性质研究"一文(陶巍巍等,2016)中提到:个案4:"现在的养老院对待老人两极分化特别厉害,给钱多对你好,交钱少就对你态度很差,感觉很不舒服。"部分老人认为养老院收费高,与其提供服务比,性价比低。个案13:"感觉跟别的老人聚在一起,会更想家。"个案20:"儿女不在身边格外孤单,感觉没有人关注自己。"他们认为入住养老院会增加与子女的疏离感。因此说明养老院存在建设有待提高以及提高老人爱与归属感的问题。

3.作为社会个体的我们对养老事业的积极响应

我们每一个人作为这个社会的许多个个体,从我们自身的角度,我们可以做些什么以促进养老事业的发展?这也是我们每个人目前应力所能及的问题。

四、对策和建议

(一)完善养老院建设机制,提高性价比

政府应当大力投资养老院建设,提高养老院工作人员准入门槛,协调监管部门设立有关监管机制。建立互联网信用档案,所有员工工作记录在案,可供市民参考,一旦有不良记录,不得再从事相关工作。由于许多人因为养老院价格过高而放弃选择去养老院养老,政府应当设立养老院价格标准,让更多的家庭可以有机会选择养老院。

(二)增强老年人归属感和安全感

1. 养老院的建设

许多养老院设施陈旧并且提供的服务不能满足老人的需要,因此很多老年人不愿意去养老院养老。养老院应当定期更换设备以保证从硬件方面能够满足老人的需求。同时养老院大多数是年龄相仿的老人,兴趣爱好大多相同,院方可以多开展老年人趣味活动、出游活动、老年人兴趣班等活动增加老人之间的互动,为在养老院养老的老人提供一个身心愉悦的环境。最重要的是养老院的工作人员应该在不违反规定的情况下尽可能地满足老人们所提出的要求,让老人感受到爱与温暖。

2. e养老

(1)老年人App

开发一款适用于老年人的App。在这个软件上可以通过兴趣爱好、年龄、社区位置的分类,老人可以认识到更多不同的人,这样即使子女不能经常在身边陪伴,老人在精神上也能得以慰藉。App可以定期组织相同爱好老人一起活动,比如:可以为喜欢下棋的老人举办下棋比赛,喜欢爬山的老人可以举行爬山的活动等等。如果老人不会使用手机,社区志愿者可以帮助老人线下开展交友活动。

这款App不仅可以老年人使用,同时子女也可以绑定,定期为老人预定检查身体。同时App也可以开设家政、定位等服务。可以让子女"远程"照顾老人,如果老人走失也可以及时找到老人。

(2)紧急呼叫器

可以为每位老人设置一个紧急呼叫器,这个呼叫器连接保安室或者社区工作人员的办公室。当老人在家摔倒不能移动、生病或者发生危险而子女不在家,家里没有人的情况下,老人按下这个紧急呼叫器,保安或者工作人员可以及时赶到家中帮助老人。

这个呼叫器上面写有老人基本的信息,例如,子女电话号码,老人住址。同时有定位功能,子女通过App可以定位到老人。如果老人走失可以及时找到老人。

(三)减轻子女养老压力

子女不仅工作压力大还要对老人进行赡养,对于把老人送去养老院也力不从心之

举。同时,"80后"与"90后"基本上是独生子女,也就意味着在结婚以后面临着两个人要养四个老人和自己的孩子,生活开销大,在一定程度上也增加了子女的养老压力。因此政府应当对退休老人进行补助,这样也能在一定程度上缓解子女的压力。

(四)子女多关爱老人

根据数据显示,绝大多数老人都非常需要子女的关爱,子女尽管把老人送去养老院也应该定期去看望老人,陪老人多聊聊天,让老人的精神得到慰藉,这也是作为子女应该尽到的责任。

参考文献

王颖超,2009.城市居民养老观念的代际比较研究——以内蒙古A市为例[D].哈尔滨:黑龙江省社会
　　科学院研究院:1-61
陶巍巍,2016.社区空巢老人养老观念及倾向的性质研究[J].护理学杂志,31(2):98-101.
王莉莉,2013.中国居家养老政策发展历程分析[J].西北人口,2(34):66-72.

改革开放以来医疗卫生体制的演变及其成效调查[①]

王 东　李慧敏

【摘　要】医疗卫生体制的改革从改革开放以来效果显著,平均预期寿命从1990年的68.5岁增长到2015年的76.3岁,人均寿命变长,大大增强和提升了人民健康和幸福感,促使民族昌盛和国家富强,增强综合国力。因此,本文通过调查部分人对医疗卫生体制改革的态度和看法,分析改革的过程和效果。

【关键词】医疗卫生;医保医药;医改

从新医改到现在的根据党的十九大报告中提出的要实施健康中国战略,为人民群众提供全方位健康服务,需要全面建立中国特色基本医疗卫生制度、医疗保障制度和优质高效的医疗卫生服务体系等。党中央制定和提出了"健康中国2030规划"和要建立"互联网＋医疗健康"服务体系,提高了医疗卫生服务质量,使广大群众病有所医,努力实现全民健康。

本次调查主要采取非定向问卷调查,参考媒体报道的形式。调查问卷是由小组成员在朋友圈发送链接的方式让网友们填写并收回。共发出调查问卷144份,收回144份,回收率达100%;有效问卷144份,有效率达100%。

本次调查报告填写人群主要以18~25岁的学生群体为主,占79%;26~50岁的人群占11%;其余年龄段人群占10%。其中女性占55%,男性占45%。对于调查群体的职业,学生占很大比例,为83%;上班族为14%;已退休人群占3%。调查群体的教育水平大多受过高等教育,大学本(专)科及以上学历占到86%,初、高中学历占12%。其居住地在城镇占65%,在农村占35%。

一、医疗卫生的现状

(一)医疗卫生体制改革的群众认知

随着社会的发展进步,医疗卫生体制改革势在必行。把握卫生事业的发展方向,深化医疗卫生体制改革,建立和完善基本医疗卫生制度,满足人们日益增长的医疗卫生需求,对促进社会的和谐发展具有重要意义。

医疗卫生体制改革是一项涉及面广、难度极大的系统工程,牵一发而动全身,不可能"毕其功于一役"。因此,需要统筹全局,循序渐进。

---

① 其余作者:韦秋月,刘蕾,王明鉴,高文雅。

首先,我国人口多、底子薄,经济发展水平低,城乡之间、区域之间差距大,长期处于社会主义初级阶段。这一基本国情决定了改革的艰巨性和复杂性,需要付出长期艰苦的努力。群众基础影响着医疗卫生体制改革的方向,基于问卷数据我们可以了解到一些群众对于医疗卫生体制改革的认识。在民生四大难题中,看病难以25%的比例位居第二,证明医疗卫生问题一直是重大的民生问题,与老百姓密切相关。而数据显示,有超过一半的人认为,当前的国内医疗现状仍需继续改进,还没有达到令人满意的水平,也反映出了医疗卫生体制改革的必要性和巨大的进步空间。同时,近70%的人都是"我听说过医疗改革"而不知其具体内容以及更深远的意义,反映出了仍需对医疗改革的概念对群众进行普及,使群众了解医疗改革的方向和重要性,监督促进我国的医疗改革更好地进行;而对于作为医疗改革中至关重要的医疗保险,也反映出了其报销程序繁琐,保险额度过小,覆盖范围小等各方面的问题,医疗保险关系着整个医疗卫生体制改革,仍需继续不断优化使其更加贴近群众。

(二)医疗需求和选择

医疗卫生体制改革关乎民生,是改善群众生活质量重要的一环,然而我国国民基数大,医疗需求也有其特点,医疗需求决定了未来医疗卫生体制改革的方向,是医疗卫生体制改革的动力。结合我国的医疗需求,分析群众对就医治病的选择,才能够实现中国特色的医疗体制改革,探寻出符合国情,符合民众需求的医疗卫生体制改革道路。我们小组通过问卷数据,对目前的群众医疗需求和选择做出简要分析。

当自身有身体不适,或者有一些轻微感冒时,大多人数的选择是通过自行咨询和买药来治愈自己,大约23%的会选择去大医院就诊,一部分人会去小诊所就诊,有15%左右的人选择乡镇卫生院,还有约10%的人选择医务室。其实,从选择情况上我们就可以看出人们对待疾病的态度不同,生病了看医生才是最佳了解病情和治疗方式,也从侧面反映出了我国的医疗保障水平仍需进一步地提升。而不同就医环境则凸显了不同生活水平的人也会有符合自身实际水平的就医选择的现状,是多层次医疗选择的体现。而第14题,也很好地分析了选择医院的实际出发点和群众的考虑点,贴近生活和现实。我们可以看到,当群众选择医院时,第一考虑点就是医院水平,因为医疗水平决定了治疗疾病的方式方法和康复速度,是第一关键点,关乎所有就医者的身体健康;而第二考虑点则是医疗费用的高低,毕竟当前的国情下,医疗手段和高质量的治疗都要建立在足够的物质基础之上,所以当群众面临就医选择时,也会结合自身经济情况,选择合适价位的医院。都说身体是第一位的,然而治病寻医脱离不开物质支持,结合自身条件的就医才是最符合实际的。而与就医费用几乎同样需要考量的就是医院的位置,医院位置的重要性关乎到了群众就医的便利问题。虽然随着时代的发展交通手段和便利程度也越来越优,但是看病寻医需要考虑到对病人本身劳碌奔波,大多数人都会选择更加有利于自己出行且位置合适的医院,可以更加方便有效地治疗疾病。

其实医疗需求和选择反映了当前群众的就医问题,经济因素作为一个社会重要因素不可避免地会影响群众的选择,哪怕有所需求,如果物质基础跟不上时,也只好去选择更加现实的治疗手段,这也就反映了我国医疗卫生体制改革的势在必行,匹配医疗需求和医疗选择的相应。

二、改革中的问题及其分析

(一)医疗卫生体制改革问题多、难度大

新中国成立以来,特别是改革开放以来,我国医药卫生事业取得了显著成就,覆盖城乡的医药卫生服务体系基本形成,疾病防治能力不断增强,医疗保障覆盖人口逐步扩大,卫生科技水平迅速提高,人民群众健康水平明显改善,居民主要健康指标处于发展中国家前列。

但是通过调查问卷,我们可以看出,我国医疗卫生体制的变革力度还不够强,方方面面还不够完善。我们国家在这方面依然存在着许多的问题,并且距离一些问题的解决还需要更多的努力。当然,我们在很多的方面有了很大的进步,比如医院种类,数量的提高,医疗资金的加大投入,医疗工作人员医疗态度的提升等等。

但是在我们的调查过程中发现一些问题,如表1。

表1 民众对医疗卫生系统看法的调查结果

选项	比例(%)
医疗体制不完善	55.56
医疗费用过高	80.56
医生不称职,服务态度差	30.56
医疗设备不够完善	45.83
医院环境问题	38.89
程序繁琐,花费时间长	77.78
排队难等	61.11

从表1我们可以发现,在所有的问题中,医疗费用过高占据80.56%,位居榜首,繁琐的程序,耗费时间长占据77.78%,位居第二,而其他问题不分上下,这些是我国医疗上还面临的多个问题。同时,也应该看到,当前我国医药卫生事业发展水平与人民群众健康需求及经济社会协调发展要求不适应的矛盾还比较突出。医疗保障制度不健全,药品生产流通秩序不规范,医院管理体制和运行机制不完善,政府卫生投入不足,医药费用上涨过快,个人负担过重等问题。实际上,除这些问题外,我国还存在城乡和区域医疗卫生事业发展不平衡,资源配置不合理,公共卫生和农村、社区医疗卫生工作比较薄弱等不足。

(二)医疗卫生体制改革效果不明显

在调查过程中,我们就"国家设置的医疗保障体系能否很好地解决您的医疗需求问题"展开了调查,结果如下。

表2　对国家医疗保障体系能否解决医疗需求问题的调查结果

选项	比例(%)
基本解决问题	25
能解决部分问题	50
帮助不大	22.22
没有帮助	2.78

这些问题的存在直接证明了我国对于医疗的投入还不能满足人民的需求,对于一些重大疾病,例如癌症等还不够完善。

我国正处于建设小康实社会的决胜期,人民对于医疗的需求也不断提高,在此情况下,我们的医药卫生体制改革必须立足国情,一切从实际出发,坚持正确的改革原则。

(1)坚持以人为本,把维护人民健康权益放在第一位。着力解决群众反映强烈的突出问题,努力实现全体人民病有所医。

(2)坚持立足国情,建立中国特色医疗卫生体制。坚持从基本国情出发,实事求是;坚持基本医疗卫生服务水平与经济社会发展相协调、与人民群众的承受能力相适应,探索建立符合国情的基本医疗卫生制度。

(3)坚持公平与效率统一,政府主导与发挥市场机制作用相结合。强化政府在基本医疗卫生制度中的责任,加强政府在制度、规划、筹资、服务、监管等方面的职责,维护公共医疗卫生的公益性,促进公平公正。同时,注重发挥市场机制作用,动员社会力量参与,促进有序竞争机制的形成,提高医疗卫生运行效率、服务水平和质量,满足人民群众多层次、多样化的医疗卫生需求。

(4)坚持统筹兼顾,把解决当前突出问题与完善制度体系结合起来。从全局出发,统筹城乡、区域发展,兼顾供给方和需求方等各方利益,注重预防、治疗、康复三者的结合,正确处理政府、卫生机构、医药企业、医务人员和人民群众之间的关系。既着眼长远,又立足当前,着力解决医疗卫生事业中存在的突出问题。既注重整体设计,明确总体改革方向目标和基本框架,又突出重点,分步实施,积极稳妥地推进。

三、改革的影响及成效

医疗卫生体制改革从1994年的试点工作开始,经历医疗"三项改革",新医改到如今的健康中国战略的实施,已经有二十几年了,医改之路也有了很大的成效。

(一)医疗卫生机构服务水平的提高

根据我们回收的问卷,20.83%的人表示中国医疗体制改革有利于发展医疗水平。从数据可以看出,中国医疗体制改革对提高医疗卫生机构服务水平起到了积极影响。通过查阅资料和实地考察我们了解到了医疗卫生机构服务水平在各个方面的提升。

(1)强化行业管理,确保了医疗质量安全。医院严格落实收费价格公示制度,按照物价部门核定的标准进行收费,并在医院醒目位置公开,杜绝了乱收费现象。

(2)加强医德医风建设。医院通过开展岗位练兵和技能竞赛活动,在医疗机构设立意见簿,实施挂牌上岗,并将行风评议结果与绩效考核挂钩的方式,全面提升了医疗服务质量和服务水平。

(3)健全网络体系。通过建立远程服务平台,搭建远程医疗服务体系,使乡(镇)、村和城市的医疗资源可以共享。保障人民群众基本医疗和预防保健服务的供给,提高人民群众的健康水平。同时,网络挂号、问诊等既快捷又高效的就医方式地不断普及,大范围、大幅度地提高了医疗服务水平。

(4)建立多样的医疗联合体。各省市通过构建医联体、医共体等,县级公立医院、乡镇卫生院、农村的分级医疗服务体系进一步健全,医疗资源进一步向乡镇倾斜,提高了乡镇的医疗服务水平,使城乡居民基本公共卫生服务水平的差距进一步缩小。

显而易见,医疗体制改革在很大程度上提高医疗卫生机构服务水平。但是根据我们回收的问卷显示,很大一部分人认为医疗体制不完善、医疗费用过高、医生不称职,服务态度差、医疗设备不够完善,医院环境问题仍然是医疗方面需要不断完善的内容,因此医疗体制改革依然需要不断地完善。

(二)药品问题的改善

同样是医疗卫生体系中不可或缺的重要部分,药品和医疗器械的使用也是直接使患病者治疗成功的关键。因此,国家对医药工业也十分重视,不断加大对医药工业研发的投入,研发新型药或创新医疗器械。

国家药品供应保障体系保护着国家的公共卫生安全,与人民生活密切相关。计划经济时期,我国的药品等供应是按国家计划来进行分配,但是越来越不能很好地满足供应需求。改革开放以来,则由市场来调节,平衡了供应关系和激发了医药业竞争活力。同时,国家也采取一定措施能提供质量高价格低药品,以保证基本药品供应和满足人民的日常用药需求。为解决药品分配不平衡问题,《"健康中国2030"规划纲要》中明确指出,要强化短缺药品供应保障和预警,完善药品储备制度和应急供应机制。建设遍及城乡的现代医药流通网络,提高基层和边远地区药品供应保障能力。药品安全问题也一直牵动人心,国家致力于药品和医疗器械的研发,几百亿元的经济投入,监测药物的应用,相信未来中国医药和医疗器械一定会实现标准化、现代化、国际化。医药价格仍然是医疗卫生改革的一大难题,《药品价格管理暂行办法》等有明确的规章制度,如各地要公布出药品价格,在国家新药管理范围内的药品在规定期满后,药品就要按国家规定利润率定价,药品生产经营企业销售药品的折扣率不超过药品价格的5%等等,实现生产到销售的各个环节降低药品价格。

如今,在普通情况下很多人会选择用药来治小病小伤,这也得益于药品改革,使药品实用性加强,药品更加普及和药品价格降低。

(三)医疗保险制度的完善

医疗保险作为普及率较高的现代社会保障制度,需要个人缴费,但其中也汇集了社会的经济力量和政府的补助,可以在很大程度上减轻患者医疗费用的负担,防止因疾病导致贫困。随着医疗卫生体制改革的不断深入,医疗保险水平也有了很大的提高,越来越朝着人民的期望靠近。

问卷结果表明,受访者认为要加强医疗保险的改革占63.89%,人们认为医保问题存在以下问题(表3)。

表3 对医保问题的调查结果

选项	比例(%)
保险额度太少	13.89
覆盖范围太小	23.61
报销程序太复杂	44.44
自付费用	18.06

其中占的比例已经相对不是特别高,也说明了医疗保险问题改革初见成效。

(1)关于报销程序问题,不同地区的报销方式和步骤有所不同,都需要把相关材料如身份证,医保卡,诊断书和收据单等交给工作人员,随着医保信息联网的推进,异地报销也从几年前开始实行,住院费等可以直接结算,大大节省了时间;

(2)关于覆盖范围问题,医疗保险参保人数已超过13亿人,基本实现了全民覆盖,也是国家社会保障力度大的表现;

(3)关于基本医疗保险的自付费用和保险额度问题,不同等级的医疗机构的报销额度不同。一般来说,医院级别越高,报销的额度越大,药品有些可以报销有些不可以报销,城乡医疗财政补助已逐渐提高到了480元,对于贫困户,重度残疾人员等特殊人群,个人缴费则由政府全额补助,极大地减轻了病患人群负担。

尽管现实医保的报销水平,服务范围等还没达到全民健康的要求,医疗保险还有很长一段艰难的路要走,但基于现如今医疗保险巨大的改革成效,我们对其今后的改革和发展仍然充满信心。